365 DIAS
365 HISTÓRIAS

Pe. CLÓVIS BOVO, C.SS.R.

365 dias
365 histórias

EDITORA SANTUÁRIO
Aparecida-SP

Dados de Catalogação na Publicação (CIP) Internacional
(Câmara Brasileira do Livro, SP, Brasil)

Bovo, Clóvis, 1927-
365 dias, 365 histórias / Clóvis Bovo. — Aparecida, SP: Editora Santuário, 1989.

1. Santos - Calendários 2. Santos cristãos - Biografia

I. Título.

89-0693 CDD-263.98
-922.22

Índices para catálogo sistemático:
1. Santos: Igreja Católica: Biografia 922.22
2. Santos do dia: Cristianismo 263.98

Com aprovação do Superior da Vice-Província de Goiás
Pe. Ângelo Licati, C.SS.R.
Festa do Santíssimo Redentor de 1986

Composição, impressão e acabamento:
EDITORA SANTUÁRIO - Rua Padre Claro Monteiro, 342
Fone: (0xx12) 3104-2000 — 12570-000 — Aparecida-SP.

Ano: 2006 2005 2004 2003
Edição: **19 18 17 16 15 14 13**

APRESENTAÇÃO

Este livro é mais uma coletânea do que uma criação nova.

Tem por finalidade focalizar o santo do dia, mas destacando apenas um fato da sua vida. Nisto difere de todas as obras congêneres.

Quando não conseguimos obter um fato para o santo do dia, preenchemos a lacuna recorrendo a histórias e parábolas, muitas delas já conhecidas ou inseridas no patrimônio popular.

Na seleção dos fatos, não tivemos a preocupação de verificar sua historicidade. Interessou-nos apenas a lição moral ou mensagem que pudessem oferecer.

A mensagem que cada história possa oferecer, fica dependendo da reflexão que se fizer após a leitura.

O livro pode ser utilizado como leitura particular ou comunitária, em celebrações e reuniões de grupo. Contém o núcleo da celebração: a história e o texto bíblico. No final do livro há um esquema ou roteiro para celebrações.

Aqui não figuram muitos santos, porque nossa pobreza de recursos não permitiu recorrer às fontes. Fica portanto o apelo: Se aqui está faltando o santo ou santa, o herói ou heroína que você gostaria de ver no livro, mande-nos logo um fato bem concreto referente a eles.

OS VOTOS DE ANO NOVO DO VIGÁRIO

JANEIRO 1

Palavra do homem

Um vigário, muito irônico e brincalhão, proferiu nestes termos a sua homilia de ano novo:

— Caríssimos paroquianos! Estes são meus votos de Ano Novo para vocês ou para os que precisarem. Eu desejo:

— Um sino bem grande para despertar os dorminhocos que chegam atrasados à missa.

— Um puxadinho maior na frente da igreja para que, os que ficam fora durante o sermão, não tomem chuva nem sol. Coitadinhos!

— Uns bons metros de fita adesiva ou algumas dúzias de cadeados, para quem gosta de conversar durante as celebrações...

— Um chicote para flagelar os vícios e as injustiças...

— Uma balança de maior precisão para pesar as palavras...

— Bom número de espelhos para a gente ver a própria "cara" quando a bebida passar da conta...

— Melhor iluminação nos cantos de rua para que os casais de namorados possam se enxergar...

— Balanças bem aferidas para certos negociantes...

— Uma grande fornalha para incinerar as revistas pornográficas...

— Ventiladores para os cabeças quentes, de estopim curto...

— "Desconfiômetros" para quem deixa o som em grande altura, perturbando quem quer dormir...

— Calculadoras bem exatas para quem tem salários a pagar...

— Lentes de aumento para se enxergar as necessidades dos outros...

— Finalmente, um oceano de amor e compreensão para todos. E um coração novo para cada um de nós. Assim seja.

Palavra de Deus

Quando chegou a plenitude dos tempos, Deus enviou seu Filho, nascido de uma mulher, nascido sujeito à lei, para resgatar os que estavam sob o jugo da lei, a fim de que fôssemos adotados como filhos. *(Gl 4, 4-5)*

FESTA DA MÃE DE DEUS

2 JANEIRO

O FLAGELO DOS MAUS RICOS

Palavra do homem

Basílio, bispo de Cesaréia, denunciou, já no século IV, os exploradores dos pobres. Numa das famosas homilias disse:

"Conheceis as ruínas imensas que dominam a nossa cidade. Em que época foram erguidos esses castelos que hoje estão destruídos? Não sei. Sei, entretanto, que havia muitos pobres naquele tempo. Em lugar de socorrê-los, os ricos preferiram gastar seu dinheiro nessas construções malucas. Mas o tempo soprou sobre essas pedras ciclópicas, derrubando-as como brinquedos de crianças, enquanto seus donos gemem no inferno..."

Em outra ocasião, comentando as vivendas luxuosas daquele tempo, disse o intrépido profeta: "Que prazer tu sentes, em contemplar tuas poltronas de marfim, tuas mesas de prata e teus leitos de ouro, quando milhares de famintos pedem esmola junto à tua porta?...

Dirás, talvez: Não posso socorrer tanta gente. Eu te respondo: O anel que tens no dedo, com o rubi, a safira e o diamante que o enriquecem, poderia libertar vinte prisioneiros de uma só vez. Teu guarda-roupa daria para vestir uma tribo inteira. Não obstante, recusas dar uma esmola ao indigente. Não te esqueças: O pão que te sobra na mesa, pertence ao faminto. A roupa que não estás usando, é do pobre desnudo. O dinheiro que esbanjas, é a riqueza do pobre".

São Basílio Magno foi o pioneiro dos hospitais, das vilas dos pobres, dos abrigos e dos artesanatos.

Palavra de Deus

Ricos, chorai e gemei por causa das desgraças que virão sobre vós! A vossa riqueza apodreceu e as vossas vestes estão carcomidas pelas traças. O vosso ouro e a vossa prata estão enferrujados. Sua ferrugem é testemunha contra vós, e vai devorar vossas carnes.

O salário do qual privastes os trabalhadores que ceifaram vossos campos, clama. Os gritos dos ceifeiros chegaram até os ouvidos do Senhor dos exércitos...*(Tg 5, 1-6)*.

SÃO BASÍLIO MAGNO († 379)

FOI UMA MULHER

Palavra do homem

Ano de 451. A cidade de Paris está em pânico. A população se agita. Todos procuram fugir pelo rio ou pelas estradas.

Os soldados do rei Átila vêm vindo aí, invadindo cidades, destruindo e matando, saqueando e roubando.

Eis que surge uma figura de mulher junto ao rio Sena. Tem um véu escuro na cabeça e pede tranqüilidade: "Calma, meu povo! Deus está conosco".

É Genoveva, gritam todos. Com firmeza pede que voltem para seus lares. Vão rezar nas igrejas. Nada acontecerá para a cidade.

Não foi fácil acalmar aquela massa em pânico. "Ela está louca! Onde se viu ficarmos aqui?" Mas ela repetia firme: "Voltem já para suas casas! Tenham confiança em Deus!"

E o milagre aconteceu. Embora os bárbaros ameaçassem invadir várias vezes a cidade de Paris, uma força invisível os obrigava a recuar e a desviar a rota.

Por isso Santa Genoveva é, até hoje, a padroeira de Paris.

Palavra de Deus

"Então Holofernes desceu dos montes com a cavalaria e um grande exército, e apoderou-se de todas as cidades e de todos os habitantes daquela região... Ouvindo estas coisas, os filhos de Israel que habitavam a terra de Judá, tiveram muito medo da aproximação de Holofernes..."

Uma das cidades ameaçadas era Betúlia, onde morava Judit, viúva muito honesta e estimada por todos. Perante os anciãos já desanimados, manifestou a resolução de salvar a cidade. Usando vários artifícios, conseguiu entrar no acampamento dos invasores, fez amizade com Holofernes, e uma noite...

... cortou-lhe a cabeça enquanto dormia. O chefe morto provocou a fuga dos inimigos. Judit foi aclamada pelo povo como salvadora de Israel. *(Jdt cap. 3 e seguintes)*

SANTA GENOVEVA (422-502)

4 JANEIRO

O BURRINHO APEGADO

Palavra do homem

Era uma vez um burro que gostava de ajuntar espigas de milho, feixes de capim, restos de lixo è todo o tipo de bugigangas.

Era muito apegado a esses trastes. Receando ser roubado, acondicionava tudo em caixas que ia amarrando em cima da cacunda. Com duas vantagens: Podia carregar tudo consigo para onde fosse. E chamava a atenção dos outros.

As caixas foram se sobrepondo, e a pilha foi ficando enorme, dificultando até as caminhadas.

Certo dia passou diante de uma gruta e viu lá dentro um gracioso menino deitado numa manjedoura. A criança acenava-lhe com a mãozinha, convidando-o para entrar. Parecia querer oferecer um presente.

O burrinho tentou entrar mas... a montanha de caixas empilhadas no lombo impedia-o de passar pela abertura estreita da gruta. Precisaria desprender-se da carga. Mas isso exigiria muito desprendimento.

Por isso perdeu a oportunidade de ser feliz e... deixar de ser burro.

Palavra de Deus

Enquanto Jesus ia pelo caminho, acorreu até ele um jovem que, de joelhos, lhe perguntou: "Bom Mestre, que devo fazer para alcançar a vida eterna?" Disse-lhe Jesus: ..."Não matar, não cometer adultério, não roubar, não levantar falso testemunho, não defraudar, honrar teu pai e tua mãe..."

Ele respondeu: "Mestre, tudo isto observei desde a minha juventude".

Então Jesus fitou-o com amor e disse-lhe: "Uma coisa te falta: vai, vende o que tens e dá aos pobres, e terás um tesouro no céu. Depois vem e segue-me, carregando a cruz".

Ouvindo estas palavras, ele entristeceu-se e afastou-se melancólico, porque tinha muitos bens. Então Jesus, volvendo em torno seu olhar, disse aos discípulos: "Quão dificilmente entrarão no reino dos céus os que têm muitas riquezas". *(Mc 10, 17-23)*

MORREU CAMINHANDO

Palavra do homem

Dom João Nepomuceno, bispo de Filadélfia, amanheceu bem disposto. À hora do almoço mostrou-se alegre e brincalhão. À tarde saiu um pouco. Foi até o correio a fim de despachar uma encomenda para um padre. Este foi seu último gesto de caridade.

Já estava de volta quando cambaleou no meio da rua e caiu no chão gelado. Era inverno rigoroso nos Estados Unidos. Correu gente para acudir: "É o bispo! Vamos logo socorrê-lo!"

O morador da casa vizinha, seu Cristóvão, disse: "Vamos levá-lo para minha casa". Várias pessoas suspenderam o corpo inerte e colocaram-no em cima do tapete da sala.

O bispo ainda respirava. Alguém foi às pressas até a igreja a fim de chamar um padre. Pe. Quinn veio, correndo também, com os santos óleos.

Pouco depois o santo bispo foi receber o ósculo do Senhor lá no céu.

Eram quase quatro horas da tarde. Dom João tinha apenas 48 anos de idade. Um bispo, seu colega, comentou: "Um homem como Dom Nepomuceno tinha que morrer caminhando, pois este foi o seu ritmo constante: caminhar".

O bispo redentorista que nunca parava em seu ardor missionário, só podia ser colhido pela morte, caminhando, trabalhando.

Palavra de Deus

Estejam cingidos vossos rins e acesas vossas lâmpadas. Sede semelhantes a homens que esperam seu senhor ao voltar de uma viagem para que, quando vier e bater à porta, logo lha abram.

Bem-aventurados os servos a quem o senhor achar vigilantes quando vier.

Em verdade vos digo: cingir-se-á, fá-los-á sentar-se à mesa e servi-los-á.

Se vier na segunda ou se vier na terceira vigília e os achar vigiando, felizes daqueles servos!... Estai, pois, preparados porque, na hora em que não pensais, virá o Filho do homem... *(Lc 12,35-40)*

SÃO JOÃO NEPOMUCENO NEUMANN (1812-1860)

6 JANEIRO

O REI QUE CHEGOU ATRASADO

Palavra do homem

Conforme a tradição popular, são três os magos que foram a Belém. Outros acham que foram mais de três. Houve até um deles que saiu atrasado e atrasou-se mais pelo caminho. Qual o motivo do atraso? Parou dezenas e centenas de vezes para socorrer os necessitados:

Deu assistência a um doente, abandonado em sua choupana... Repartiu a merenda com os famintos... Deu água do seu cantil para quem estava com sede... Entregou o próprio manto real a um velho que tremia de frio... Resgatou e libertou um bando de escravos... Ajudou e confortou os condenados à morte... Repartiu dinheiro com muita gente... Deu a própria coroa...

Assim transcorreram mais de trinta anos. Afinal chegou, trêmulo e envelhecido, às portas de Jerusalém. Era uma sexta-feira. Pesava o silêncio e o luto na cidade. Haviam crucificado um homem que só fizera o bem. A cruz onde fora pregado, ainda se via no alto do monte.

O velho rei chorou junto à cruz vazia, enquanto se lamentava: "Vim para ver o Messias. Mas perdi minha viagem." Avista um homem de branco que vem ao seu encontro. Por que chorava? perguntou a visão. O velho, entre soluços, contou quantas vezes e por que parou no caminho. Então o homem de branco respondeu:

— Se foi por isso, você não perdeu a viagem. Pois encontrou-se com Jesus tantas vezes quantas parou para socorrer esses necessitados.

Depois, mostrando-lhe as mãos chagadas, acrescentou:

— O que você fez a esses pequeninos, foi a mim que você fez. Vá em paz!

Palavra de Deus

Tendo, pois, nascido Jesus em Belém de Judá, reinando o rei Herodes, eis que uns Magos chegaram do Oriente a Jerusalém, perguntando: "Onde está o rei dos judeus que acaba de nascer? Vimos sua estrela no Oriente e viemos adorá-lo... "Entrando na casa, encontraram o Menino com Maria, sua Mãe. Prostrando-se, o adoraram. Abrindo seus tesouros, deram presentes de ouro, incenso e mirra... *(Mt 2, 1-12)*

SANTOS REIS MAGOS

BARCO IMPROVISADO

Palavra do homem

Raimundo de Penafort estava na ilha de Maiorca. Precisava voltar para Barcelona, mas o rei proibira a quem quer que fosse, de transportar o santo em alguma embarcação. Estava irado com Raimundo, pois este denunciara publicamente sua vida escandalosa.

O que respondeu Raimundo? "O rei da terra pode impedir o uso dos recursos humanos, mas o rei do céu tem outros caminhos".

Caminhou na direção do mar, estendeu sua capa sobre a água e amarrou uma ponta numa vara para servir de vela. Em seguida, fazendo o sinal da cruz, pisou resoluto na capa e lançou-se no mar.

Nesse novo tipo de embarcação o santo navegou com tal rapidez que, em seis horas alcançou o porto de Barcelona, a sessenta léguas de Maiorca.

Os que o viram chegar assim, receberam-no com aclamações jubilosas. Mas ele, recolhendo sua capa, dirigiu-se para o mosteiro, como se nada de extraordinário tivesse acontecido.

Existe uma capela e uma torre no local onde se supõe tenha desembarcado, após viagem tão inédita quão incrível.

Palavra de Deus

Jonas se levantou e foi a Nínive, segundo a palavra do Senhor. Nínive era uma cidade imensa. Era preciso três dias para atravessá-la. Jonas se pôs a percorrer a cidade durante um dia inteiro. Ele gritava "Dentro de quarenta dias, Nínive será destruída".

Ora, o povo de Nínive acreditou em Deus. Então se promulgou um jejum para todos: do maior ao menor, cobriram-se de cinza.

Deus viu que eles agiam desse modo, para se desviar do seu mau caminho. Teve pena do seu povo e não executou a ameaça.

(Jn 3,1-5.10)

Palavra para a vida

Qual a mensagem do fato lendário, acontecido com São Raimundo?

SÃO RAIMUNDO DE PENAFORT († 1275)

ALTAR VIVO

Palavra do homem

Pe. Luciano está preso pela causa de Cristo. Fora terrivelmente torturado. Agora está prostrado no pavimento úmido. Os pés estão amarrados a um cepo e, seus membros, desarticulados, devido aos maus tratos.

Alguns discípulos do mártir, em troca de agrados ao carcereiro, conseguiram introduzir-se na prisão e trazer algum alimento. Ao oferecer-lhe um pouco de pão e vinho, ele respondeu sorrindo:

— Não é meu corpo que precisa de alimento, e sim minha alma. Convido vocês a celebrar comigo, pela última vez, os sagrados mistérios.

— Sim, mas falta-nos o altar, objetaram os discípulos.

— Acaso ignoram que nosso corpo é templo de Deus? Pois bem: meu peito poderá ser o altar.

Sob a luz mortiça do candeeiro, Luciano ofereceu a Deus seu último sacrifício, sua última missa. Sobre seu coração descansou o Corpo do Senhor Jesus. Fez questão de repartir com os discípulos as sagradas espécies.

No dia seguinte ele caía sob os golpes da espada, repetindo sempre: "Sou cristão".

Palavra de Deus

Tu, porém, sê prudente em tudo, paciente nos sofrimentos, cumpre a missão de pregador do Evangelho, consagra-te ao teu ministério.

Quanto a mim, estou a ponto de ser imolado e o instante da minha libertação se aproxima. Combati o bom combate, terminei a minha carreira, guardei a fé. Resta-me agora receber a coroa da justiça que o Senhor, justo juiz, me dará naquele dia. Não somente a mim, mas a todos aqueles que aguardam com amor a sua vinda.

(2Tm 4, 5-8)

Palavra para a vida

— Eu também sou um altar vivo, sobre o qual é imolado o sacrifício do dia-a-dia: trabalhos, canseiras, renúncias, doações.

SÃO LUCIANO DE ANTIOQUIA († séc. IV)

A CHAVE DA CASA

Palavra do homem

Em nosso tempo de Seminário tivemos um amigo que todos os domingos à tarde vinha fazer-nos uma visita.

Era metódico em tudo. No andar compassado e calmo. No horário de chegar. Até na maneira de apertar a campainha da portaria.

Às vezes, na ausência de quem fosse logo abrir a porta, ele esperava pacientemente. Depois entrava, cumprimentava e dirigia-se para a sala ou biblioteca.

Nem todos os domingos tinha um companheiro para conversar. Devido a compromissos pastorais, os padres só chegavam mais tarde. Em casos como esses, o bom José permanecia sozinho na sala, ocupado na leitura de livros e jornais. Depois se retirava calmamente.

Certa vez um dos padres entregou-lhe a chave da casa dizendo:

— Seu José, esta chave é da nossa casa. Agora é sua também. Assim poderá entrar quando quiser. Não precisa mais depender de campainha, de porteiro ou de quem possa abrir a porta.

O amigo se emocionou com esse presente. Quase não retendo uma lágrima, respondeu:

— Este é o maior e o melhor presente que eu poderia receber em toda a minha vida.

Ele entendera o alcance daquele presente. Não tinha nenhum valor material. Mas naquela chave estava o sinal mais sensível da amizade: a confiança sem limite.

Palavra de Deus

Vós sois meus amigos se fazeis o que vos mando.

Já não vos chamarei servos, porque o servo não sabe o que faz o seu patrão. Chamar-vos-ei amigos, pois vos dei a conhecer tudo quanto ouvi do meu Pai.

Não fostes vós que me escolhestes, mas eu vos escolhi e vos constituí para irdes e produzirdes frutos, e vosso fruto permaneça. *(Jo 15, 14-16)*

NA HORA DO PERIGO

Palavra do homem

Dois missionários estavam viajando de navio para a África. Um deles já fizera esta viagem mais de uma vez. Era idoso e cheio de experiência. O outro era marinheiro de primeira viagem, para quem tudo era novidade.

Certo dia o jovem missionário ouviu palavrões e xingatórios que vinham lá do meio dos marinheiros. Todo assustado, alertou o seu companheiro:

— Acho que estamos correndo perigo. Deve estar havendo alguma anormalidade em nosso navio.

— Qual o motivo desse receio e dessa agitação toda? perguntou o missionário mais velho.

— Você não escutou os marinheiros praguejando e vociferando?

Acalmando o colega, respondeu o missionário experimentado:

— Não se impressione. Enquanto estão xingando, não há perigo nenhum. Quando começarem a rezar, aí sim, pode estar acontecendo alguma coisa mais séria.

Palavra de Deus

Jesus subiu a uma barca com seus discípulos. De repente desencadeou-se sobre o mar uma tempestade tão grande, que as ondas cobriam a barca. Ele, entretanto, dormia.

Os discípulos achegaram-se a ele e o acordaram dizendo: "Senhor, salva-nos, estamos perecendo!" Jesus perguntou: "Por que este medo, gente de pouca fé?"

Levantando-se, deu ordem aos ventos e ao mar, e fez-se uma grande bonança. Admirados diziam: "Quem é este homem a quem até os ventos e o mar obedecem?" *(Mt 8, 23-27)*

Palavra para a vida

— Não é assim que acontece com a gente? Andamos despreocupados na vida, esquecidos mesmo de Deus. Mas na hora do perigo, botamos os joelhos no chão e fazemos promessas de todo o tamanho...

NÃO TINHA TEMPO PARA DEUS

JANEIRO **11**

Palavra do homem

Esta é a história, em oito capítulos, de um homem que nunca achou tempo para Deus:

1.º: Quando criancinha, quiseram ensiná-lo a rezar, mas alguém objetou: *"É muito cedo* para pensar em Deus. Não compreende nada ainda."

2.º: Quando virou menino, acharam bom mandá-lo para o catecismo, mas logo veio a resposta: *"É muito criança* para pensar em Deus."

3.º: Quando era jovem, chegou convite para um encontro de jovens. Ele estava entretido com sua namorada. Outros responderam por ele: *"Muito apaixonado* para pensar em Deus."

4.º: Quando homem feito e casado, sua esposa pedia que fosse à missa de domingo, mas ele respondia: "Estou *muito ocupado* para pensar em Deus."

5.º: Houve santas missões na sua terra. Quiseram acordá-lo de madrugada a fim de participar de um ato penitencial, mas os amigos responderam: "Deixem-no. Está *muito cansado* para pensar em Deus."

6.º: Uma vez, absorvido pelos negócios, convidaram-no para fazer a confissão pascal. Ele, porém, respondeu: "Estou *muito preocupado,* para poder pensar em Deus."

7.º: Quando, já bem idoso, quiseram levar um padre até sua casa para uma visita, os netos objetaram: *"Muito velho* para pensar em Deus."

8.º: Quando estava sendo levado para o cemitério, o demônio gargalhou satanicamente no rosto dele: *"Muito tarde* para pensar em Deus."

Palavra de Deus

Enquanto é dia, cumpre-me terminar as obras daquele que me enviou. Virá a noite, quando já ninguém pode trabalhar. Por isso, enquanto estou no mundo, eu sou a Luz do mundo... *(Jo 9, 4-5)*

Palavra para a vida

— Se eu não achar tempo para Deus aqui na terra, Ele não terá tempo para mim lá no céu...

— Por que essa corrida louca para o prazer, o poder, a riqueza?...

BRIGA NO BAR

Palavra do homem

Felipe, jovem devasso e briguento, estava a ponto de virar assassino, quando um fato violento modificou totalmente o rumo da sua vida.

Assentado numa taverna de Palermo, tomava alguma coisa. Um sujeito, esquentado pela bebida, inventou de fazer chacota de Felipe: Sapateiro que era, nunca ia servir para outra coisa, senão para retalhar couro. "Já lhe mostro como se retalha couro", replicou Felipe, também ele tomado pelos ardores do vinho.

Atirou-se sobre o adversário com o punhal armado e o empurrou. Este caiu mas levantou-se logo e puxou da espada. Felipe, mais esperto, desferiu-lhe vários golpes e com tanto acerto, que o homem rolou pelo chão gravemente ferido.

Levantou-se um tumulto na taverna. Os amigos de Felipe aconselharam-no a safar-se quanto antes. Montou no seu cavalo e desapareceu no meio da noite.

O remorso tomou conta do rapaz. Já tivera muitas brigas na vida. Mas como esta nunca: Tivera a coragem de enfrentar um bêbado sem defesa. Profundamente arrependido e envergonhado, entrou numa igreja, cobriu o rosto com as mãos e assim ficou longo tempo.

Quando deixou a igreja, era outro homem. Ficou frade capuchinho. Trocou o nome de Felipe por Frei Bernardo de Corleone. Viveu trinta e cinco anos no convento, rezando e fazendo penitência.

Palavra de Deus

As obras da carne são manifestas: fornicação, impureza, libertinagem, idolatria, superstição, inimizades, brigas, ciúmes, ódio, ambição, discórdias, partidos, invejas, bebedeiras, orgias e coisas semelhantes. Dessas coisas vos previno, como já vos preveni: Os que as praticarem, não herdarão o reino de Deus.

O fruto do Espírito, ao contrário, é: caridade, alegria, paz, paciência, afabilidade, bondade, fidelidade, brandura, temperança. *(Gl 5, 19-23)*

BEM-AVENTURADO BERNARDO CORLEONE (1605-1667) ——

O QUE FALTA É SABÃO

JANEIRO 13

Palavra do homem

O missionário havia falado (e muito bem) sobre a Igreja, quando alguém observou:

— Tudo muito bonito. Mas eu conheço tanta sujeira nessa Igreja que o senhor pintou com cores tão risonhas.

E foi enumerando os abusos do passado, do presente e do futuro. Riqueza e imoralidade do clero, traições nas famílias, igrejas vazias etc.

O missionário concordou que nem tudo estava conforme o plano divino. Enquanto respondia, foi observando o colarinho da camisa do interlocutor e disse:

— Desculpe a minha sem-cerimônia. Isso é falta de sabão ou sabão que não prestou?

— É falta de sabão mesmo. Caso contrário, teria tirado a sujeira.

— Assim é também na Igreja, meu amigo. Se existem tantas misérias morais, a culpa não é da Igreja, mas dos seus membros. Sabão existe, mas não é usado. Ela tem bons tipos de sabão: a oração, os sacramentos, as boas obras. Especialmente o sacramento da Confissão. Se utilizássemos mais e melhor esses recursos, seríamos bem melhores. A Igreja já teria filhos mais limpos, mais decentes. A Igreja seria mais limpa se usássemos mais sabão.

Por isso, o problema não está na Igreja e no Evangelho que ensina; e sim, nos seus membros. Por isso, mais sabão!

Palavra de Deus

Ó Gálatas insensatos, quem vos fascinou para não mais obedecerdes à verdade, vós ante cujos olhos (pela minha vida de pregação), já foi representado Jesus Cristo como crucificado entre vós?... Sois vós tão insensatos que, tendo começado pelo Espírito, acabais agora pela carne?...

Admiro-me de que, assim tão depressa, passeis daquele que vos chamou à graça de Cristo, para outro Evangelho...

(Gl 1, 6; 3, 1-4)

14 JANEIRO

APÓSTOLO DOS HANSENIANOS

Palavra do homem

Uma das páginas mais comoventes da vida do missionário redentorista Pe. Pedro Donders, é o tempo em que passou entre os leprosos, na Guiana Holandesa. Quem viu, escreve:

— Eu vi como ele tratava os doentes. Punha-lhes a bebida e a comida na boca. Buscava água para eles. Rachava lenha, varria, limpava suas cabanas paupérrimas e arrumava-lhes a cama. Pensava suas horríveis chagas, lavava com suas próprias mãos as faixas e os panos ensangüentados e infectos. Ajoelhado no chão, tirava-lhes os bichos-de-pé.

Muitas vezes os médicos o advertiam: "Padre, seja prudente, por amor de Deus. O Senhor corre perigo de pegar a doença". Ele respondia sorrindo: "Oh! não é nada. São nossos irmãos. Deus protege".

De fato, embora trabalhasse durante vinte e cinco anos no meio dos hansenianos, não chegou a ser contaminado pela doença.

Labutou muito para que esses abandonados e relegados da sociedade recebessem melhor tratamento: Conseguiu que o piso de barro das cabanas fosse substituído por assoalhos de madeira. Que os doentes tivessem camas decentes. Que as roupas fossem lavadas por pessoas sadias, e não pelos próprios leprosos.

Pe. Donders dedicou-se também aos índios, aos negros e aos empregados de fazendas. É difícil dizer em qual destes campos de apostolado ele foi menos dedicado. Uma coisa é certa: preferiu morrer no meio de seus filhos leprosos.

Palavra de Deus

Embora livre em relação a todos, de todos me fiz servo, a fim de ganhar o maior número: com os judeus, tornei-me judeu a fim de ganhar os judeus. Com os que estão sujeitos à lei, comportei-me como se também eu estivesse sujeito...

Com os fracos tornei-me fraco a fim de ganhar os fracos. Para todos faço-me tudo a fim de salvar um bom número deles a todo o custo. Tudo isso eu faço por causa do Evangelho... *(1 Cor 9, 19-23)*

BEM-AVENTURADO PEDRO DONDERS (1809-1887)

A COROA DA PENITÊNCIA

JANEIRO 15

Palavra do homem

Após vários dias de intensa procura, o monge Antão foi encontrar Paulo numa caverna, fazendo penitência. Os dois santos se cumprimentaram com visível alegria. No meio daquele desabafo descontraído, Antão correu os olhos pela gruta e notou uma forja apagada, ali num canto:

— Uma forja aqui? Para que? Você é ferreiro também?

— Ah! sim! Alguém morou aqui antes de mim e utilizava essa forja para cunhar moedas falsas. Não duvido que no tempo do imperador Augusto os contrabandistas fizeram desta gruta o seu esconderijo e a sua fábrica de moedas falsas. Mas, agora você está vendo outro falsificador aqui na gruta.

— Outro falsificador de moedas? Quem?

— Sou eu. Faz quase cem anos que deixei o mundo civilizado. Tenho agora cento e treze anos... Eu era rico e tinha todo o conforto. Naquele tempo o imperador pagão começou a perseguir os cristãos. Muitos morreram mártires. Eu, porém, fugi de medo e aqui me escondi. E aqui estou, como falsificador.

— Ainda não estou compreendendo...

— Explico melhor. Perdi a coroa do martírio por minha covardia. Agora passo a vida fabricando outra, talvez de menor valor. É a coroa da penitência, que vou forjando dia por dia, com minhas obras de penitência. Espero que também ela seja aceita pelo Pai das misericórdias.

Quatro dias depois, Paulo, o primeiro eremita do deserto, morreu nos braços de Antão.

Palavra de Deus

O reino dos céus é semelhante a um tesouro escondido num campo o qual, quando um homem o acha, esconde-o, vai e vende tudo o que tem, e compra aquele campo.

O reino dos céus é também semelhante a um negociante que procura pérolas preciosas. E tendo encontrado uma de grande preço, vai, e vende tudo o que tem e a compra. *(Mt 13, 44-46)*

SÃO PAULO, eremita (228-341)

16 JANEIRO

SÓ FORNECEMOS A SEMENTE

Palavra do homem

Um rapaz entrou, em sonhos, numa loja. Quem atendia no balcão era um anjo, vestindo uma túnica muito branca. Entre curioso e deslumbrado, perguntou:

— O que você vende aqui, meu anjo?

— De tudo o que é bom, e que você desejar.

— Nesse caso eu peço: O fim das guerras... maiores oportunidades para os marginalizados da sociedade... trabalho para todos... melhores salários para quem trabalha... mais moralidade nos meios de comunicação... mais fraternidade... mais amor, mais justiça...

O anjo interrompeu o rapaz:

— Um momento. Acho que você não entendeu o que eu queria dizer. Aqui nós não fornecemos os frutos, mas somente as sementes.

Palavra de Deus

Quando o Senhor reergueu a sorte de Sião, nós ficamos como que sonhando.

Desataram-se então nossos lábios para o sorriso, e a nossa língua para os cantos da alegria.

Dizia-se entre as nações: Grandes coisas fez por eles o Senhor. Sim, grandes coisas fez por nós o Senhor, e disso nos alegramos.

Mudai, Senhor, nossa sorte, como fazem os regatos na terra austral. Os que semeavam derramando lágrimas, ceifarão entre cantos de alegria. Na ida vão chorando, carregando a semente. Na volta vêm radiantes de alegria, trazendo os cestos cheios de frutos. *(Salmo 125)*

Palavra para a vida

— Muitas vezes queremos colher, sem haver plantado... Queremos colocar o telhado na casa, antes de preparar os alicerces... Queremos festejar a vitória, antes da batalha... Queremos o céu já aqui na terra...

— No frontispício de um hospital, na segunda guerra mundial, lia-se: "Aqui se trabalha pela paz"... Trabalhemos hoje para colher amanhã...

E O DESERTO FLORESCEU

Palavra do homem

Antão era um moço muito rico. Um dia ele entrou na igreja quando estavam lendo a seguinte passagem do Evangelho: "Se queres ser perfeito, vai, vende tudo o que tens, dá aos pobres, depois vem e segue-me".

Foi o que ele fez. Deixou tudo e foi viver no deserto. Sua cama era uma esteira. Seu alimento era o pão que ele mesmo fazia com cereais plantados pelas próprias mãos.

Também naquela solidão, o demônio da sensualidade e da riqueza o atormentava terrivelmente. Um dia, após vencer mais um embate, perguntou ao Senhor:

— Onde estavas, quando eu me debatia como um desesperado?

— Eu estava ao teu lado. Sem minha presença, terias fraquejado. Terias voltado ao passado.

Antão, porém, não se fechou numa solidão estéril. A fama de sua santidade se difundiu por toda a parte. Formou-se uma verdadeira procissão de pessoas que vinham visitá-lo e buscar conselhos.

Muitos foram morar naquela solidão. E assim o deserto floriu, povoando-se de monges e eremitas. Antão é pai dos monges do deserto.

Palavra de Deus

Em seguida Jesus disse aos seus discípulos: Se alguém quiser vir após mim, renuncie-se a si mesmo, tome a sua cruz e siga-me. Porque, aquele que quiser salvar a sua vida, perdê-la-á. Mas aquele que tiver sacrificado a sua vida por minha causa, encontrá-la-á.

O que adianta ao homem ganhar o mundo inteiro, se perder a sua vida? Ou, o que dará o homem em troca de sua alma?

Porque o Filho do homem há de vir na glória do seu Pai com seus anjos. Então recompensará a cada um segundo as suas obras.
(Mt 16,24-27)

Palavra para a vida

— Retirar-se para um momento de prece e de reflexão, ainda tem sentido hoje em dia, no século da poluição sonora?...

SANTO ANTÃO (250-356)

18 JANEIRO

ASSIM DISSE O ÍMPIO

Palavra do homem

Numa conversa franca ao pé do fogo, um homem me contou:

— Entrei de empregado numa oficina mecânica, numa cidade grande. Meu patrão era muito exigente. Não queria ver ninguém parado. Tinha ambição e ganância pelo dinheiro. Nem os domingos ele respeitava.

Um dia eu disse que ia para a missa. Ele respondeu que precisava terminar o serviço, que missa era perda de tempo, que Deus não existia e que o importante é ganhar dinheiro...

Não repliquei nem respondi mais nada. Simplesmente pedi a conta e deixei o emprego. Eu pensei comigo: Um homem que não acredita em Deus, é capaz de tudo. É capaz de injustiças, de roubos e até de crime. Um homem assim não oferece segurança.

Palavra de Deus

Diz o ímpio em seu coração: Deus não existe.

Corromperam-se os homens, sua conduta é abominável. Não há um só que faça o bem.

O Senhor, do alto do céu, observa os filhos dos homens, para ver se, acaso, existe alguém sensato que busque a Deus.

Mas todos eles se extraviaram e se perverteram. Não há mais ninguém que faça o bem, nem um, nem mesmo um só.

Não se emendarão esses obreiros do mal? Que devoram meu povo como quem come pão? Eles que não invocam o Senhor?

Mas irão tremer de pavor, porque Deus está com a raça dos justos.

Pretendeis frustrar os planos do humilde, mas o Senhor é seu refúgio.

Ah! que venha de Sião a salvação de Israel. Quando o Senhor tiver mudado a sorte de seu povo, Jacó exultará e Israel se alegrará.
(Salmo 13)

Palavra para a vida

— Muita gente nega a existência de Deus para continuar tranqüilamente na sua impiedade. Mas com Deus não se brinca, diz São Paulo.

A EXPOSIÇÃO E O ESPELHO

JANEIRO 19

Palavra do homem

Houve uma exposição de quadros artísticos, numa grande cidade.

Como acontece nessas exposições, há muitos que vão para se fazer de entendidos em arte ou para se exibir.

Na ante-sala da exposição a que nos referimos, colocaram um grande espelho. Talvez para ajudar os visitantes e a se recomporem, após ter caminhado pelas ruas agitadas.

Um dos primeiros visitantes foi uma senhora bem vestida e bastante rebocada de cosméticos. Ao dar de frente com o grande espelho, encheu-se de indignação e começou a reclamar:

— Vejam só! Pela amostra já se vê que tipo de exposição vai ser esta. Veja esse lobisomem, esse espantalho aí no quadro!

Quando lhe disseram que aquilo era simplesmente um espelho, ela ficou toda ruborizada. Mas já era tarde.

Explica-se o engano: Depois de certa idade, ela parou de olhar para o espelho.

Palavra de Deus

Que direi eu, ou que me responderá ele, quando foi ele mesmo quem fez isso? Repassarei diante de ti todos os meus anos, na amargura da minha alma...

Encontrarei paz na minha amarga aflição. E tu livraste a minha alma para ela não perecer, lançando para trás das tuas costas, todos os meus pecados...

Porque o sepulcro não te bendirá, nem a morte te louvará. Os que descem à sepultura, não esperarão mais a tua verdade...
(Is 38,15-18)

Palavra para a vida

— Quem fica muito tempo sem fazer uma revisão de vida, é como aquele que passou anos inteiros sem se ver no espelho. Quando o fizer, não mais se reconhecerá. Você costuma pensar na sua vida?

— Às vezes é preciso parar um pouco para a gente se localizar, conferir os relógios, corrigir os rumos...

20 JANEIRO

A CORAGEM DE SEBASTIÃO

Palavra do homem

Sebastião, o comandante da guarda pessoal do imperador Diocleciano, foi condenado a morrer porque descobriram que era cristão. Atado a um poste, seu corpo foi crivado de flechas. Deveria morrer aos poucos, esvaído no próprio sangue.

Horas depois do martírio, alguns cristãos vieram pedir o seu corpo a fim de sepultá-lo. Mas quando ajeitavam-no para o enterro, lavando e envolvendo em panos, perceberam que Sebastião ainda respirava. Disse alguém: "Vamos tentar salvá-lo. Com um tratamento intensivo, ele pode recuperar-se. Deus está conosco".

Bastaram poucas semanas para que Sebastião se recuperasse. Seu primeiro gesto foi apresentar-se ao imperador. Apareceu de surpresa na sala de audiências, justamente no momento em que estava sendo pronunciada mais uma sentença de morte contra um cristão. Com o dedo em riste, como um profeta, gritou Sebastião:

— Até quando, nesta sala de injustiças, continuarão a julgar pessoas inocentes e indefesas? Eu sou a voz de Deus que pede vingança.

O imperador, refeito do susto e da surpresa, vociferou com voz ameaçadora:

— Esse traidor está vivo ainda? Seja morto a chicotadas, aqui mesmo, diante dos meus olhos, para que não haja mais dúvidas.

Os carrascos iniciaram a carnificina. Logo depois das primeiras chibatadas, o mártir caiu desfalecido. A um aceno do tirânico imperador, sua cabeça foi decepada com a machadinha.

Palavra de Deus

Não temais aqueles que matam o corpo, mas não podem matar a alma. Temei, antes Aquele que pode precipitar a alma e o corpo na geena...

Quem der testemunho de mim diante dos homens, também eu darei testemunho dele diante do meu Pai que está nos céus. Aquele, porém, que me negar diante dos homens, eu o negarei diante do meu Pai... *(Mt 10,28-33)*

SÃO SEBASTIÃO, mártir (séc. IV) ______________

JÁ ESTOU COMPROMETIDA

JANEIRO **21**

Palavra do homem

Inês, jovenzinha de beleza e candura arrebatadora, está diante do Prefeito de Roma:

— Escute, menina. Ouvi coisas um tanto comprometedoras a respeito de você e sua conduta. Disseram que você também pertence a esta seita abominável dos cristãos. Contudo fecharei meus olhos e deixarei passar esse crime, se você prometer casar-se com meu filho. Ele está loucamente apaixonado por você e promete fazê-la feliz.

— Eu já estou comprometida. Jamais deixarei de ser fiel àquele a quem prometi meu coração.

— Quem será esse jovem que tomou conta do seu coração? perguntou o juiz, ansioso e interessado.

— É Jesus Cristo, meu Rei e meu Senhor!

— Você terá que renegar esse nome.

Ao perceber, porém, que no semblante da jovem desenhava-se firmeza e decisão serena, mandou o carrasco trazer os instrumentos de tortura, reservados para os que traíam a religião do governo: garfos de ferro, tenazes, chicotes com pontas de ferro etc. Tudo inútil. Inês não se deixou intimidar:

— Aquele a quem amo, me dará forças para suportar todas as dores.

— Mas você é tão criança e tão bonita. Estou com dó de vê-la morrer tão jovem. Basta sacrificar aos nossos deuses...

— Não te importes com meus poucos anos. Não preciso da tua compaixão!

Inês foi condenada a morrer pela espada.

Palavra de Deus

Irmãos, quem se glorifica, glorifique-se no Senhor. Não é aquele que se recomenda a si próprio, que tem valor. Mas, sim, aquele que o Senhor recomenda... Se pudésseis suportar um pouco de loucura da minha parte! Pois bem, suportai-me. Tenho por vós um ciúme divino. Porque vos desposei a um esposo único, para vos apresentar ao Cristo como uma virgem pura. *(2Cor 10,17; 11,1-2)*

SANTA INÊS, virgem e mártir († séc. IV)

OS DOIS BURRINHOS

Palavra do homem

Era uma vez dois burrinhos que viviam felizes, amarrados na mesma corda, um na ponta de cá e outro na ponta de lá. O desentendimento começou quando viram dois feixes de capim. Aqui começou uma pequena novela em cinco capítulos.

1.º- Cada um dos burrinhos, esquecido da corda e do outro, partiu para o monte que lhe pareceu mais apetitoso e mais próximo.

2.º- Não demoraram muito para perceber que a corda era curta demais para ambos satisfazerem simultaneamente o próprio gosto. E pela primeira vez perderam a cabeça. Começaram a puxar, cada qual para seu lado e com mais força.

3.º- Mas ambos eram igualmente fortes. Pouco valeram os esperneios, os zurros, os ferimentos que a corda deixou em seus pescoços. Nenhum dos dois alcançava o feixe, e nem o feixe vinha até eles.

4.º- Após muito esforço à-toa, completamente esfalfados, ambos se olharam tristemente e assentaram-se para conversar. Para acertar os relógios. Para traçar uma frente única de combate.

E resolveram assim: Vamos, os dois juntos, atacar este monte de cá. Depois, sempre juntos, vamos atacar o outro monte.

5.º- Assim fizeram. Poucos instantes depois os dois montes tinham sido amigavelmente devorados. Constataram mais uma vez que o problema não era questão de força, mas de jeito. De diálogo. De entendimento.

Palavra de Deus

Rogo-vos, pois, irmãos, em nome de Nosso Senhor Jesus Cristo, que todos vivam de acordo e não haja divisões entre vós. Vivei em boa harmonia, no mesmo espírito e no mesmo sentimento.

Pois, irmãos meus, fui informado pelos que são da casa de Cloé, que há contendas entre vós. Refiro-me ao fato de que entre vós se usa esta linguagem: Eu sou de Paulo... e eu de Apolo... e eu de Cefas... e eu de Cristo. Cristo estaria dividido?... *(1Cor 1,10-13)*

QUANDO É DIA?

JANEIRO 23

Palavra do homem

Um rabino perguntou certa vez ao seu discípulo:

— Você sabe explicar quando é que acaba a noite e começa o dia?

O rapaz, quase sorrindo diante de pergunta tão ingênua, assim respondeu:

— Ora, Mestre, é muito simples. Quando os primeiros raios da aurora começam a clarear o horizonte... quando se percebem os primeiros raios do sol tingindo o céu... quando já se pode distinguir entre um arbusto e um homem... quando...

O rapaz olhava para o semblante do seu mestre, como que esperando um sinal de assentimento. Mas a fisionomia do rabino continuava séria e insatisfeita. O rabino completou:

— Não! Ainda não! A noite cede ao dia quando a gente consegue ver no rosto do outro, a imagem do irmão ou da irmã. Enquanto a gente não descobre o retrato do irmão na pessoa do nosso próximo, ainda é noite dentro de nós.

Palavra de Deus

Caríssimos, se Deus assim nos amou, também nós devemos amar-nos uns aos outros. Ninguém jamais viu a Deus. Se nos amarmos mutuamente, Deus permanece em nós e seu amor em nós é perfeito.

Nisto conhecemos que estamos nele e ele em nós, por ele nos ter dado o seu espírito. E nós vimos e testemunhamos que o Pai enviou seu Filho como Salvador do mundo. Todo aquele que proclama que Jesus é o Filho de Deus, Deus permanece nele e ele em Deus...
(1Jo 4,11-16)

Palavra para a vida

— Quanto mais puro é o amor, mais depressa ele se comunica e com menos palavras... Precisamos cultivar nossa sensibilidade social para sentir com mais precisão e mais rapidez as precisões dos outros...

A PACIÊNCIA DO MISSIONÁRIO

Palavra do homem

O Pe. Francisco de Sales, conhecido pela sua calma imperturbável, foi mandado para a região de Chablais, na Suíça. Terreno difícil, até para o famoso e manso pregador. A grande maioria tinha aderido à nova religião protestante. Além de fanáticos, eram rudes com ele.

Nada ou quase nada conseguindo nas cidades, arriscou ir nos povoados e nas aldeias. Não foi melhor. Quantos lhe fechavam a porta no rosto! O que fazia nesse caso? Atirava folhetins por baixo das portas. Folhetos que ele mesmo escrevia, resumindo neles as principais verdades da fé católica.

Uma vez, em plena noite, uma chuva torrencial colheu o intrépido missionário na rua. Precisou encolher-se junto à parede de uma casa com telhado mais saliente.

Em outra ocasião ninguém quis acolher o padre, apesar da noite fria como gelo. Sua criatividade entrou em funcionamento. Se as casas se fechavam, restava o forno de fazer pão, lá no quintal. Ainda quentinho da última fornada, foi lá dentro que ele passou a noite.

Tanta persistência e pertinácia só tinha que dar resultado. Os frutos começaram a aparecer. As conversões apontaram aqui e ali como cogumelos benfazejos.

Palavra de Deus

Assim disse Jesus aos doze apóstolos, antes de enviá-los em missão:

— Por onde andardes, anunciai que o reino dos céus está próximo. Curai os doentes, ressuscitai os mortos, purificai os leprosos, expulsai os demônios. Dai de graça, o que de graça recebestes.

— Não leveis nem ouro, nem prata, nem dinheiro em vossos cintos. Nem mochila para a viagem, nem duas túnicas, nem calçados, nem bastão. Pois o operário merece o seu sustento.

— Entrando numa casa, dizei: Paz a esta casa!

— Eu vos envio como ovelhas no meio dos lobos. Sede prudentes como as serpentes e simples como as pombas. *(Mt 10, 7-10.12.16)*

SÃO FRANCISCO DE SALES, doutor da Igreja (1567-1622) ——

SAULO, POR QUE ME PERSEGUES?

JANEIRO **25**

Palavra do homem

Saulo, ardoroso judeu e fanático defensor de sua religião, está chegando às portas de Damasco. Vai levando ordens para prender todos os cristãos que encontrar. Cavalga um fogoso jinete, sempre escoltado por um grupo de fiéis soldados.

Súbito um forte clarão envolve cavalo e cavaleiro, deslumbrando e ofuscando os olhos de Saulo. Com tal violência freou o cavalo que caiu ao chão, como que fulminado.

Surge agora um rosto como se tivesse vindo de uma distância infinita. Seus olhos fitam Saulo. Olhos cheios de uma severidade dolorida e mansa. Uma voz se faz ouvir no meio daquelas nuvens de poeira e luz:

— Saulo, Saulo, por que me persegues?

Então Saulo perguntou com voz balbuciante e trêmula:

— Quem és tu, Senhor?

— Eu sou Jesus a quem persegues. É duro para ti, dar coices no próprio aguilhão.

Como um tiro certeiro, essas palavras atingiram de cheio a sua alma. Um mundo de preconceitos desmoronou em seu íntimo, sepultando debaixo das ruínas todo o seu orgulho e ódio. Quem ia caçar, foi caçado pelo divino caçador.

A imensidade do seu ódio contra Cristo transforma-se repentinamente numa caldeira de amor. Então ele pergunta, como um vencido que se entrega incondicionalmente:

— Senhor, que queres que eu faça?

— Levanta-te e entra na cidade. Lá ser-te-á dito o que deves fazer.

Palavra de Deus

Ora, eu vos declaro, irmãos que o Evangelho que tem sido pregado por mim, não é segundo o homem. Porque não o recebi, nem aprendi de homem, mas por revelação de Jesus Cristo. *(Gl 1,13-14)*

Pela graça de Deus, sou aquilo que sou.

CONVERSÃO DE SÃO PAULO

26 JANEIRO

O IDEAL DE TIMÓTEO

Palavra do homem

O jovem Timóteo queria ser discípulo de Paulo, apóstolo. Parece-nos estar ouvindo ainda o diálogo que nasceu entre os dois:

— Não sabes o que estás pedindo, respondeu Paulo. O caminho do apóstolo é cheio de espinhos. Espera-o, eu te garanto, um sem-fim de fadigas, privações, fome e sede, frio e calor, perigo de ladrões e feras, maus tratos, torturas, suspeitas, prisões e morte. É esta a vida que procuras?

Timóteo, com apenas dezenove anos, fitou Paulo com seus olhos negros:

— Sim, Mestre. É isso que eu quero. Sei que o caminho é o da cruz.

— Mas a tua saúde não é boa. Teu estômago te molesta e a febre te joga na cama freqüentes vezes. Nem sempre terás o carinho e o trato de tua mãe Eunice, nem da tua bondosa avó. Não serás, antes, um peso do que uma ajuda para mim e para Silas?

A estas palavras muito francas, o semblante do jovem se anuviou. Mas retornou firme:

— Quanto à saúde, sei que a tua não é muito melhor que a minha, caro pai. Desmaiaste mais de uma vez quando caminhavas pelas nossas estradas. Estou para ver, quem de nós dois vai cuidar do outro, acrescentou maliciosamente.

Paulo não pôde disfarçar um sorriso complacente. Pegou a deixa e:

— Estás te referindo àquele caso em Listra? Quando me encontraste sem sentidos no chão, apedrejado pelos judeus, pondo sangue pela boca e pelas feridas? Quando tu e Barnabé me carregaste até a casa da tua mãe? Poderias suportar coisa semelhante?

— Deus me dará forças para seguir teu exemplo. Não disseste uma infinidade de vezes que "tudo podemos naquele que nos conforta"?

Paulo apertou-lhe a mão com satisfação.

Palavra de Deus

Tu, pois, meu filho, fortifica-te na graça que está em Jesus Cristo. Suporta os trabalhos como bom soldado de Cristo...
(2Tm 2,1-3)

SANTOS TIMÓTEO E TITO, bispos (séc. I.)

VIUVEZ FECUNDA

JANEIRO 27

Palavra do homem

Paula teve uma juventude cercada de luxo. Era muito cortejada.

Casou-se muito bem. Continuou no casamento aquela vida de esplendor e bem-estar. Vivia longe da miséria e da pobreza. Tinha nojo de pobre.

Mas um dia, também no seu palácio entrou a tristeza e o luto. Paula perdeu o marido. Ainda jovem, cheia de sonhos, vê no ataúde aquele que ela tanto amava.

Passou vários dias fechada em sua dor, separada completamente de tudo e de todos. Quando deixou seu retiro, Paula estava transformada.

Reapareceu vestida com simplicidade. Tornou-se mais humana. As portas do palácio abriram-se para os pobres e doentes.

Emudeceram lá dentro os concertos de flautas e as festas alegres, para se ouvir os lamentos dos necessitados.

Ei-la que vai pressurosa pelas ruas de Roma, na direção do bairro dos pobres. Sobe as escadinhas cavadas no chão e penetra nos barracos humildes e sujos.

Depois desce até os subterrâneos da fome e da miséria. Procura por toda a parte Aquele que a gente encontra mais facilmente entre os pobres: Jesus Cristo.

Aos doentes lava as feridas purulentas. Às crianças limpa a cabecinha cheia de parasitas. Aos famintos e desfalecidos leva comida e fortificantes.

Fez seu testamento antes de morrer, deixando todos os seus bens para os pobres.

Palavra de Deus

Uma mulher virtuosa, quem a encontrará? Seu valor é superior ao das pérolas. O coração do seu marido nela confia, e jamais lhe falta coisa alguma... Procura lã e linho e os trabalha prazerosamente com suas mãos... Alarga sua mão ao desvalido, e ao pobre estende a sua mão... *(Pr 31, 10 ss.)*

SANTA PAULA, viúva († 404)

28 JANEIRO

O "BOI MUDO"

Palavra do homem

Tomás de Aquino era um estudante aplicado e quieto. Nas aulas e nos debates públicos quase não abria a boca. Passou a ser tido como fraco de inteligência. Quantos olhavam para ele por cima dos ombros. Apelidaram-no de "boi mudo" devido ao seu jeito taciturno.

Um dos seus colegas, pensando que Tomás não entendia nada do que era ensinado nas aulas, ofereceu-se para lhe dar algumas aulas particulares:

— Caro confrade, deve ser difícil para você, acompanhar as aulas de nosso professor Pe. Alberto. Se quiser, posso ajudá-lo, explicando melhor o que você não entendeu.

— Agradeço sua boa vontade, caro irmão. Prestarei muita atenção.

Assim ele fez durante vários dias. O filho do nobre conde italiano escutava com docilidade e humildade. Aconteceu, entretanto, que numa dessas aulas esgotou-se de repente a ciência do bom confrade. Não sabia como continuar, acabando por gaguejar e titubear numa questão de Teologia.

Tomás, notando o embaraço e esquecendo-se do seu papel de aluno, reatou o fio da aula: Com palavras muito precisas, explicou aquilo que o jovem professor não sabia transmitir.

O colega ficou meio confundido. A modéstia de Tomás o deixara enganado até aquele momento, a respeito da sua inteligência deslumbrante.

Tomás de Aquino é chamado "Águia do pensamento". Escreveu muitos livros de Teologia, tornando-se conhecido no mundo inteiro pela sua sabedoria, humildade e santidade.

Palavra de Deus

Ditoso o homem que se aplica à sabedoria... que presta atenção aos caminhos dela e pensa nas suas veredas!... que espia pelas suas janelas e escuta às suas portas!... à sua sombra procura defesa contra o calor, e nos seus interiores escolhe um aposento... *(Eclo 14,20 ss.)*

SANTO TOMÁS DE AQUINO, doutor da Igreja († 1274) ______

"É POR CAUSA DO MEU DEUS"

JANEIRO **29**

Palavra do homem

Uma senhora contou como venceu a maior tentação da sua vida. Juntara-se a uma caravana para uma excursão cultural no exterior.

Seu marido, preso aos compromissos da profissão, não podia acompanhá-la. Mas dois sentimentos contrários se chocavam no seu íntimo: Alegria por tirar umas férias conjugais, e boa dose de preocupação pela esposa.

Ela partiu com suas colegas. Viagem cheia de atrativos e novidades. Não faltaram homenagens carinhosas ao grupo de excursionistas. Numa cidade houve até um jantar dançante. Foi nesta festa que começou a novela. Um homem convidou-a para dançar com ele, não ocultando visível paixão.

Desde aquela noite não deixou de cortejá-la, apesar das resistências que encontrava. Uma noite atreveu-se a convidá-la para um "programa". Ela alegou que estava saindo para um passeio com as companheiras. Ele:

— Só por causa desse passeio? Era casada? Tinha medo do marido? Mas ele estava tão longe. Por que, afinal, não aceitava o convite?

Após pequena hesitação, ela respondeu firme:

— Unicamente por causa do meu Deus.

Dias depois, quando foi despedir-se dela, frustrado em seus intentos, mas admirando a fidelidade daquela criatura, disse: "Eu não insisti mais, sabe por quê? Para respeitar o seu Deus"

Ao voltar da excursão, sentiu-se imensamente recompensada: Nunca, nem mesmo no dia do casamento, seu marido abraçou-a com tanta efusão e ternura. Parecia estar adivinhando a luta que se travara no coração da esposa. Por causa dele e por causa do Deus de ambos.

Palavra de Deus

Feliz o homem que sustenta a tentação. Porque, depois de suportar a provação, receberá a coroa da vida que Deus prometeu aos que o amam... *(Tg 1,12)*

CONFISSÃO E PERDÃO

Palavra do homem

É o próprio Gandhi, morto em favor da justiça, quem nos conta este fato da sua vida:

— Eu tinha 15 anos quando pratiquei um roubo. Estava devendo; e por isso roubei uma pulseira de ouro na loja do meu pai, a fim de saldar minha dívida.

A culpa foi pesando tanto na consciência, a ponto de não suportar mais. Queria contar ao meu pai o meu pecado, mas minha boca não se abria, de pura vergonha.

Mas tinha que me desabafar. Tinha que confessar minha culpa. Então fiz a minha confissão por escrito. Eu tremia ao entregar-lhe o bilhete. Meu pai leu, fechou os olhos, depois rasgou calmamente o papel e me disse num tom muito paternal:

— Está muito bom.

Depois me tomou pelo braço, como que desejando concretizar o perdão num gesto amigo.

Daquele dia em diante comecei a gostar ainda mais do meu pai.

Palavra de Deus

O filho pródigo, arrependido por ter abandonado a casa do pai em troca de aventuras pecaminosas, encetou a viagem de volta:

Quando ainda estava longe, seu pai o viu e, movido de compaixão, correu a lançar-se-lhe ao pescoço e o beijou. O filho disse: "Pai, pequei contra o céu e contra ti. Já não sou digno de ser chamado teu filho".

Mas o pai ordenou aos seus criados: "Trazei depressa a veste melhor e vesti-lha. Trazei o vitelo mais gordo, matai-o e festejemos. Porque este meu filho estava morto e voltou à vida. Tinha-se perdido e foi encontrado". *(Lc 15,11-32)*

UM PASSEIO COM OS PRESOS

JANEIRO 31

Palavra do homem

Pe. João Bosco preocupou-se muito pela infância abandonada e pelos marginais da sociedade. Visitava amiúde os trezentos prisioneiros, recolhidos por vadiagem, crimes, roubos e toda a sorte de malandragens.

Um dia propôs ao Diretor da Penitenciária, fazer um passeio com eles. O Diretor pensou que Dom Bosco estava brincando. Dom Bosco respondeu que estava falando sério. Brincando ou não, era impossível tal coisa. Só se falassem com o Ministro.

Foram conversar com o Ministro. Ele pensou e respondeu:

— É fato inédito, mas podemos experimentar. Não duvido que vai fazer muito bem para eles, tanto moral como fisicamente. Pedirei que um grupo de soldados a paisana os acompanhe de longe para ajudar o senhor a manter a ordem.

— Excelência, respondeu Dom Bosco, agradeço sua oferta. Mas só levá-los-ei a passeio se eu for sozinho com eles. Dispenso o policiamento.

O Ministro ficou boquiaberto. Discutiram bastante. Por fim o Ministro cedeu, pois percebeu naquele homem uma liderança fora do comum.

Dom Bosco reuniu os detentos e transmitiu a alegre notícia. Foi aquele berro de satisfação. Mas... que se comportassem bem. Se não... Um dos detentos, sublinhando as palavras de Dom Bosco, ajuntou:

— O patife que desonrar o grupo, não volta vivo para casa... E se alguém fugir, eu quebro sua cabeça com pedradas.

— Assim não, acalmou Dom Bosco.

No dia seguinte Dom Bosco saiu com seus trezentos presos e voltou à noitinha. Não faltava ninguém no bando. Comportamento impecável.

Palavra de Deus

Alegrai-vos sempre no Senhor. Repito: alegrai-vos. Seja conhecida de todos os homens a vossa bondade. O Senhor está próximo. Não vos inquieteis com nada. Em todas as circunstâncias apresentai a Deus as vossas preocupações, através da oração, da súplica e ação de graças. *(Fl 4,4-6)*

________________________ **SÃO JOÃO BOSCO** (1851-1888)

1 FEVEREIRO

DINHEIRO SÓ SERVE PARA ISSO

Palavra do homem

Eu estava na rodoviária de uma capital, aguardando meu ônibus.

Ali, num canto, assentado no chão, pernas entrevadas e mãos estendidas, está um homem pedindo ajuda para poder viajar.

Quer voltar para sua terra que fica num ponto distante da Bahia, mas não tem dinheiro para a passagem. As pessoas que passam, deixam cair algum trocadinho na sua mão. Quando iria completar o dinheiro, que não era pouco?

Foi aí que um passageiro aproximou-se dele e perguntou para onde queria viajar. Em seguida, sem dizer mais nada, foi até o guichê, comprou a passagem e foi entregar-lhe na mão.

Os que por ali estavam, entreolharam-se admirados. E por que não? Envergonhados por não terem tido a mesma idéia.

O desconhecido, como que adivinhando o pensamento de todos, disse com toda a naturalidade.

— O dinheiro só serve para isso mesmo!

Palavra de Deus

Não ajunteis para vós, tesouros na terra, onde a traça e a ferrugem consomem, e onde os ladrões arrombam e roubam.

Entesourai tesouros no céu, onde nem a traça e nem a ferrugem destroem, e onde os ladrões não arrombam nem roubam.

Porque, onde está o vosso tesouro, aí estará também o vosso coração. *(Mt 6, 19-21)*

Perguntas para viver

— Entre os que morreram, você já viu algum deles levar os bens que possuía aqui na terra?

— Conheci uma pessoa que, cada dia se desprendia de uma coisa para, na hora da morte, não sentir tanto a separação.

— Conhece esta frase famosa: Quem não vive para servir, não serve para viver?

APRESENTAÇÃO DO SENHOR

FEVEREIRO 2

Palavra do homem

Uma vez um homem tomou seu café da manhã, despediu-se da esposa e foi à garagem a fim de pegar o carro e sair para o serviço.

Era o que fazia todos os dias.

Nessa manhã seu filho caçula acordara mais cedo e fora brincar na garagem. O menino brincava ali atrás, enquanto o carro aquecia.

Foi num zás-trás: O pai já estava dando marcha-a-ré quando ouviu um grito de dor. Olhou para trás e viu tudo. Seu filho fora espremido pelo carro contra a porta da garagem, e sangrava horrivelmente.

Pegando nos braços o filho ensangüentado, ergueu-o para o céu dizendo:

— Senhor, tu o deste. Agora queres tirá-lo. Pois ele é seu.

Só então colocou-o no carro, e correu para o hospital.

Palavra de Deus

Depois que se completaram os dias da purificação de Maria, segundo a lei de Moisés, levaram-no a Jerusalém para o apresentar ao Senhor, segundo o que está escrito na lei do Senhor "Todo o varão primogênito será consagrado ao Senhor" e para oferecer em sacrifício, conforme o que está escrito na lei do Senhor "um par de rolas ou dois pombinhos".

Havia então em Jerusalém um homem chamado Simeão. Este homem era justo e temente a Deus, e esperava a consolação de Israel.

O Espírito Santo estava nele. Tinha-lhe sido revelado pelo Espírito Santo que não veria a morte, sem ver primeiro o Cristo do Senhor.

Foi ao templo conduzido pelo Espírito. E levando os pais o Menino Jesus, para cumprirem as prescrições usuais da lei a seu respeito, ele o tomou nos braços e louvou a Deus dizendo:

— Agora, Senhor, podes deixar partir o seu servo em paz, segundo a tua palavra. Porque meus olhos viram a tua salvação, a qual preparaste ante a face de todos os povos; luz para iluminar as nações e glória de Israel teu povo. *(Lc 2, 22-32)*

O MENINO ENGASGADO

Palavra do homem

Braz era bispo de Sebaste. Fora preso juntamente com um grupo de cristãos. Os carcereiros ficavam surpreendidos, vendo a alegria que reinava entre os presos. Até pela noite a dentro ressoavam nas abóbadas sombrias da prisão, os cânticos dos mártires.

Um dia o carcereiro entrou precipitadamente na masmorra, carregando nos braços um menino que estava morrendo sufocado. Os sinais do sufocamento desenhavam-se no seu semblante, todo azulado e pálido.

— Braz! Braz! Salva meu filho. Ele está morrendo.

O bispo já havia trabalhado de médico em Sebaste alguns anos atrás.

Olhou atentamente para o menino asfixiado e orou erguendo os olhos para o alto. Em seguida tomou-o nos braços, e com muito jeito extraiu-lhe um espinho da garganta.

No dia seguinte um pelotão da assim chamada "legião fulminante" conduziu Braz para o lugar da execução. Com valor heróico e cristão, recebeu o golpe fatal da espada.

Dias antes o santo bispo curava milagrosamente a garganta de um menino. Agora os inimigos, indiferentes a esse gesto de caridade, mandavam cortar o seu pescoço.

Palavra de Deus

Justificados, pois, pela fé, temos a paz com Deus, por meio de Nosso Senhor Jesus Cristo. Por ele é que tivemos acesso a esta graça, na qual estamos firmes, e nos gloriamos na esperança de possuir um dia a glória de Deus.

Não só isso, mas nos gloriamos até das tribulações, pois sabemos que a tribulação produz a paciência, a paciência prova a fidelidade, e a fidelidade, comprovada, produz a esperança.

E a esperança não engana. Porque o amor de Deus foi derramado em nossos corações pelo Espírito Santo que nos foi dado.

(Rm 5,1-5)

SÃO BRAZ, bispo e mártir († 316)

O FIM DO ASTRÔNOMO

FEVEREIRO 4

Palavra do homem

Era uma vez um astrônomo que tinha verdadeira paixão pela ciência dos astros. Passava noites inteiras a estudar as estrelas, quer no telescópio, quer a olho nu. Esquecia-se até de tomar as refeições quando descobria alguma novidade no céu. Vivia, como se diz, no mundo da lua.

Um dia, coitado do astrônomo, saíra apressadamente de sua casa a fim de dar uma aula de astronomia. Já era de noitinha. Atrasara-se, como sempre. Mesmo atrasado, não despregava os olhos das estrelas enquanto caminhava pelas ruas da cidade.

Ao atravessar uma pontezinha estreita, sem corrimão, não olhou onde estava pisando, perdeu o equilíbrio e caiu no riacho, com livros, óculos e tudo.

Como se debatia, sem saber nadar! Mesmo debatendo-se na água, é bem capaz de que continuasse espiando para as estrelas.

Morreu e foi sepultado, com todas as honras de um cientista.

Junto ao túmulo fizeram-lhe muitos discursos e panegíricos.

Um homem do povo, enquanto ouvia aquelas tiradas oratórias, deixou escapar esta observação muito realista:

— De que lhe serviu tanta sabedoria? Se tivesse aprendido como se atravessa uma ponte sem corrimão, teria sido mais útil.

Palavra de Deus

Quando apliquei meu espírito ao estudo da sabedoria e a considerar o trabalho que se executa sobre a terra, sem fechar os olhos para o sono nem de dia nem de noite, notei que o homem não consegue descobrir o que Deus realiza debaixo do sol.

Por mais que se afadigue em procurar, o homem nada descobre.

Mesmo que o sábio afirmasse que sabe, nada consegue descobrir. *(Ecl 8, 16-17)*

Palavra da vida

— É bom saber bastante? E se a gente descuidar a ciência divina?

— Que diz do provérbio "mais vale um burro sadio que um sábio doente"?

5 FEVEREIRO

A GRATIDÃO DO AVARENTO

Palavra do homem

O meu cavalo empacou. Fustiguei-o. Ele corcoveou várias vezes e me cuspiu da sela. Um caipira que estava ali por perto, me socorreu. Pensei em gratificá-lo. Pronto, vou dar-lhe três moedas de ouro.

Enquanto eu tomava esta generosa decisão, o caipira, que já terminara de arrumar novamente os arreios no animal, entregou-me as rédeas dizendo:

— Aqui está seu animal. Arrumadinho da silva.

— Pois não é certo que eu ia morrendo? ajuntei.

— Se ele corresse por aí a fora, seria possível. Mas com a ajuda do Senhor, não lhe aconteceu nada.

Procurei as três moedas. Mas não bastariam duas?... Aquele sujeito jamais viu moeda de ouro... Dou-lhe uma só. Olhei-a. Era muito ainda. Meio envergonhado, deixei cair na mão, um cruzado de prata. E segui a trote largo. O caipira desfazia-se em cortesias e mesuras. Eu pagara-lhe bem, bem até demais.

Enfiei os dedos no bolso do colete e senti uma moedinha de cobre. Eram os vinténs que eu deveria ter dado ao pobre esmulambado.

Fiquei desconsolado, chamei-me de pródigo e tive (por que não direi tudo?), tive remorso de ter dado tanto.

(cena contada por Machado de Assis)

Palavra de Deus

Terminadas as festas de casamento, Tobias chamou seu filho e disse-lhe: "Paga ao teu companheiro de viagem o salário devido, e veja o que convém acrescentar. Respondeu-lhe Tobias: "Pai, quanto devo dar? Não seria prejuízo nenhum para mim, entregar-lhe a metade do que trouxe comigo. Pois ele me conduziu são e salvo, libertou minha esposa, trouxe comigo o dinheiro e curou a ti. Que outra recompensa poderei ainda oferecer-lhe?" *(Tb 12,1-5)*

OS MÁRTIRES DO JAPÃO

Palavra do homem

Vinte e seis cruzes já foram erguidas numa colina de Nagazaki.

Estão reservadas para um grupo de cristãos (padres, leigos e até crianças), que não quiseram renegar a sua fé.

Os mártires chegaram, após ter passado por diversas cidades, para que todos ficassem conhecendo os "traidores da pátria". Subiram a colina cantando o hino "minha alma engrandece ao Senhor".

No meio dos mártires há três meninos. O chefe dos executores do martírio tentou convencer o mais pequeno deles a renegar a sua fé, livrando-se assim da morte. A criança respondeu resoluta:

— Nunca farei tal coisa.

Então os verdugos agarraram os condenados e os amarraram nas cruzes. Ali ficaram suspensos durante muito tempo. Os membros se deslocaram e se desconjuntaram, causando dores horríveis. Mas ninguém se queixou.

Chegou o momento da consumação do sacrifício. As lanças dos carrascos atravessaram sem piedade o coração das vítimas.

Os cristãos que presenciavam a cena, não se contiveram mais. Romperam as fileiras dos soldados e guardas, e foram molhar panos e lenços no sangue que corria daqueles corpos imolados.

Palavra de Deus

Tenho para mim que os sofrimentos da vida presente não têm proporção alguma com a glória futura que nos deve ser manifestada. Por isso, a criação aguarda ansiosamente a manifestação dos filhos de Deus.

Pois a criação foi sujeita à vaidade (não voluntariamente, mas por vontade daquele que a sujeitou), mas com a esperança de ser também ela libertada do cativeiro da corrupção, para participar da gloriosa liberdade dos filhos de Deus. Sabemos que toda a criação geme e sofre como que em dores de parto até ao presente dia.

SÃO PAULO MIKI e companheiros († 1597)

7 FEVEREIRO

CENA DE BALCÃO

Palavra do homem

Um rapaz entrou numa loja para fazer compras. Tinha saído do seu local de trabalho, que era uma oficina mecânica. Estava, portanto, com pouca aparência de gente de bem: roupa lambuzada de graxa, cabelos em desalinho, mãos mal lavadas etc.

Havia muita gente na loja, pois era hora de fechar. Balconistas atarefados, atendendo a uns e outros com a maior presteza: O que a senhorita deseja?... O cavalheiro já foi atendido?...

O rapaz ficou aguardando sua vez junto ao balcão. Passaram-se uns bons dez minutos e ninguém vinha perguntar o que desejava. Cansado de esperar, retirou-se sem dizer nada.

Voltou no dia seguinte. Mas não parecia o cliente da véspera: Roupa alinhada, cabelos penteados, todo perfumado. Apenas se aproximou do balcão, e já veio uma balconista, sorridente e prestativa: O que o moço deseja?

Ele perguntou, num tom bastante irônico, se ela se lembrava de um freguês assim e assim que estivera ontem à tarde nessa loja. E contou toda a cena desagradável acontecida com ele.

Palavra de Deus

Suponhamos que entre na vossa reunião um homem com anel de ouro e ricos trajes. Entre também um pobre, com roupa surrada. Se atenderdes ao que está bem trajado e lhe disserdes "senta-te aqui neste lugar de honra" e disserdes ao pobre "fica ali de pé" ou "senta-te aos meus pés", não é verdade que estaríeis fazendo acepção de pessoas e vos teríeis tornado juízes de pensamentos iníquos?...

Se cumprirdes a lei régia da Escritura "amarás teu próximo como a ti mesmo", sem dúvida fazeis bem. Mas se vos deixardes levar por distinção de pessoas, cometeis uma falta e sereis condenados pela Lei como transgressores...*(Tg 2, 2-4. 8-9)*

Palavra para a vida

— Cite outros tipos de discriminação que cometemos...

IRMÃ TERESA DOS MORIBUNDOS

Palavra do homem

Irmã Teresa começou, recolhendo crianças abandonadas nas ruas de Calcutá.

Certo dia de 1952 caminhava pelas ruas em busca dos mais necessitados. Viu então um espetáculo de arrepiar: uma mulher agonizava no meio de alguns escombros, já parcialmente roída pelas formigas.

Era mais cadáver do que gente.

O único sinal de vida que Madre Teresa percebeu, foi um débil queixume que saía penosamente de seus lábios amortecidos:

— Foi meu filho... que me... jogou aqui...

Teresa recolheu-a e a levou para o hospital mais próximo. Disseram-lhe, porém, que lá não havia lugar para aquele espectro humano.

A Irmã acentuou energicamente que não sairia dali enquanto não aceitassem a mulher agonizante.

Aceitaram-na. Mas não conseguiram restituir a vida àquela pobre, vítima de um filho desnaturado.

Depois de constatar resignada, o seu falecimento, Madre Teresa deixou aquele lugar com o desejo ardente de trabalhar intensamente em favor dos abandonados.

Ofereceram-lhe a "Casa do Peregrino", situada perto do templo da deusa Kali, protetora da cidade.

Madre Teresa deu-lhe o nome de "Casa do Moribundo".

Não demorou a ficar cheia desses infelizes, praticamente sem esperança. O único conforto que tinham, era morrer nos braços de uma mãe, "a mãe dos abandonados".

Palavra de Deus

Tobias alimentava os famintos, vestia os nus, e dava com solicitude sepultura aos que tinham falecido e aos que tinham sido mortos... Por isso ele e seus descendentes foram amados por Deus e pelos homens... *(Tb 1,20; 14,17)*

9 FEVEREIRO

CUSPA-LHE NA CARA POR MIM

Palavra do homem

Um rapaz está morrendo. Gostara muito de igreja quando criança. Mas depois envolveu-se com más companhias e se perdeu. Deixou-se embeber de idéias materialistas e se afastou de Deus.

Em seus últimos momentos sentiu remorso e pediu que chamassem um padre. Os amigos respondiam que já estava a caminho.

A cada minuto que passava, perguntava se já chegou.

A verdade é que ninguém fora chamar o sacerdote.

Foi quando chegou um amigo, daqueles com quem se envolvera e com quem se pervertera. Cumprimentou-o, pegando-lhe na mão. O rapaz quase não reagia mais.

Agarrando-o então nos braços, levantou-o e berrou, encarando bem dentro dos olhos do agonizante:

— Se você se encontrar com esse Cristo, cuspa-lhe na cara por mim, tá?

E deitou-o novamente na cama. Estava morto.

Palavra de Deus

Então os soldados do governador levaram Jesus para o pretório e reuniram à volta dele toda a corte. A seguir, despiram-no e jogaram nos seus ombros um manto vermelho. Tecendo uma coroa de espinhos, puseram-na em sua cabeça, e na mão direita uma vara. Depois, dobrando o joelho diante dele, escarneciam-no dizendo: "Salve, ó rei dos judeus".

E cuspindo-lhe no rosto, tomavam a taquara e batiam-lhe com ela na cabeça. Depois de o terem assim escarnecido, tiraram-lhe o manto, revestiram-no com as suas vestes e levaram-no para o crucificar. *(Mt 27, 27-31)*

Palavra para a vida

— Ainda existem pessoas que odeiam Jesus Cristo?

— As más companhias pervertem tanto assim? Sabe outros exemplos?

— E os que cospem nas imagens vivas de Jesus, que são os irmãos?

A TEMPESTADE QUE DEUS MANDOU

Palavra do homem

Subiaco é um lugarejo histórico e poético, situado perto de Roma. Ali moraram no século IV dois santos, irmãos de sangue: São Bento e Santa Escolástica. O mosteiro dos monges era bem separado do mosteiro das monjas.

Uma vez por ano, segundo a tradição, monges e monjas se encontravam para uma confraternização espiritual. Os dois irmãos aproveitavam essa oportunidade para matar saudades, orando e discorrendo sobre assuntos diversos. À noite tomavam a ceia e separavam-se.

Assim aconteceu também esta vez.

Após a ceia, em vez de se despedir, Escolástica pediu ao irmão:

— Meu irmão, peço que fiques hoje aqui. Assim poderemos continuar amanhã nossos colóquios.

— O que você está dizendo, minha irmã? Não posso passar a noite fora do meu convento.

O céu estava sereno. Ao ouvir essa negativa, e pressentindo o que ia acontecer com ela nos próximos dias, juntou as mãos, abaixou a cabeça e se concentrou na oração.

Ao levantar a cabeça, um raio riscou o céu, e desabou tremendo temporal. O irmão compreendeu que, com essa tempestade, não seria possível retornar ao convento. E disse, contrariado:

— O que você fez, minha irmã?

— Pedi para você e você não me atendeu. Pedi aos céus e fui atendida Volte para o seu convento agora, se puder.

A vigília de preces em comum prolongou-se até o amanhecer.

Poucos dias depois sua santa irmã deixava este mundo.

Palavra de Deus

Como é bom, como é suave, habitarem todos juntos como irmãos. É um óleo precioso, sobre a cabeça, e que desce sobre a barba, que desce sobre a barba de Aarão, sobre a gola do seu manto...*(Sl 132, 1ss.)*

SANTA ESCOLÁSTICA, VIRGEM († 542)

11 FEVEREIRO

VOU CONTAR PARA TUA MÃE

Palavra do homem

Foi em 1926, na cidade Santuário de Lourdes, na França.

É a hora da bênção dos doentes. Na esplanada estão centenas de doentes, deitados em padiolas ou reclinados em cadeiras de rodas, sob a assistência vigilante dos enfermeiros.

Entre eles está um moço, passando muito mal. Seu desenlace é esperado a qualquer momento. Momentos antes havia recebido a Unção dos enfermos.

O celebrante começou a percorrer as fileiras de doentes. Segurando nas mãos o ostensório com a Hóstia Consagrada, ele passa de um em um, traçando sobre eles uma grande cruz.

Chegou a vez daquele rapaz. Recebe a bênção com uma grande esperança. Mas parece que sua esperança foi frustrada. Não sentiu melhora nenhuma. Reunindo todas as suas forças, disse num tom de sentida queixa:

— Jesus, tu não me curaste. Vou contar para tua mãe.

Comovido com esta prece, o celebrante se volta para o enfermo e, pela segunda vez, abençoa-o com o Ssmo. Sacramento. Eis que uma virtude sai do Filho de Deus. Aconteceu o milagre. O moço, sentindo-se curado, saiu do leito gritando jubiloso:

— Jesus, Filho de Maria, tu me curaste. Vou contar à tua Mãe para que me ajude a agradecer-te.

Palavra de Deus

Celebrava-se uma festa de casamento em Caná da Galiléia. Encontrava-se lá a Mãe de Jesus. Foi convidado também Jesus com seus discípulos.

Faltando o vinho, a Mãe de Jesus lhe disse: "Eles não têm mais vinho". E Jesus respondeu: "Mulher, o que temos nós com isso? Minha hora ainda não chegou". Disse sua Mãe aos serventes: "Fazei tudo o que Ele vos disser".

E o milagre aconteceu, graças ao pedido de Maria. *(Jo 2, 1-11)*

DE MÃOS VAZIAS

FEVEREIRO 12

Palavra do homem

Uma jovem está agonizando. Rodeiam-na parentes e amigos.

Já não consegue falar mais. Entretanto conserva lúcida a consciência. Seus olhos estão bem vivos e parecem captar tudo o que acontece ao redor.

Em dado momento todos olham para ela. Parece que tem alguma coisa para comunicar, mas não consegue transmitir. Será um pedido? Um desabafo? Cresce a ansiedade dos que a cercam.

Por fim, num esforço supremo, a moça estende os braços, abre as mãos e as conserva bem abertas e espalmadas, enquanto olha para o céu.

Parece que entenderam o sentido daquele gesto: mãos espalmadas e olhar angustiado para o céu. O sentido estava bastante claro: A jovem tinha medo de comparecer diante de Deus de mãos vazias. Pensava não ter feito nada de útil durante sua curta existência.

Felizmente era um temor infundado. Tivera uma vida de muita doação.

Palavra de Deus

Certo homem tinha uma figueira plantada em sua vinha. Um dia foi buscar os frutos que nela houvesse, mas não os encontrou. Disse por isso ao empregado:

— Há três anos que venho buscar frutos nesta figueira, e não encontro. Corta-a. Por que fica aí estragando o terreno?

Mas este, respondendo, disse:

— Deixa-a ficar este ano ainda. Eu entretanto vou cavar ao redor e deitar-lhe estrume. Se vier a dar fruto no ano que vem, muito bem. Caso contrário, mandarás cortá-la. *(Lc 13, 6-9)*

Palavra

— Se Deus me chamasse agora, com que "cara" eu me apresentaria diante dele?

— Você também não é uma figueira que Deus plantou? E os frutos?

— Você ajuda a resolver problemas? Ou é mais um problema?

13 FEVEREIRO

O CACHO DE UVAS

Palavra do homem

Era uma tarde quente naquela região do deserto. Mosteiros de monges se espalhavam aqui e ali, povoando a solidão.

Neste momento estão em suas celas, ocupados com o estudo, a oração e o trabalho. Um amigo traz, como presente ao abade, um saboroso cacho de uvas. Era uma verdadeira tentação naquela tarde mormacenta e abafada. O superior dos monges recebe o presente e agradece.

Mas ele pensa no companheiro da cela vizinha, que anda muito fraco e doentio. Certamente lhe fará bem. E o cacho de uvas é levado para ele.

Este recebe e agradece. Eram uvas que punham água na boca. Mas ele se lembrou que no quarto ao lado, morava um monge muito idoso, quase no fim da vida: "Vou dar-lhe esta pequena alegria. Quem sabe será uma das últimas". E levou o cacho para o companheiro.

Também este velhinho, após agradecer, pensou no confrade ao lado que tinha voltado do campo com uma sede de camelo. Coitado. Vou dar-lhe o cacho para mitigar um pouco a sede.

Resumindo a história, o cacho de uvas passou de cela em cela, completou o círculo e voltou para as mãos do abade. Este pensou consigo:

— Esses meus monges... louvado seja Deus. Como são desapegados! Como são generosos e fraternos!...

Palavra de Deus

Sede concordes, sede compassivos em amor fraterno, misericordiosos, humildes. Não retribuais mal por mal, nem injúria por injúria. Ao contrário, bendizei, pois a isto fostes chamados, a conseguirdes a bênção.

Na verdade "aquele que quer amar a vida e ver dias alegres, refreie a língua e os lábios de pronunciarem falsidades, afaste-se do mal e faça o bem, procure a paz e persiga-a, porque os olhos do Senhor pousam sobre os justos, e os seus ouvidos estão atentos às suas orações, mas a face do Senhor é contra os que fazem o mal".
(1.ª Pd 3,8-12)

MISSA NA LÍNGUA DO POVO

Palavra do homem

Os Pes. Cirilo e Metódio, irmãos no sangue e no sacerdócio, foram chamados a Roma a fim de prestar esclarecimentos sobre suas atividades missionárias nas terras dos eslavos.

Estavam sendo acusados de celebrar missa na língua daquele povo. Tinham até traduzido a Bíblia para a língua eslava.

O Papa João VIII ouviu com muito interesse as explicações dos dois acusados. Eram muito sensatas:

— Aqui na Itália é compreensível e até conveniente que a Liturgia seja na língua latina, pois é a língua do povo que mora neste país. Onde moramos e trabalhamos, o povo fala outra língua e não o latim. Por isso entendemos que devem rezar também na língua com que conversam entre si.

— E os resultados? E os frutos? perguntou ainda o santo Padre.

— Enquanto estamos percebendo, são excelentes. Pelo menos entendem as palavras. Quanto ao sentido, preferimos deixar que o próprio Espírito Santo faça a sua parte, que é a mais importante: iluminar.

O Papa descobriu nas entrelinhas, que estava conversando com dois santos e dois profetas do seu povo:

— Voltem para o trabalho, meus filhos. Continuem dóceis ao Espírito que os impele.

Quando morreram, a liturgia dos seus funerais foi celebrada em três línguas: eslavo, grego e latim.

Palavra de Deus

O povo que andava nas trevas viu uma grande luz. Sobre os que habitavam na região tenebrosa, começou a brilhar a luz.

Como é grande o júbilo que causastes, e enorme a alegria! Rejubilam-se na vossa presença como os que se rejubilam no tempo da colheita, como se regozijam ao repartir os despojos. Porque o jugo que os oprimia, e a vara que lhe dilacerava as costas... vós quebrastes... *(Is 9, 1-4)*

SÃO CIRILO e METÓDIO, irmãos († séc. IX)

15 FEVEREIRO

ANTES PERDER A CAPA...

Palavra do homem

Frei Jordão era dono de um coração muito humano e compreensivo. Era da Ordem dos Frades Dominicanos.

Certa ocasião um frade que havia deixado a Ordem, voltou arrependido e suplicando que o aceitassem de volta. Um dos religiosos, muito rígido e insensível, achou que o frade não era digno de ser readmitido. E deu suas razões, baseadas em todas as ciências teológicas daquele tempo.

Frei Jordão, apoiando-se apenas nos argumentos do coração, respondeu:

— Se você tivesse derramado uma gota apenas do seu sangue por ele, como fez Jesus Cristo, acho que você falaria de outra maneira.

Em outra ocasião deu sua capa de frio para um andante que se dizia pobre e necessitado. O que o andante fez com a capa que ganhou? Vendeu-a por alguns cruzados e gastou o dinheiro no primeiro boteco que encontrou. Um outro confrade comentou, irônico e gozador:

— Está vendo o que você aprontou com toda essa caridade?

Frei Jordão sorriu e respondeu:

— Se fiz assim, é porque o achei precisado. Pensei que devia socorrê-lo. Ademais, prefiro perder a capa do que a paz da consciência.

Palavra de Deus

Depois de haverdes purificado vossas almas na obediência à verdade, para um sincero amor fraterno, amai-vos intensamente uns aos outros, com afeição pura.

Pois fostes regenerados não duma semente corruptível, mas de uma incorruptível, pela palavra viva e eterna de Deus.

Com efeito, toda a carne é como erva, e todo o seu esplendor, como a flor dos prados. Seca a erva e cai a flor, mas a palavra de Deus permanece para sempre. *(1.ª Pd 1, 22-25)*

Palavra para a vida

— Vamos analisar a atitude de Frei Jordão naqueles dois casos.

SÃO JORDÃO DA SAXÔNIA

AS PENAS DA GALINHA

FEVEREIRO **16**

Palavra do homem

Dona Judite contou ao seu confessor que levantara um falso contra uma vizinha. Ganhou a seguinte penitência:

— Chegando a sua casa, mate uma galinha para o almoço. Mas aproveite as penas também. Não jogue fora. Guarde-as num saco e traga para mim.

Até aí, a penitência parecia ser muito fácil. Era sábado. Ela já estava pensando em matar um franguinho para o almoço de domingo. Quanto às penas, poderia trazê-las na hora da missa.

E assim fez. Quem sabe se o padre queria fazer um travesseiro para amaciar o seu sono. E trouxe mais: uma boa porção do frango para seu bom vigário misturar com arroz. Agradecendo, disse-lhe o padre:

— Dona Judite, tenha a bondade de subir até o alto da torre. Quando estiver lá em cima, despeje o saco de penas.

A mulher foi ficando encabulada. Que penitência mais esquisita! Mas ainda era viável. Aproveitaria para ter uma vista panorâmica da cidade.

Voltando da tarefa cumprida, apresentou-se ao padre, toda feliz. O padre, sorrindo maliciosamente:

— Agora, dona Judite, queira sair pelas ruas e recolher todas as penas, uma por uma, reajuntando-as no mesmo saco.

— Esta agora, também não! Quem consegue catar pena por pena, tudo o que o vento espalhou? E a vergonha que a gente passa! Não há condições, padre vigário.

— É uma lição que vale para mim, para a senhora e para todos. De fato, é impossível recolher todas essas penas espalhadas pelo vento. Também é impossível recolher os males causados pelo vento da calúnia. É impossível sanar os prejuízos causados pelas fofocas e pelos fuxicos.

Palavra de Deus

A língua é um membro tão pequeno, mas pode fazer grandes coisas.

É uma fagulha que pode provocar grandes incêndios. *(Tg 3, 5-6)*

17 FEVEREIRO

O MARUJO E O PASSAGEIRO

Palavra do homem

O imenso navio vai singrando as ondas. Muitos passageiros. Muitos marinheiros para cá e para lá, cuidando da manutenção do navio e dos viajantes.

Um passageiro tira um dedo de prosa com um dos marujos:

— Você não tem medo desse serviço?

— Não tenho, não.

— Seu pai também era marinheiro? E seus antepassados?

— Sim. Filho de peixe...

— Seu pai morreu de que? Desculpe a curiosidade.

— Morreu afogado, no mar.

— E seu avô?

— Também.

— E você não tem medo que lhe aconteça a mesma coisa?

Aí o marujo virou a pergunta:

— Seu pai morreu de que? Onde?

— Ora, morreu na cama.

— E seu avô?

— Também, ora bolas.

— E você não tem medo de deitar-se todos os dias na cama?...

Palavra de Deus

A respeito da época e do momento, não haveis mister que vos escrevamos, irmãos. Pois vós mesmos sabeis muito bem que o dia do Senhor virá como um ladrão, de noite. Quando os homens disserem: "paz e segurança" então repentinamente lhe sobrevirá a destruição, como as dores à mulher grávida. E não escaparão.

Mas vós, irmãos, não estais em trevas, de modo que o dia vos surpreenda como um ladrão. Porque sois filhos da luz e filhos do dia. Nós não somos da noite, nem das trevas. Não durmamos como os demais; mas vigiemos, e sejamos sóbrios. *(1Ts 5, 1-6)*

O TERCEIRO PERSONAGEM

FEVEREIRO 18

Palavra do homem

Terminados os festejos da Páscoa, Cléofas e seu filho Simeão voltavam para sua aldeia de Emaús, discorrendo no caminho a respeito dos últimos acontecimentos. Cléofas mantinha o fio da conversa:

— Enganamo-nos. Esse Jesus de Nazaré não era aquele que esperávamos. Veja como tudo se acabou tão depressa.

Eis que, sem o perceberem, juntou-se a eles um desconhecido. Interessou-se pela conversa e pediu licença para dar alguns apartes.

Ambos escutam atentos. Aquele homem fala com segurança. Cita e comenta as Escrituras com pleno domínio do assunto.

Mas fala com unção e calor. Eles sentem que seus corações também se inflamam e se enchem de nova esperança.

Entrementes chegam à sua casa. O desconhecido faz menção de continuar o caminho, mas Cléofas pede com insistência:

— Fique conosco hoje, pois já está anoitecendo.

Entram os três na humilde moradia. Simeão acende o candeeiro, enquanto o pai coloca o pão e a jarra de vinho na mesa. O costume era de o hospedeiro partir o pão. Mas, levado por um impulso estranho, o dono da casa deixou este gesto para o seu misterioso hóspede.

Simeão observa, com rara curiosidade, como aquele hóspede pega o pão, abençoa, parte e reparte com eles. Agora se desvaneceram todas as dúvidas, e a certeza se fez:

— É Ele!

Quando Simeão pegou o candeeiro para iluminar melhor o rosto do Senhor Jesus, ele já havia desaparecido.

Palavra de Deus

Os dois discípulos de Emaús diziam então, um para o outro:

— Não é verdade que nosso coração ardia dentro do peito, quando Ele nos falava pelo caminho, enquanto nos explicava as Escrituras? *(Lc 24, 32)*

S. SIMEÃO, bispo e mártir († séc. II)

A LIÇÃO DOS SABIÁS

Palavra do homem

Zé Vicente vivia encabulado com estes e outros pensamentos: Se eu morrer, o que será da minha esposa e dos meus filhos? Quem vai cuidar deles?

Saiu cedinho para a roça, sempre enrolado em seus pensamentos. Súbito escuta no alto de uma árvore, um forte chilrear de filhotes de passarinho. Quase no mesmo galho estavam dois ninhos, com filhotinhos de sabiá.

Já ia tocando para a frente, com sua enxada ao ombro, quando avista um gavião apoderando-se de um passarinho. Era justamente o sabiá que vinha trazendo alimento para os filhotes. Revoltado, tentou atingir o gavião com pedradas, mas o sabiá foi carregado embora.

Ao voltar para o trabalho no dia seguinte, Zé Vicente foi direto na direção daquela árvore a fim de visitar os filhotes órfãos. Estava certo de encontrar mortos de fome os filhotinhos da mãe seqüestrada. Mas encontrou-os chilreando cheios de vida.

Como teria sido possível isto? E ali ficou para descobrir o segredo. Dentro em pouco viu chegar a mãe do ninho vizinho, que repartiu o que trouxera, com os filhotes de ambos os ninhos.

— Senhor meu Pai, exclamou Zé Vicente, tirando o chapéu e ajoelhando-se ali mesmo no chão duro. Eu me esquecera que existe uma Providência divina. Pensava que somente eu poderia manter a minha família. Agora vejo que és tu, meu Pai, o único e infalível sustento dos meus filhos.

Palavra de Deus

Não andeis preocupados dizendo "o que havemos de comer" ou "que haveremos de beber?" ou "com que nos havemos de vestir?", pois bem sabe vosso Pai celeste que vós precisais de tudo isso.

Buscai primeiro o reino de Deus e sua justiça, e todas essas coisas vos serão dadas por acréscimo. *(Mt 6, 31-34)*

E ASSIM ELA SAROU

Palavra do homem

Cada vez mais pálida, a jovem Mariana jazia no leito, dominada por uma doença misteriosa. A família, muito rica, não poupava dinheiro para o tratamento da filha caçula. Mas tudo em vão. A mocinha declinava dia por dia.

Uma tarde, após os exames costumeiros, o médico particular da família chamou os pais e disse: "Quero tentar ainda um recurso. Se me permitem, levarei comigo a mocinha para um passeio".

Os pais concordaram. No dia seguinte, logo de manhã, a jovem foi colocada no carro do doutor. Deixaram o asfalto, entraram pelas ruas de terra e atravessaram a cidade. Estacionando junto a um barraco, disse o doutor: "Chegamos, minha filha. Vamos fazer uma visitinha".

Ele ajudou a moça a descer do carro. Amparando-a sempre, subiu uma pequena ladeira e entrou no barraco. Parecia ser conhecido da família, pois logo foi fazendo perguntas sobre a saúde da viúva e dos filhos. A mocinha observava tudo. Deixou alguns medicamentos e despediu-se.

Ao entrar no carro, Mariana perguntou se iam voltar amanhã.

Sim, quantas vezes você quiser.

No dia seguinte bem cedo, o médico encostou o carro junto à porta. A jovem já o esperava, com vários embrulhos. Entrou sozinha no carro. Conversou animadamente. Chegando ao barraco, foi ela quem mais conversou.

O médico estava satisfeito. Seu novo método de cura estava surtindo efeito. Voltaram mais vezes. Depois ela foi sozinha com as amigas. Alargaram o círculo de amizades na favela.

Algumas semanas depois, Mariana estava corada, bonita e bem disposta.

A cura começou quando saiu de si para pensar nos outros.

Palavra de Deus

E agora rogo-te, senhora, não como quem te escreve um novo mandamento, mas sim o que tivemos desde o princípio: que nos amemos uns aos outros. Nisto consiste o amor: que vivamos segundo seus mandamentos. *(2 Jo 5-6)*

21 FEVEREIRO

O MENINO ENJEITADO

Palavra do homem

Ela estava muito preocupada. Tinha numerosos filhos e agora mais outro se anunciava. Como criar tantos filhos?

Também ele andava aborrecido. Mas por outro motivo. Como dividir a herança entre tantos filhos, todos homens?

Nasceu a criança. Mais um homenzinho. A mãe perde a cabeça, leva o menino para a praça pública e o larga por lá. Cuidasse dele quem quisesse.

Mas, mãe é sempre mãe. Não resistiu ao remorso e voltou para buscar o filho. Foi batizado com o nome de Pedro.

Pedrinho nascera com a cruz nas costas. Perdeu os pais na primeira infância e foi educado pelos irmãos. Um deles maltratava-o muito. Outro de nome Damião, era mais compreensivo. Deu-lhe comida e estudo. O rapaz se formou, tornou-se professor. Em sinal de gratidão acrescentou o nome do irmão ao seu nome, passando a chamar-se Pedro Damião.

Mais tarde ordenou-se padre. Ficou bispo e cardeal, sempre relutando em não aceitar essas dignidades. Para aceitar o título de cardeal, foi preciso ouvir algumas ameaças do Papa.

Foi um homem austero. Botou a mão nas chagas do tempo, atacando os abusos e desvios na Igreja. Viajou muito para restabelecer a paz.

Esse menino enjeitado de outrora, morreu com oitenta e três anos, quando voltava de mais uma missão de paz.

Palavra de Deus

Graças sejam dadas a Deus que nos concede sempre triunfar em Cristo, e por nosso meio difunde o perfume do seu conhecimento em todo o lugar. Somos para Deus o perfume de Cristo entre os que se salvam e entre os que se perdem. Para estes, na verdade, odor de morte e que dá a morte. Para os primeiros, porém, odor de vida e que dá a vida.

Qual o homem capaz de fazer tais coisas? É que, de fato não somos como tantos outros, falsificadores da palavra de Deus...
(2Cr 2,14-17)

SÃO PEDRO DAMIÃO, bispo e doutor da Igreja († 1072)

A BELA MARGARIDA

Palavra do homem

Margarida, órfã de mãe aos oito anos, não foi feliz com a sua madrasta. O pai bastante fraco, não a preservou de certas companhias.

Quando moça, fugiu com seu namorado. Ajuntaram-se e viveram cerca de nove anos nessa vida. Não faltava nada para ela porque seu amante era o marquês de Monte e dono de muitas terras.

Só lhe faltava a paz da consciência.

Um dia o marquês saiu para mais uma de suas viagens e não voltou mais. Margarida foi encontrar seu cadáver atirado no meio do mato, todo retalhado de golpes.

Vendo o que sobrou daquele corpo que tanto amara, resolveu mudar de vida. Entregou-se a um regime severo de penitências. Comia pouco e mal, dormia no chão duro e vestia-se de molambos. Dedicava quase todo o tempo na ajuda aos pobres e doentes. A pecadora de Cortona transformou-se na penitente de Cortona.

Assim viveu vinte e quatro anos, ficando completamente alquebrada e acabada. Hoje é Santa Margarida de Cortona.

Palavra de Deus

Procurai a Deus enquanto pode ser encontrado. Invocai-o enquanto está perto.

Abandone o ímpio o seu caminho, e o homem mau os seus pensamentos, e volte para Deus, pois terá compaixão dele; e para o nosso Deus porque é rico em perdão.

Com efeito os meus pensamentos não são os vossos pensamentos, e os vossos caminhos não são os meus caminhos, oráculo de Javé. Quanto os céus estão acima da terra, tanto os meus caminhos estão acima dos vossos caminhos, e os meus pensamentos acima dos vossos pensamentos. *(Is 55, 6-9)*

Palavra para a vida

— Analise os três passos de Margarida: pecadora, penitente, santa.

———————— **S. MARGARIDA DE CORTONA** (1247 - 1297)

QUE MAL ELE ME FEZ?

Palavra do homem

Policarpo, bispo de Esmirna, está com quase noventa anos. Prisioneiro, aguarda o martírio. Defendeu a fé, investiu contra a injustiça, e por isso as correntes prendem seus pulsos.

Chegou o momento de ser levado para a arena, onde o povo aguarda o espetáculo sangrento. O velho ancião vem vindo, com passos trôpegos. Do meio da multidão um pequeno grupo de cristãos animava o santo bispo: Coragem! Deus está contigo!

O oficial romano contemplou demoradamente aquela figura venerável, e pensou se não era covardia demais, sacrificar um velho de quase noventa anos. Fez-lhe então a última proposta:

— Pensa em tua idade. Jura pela saúde do imperador e renega Cristo. Assim fazendo, eu te concedo liberdade e honrarias.

Um sorriso de compaixão se desenhou no semblante de Policarpo:

— Já são oitenta e seis anos que sirvo a Jesus Cristo. Ele nunca me fez mal. Como posso trair assim meu Rei e meu Redentor?

Foi atirado à fogueira. As chamas o pouparam.

Então um carrasco atirou-se sobre ele com uma punhalada certeira.

Palavra de Deus

Ao anjo da igreja de Esmirna escreve: "Eis o que diz o Primeiro e o Último, que foi morto e retomou a vida: Eu conheço a tua angústia e a tua pobreza, ainda que sejas rico, e também as difamações daqueles que se dizem judeus e não o são; são apenas uma sinagoga de satanás.

Nada temas ante o que hás de sofrer. Por estes dias o demônio vai lançar alguns de vós na prisão, para pôr-vos à prova. Tereis tribulações durante dez dias. Sê fiel até a morte, e te darei a coroa da vida. Quem tiver ouvidos, ouça o que o Espírito diz às igrejas: O vencedor não sofrerá dano algum da segunda morte. *(Ap 2, 8-11)*

Palavra para a vida

— O que dizer daqueles que mudam de religião? Que deixam de freqüentar sua igreja e comunidade? Ficaram desgostados com quem?...

SÃO POLICARPO, bispo e mártir († 150) ———————

A TRISTEZA DO PAI

FEVEREIRO 24

Palavra do homem

Seu Amador tinha oito filhos. A casa era grande. Cada um tinha seu quarto, e um pedaço de chão para plantar.

Todos pareciam respeitar e venerar o pai, homem honesto e trabalhador. Sempre que chegavam do trabalho ou de um passeio, não deixavam de trazer um presentinho para os pais. Antes de se deitar, todos os filhos pediam a bênção.

Tinham fartura e bem-estar. Numerosas cabeças de gado povoavam a fazenda. Os celeiros estavam abarrotados de mantimentos.

Entretanto, coisa esquisita: o pai vivia sempre triste. O que faltava para completar a felicidade daquela família?

Um dia o velho pai reuniu todos os filhos e disse:

— Eu daria para vocês todo o dinheiro que tenho, todas as terras e todos os rebanhos e não queria mais nada a não ser uma coisa: que vocês vivessem unidos. Vivo triste porque vejo vocês desunidos e intrigados. Vocês procuram tratar-me bem. Mas entre vocês há muita falta de caridade, muito ciúme e desejo de vingança. Assim nunca serei feliz. Assim nunca seremos felizes.

Eu como pai, não gosto de ver meus filhos brigando. Vamos mudar.

Palavra de Deus

A multidão dos fiéis era uma só alma e um só coração. Ninguém dizia que eram suas, as coisas que possuía. Tudo entre eles era comum.

Com grande coragem os apóstolos davam testemunho da ressurreição do Senhor Jesus. Em todos eles era grande a graça. Nem havia entre eles nenhum necessitado. Porque, todos que possuíam terras ou casas, vendiam-nas e traziam o preço do que tinham vendido, depositando-o aos pés dos Apóstolos. *(At 4, 32-34)*

Palavra para a vida

— É possível amar a Deus e odiar os irmãos? Existem os que são "cordeiros" na igreja e "lobos" no meio da comunidade.

O PEDIDO DO INVEJOSO

Palavra do homem

Certa vez dois homens chegaram-se ao rei para fazer um pedido. Eram até vizinhos, mas não muito chegados na amizade.

O rei disse que atenderia o que pedissem, mas com uma condição: Quem ficasse por último, ganharia em dobro o que o primeiro tivesse pedido. Se o primeiro, por exemplo, pedisse um cavalo, o segundo receberia dois cavalos.

Diante de tantas vantagens para o segundo, nenhum dos dois queria ser o primeiro a pedir. Um olhava para o outro, e os dois olhavam para o rei num mutismo enervante.

Por fim o rei tomou a iniciativa e, apontando para um dos dois, disse:

— Alguém precisa começar. Comece você aí.

O homem apontado, após pequena pausa, disse com firmeza:

— Meu Senhor, estou ciente de que caberá em dobro ao meu companheiro o que eu pedir. Peço, pois, que me seja arrancado um olho...

Palavra de Deus

Caim e Abel eram irmãos. Abel tornou-se pastor de rebanhos, e Caim lavrador.

Passado certo tempo, Caim apresentou a Deus uma oferta dos produtos da terra. Abel também ofereceu das primícias do seu rebanho, e dos mais gordos.

Deus olhou para Abel e sua oferenda. Para Caim, porém, e para sua oferta não olhou. Por isso Caim ficou extremamente irritado e andava de cabeça baixa...

Passado algum tempo, Caim convidou seu irmão para ir passear no campo. Quando lá chegaram, Caim atirou-se sobre seu irmão e o matou... *(Gn 4, 1-8)*

Palavra para a vida

— Existe vício mais mesquinho do que a inveja? Mas o que é inveja?

— Por que o demônio é o tipo de invejoso ignóbil? O que fez ele?

A MISSA INTERROMPIDA

Palavra do homem

A comunidade está reunida na capela para a missa dominical. Este fato aconteceu num povoado rural, num dia muito frio.

No momento do Ofertório, um homem pede a palavra. E fala:

— Ainda há poucos minutos, vindo para a capela, vi uma família desabrigada à beira do caminho. Foi bem ali, debaixo de uma árvore. Acho que vocês também viram, pelo menos quem veio daquele lado.

A família deve ter passado a noite ao relento, talvez com fome e frio. Penso que não fica bem, a gente ficar aqui rezando bonitinho, enquanto perto de nós há irmãos nossos passando mal. Proponho o seguinte: Interromper a missa e socorrer aquela família. O que acha o senhor padre? E vocês?

Todos concordaram. Colocaram os livros e folhetos em cima dos bancos e foram inteirar-se da situação. Todos se prontificaram a colaborar naquilo que pudessem: agasalhar, dar comida, roupas etc.

Algumas horas depois reuniram-se novamente na capela a fim de continuar a missa. Junto com eles estava também a família socorrida.

Aquele gesto de caridade, no pensar de todos, fez parte da própria missa. A missa não fora interrompida, mas enriquecida com um ofertório vivo e real.

Palavra de Deus

O cálice de bênção que abençoamos, não é a comunhão do Sangue de Cristo? E o pão que partimos, não é a comunhão do Corpo de Cristo?

Uma vez que há um só Pão, nós, embora sendo muitos, formamos um só corpo, porque todos participamos do mesmo pão...

Não podeis beber o cálice do Senhor e do demônio ao mesmo tempo. Não podeis sentar-vos à mesa do Senhor e à mesa dos demônios...

Examine-se cada qual a si mesmo, e então coma desse pão e beba desse cálice. Aquele que come e bebe, sem distinguir o corpo do Senhor, come e bebe a sua própria condenação.

(1 Cor 10, 16-21; 11,28s.)

TESTEMUNHOS VIVOS

Palavra do homem

Não sei quem deixou no banco da igreja uma folha com diversos depoimentos, aliás bem chocantes. Vou destacar alguns:

- Eu ia saindo do Banco, onde retirara um pacote de notas de mil, quando um pobre estendeu-me a mão e pediu uma esmola. Eu tive a coragem de dizer que não tinha trocado.
- Estávamos fazendo um saboroso e descontraído piquenique à sombra de uma árvore, quando passou um mendigo, todo esmolambado. Puxa! Quase não deu tempo de esconder as garrafas e pizzas.
- Eu estava comprando as passagens de avião para toda a família, quando chega um homem e pede ajuda para o ônibus até o bairro tal da cidade. Quase mandei o sujeito trabalhar pra não precisar pedir.
- Numa roda de amigos, nessas mesas ao ar livre, bebíamos chopp à vontade, misturado com outras bebidas caras, quando encostou ali um sujeito meio "tocado". É claro que foi enxotado: Vá saindo, seu pinguço!
- Um fulano me contou que despachou sua empregada porque roubara uma toalha de casa. Esse mesmo fulano tinha dado há poucos dias, um desfalque de milhões na firma em que trabalha.
- Fiz um escarcéu quando peguei minha filha namorando de mau jeito. Depois refleti e corei de vergonha. Quantas vezes deixei minha esposa e saí por aí...

Palavra de Deus

— Ai de vós, escribas e fariseus hipócritas, que devorais as casas das viúvas com o pretexto de prolongadas orações. Por isso sereis mais rigorosamente julgados.

— Ai de vós, escribas e fariseus hipócritas, porque sois semelhantes aos sepulcros caiados por fora, mas por dentro, cheios de ossos de mortos e de toda a espécie de imundície... Serpentes, raças de víboras! Como podereis fugir à condenação da geena?!

(Mt 23,14.27.33)

ÓDIO PAGO COM AMOR

FEVEREIRO **28**

Palavra do homem

Voltemos para o século terceiro. Alexandria mal tinha saído de uma sangrenta guerra civil, quando irrompeu a epidemia na cidade orgulhosa.

Não havia casa onde o trágico verdugo da peste não levasse ao menos uma vítima. Muitos atiravam na rua seus doentes para evitar contágio, sem querer saber se alguém iria cuidar deles. Os cadáveres amontoavam-se nas praças e ruas, aumentando o perigo de contágio.

Havia naqueles dias um bom número de cristãos que, durante a perseguição, tinham abandonado Alexandria, refugiando-se no deserto ou escondendo-se em barcos abandonados.

Quando ficaram sabendo o que estava acontecendo, deixaram logo seus esconderijos e acorreram para socorrer as vítimas da epidemia. Era como se, pelos portões estigmatizados da cidade, entrasse uma onda de amor e doação.

Deram assistência aos moribundos, carregaram os mortos nos ombros, salvaram muitas vidas.

Muitos desses valentes voluntários também foram colhidos pela peste. Centenas de sacerdotes, diáconos e leigos foram sacrificados, morrendo vítimas da caridade.

Em outros tempos Alexandria havia perseguido e torturado os cristãos. Agora eles se vingavam com as armas da caridade.

Contraste confortador: Alexandria foi salva por aqueles mesmos que ela condenou. Hoje são venerados como mártires da caridade.

Palavra de Deus

Sede misericordiosos como também vosso Pai é misericordioso. Não julgueis e não sereis julgados. Não condeneis e não sereis condenados. Perdoai e sereis perdoados. Dai, e dar-se-vos-á. Colocar-vos-ão no regaço medida boa, cheia, recalcada e transbordante. Com a mesma medida com que medirdes sereis medidos vós também. *(Lc 6, 36-38)*

MÁRTIRES DE ALEXANDRIA († 262)

EDUCAÇÃO ERRADA

Palavra do homem

Nasceu o Henriquinho. Era o mimo dos pais. Desde pequeno faziam-lhe todas as vontades. Mas alguém prevenia os pais:

— Eduquem a criança com jeito e juízo. Habituem-no a obedecer, a renunciar, a repartir...

— Oh! não! a gente deve deixar a criança à vontade. Está muito errado contrariá-la, como se fazia antigamente.

O menino crescia malcriado. Um dia estavam à mesa, quando o reizinho berra: "Não quero!" E num arremesso atirou o prato ao chão. "Sempre enérgico" disse o pai numa risada meio forçada.

Um dia o menino ia descendo da cadeira quando o pai quis segurá-lo. A resposta veio a jato: "Me largue, seu burro!"

Henrique já tem treze anos. Um dia avançou na gaveta de dinheiro. Desta vez o pai ficou com raiva:

— Isto é meu, enquanto eu for dono da casa, ouviu?

O rapazinho, enfurecido, pega o machado e atira-se contra o pai. O golpe falhou. O pai, pela primeira vez, passou-lhe uma surra em regra. Mas sem medida. Teria matado o rapaz, se os empregados não tivessem acudido a tempo.

O castigo foi forte, mas era tarde. Inútil também. Nasceu o ódio no coração do filho. Alguns meses depois, matou o pai a machadada. Atocaiado num canto, ficou à sua espera, atingindo-o à traição.

(Do livro "Entre leito e berço")

Palavra de Deus

Filhos, obedecei a vossos pais no Senhor, porque isto é justo. "Honra teu pai e tua mãe" que é o primeiro mandamento que tem uma promessa, "para que sejas feliz e tenhas longa vida sobre a terra".

E vós, pais, não exaspereis os vossos filhos, mas educai-os na disciplina e na correção, segundo o Senhor. *(Ef 6, 1-4)*

INCOMODADA PELA BÍBLIA

Palavra do homem

Eudóxia era uma mulher bonita e leviana. Trabalhava sim. Mas sua freguesia era formada só de homens. Por isso a sociedade a relegava para um recanto da cidade de Baalbec.

Estranha contradição que perdura até hoje: As mulheres que trabalham nesse ramo são tachadas de "má vida" pela sociedade. Os que as freqüentam, porém, são tidos como homens "honrados".

Numa noite em que os fregueses deixaram-na mais quieta, Eudóxia começou a pôr sentido em alguém que lia em voz alta, numa casa ao lado:

— Foge do encontro da mulher leviana, para não caíres nas suas ciladas... Nunca te entregues às prostitutas, para que não te percas a ti e aos teus haveres... Afasta teus olhos da mulher enfeitada... muitos pereceram por causa da beleza feminina... *(Eclo 9, 3ss.)*

Eram trechos da Bíblia que aquele homem estava lendo. Será que lia em voz alta para que ela escutasse, ou para que...? O certo é que Eudóxia sentiu-se incomodada e não conseguiu conciliar o sono.

No dia seguinte ficou sabendo que se tratava de um monge que viera visitar seu amigo vizinho de Eudóxia. Abalada pelas palavras que pareciam ter sido escritas para ela, foi conversar com o monge e perguntou se para ela ainda havia perdão.

Respondeu que sim e apontou-lhe o caminho da conversão.

Eudóxia foi batizada. Vendeu seus bens, fechou sua casa e foi fazer penitência no deserto. Ah! se os homens "honrados" e "de bem" tivessem imitado os passos da pecadora arrependida...

Palavra de Deus

Em verdade vos digo que os publicanos e as mulheres da vida vos precederão no reino de Deus. João veio até vós no caminho da justiça e não crestes nele. Os publicanos, porém, e as prostitutas creram nele. *(Mt 21, 31-32)*

SANTA EUDÓXIA, penitente

A LIÇÃO DO CACHORRO

Palavra do homem

Henrique Suso olhou pela janela de seu quarto e viu um cachorro divertindo-se com uma camisa que havia caído do varal de roupa. Depois de a ter feito em pedaços, arrastava-a de cá para lá, emporcalhando-a no barro e na poeira.

Frei Henrique pensou assim: A mesma coisa acontece comigo, na boca de tanta gente. Já que não pode ser de outro jeito, esconder-me-ei no silêncio, deixando que me tratem como um trapo.

O santo frade foi vítima de terríveis calúnias ao longo de sua vida. Parecia osso na boca de cachorro. Uma vez acusaram-no de ter roubado diversos objetos numa igreja.

Durante a peste que grassou na Alemanha, em 1350, ele consolava os doentes, e se desdobrava em favor deles. Entrementes um colega espalhava entre o Povo que Frei Henrique estava jogando veneno nas minas de água para que a epidemia se alastrasse mais. Os moradores, acreditando na calúnia diabólica, quiseram linchar o frade com paus e pedras.

Outra vez, e isto doeu demais, foi acusado de manter relações amorosas com uma mulher leviana. Esta o denunciou como sendo pai do seu filho.

Após a tempestade, porém, veio a bonança.

Palavra de Deus

Com a língua bendizemos o Senhor nosso Pai e amaldiçoamos os homens, feitos à imagem de Deus. Da mesma boca pode proceder a bênção e a maldição. Não convém, meus irmãos, que seja assim. Porventura a fonte joga água doce e água amarga pela mesma bica?... Acaso, meus irmãos, pode a figueira dar azeitonas, ou a videira dar figos? Do mesmo modo a fonte de água salgada não pode dar água doce... *(Tg 3, 9-12)*

Palavra para a vida

— As fofocas corroem, como ferrugem, a vida de uma comunidade...

Eu também colaboro para denegrir a imagem do meu próximo?...

BEM-AVENTURADO HENRIQUE SUSO († 1366)

O TIÇÃO APAGADO

Palavra do homem

É uma tarde fria na roça. Várias pessoas conversam ao redor do fogão a lenha, na casa do seu Venâncio. O assunto passou da plantação para a política e foi cair nos problemas religiosos da comunidade.

Após uma pequena pausa, em que se ouvia o crepitar da lenha no fogão, o Venâncio perguntou ao compadre Juventino porque não tinha ido ao culto no último domingo.

— Ah! compadre, estou perdendo o gosto de ir à igreja. Só se vê o que não presta e só se escuta o que não se deve escutar. Prefiro rezar em casa mesmo.

Venâncio estava fumando um enorme cigarro de palha que se apagava a todo instante. Em dado momento acendeu o cigarro com o tição e, meio distraidamente, colocou-o fora da fornalha, longe dos outros tições.

A prosa continuou. Quando quis pegar o mesmo tição para reacender o seu palheiro, o tição estava apagado:

— Ué! Por que esse tição apagou?

— Muito simples o motivo. Você o colocou fora do fogão. Sozinho, ele apaga mesmo — respondeu Juventino.

— Era aí onde eu queria chegar. Esse tição se conservava tão vermelho e tão quentinho quando estava no meio dos outros. Bastou ele se isolar para se apagar, pouco a pouco. Cada um de nós é um tição ardente enquanto permanecemos unidos na oração, na eucaristia. Se inventarmos de viver separados, viramos pedaços de carvão.

O Juventino entendeu muito bem a lição.

Palavra de Deus

É melhor dois do que um só. Assim obterão mais rendimento no seu trabalho. — Se um cair, o outro levanta-o. Mas ai do homem que está sozinho. Se cair não há ninguém para o levantar.

O cordel triplicado não se rompe facilmente. *(Ecl 4, 9-12)*

4 MARÇO

NA CADEIRA DE RODAS

Palavra do homem

A igreja está repleta de fiéis aguardando o início das cerimônias. No programa consta uma celebração de bodas de casamento. Eis que o casal está entrando. Mas, que cena estranha! O marido empurra sua esposa, que vai assentada numa cadeira de rodas.

Muitos se entreolharam espantados.

No final da cerimônia o padre celebrante cumprimentou amavelmente os jubilares e perguntou para o marido:

— Há quanto tempo sua esposa vive em cima da cadeira de rodas?

— Há 25 anos, senhor padre.

— Mas como assim? Não se casaram há 25 anos precisamente?

— Exatamente. Faz 25 anos que nesta mesma igreja, pronunciamos o nosso sim para toda a vida. Durante o almoço festivo, porém, minha esposa teve um choque, ficando paralisada.

O padre continuava olhando para um e outro, visivelmente admirado.

O marido continuou:

— Nestes 25 anos fomos muito felizes com nossos filhos. Se eu não me tivesse casado com ela naquela ocasião, eu o faria hoje.

Palavra de Deus

Ouvistes o que foi dito aos antigos: Não cometerás adultério. Eu, porém, vos digo: Todo aquele que lançar um olhar de cobiça para uma mulher, já adulterou com ela em seu coração.

Se teu olho é para ti causa de queda, arranca-o e lança-o longe de ti. Porque é preferível perder-se um só de teus membros, do que teu corpo ser lançado inteiro na geena.

E se a tua mão direita é para ti causa de queda, corta-a e lança-a longe de ti. Porque é preferível perder-se um só dos teus membros, do que teu corpo ser atirado inteiro na geena. *(Mt 5, 27-32)*

Palavra da vida

— O amor está baseado só na beleza física ou na pessoa?

APÓSTOLO E MÁRTIR

Palavra do homem

Pe. Martinho, missionário redentorista, passou os últimos sete anos no leprosário de Santo Ângelo, perto de Mogi das Cruzes.

O último ano foi dedicado especialmente à preparação para a morte. Tinha pressentimento de que sua vida não poderia prolongar-se muito mais. Sentia que a horrível enfermidade da lepra ia minando cada vez mais seu organismo.

Mormente neste ano suas confissões eram feitas com cuidado especial, como se cada uma delas fosse a última. Desistiu completamente da leitura de jornais e revistas. Não quis mais ouvir falar e conversar de política.

Ele, que por coisa alguma do mundo, deixaria de celebrar diariamente a santa missa, não tinha mais condições de ir à igreja ou à capela do sanatório. Por isso obteve licença para celebrar no quarto, mesmo assentado.

Quando um confrade o visitou certa vez no leprosário, perguntou se estava triste ou magoado. "Sim" respondeu Pe. Martinho. "Mas por que?" "Por não ter vindo há mais tempo para cá."

Os sete anos que passou com os doentes, fazendo o bem e sofrendo com eles, estavam para terminar. Faleceu dia 5 de março de 1935, chorado por todos do leprosário.

Palavra de Deus

Eis que venho em breve, e a minha recompensa está comigo, para dar a cada um conforme suas obras. Eu sou o Alfa e o Ômega, o Primeiro e o Último, o Princípio e o Fim.

Felizes aqueles que lavam suas vestes para terem direito à árvore da vida, e poderem entrar na cidade pelas portas...

Aquele que atesta estas coisas diz: "Sim! Eu venho logo".

— Amém. Vem, Senhor Jesus! *(Ap 22, 12-14. 20)*

AS FRUTAS DO QUINTAL DOS FRADES

Palavra do homem

No mosteiro construído pelo abade Fridolino, havia também um grande pomar. Tudo era resultado do trabalho continuado e esforçado dos monges.

Já naquele tempo, no século XVI, a meninada gostava de pegar fruta em quintal alheio, principalmente quando era dos padres.

Uma vez o bandinho já tinha escalado os muros e trepado nas árvores, quando apareceu Dom Fridolino. Tentaram escapulir, mas o punho forte e firme do abade irlandês agarrou alguns pela camisa:

— Meus filhos, vocês não têm vergonha de roubar? Se vocês gostam tanto das maçãs do quintal dos padres, o único trabalho é bater à nossa porta e pedir. Vocês pegariam tanta fruta, que nem caberia nos bolsos e nas sacolas. Agora já sabem como fazer.

Os molecotes saíram falando bem do abade. No dia seguinte estavam batendo à porta do mosteiro. O Irmão porteiro trouxe uma cesta cheia, mas eles queriam apanhar no pé das fruteiras.

— Era só o que faltava, hein?

Por sorte passou nesse momento o abade Fridolino:

— Podem ir. Lembrem-se do que falei: saber se comportar. E não estragar as árvores.

Foi aquela festa. E o povo começou também a gostar mais dos seus padres.

Palavra de Deus

Meu filho, não mistures a repreensão com o benefício, não acrescentes nunca palavras duras e más às tuas dádivas.

Porventura o orvalho não refresca o calor ardente? Assim, uma palavra doce vale mais do que o presente.

A doçura das palavras não prevalece sobre a própria dádiva. Mas uma e outra se encontram no homem justo.

Meu filho, faze com doçura o que tens de fazer. *(Eclo 18, 15-18)*

SÃO FRIDOLINO († 514)

PERPÉTUA E FELICIDADE

Palavra do homem

Foi no tempo das perseguições romanas. Perpétua e Felicidade estão presas por causa do nome de Jesus, e aguardam o dia do martírio.

Perpétua deixou-nos um "diário" do que aconteceu naquela prisão. Vejamos algumas passagens:

— Poucos dias antes da prisão, havíamos recebido o batismo. O que eu pedi naquele dia, foi a firmeza necessária para permanecer fiel.

Depois fomos conduzidas para o cárcere. Levei um grande susto porque nunca tinha visto tanta escuridão. Que dia terrível! O calor era tão asfixiante, que os presos quase morriam naquela masmorra.

Mas, o que era tudo isto, comparado com a preocupação que tinha pelo meu filhinho? Os bondosos diáconos conseguiram, por meio de gorjeta, que nos deixassem sair para um lugar mais arejado. Enquanto os demais cuidavam de se distrair, eu ficava amamentando meu filho, já meio desfalecido.

Eu confortava minha mãe e animava meu irmão, aos quais recomendei o meu filhinho. Afinal consegui licença para que o menino ficasse comigo na prisão... Assim ela se transformou para mim num paraíso. Em nenhum outro lugar eu teria ficado com mais gosto do que lá...

Perpétua e sua empregada Felicidade foram condenadas a morrer dilaceradas entre os chifres de uma vaca selvagem. O fio da espada completou o sacrifício.

Palavra de Deus

Naquele tempo aconteceu que sete irmãos foram presos com sua mãe... Particularmente admirável e digna de eterna memória foi a mãe que, amparada pela esperança no Senhor, soube portar-se corajosamente diante dos sete filhos mortos num só dia.

E por fim a mãe sofreu também a morte depois de seus sete filhos.

Mas acerca de sacrifícios e de crueldades excessivas, já é bastante o que temos dito. *(2Mc 7, 1-42)*

SANTAS PERPÉTUA E FELICIDADE († 230)

OLHA O DOIDO!

Palavra do homem

Quando Joãozinho passava pela rua, muitos apontavam para ele dizendo: "Olha o doido!". Esse rapaz chamava mesmo a atenção devido às maneiras esquisitas de ser santo.

Um dia as igrejas de Granada começaram a tocar desesperadamente. Era o aviso de que alguma calamidade se abatera sobre a cidade. Realmente, o hospital estava pegando fogo.

Acudiram pessoas de toda a parte com baldes de água. Mas ninguém tinha coragem de entrar no hospital a fim de retirar os doentes. O fogo ia bloqueando as portas e sufocando os internados.

Foi quando apareceu de repente um homem, abrindo caminho no meio da multidão. "É o louco! É o louco! Segurem o louco! Ele está querendo atirar-se no fogo".

Antes que alguém o detivesse, transpôs a porta do hospital, arriscando a vida, e começou a tirar apressadamente os doentes. Os menos graves desciam pelas janelas. Os outros ele carregava às costas.

Quantas viagens ele deu! Sua roupa, seus cabelos, suas sobrancelhas, tudo estava sapecado pelo fogo. Só abandonou o prédio quando não havia mais ninguém para salvar.

Completamente exausto e meio sufocado, João atravessou a multidão apalermada e boquiaberta diante de tanto heroísmo. Queria fugir, mas centenas e centenas de mãos o aclamavam: "Olha o santo! Olha o santo!"

São João de Deus foi um dos santos mais desconcertantes da História. É o padroeiro dos hospitais e dos enfermos.

Palavra de Deus

Assim fala o Senhor: Abre as cadeias injustas, solta as amarras da opressão, devolve a liberdade aos oprimidos, quebra todos os jugos, reparte o teu pão com quem tem fome, acolhe em tua casa o infeliz sem abrigo, veste o que vês sem roupa, não te furtes ao teu semelhante. *(Is 58, 6-11)*

SÃO JOÃO DE DEUS († 1550)

O ANJO DE ROMA

Palavra do homem

Grassava a fome e a peste na cidade de Roma. As ruas iam ficando desertas e tristes. A epidemia penetrava no tugúrio dos pobres e no palacete dos ricos. Os sinos dobravam a finados a cada minuto.

Um anjo, porém, não se cansava de correr daqui para ali, socorrendo vítimas, levando socorros, oferecendo préstimos. Era dona Francisca, filha da nobreza romana.

Também sua casa foi visitada pela peste. Três filhos morreram ainda no berço. A pequena Inês faleceu com dois anos, e o caçula foi levado pela epidemia.

O esposo voltou gravemente ferido de uma guerrilha. Apenas refeito e curado, precisou fugir. A casa foi assaltada. O filho mais velho foi levado preso para Nápoles.

Quantos acontecimentos dolorosos, sucedendo-se um depois do outro! Francisca ficou sozinha naquele imenso palácio.

Mas sua fé não se enfraqueceu. Concentrou agora seus cuidados no tratamento dos doentes atacados pela epidemia. Sua casa transformou-se num hospital. Com o dinheiro comprava comida e remédios para os doentes. Montada num burrinho saía muitas vezes até o campo, a fim de buscar lenha para os pobres.

Ficou sendo chamada "o anjo de Roma".

Palavra de Deus

Um dia em que os filhos e filhas de Jó estavam à mesa e bebiam vinho na casa do seu irmão mais velho, um mensageiro veio dizer a Jó: Os bois lavravam e as jumentas pastavam perto deles. De repente apareceram os sabeus e roubaram tudo e passaram os criados ao fio da espada...

Estava este ainda falando, quando chegou outro e disse: "O fogo de Deus caiu do céu, queimou e reduziu a cinzas, as ovelhas e os escravos. Só escapei eu para te trazer a notícia.

Falava ainda quando chegou outro mensageiro... *(Jó 1, 13-18)*

SANTA FRANCISCA ROMANA († 1440)

CORAÇÃO DE CRIANÇA

Palavra do homem

Foi numa das muitas rodoviárias movimentadas de nossas capitais.

Estou passando no meio do povo que vai e vem, quando escuto uma vozinha chorosa de criança:

— Mãe, estou com fome.

Era de cortar o coração. Parei para ver quem era. Aproximei-me deles.

— O que aconteceu com vocês?

— Somos do interior, explicou a mulher ajeitando no corpo uns restos de vestido. Morávamos num barraco, em terreno alheio. O dono parece que enjoou de nós e pediu que saíssemos. Ia precisar do chão.

— O que ele quer fazer lá?

— Disseram que vai botar um clube. Já é dono de dois na cidade.

Ali só estava a mãe com quatro crianças. Todas amontoadas por cima de sacos com seus "trens" de mudança. O marido estava na cidade, "caçando" serviço para poder pagar a viagem.

Era mais um capítulo da Paixão de Jesus que se prolonga até os nossos dias, entrando fundo na história do nosso povo.

Minha filha de dez anos que me acompanhava e ouvira com interesse a narrativa dolorosa, disse muito sentida:

— Papai, vamos ajudar essa família? Quando eu crescer, quero ter bastante dinheiro para ajudar os outros.

Palavra de Deus

A língua do nenê colou-se ao seu paladar por causa da sede. As crianças reclamam pão e não há quem lho reparta. *(Lm 4,4)*

Como cegos andavam pelas ruas manchados de sangue, a tal ponto que ninguém ousava tocar em suas vestes. *(Lm 4,13)*

Lembrai-vos, Senhor, do que nos aconteceu. Olhai, considerai a nossa humilhação. Nossa herança passou para mãos estranhas. As nossas casas foram entregues a desconhecidos. Estamos órfãos, sem pai. As nossas mães são como viúvas. A preço de dinheiro bebemos a nossa água. A nossa lenha temos de pagá-la. *(Lm 5,1-4)*

AS QUARENTA COROAS

Palavra do homem

Foi em Sebaste, na Ásia Menor, por volta do século III.

A noite parece gelo. Heráclio, vigia daquela noite, alonga os olhos e vê alguns vultos caminhando na direção do lago gelado. Era, exatamente, o grupo de soldados da famosa "legião fulminante" que não quis sacrificar aos deuses pagãos. Por isso foram condenados a morrer de frio, no tanque de água gelada.

Chegando junto ao tanque, tiveram que despir-se. Depois desceram tranqüilamente para o suplício. Nem uma palavra de queixa ou de medo.

Perto estavam os banhos de água quente. O centurião repetia de vez em quando: "Ainda é tempo. Quem resolver passar para nossos deuses, passe para a água quente".

Ninguém se mexia. Veio a madrugada. Quase todos iam desfalecendo de frio. Agora o lago se movimenta. Um deles desistiu e dirige-se para o tanque de água quente. No caminho, porém, caiu desfalecido.

Heráclio levantou os olhos para o céu escuro e viu quarenta coroas no meio de um clarão. "Mas... não eram somente trinta e nove os supliciados? perguntou-se a si mesmo. Aquela que está sobrando deve ser para mim. Essa religião que infunde tanta coragem, tem que ser verdadeira".

Gritou bem alto que era cristão. No mesmo instante foi empurrado pelos guardas, caindo no lago gelado.

Era o quadragésimo mártir. Era para ele a quadragésima coroa.

Palavra de Deus

Quem poderá separar-nos do amor de Cristo? A tribulação, a angústia, a perseguição, a fome, a nudez, o perigo ou a espada?...

Mas em tudo isto somos nós mais que vencedores por aquele que nos amou. Porque estou certo que nem a morte, nem a vida, nem os anjos, nem os principados, nem o presente, nem o futuro, nem as potestades, nem a altura, nem a profundidade, nem qualquer outra criatura poderá separar-nos do amor de Deus que está em Cristo Jesus... *(Rm 8,35-39)*

MÁRTIRES DE SEBASTE († 320)

12 MARÇO

OITO PRETINHOS E UMA BRANQUINHA

Palavra do homem

O quadro era impressionante. Um barraco escuro na favela, uma lamparina de querosene iluminando o rosto magro da mãe agonizante. Ao lado dela, uma criança nascida prematuramente, já sem vida.

Aos pés dela, outra criança esquelética, aparentando um ano. Um leve sorriso se desenhou nos lábios da mãe, quando viu o missionário ao seu lado. Tinha certeza que sua filha não ficaria sem amparo.

Dentro de três dias Deus a chamou.

Quem ficaria com a pequenita? O padre bateu às portas dos ricos. Ninguém quis assumir. Quando não se encontra socorro naqueles que podem ajudar, só resta procurar entre os pobres.

Ao voltar do enterro, falei com Dona Joana, uma senhora de cor, mãe de oito filhos:

— O que vamos fazer com a menininha?

— Aquela criança da mulher que morreu ontem? Venha ver. Está dormindo que é uma beleza. Depois que lhe dei um banhozinho e um pouco de leite, ela aquietou. Agora tenho oito pretinhos e uma branquinha.

— Mas... a senhora vai dar conta?

— Falei com meu marido e ele também concordou. Deus nunca nos deixou até agora. Se ele nos ajudou a encher oito boquinhas, mais uma não vai ser problema.

Entrei no barraco. Pobre, mas limpo. Ao redor do berço, estavam os rostinhos pretos olhando felizes para a irmãzinha branca que acabavam de ganhar.

Palavra de Deus

Por causa do mandamento, socorre o pobre; e não o deixes ir com as mãos vazias na sua indigência.

Perde o teu dinheiro em favor do teu irmão e do teu amigo, e não o escondas debaixo de uma pedra para ficar perdido.

Emprega o teu tesouro segundo os preceitos do Altíssimo, e isto te aproveitará mais do que o ouro. *(Eclo 29, 9-11)*

A MAE DOS POBRES

Palavra do homem

A vida de dona Luísa mudou, após a morte do marido.

Daí para frente seria o braço direito do Pe. Vicente de Paulo, em suas numerosas empresas de caridade. Surgiram as Filhas da Caridade.

O regulamento delas seria este: "O convento de vocês serão as casas dos enfermos. A cela, um quarto alugado. A capela, a igreja paroquial. O claustro, as ruas da cidade, ou as salas dos hospitais. A clausura, a obediência. A grade, o temor de Deus. O véu, a modéstia".

No famoso Hospital geral de Paris passavam vinte e cinco mil doentes por ano, procedentes de todos os países e de todas as crenças religiosas. As Filhas da Caridade, quase todas vindas da roça se comprometeram a visitá-los várias vezes por dia. O uniforme ou hábito delas era o mesmo usado nos trabalhos rurais: um vestido amplo e um enorme chapéu para se proteger do sol e das intempéries.

O exército pacífico invadiu e ocupou os hospitais, os presídios, os manicômios. Fundaram-se orfanatos para crianças sem pais ou abandonadas por eles.

Quando Paris foi assolada pela peste em 1652, Luísa socorreu catorze mil doentes. São Vicente de Paulo deu à Irmã Luísa o nome de "milagre vivo", porque não se explicava tanta atividade e tanto zelo numa pessoa só.

Palavra de Deus

Se houver no teu meio algum necessitado, um dos teus irmãos, nalguma das tuas cidades, na terra que o Senhor, teu Deus, está para te dar, não endurecerás o teu coração, nem fecharás a tua mão diante do teu irmão necessitado. Antes, abrir-lhe-ás a tua mão e lhe emprestarás o que for necessário para alívio do seu sofrimento... Deves dar incondicionalmente, sem que o teu coração se entristeça enquanto lhe dás. Por este motivo o Senhor teu Deus te abençoará em todas as tuas obras... *(Dt 15, 7-11)*

— **SANTA LUISA DE MARILLAC** († 1660). Celebrada dia 15 de março.

O PEDIDO DA MAE

Palavra do homem

Matilde, rainha da Alemanha, está diante do rei Oto, seu filho. Vestida com simplicidade, coberta com véu de viúva, pede ao rei que perdoe o crime de Henrique.

Henrique, seu filho, está preso porque armou uma rebelião contra o rei. Este crime acarretava a morte do réu. A resposta foi dura:

— Minha mãe, não posso conceder o que pedes. Seria desmoralizar minha autoridade, enfraquecer o regime. Já o perdoei duas vezes. E basta.

Noite de Natal. Missa solene e festiva, com a presença do próprio rei. "Senhor, tende piedade de nós" cantam as vozes argentinas do coral.

Nesse momento entra um homem com traje de prisioneiro, acompanhado por uma mulher de feições pálidas, e se ajoelha diante do rei. Espanto de todos que estavam na igreja. Ela pede:

— Rei Oto, teu irmão Henrique, que pecou contra o céu e contra ti, pede perdão, por amor do Filho de Deus, recém-nascido.

Enraivecido com esta cena fora do programa, o rei responde:

— Já te perdoei duas vezes. Basta. Daqui a três dias tua cabeça rolará pelo chão.

Uma voz se fez ouvir no meio do povo:

— Piedade, rei Oto! Piedade, por amor de Deus!

Seria acaso a voz da sua mãe? Em seguida dezenas de vozes repetiram o mesmo pedido. Silêncio profundo na assembléia religiosa. Parecia que o próprio céu aguardava a resposta.

O rei se inclinou. Depois, levantando o irmão do chão, deu-lhe o ósculo da paz e da reconciliação.

Palavra de Deus

Senhor, perguntou Pedro, quantas vezes devo perdoar ao meu irmão? Talvez sete vezes? Respondeu Jesus: Não somente sete, mas setenta vezes sete. *(Mt 18,22)*

SANTA MATILDE, rainha († 968)

Palavra do homem

Pe. Clemente Maria, missionário redentorista, na Áustria, foi um dínamo de realizações pastorais. O amor de Cristo o empurrava sempre para frente. Tinha um temperamento colérico, que lutava para dominar.

O orfanato que fundara para crianças abandonadas mantinha-se a duras penas. Um dia Pe. Clemente viu-se obrigado a sair pelas ruas, pedindo donativos para seus abrigados.

Passou diante de um bar e viu alguns homens jogando e bebendo. Aqui a esmola vai ser abundante, pensou Clemente:

— Boa tarde, meus amigos! Vocês podem dar uma esmola para os orfãozinhos de São Beno?

Um dos homens não gostou de ser interrompido no jogo. Levantou-se bruscamente, aproximou-se do padre e atirou-lhe uma cusparada no rosto, enquanto dizia zombando:

— Tome aí sua esmola.

O santo dominou-se com esforço. Tirou o lenço do bolso, enxugou vagarosamente o rosto e disse com bastante humildade:

— Isto foi para mim. Agora, dê uma esmola para meus orfãozinhos.

O gesto inesperado e inspirado de Clemente, desarmou a valentia daqueles homens rudes. O santo adivinhara: a esmola foi abundante naquele dia.

Palavra de Deus

Ouvistes o que foi dito aos antigos: "olho por olho e dente por dente". Eu vos digo: Não oponhais resistência ao mau. Se alguém te bater na face direita, oferece-lhe também a esquerda. E se alguém quiser te processar para tirar-te a túnica, dá-lhe também a capa. Se alguém te obrigar a acompanhá-lo durante um quilômetro, acompanha-o durante dois.

Dá a quem te pede, e não voltes as costas a quem te pedir emprestado.

Ouvistes que foi dito: Amarás o teu próximo e odiarás teu inimigo. Eu porém, vos digo: Amai os vossos inimigos... *(Mt 5, 38-44)*

——— **SÃO CLEMENTE M.HOFBAUER,** missionário (1751-1820)

16 MARÇO

VAMOS DAR AS MAOS

Palavra do homem

Regina, de dois anos de idade, saiu caminhando pelo quintal, entrou no milharal e se perdeu.

O pessoal da vizinhança, juntamente com o pai, saiu a procurá-la desesperadamente. Mas sem resultado, porque cada um tomava rumos desencontrados, deixando trechos da roça sem ser vasculhados.

A noite estava fria e avançava cada vez mais. A procura continuava, sem encontrar a menininha. Logo de madrugada o pai reuniu o pessoal e disse:

— Dessa maneira nunca encontraremos minha filha. Pois há lugares que passamos e repassamos, e outros onde ainda não pisamos. Esta é minha sugestão: formar uma corrente, dar-se as mãos e sair vasculhando. Assim não fica nenhum trecho sem ser revistado.

Assim fizeram. E logo encontraram a menina. Mas já estava morta de frio e de fome. Então o pai, com o corpinho nos braços e os olhos rasos d'água, disse soluçando:

— Por que não demos logo as mãos?...

Palavra de Deus

Todo o reino dividido contra si mesmo, será destruído e seus edifícios cairão uns sobre os outros... Quando um homem forte guarda armado a sua casa, estão seguros os bens que possui. Mas se sobrevier outro mais forte e o vencer, este lhe tira todas as armas em que confiava e repartirá os despojos... Quem não está comigo, está contra mim. Quem não recolhe comigo, dispersa. *(Lc 11, 17.21-23)*

Palavra da vida

— O trabalho em mutirão rende mais do que o trabalho isolado?

— Quem colhe com o Cristo, ajunta. Quem colhe sem Ele,dispersa.

— Ação sem planejamento é como atirar a esmo. Dificilmente acerta.

— Dar as mãos significa: unir as forças, fazer um trabalho organizado, apoiar-se um no outro, caminhar juntos. O que mais?

A JUVENTUDE DE PATRÍCIO

MARÇO 17

Palavra do homem

São Patrício, o grande apóstolo da Irlanda, teve uma juventude cheia de sofrimentos. Vejamos um capítulo apenas.

Um dia estava pastoreando seu rebanho, quando viu labaredas de fumo se levantando lá onde estava sua casa.

Um terrível pressentimento invadiu o coração do rapazinho. Seriam os temíveis piratas que andavam saqueando e incendiando as regiões por onde passavam?

Deixou o rebanho sozinho e saiu correndo. Mas duas moças que vinham fugindo, encontraram-se com ele e gritaram:

— Fuja, Patrício. Esconda-se. Não há mais nada para salvar. Os piratas irlandeses arrasaram tudo. Mataram seu pai e sua mãe e carregaram suas irmãs.

Querendo certificar-se do que lhe disseram, Patrício continuou correndo. Ao chegar mais perto, ouviu o alvoroço dos cavalos que os bandidos estavam carregando.

Conseguiu entrar na casa que já era fogo e fumo. Procurou os pais. Sim, ele os encontrou junto do estábulo, com os crânios partidos.

Gritando de dor, curvou-se sobre os cadáveres, sem notar que o fogo chamuscava seus cabelos e sua roupa. Súbito alguém lhe aplicou violento soco e o agarrou. Patrício debateu-se desesperado. Pôde ver ainda suas duas irmãs em poder dos piratas. Depois, um golpe violento na cabeça. Foi acordar no barco, amarrado com cadeias de ferro.

Depois a escravatura. Depois a fuga. Depois a chegada na Irlanda.

Era o início da evangelização da futura "ilha dos santos".

Palavra de Deus

Outrora éreis trevas, mas agora sois luz no Senhor. Comportai-vos como verdadeiras luzes. Ora, o fruto da luz é bondade, justiça e verdade. Procurai o que é agradável ao Senhor e não tenhais cumplicidade nas obras das trevas. Pelo contrário, condenai-as... *(Ef 5, 8-11)*

SÃO PATRÍCIO, apóstolo da Irlanda († 461)

18 MARÇO

ARRANCANDO OS CRAVOS

Palavra do homem

Na igreja dos Capuchinhos de Rovigo (Itália), a Via Sacra tem uma cena inacabada. É a 11.ª estação, representando a crucifixão de Jesus. Estão faltando os cravos nas mãos do Crucificado.

Aos visitantes que percebem e perguntam o motivo da falta dos cravos, o cicerone explica:

Conta-se que o artista José Milani estava trabalhando nesta cena da Via Sacra. Praticamente pronta, faltavam talvez alguns retoques.

Em dado momento precisou sair e deixou aberta a porta do atelier.

Quando voltou, quem é que encontrou debruçado sobre o crucificado?

Seu próprio filho, de alguns poucos anos de idade, ocupado laboriosamente em arrancar os cravos de Jesus.

Seu pai, comovido com esta cena, não teve coragem de recolocar os cravos. E assim ficou até hoje.

Palavra de Deus

Revesti-vos, pois, como eleitos de Deus, santos e amados, de entranhas de misericórdia, de benignidade, humildade, mansidão e longanimidade, suportando-vos uns aos outros, perdoando-vos mutuamente, se algum tiver razão de queixa contra o outro. Como o Senhor vos perdoou, assim deveis vós também perdoar.

Mas, acima de tudo, revesti-vos da caridade que é o vínculo da perfeição. Resida nos vossos corações a paz de Cristo, para a qual fostes chamados, a fim de formar um só corpo. Sede agradecidos.
(Cl 3, 12-15)

Palavra da vida

— Arrancar os cravos de Jesus significa: Desagravar o seu Coração, rezar pela conversão nossa e dos outros, fazer penitência.

— Arrancar pregos de Jesus significa também: aliviar o peso do nosso irmão, repartir a carga dos outros com a gente, diminuir a sua dor.

— Não é uma boa tarefa para hoje, arrancar pregos dos irmãos crucificados?

SÃO JOSÉ TAMBÉM APELOU

MARÇO 19

Palavra do homem

Os Evangelhos falam pouco de São José. Os evangelistas não registraram nenhuma palavra que ele tivesse pronunciado. Por isso o povo se encarregou de tecer muitas histórias e parábolas ao redor desse "homem justo". Aqui vai uma.

Era uma vez um devoto de São José que não foi aceito no céu. Pelo menos foram-lhe feitas várias restrições que ele não soube explicar.

São José, sempre atento, mais do que depressa apresentou-se diante de Jesus para defender o seu admirador:

— Se meu devoto não ficar aqui no céu, eu vou embora daqui.

— Pois vá, disse Jesus secamente.

José, que não esperava essa resposta, pegou o chapéu e foi saindo. No meio do caminho virou-se e disse:

— Se eu for, minha esposa tem que ir comigo.

— Pois que vá, disse Jesus, já com outro tom de voz.

— Carregando minha esposa Maria, tenho que levar tudo o que lhe pertence...

— Leva tudo, disse Jesus, só para ver aonde isso ia parar.

São José pegou a ladainha e começou a ler:

— Rainha dos Anjos. — E os anjos foram se enfileirando.

— Rainha dos Mártires... dos Confessores...

E eles foram saindo. Quando José ia gritar: "Rainha de todos os santos", Jesus atalhou:

— Assim já é demais. Vá dar um banho no seu devoto e mande-o entrar. Se não, eu acabo ficando sozinho no céu.

Palavra de Deus

... Um anjo do Senhor apareceu a José em sonho e disse: José, filho de Davi, não temas receber Maria, como tua esposa, pois o que ela concebeu, é obra do Espírito Santo. Ela dará à luz um filho e lhe porás o nome de Jesus, porque ele salvará o povo dos seus pecados. *(Mt 1, 20)*

SÃO JOSÉ, esposo de Maria Santíssima

O FILHO DISFORME

Palavra do homem

Ano de 1220. No rico castelo dos Sansedoni, na cidade italiana de Sena, há uma grande agitação. Empregadas cruzam apressadamente os corredores, enquanto os empregados cochilam por todos os cantos.

O senhor Sansedoni está inquieto. Num quarto ao lado está nascendo um filho. Quando as parteiras saíram trazendo preocupação no semblante, ele imaginou algo anormal. Sim, a criança nascera toda disforme. Um pequeno monstro.

Que humilhação para a rica e orgulhosa família dos Sansedoni! Para não passar vergonha, esconderam o menino. Depois foi entregue a uma mulher que deveria educá-lo, mas longe do castelo, com a proibição de não contar nada para ninguém.

Pobre pequeno Ambrósio, rejeitado pelos pais!

Mas o Pai do céu o acolheu e o acompanhou na vida.

Aquela pobre mulher cheia de fé soube educá-lo no temor de Deus.

* * *

Ano de 1280. O menino outrora enjeitado pelos pais, tornara-se padre. Era o ídolo do povo. Sua vida, desde a ordenação sacerdotal, tinha sido de uma dedicação extrema. Foi pacificador de partidos políticos, conselheiro, teólogo e grande pregador popular.

Prepara-se para pregar na catedral de Sena. Hoje o grande missionário está inflamado, mais que de costume. As palavras jorram da boca, impetuosas, ardentes. De repente ele empalidece. Uma golfada de sangue jorra também pela boca e Ambrósio tomba no púlpito. Uma veia se rompera em seu coração.

Foi assim que morreu Santo Ambrósio de Sena: falando do Pai que nunca rejeita.

Palavra de Deus

Os que tiverem sido sensatos, resplandecerão como a luz do firmamento. E os que tiverem levado muitos aos caminhos da justiça, brilharão como estrelas em perpétuas eternidades. *(Dn 12, 3)*

SANTO AMBRÓSIO DE SENA († 1280)

NICOLAU, O PACIFICADOR

MARÇO 21

Palavra do homem

Havia muitas lutas e dissenções entre as comunidades da Suíça. Convocou-se uma assembléia geral, mas só se ouviram murros em cima das mesas.

Nesse impasse o padre vigário de Stans resolveu buscar o único homem que poderia devolver a paz e a concórdia ao país. O vento assobiava nas árvores e a neve fustigava o rosto do ancião quando ele saiu no alvorecer do dia. Chegando lá no alto da montanha, onde estava a ermida de Nicolau, cumprimentou-o no Senhor e disse:

— Irmão Nicolau, o país está em polvorosa. Ninguém chega a um acordo. Vem comigo até Stans, onde nossos maiorais estão reunidos.

Sem proferir palavra, o eremita pegou seu bordão e desceu o vale com o padre vigário. Quando entrou no recinto da assembléia, todos se calaram, possuídos de grande respeito. Nicolau de Flue era bastante conhecido pelo seu severo ascetismo, sua santidade, seu desapego e sua bondade. Deixara esposa e filhos para dedicar-se aos outros. Não tomava outro alimento, exceto o pão eucarístico. Abrindo a boca, ele falou:

— Irmãos, eu vos saúdo em nome de Deus. Nele está a paz, pois Deus é a paz. A paz constrói, a falta de paz só traz destruição. Convém, portanto, que abraceis a paz, que protejais as viúvas e os órfãos, como fizestes até agora... Fazei as pazes por amor Dele.

Assim disse, apontando para o céu. E terminou:

— Nada mais me resta a dizer. Que esta é a vontade do Senhor. Permanecei em paz e na paz.

O solitário deixou a sala e subiu novamente a montanha, voltando para sua ermida. Naquele mesmo dia a paz se fez entre os cantões da Confederação suíça.

Palavra de Deus

Quão formosos são sobre os montes, os pés do mensageiro que anuncia a paz, que traz a boa nova, que apregoa a vitória, que diz a Sião: o teu Deus é Pai... O Senhor faz ver o seu santo braço, aos olhos das nações e todos os confins da terra verão o triunfo do nosso Deus. *(Is 52, 7-10)*

A MÃO DO AMIGO

Palavra do homem

João e Joaquim eram lenhadores. Cada um tinha o seu trecho de mato para lenhar. Passavam o dia cortando lenha e amontoando os feixes.

Moravam vizinhos um do outro. João, o mais velho, era casado, tinha mulher e filhos para cuidar. Joaquim sustentava sua velha mãe e suas irmãs. Viviam com certa dificuldade, mas viviam do seu trabalho.

Um dia, antes de se recolher, Joaquim chegou ao local do serviço, tirou alguns feixes de sua lenha e os colocou na pilha do amigo, pois pensava consigo mesmo:

— Pobre João! Anda muito aperreado. Preciso ajudá-lo.

Fez assim várias vezes, até notar uma coisa estranha: Sua pilha de lenha continuava sempre com o mesmo número de feixes. Quem é que estava botando lenha na sua pilha? Que alguém subtraísse maliciosamente, ainda se compreenderia, pois é o que mais acontece. Mas... ajuntar e acrescentar, era coisa inédita.

Encabulado com o caso, resolveu ficar de vigia. O que descobriu? Seu amigo João chegava de madrugadinha, apanhava alguns feixes da sua pilha e passava-os para o monte do amigo Joaquim, enquanto murmurava:

— Esse Joaquim, com tanta gente idosa em casa para cuidar...

Não se contendo de emoção, Joaquim deixou o seu esconderijo e foi abraçar o amigo. Foi um susto daqueles.

Palavra de Deus

Se queres ter um amigo, adquire-o depois de o teres provado, não confies nele tão depressa. Com efeito, há amigos de ocasião que não são fiéis no dia da tribulação. Existe amigo que se torna inimigo, que desvenderá tuas fraquezas para tua confusão...

Um amigo fiel é uma poderosa proteção. Quem o encontrou, descobriu um tesouro. Nada se pode comparar com um amigo fiel, e nada se iguala ao seu valor. Um amigo fiel é um remédio de vida; aquele que teme o Senhor, achará tal amigo... *(Eclo 5, 7-17)*

ELA ENLOUQUECEU

MARÇO **23**

Palavra do homem

Ocupação gratificante (e às vezes desconcertante) do missionário, é visitar os doentes da comunidade missionada.

Estava pregando missão no povoado Pedra Branca, quando foi chamado para uma visita. Chegando à casa, deparou com uma senhora transtornada mentalmente e acabada fisicamente:

— O que aconteceu com essa coitada?

Os que cuidavam dela (e que acolheram-na em casa), contaram sua história triste:

— Seu marido Raimundo resolveu ir para São Paulo a fim de ganhar a vida. Deixou Teresa e os filhos no Nordeste, dizendo que voltaria logo, com bastante recurso para melhorar a vida deles.

A esposa aguardava sua volta, rezando e animando as crianças.

Passaram-se meses e até anos. A saudade aumentava, mas a esperança não diminuía. Com certeza ele estava demorando porque o dinheiro não caía do céu, e era preciso labutar muito. Ela esperava, fiel a Deus e ao Raimundo.

Um dia ele voltou. Mas voltou acompanhado por outra mulher.

Teresa, que já saíra ao encontro do marido, não conseguiu abraçá-lo e beijá-lo. Voltou para casa, corrida, traída, envergonhada, e se fechou lá dentro. Não conseguia chorar, nem gritar.

Enlouquecera.

Palavra de Deus

De onde vêm as lutas e contendas entre vós? Não vêm elas de vossas paixões que combatem nos vossos membros? Cobiçais e não recebeis. Sois invejosos, ciumentos e não conseguis o que desejais. Brigais e fazeis guerra. Não alcançais, porque não pedis. Pedis e não recebeis, porque pedis mal, com o fim de satisfazerdes vossas paixões.

Adúlteros, não sabeis que a amizade do mundo é inimiga de Deus? Quem quer ser amigo do mundo, torna-se inimigo de Deus.
(Tg 4,1-4)

O BISPO MARTIR

Palavra do homem

A morte de Dom Romero, arcebispo de El Salvador, já tinha sido decretada pelos poderes injustos. Apenas se aguardava o momento oportuno. Um telefonema anônimo avisou-o que, antes do fim da semana, eles o matariam.

A homilia que havia proferido dia 23 de março, acabou de encher as medidas. Quem era ele para exortar os soldados e os policiais a desacatar as ordens de seus chefes?...

Dissera na igreja: "Quero fazer um apelo, de modo especial aos homens do exército e concretamente às bases da Guarda Nacional, da Polícia e dos Quartéis. Irmãos, vocês são parte integrante de um mesmo povo, e matam seus próprios irmãos camponeses. Lembrem-se que, diante da ordem dada por um homem, prevalece a lei de Deus que diz "não matarás". Nenhum soldado está obrigado a obedecer a uma lei imoral..."

No dia seguinte, durante a homilia da missa que estava celebrando na capela do hospital Divina Providência, dispararam no seu coração uma bala explosiva e mortal que lhe abriu o peito. Dom Romero caiu de costas, junto do altar.

Estava consumado o martírio de mais um homem que lutara pela justiça.

Palavra de Deus

Naqueles dias os chefes de Judá abandonaram o templo do Senhor, Deus de seus pais, e começaram a prestar culto às imagens e aos ídolos...

Então o espírito de Deus apoderou-se de Zacarias, o qual se apresentou diante do povo e disse-lhe: "Eis o que diz o Senhor: Porque transgredis os preceitos do Senhor, não havereis de progredir. Porque rejeitastes o Senhor, o Senhor também vos rejeitará".

Eles, porém, conspiraram contra ele e mataram-no a pedradas por ordem do rei, no átrio do templo do Senhor. *(2Cr 24, 18-22)*

—— **DOM OSCAR ROMERO**, arcebispo de El Salvador († 1980)

MANDA QUEM QUERES MANDAR

MARÇO 25

Palavra do homem

O senhor bispo foi fazer visita pastoral a uma cidade de Goiás.

Aquela cidade, esquecida às margens do Tocantins, vivia suspirando pela presença de um padre, como o povo judeu suspirava pela vinda do Messias. Por ocasião da visita pastoral apresentaram o pedido.

O bispo prometeu que iria mandar para eles um padre, mas queria um sinal. Queria uma colaboração. Queria que lhe adiantassem alguma coisa.

O povo deu-lhe um menino. E o Pedrinho foi com o senhor bispo. Ingressou no Seminário e lá ficou mais de dez anos.

O povo da cidadezinha esquecida junto ao Tocantins começou a desconfiar. Será que o bispo se esqueceu de nós também? E o pagamento adiantado? E o menino que ele carregou consigo?

Passados exatamente doze anos, o bispo voltava para visitar aquela cidade. Mas não vinha sozinho. Trazia consigo o novo padre, o messias esperado.

E assim o Pe. Pedro, anunciado e esperado com tanta ansiedade, tomou posse da paróquia que há mais de cinqüenta anos ficara sem padre.

Palavra de Deus

Naquele tempo o anjo Gabriel foi enviado por Deus a uma cidade da Galiléia chamada Nazaré, a uma virgem desposada com um homem chamado José, da casa de Davi. E o nome da virgem era Maria.

Ao entrar em sua casa, o anjo disse-lhe: "Ave, cheia de graça, o Senhor é contigo". Ao ouvir estas palavras, ela perturbou-se e perguntava qual o sentido de tal saudação. Disse-lhe o anjo:

— Não temas, Maria, pois achaste graça diante de Deus. Conceberás e darás à luz um filho, ao qual porás o nome de Jesus. Ele será grande e se chamará Filho do Altíssimo. O Senhor lhe dará o trono de seu pai Davi, reinará eternamente sobre a casa de Jacó e o seu reino não terá fim. *(Lc 1, 26-33)*

ANUNCIAÇÃO DO SENHOR

26 MARÇO

O HOMEM E A MÁQUINA

Palavra do homem

Um desenho humorístico: No primeiro plano um enorme trator, muito bem montado e cuidado. Junto à máquina está o dono da fábrica, em posição arrogante e altiva. Na frente do patrão vê-se o empregado em ponto pequeno, magro e medroso.

Todo complexado, diante daquela máquina enorme, o empregado escuta submisso a ordem peremptória do chefe:

— Quero muito amor para lidar com esta máquina, ouviu?

Outro desenho: A cena passa-se no terreiro de uma fazenda. O marido está entretido em alguma ocupação, quando foi atacado por uma vaca brava. O jeito era correr enquanto podia, a fim de defender-se do animal enfurecido. A esposa, que acompanhava toda a cena pela janela da cozinha, ainda gritou:

— Cuidado com a camisa nova que fiz para você, ouviu?

Palavra de Deus

Passava Jesus num dia de sábado através das searas. Os discípulos, enquanto caminhavam, começaram a colher espigas. Os fariseus chamaram-lhe a atenção: "Repara como fazem no sábado o que não é permitido".

Respondeu-lhes Jesus: Nunca lestes o que fez Davi quando teve necessidade e sentiu fome, ele e os que estavam com ele? Como entrou na casa de Deus, no tempo do Sumo Sacerdote Abiatar, e comeu os pães da proposição que apenas aos sacerdotes era permitido comer, e também os deu aos que estavam com ele?

E prosseguiu: O sábado foi feito para o homem, e não o homem por causa do sábado. O Filho do Homem, é senhor até do sábado.
(Mc 2,23-28)

Palavra para a vida

— Quantas vezes uma lei está acima da pessoa humana?

— Conforme o critério de certos sistemas, o capital, o automóvel, o boi, a terra, a estrutura, o horário de atendimento valem muito mais do que a pessoa humana...

O CONTRAPESO DA BALANÇA

Palavra do homem

Seu Miguel mora na cidade e toca armazém. Seu Justino mora no sítio e fabrica uma farinha de mandioca muito apreciada.

Um dia os dois combinaram de trocar os produtos. Justino forneceria farinha para Miguel, enquanto Miguel daria o sal em troca. Esta seria a base: um quilo de farinha por um quilo de sal.

Tudo correu bem durante algum tempo. Um dia o negociante começou a desconfiar: Será que esta farinha tem um quilo certo? Volume tem, mas peso, não sei não.

Para tirar as dúvidas, colocou a farinha na balança. De fato, a balança (aferida pelo fiscal há poucos dias) acusava apenas 800 gramas.

Não pensou duas vezes. Correu até o delegado e deu parte. No dia seguinte o roceiro foi intimado a comparecer na delegacia para explicar o caso. Um tanto embaraçado, ele falou:

— Doutor Delegado, eu nunca tive intenção de enganar ninguém, nem sequer um bobo. Deus sabe. Nosso trato era trocar um quilo de farinha por um quilo de sal. Ora, eu não tenho balança em casa. Por isso inventei uma balança de tipo caseiro. Nessa balança caipira, o contrapeso da farinha era o próprio pacote de sal que o negociante me mandava... Pois eu pensava que o sal tinha um quilo certo.

O delegado se virou para o negociante e disse:

— Agora você mesmo tire as conclusões. Eu já tirei as minhas...

Palavra de Deus

Ouvi isto, vós que esmagais o pobre e fazeis perecer os desvalidos da terra dizendo: Quando passará a lua nova para vender nosso trigo? Quando passará o sábado para abrir nossos celeiros, diminuindo o efá, aumentando o ciclo e falseando a balança para defraudar? Compraremos os necessitados por dinheiro, e os pobres por um par de sandálias, e venderemos até a soca do nosso trigo... *(Am 8, 4-7)*

28 MARÇO

A MORTE DE DONA IGREJA

Palavra do homem

Na cidadezinha onde aconteceu esta história, o povo não queria saber de igreja, nem de nada. Cada um vivia a sua vida individualista. A coisa ia de mal a pior quando o vigário, novato naquele lugar, apelou para o último cartucho.

Na missa de sábado à noite, presentes as duas ou três pessoas de sempre, ele avisou:

— Acaba de falecer nesta cidade, dona Igreja. Amanhã às dez horas haverá missa de corpo presente na intenção de dona Igreja.

No dia seguinte, muito antes das dez horas, já não cabia mais ninguém na igreja. Todos queriam ver ao menos o corpo dessa mulher que ninguém se lembrava de ter conhecido.

No meio do corredor da igreja, foi colocado um caixão com velas.

Terminada a missa disse o vigário:

— Percebi que vocês querem despedir-se de dona Igreja. Vou mandar abrir o caixão. Façam fila e passem respeitosamente diante dele.

Todo o mundo entrou na fila. Um por um, iam todos passando diante do caixão. Mas que desapontamento no rosto de cada um: Todos que olhavam para dentro do caixão, levavam tamanho susto que voltavam de cabeça baixa para os bancos.

O que acontecera? No fundo do caixão o padre vigário havia colocado nada mais, nada menos do que um enorme espelho...

A Igreja tinha morrido naquele lugar, porque o povo tinha morrido para a religião.

Palavra de Deus

Os primeiros cristãos perseveravam na doutrina dos Apóstolos e na comum fração do pão e nas orações. Todos que acreditavam, estavam unidos e tinham tudo em comum... E todos os dias freqüentavam o templo em perfeita harmonia... E o Senhor aumentava cada dia mais o número dos que haviam de se salvar nesta união. *(At 2, 42-47)*

OS DOIS RATINHOS

MARÇO 29

Palavra do homem

Foi numa velha casa de fazenda. Dois ratinhos saíram das suas tocas a fim de fazer uma "sondagem" pelas dependências da cozinha e da despensa. Se achassem um pedaço de toucinho ou um naco de queijo, a expedição já teria sido válida.

O que encontraram, foi um tigelão de leite, ou melhor, da nata do leite. A cada ordenha, dona Margarida ajuntava a nata para fazer manteiga.

Era uma nata grossa e consistente. Subir no tigelão e afundar no meio daquele mar de leite, foi uma coisa só. Um deles, o ratinho mais medroso, achou que estava tudo perdido e deixou-se ficar no fundo da tigela. E morreu afogado.

O companheiro, mais corajoso e afoito, pensou consigo: Eu posso morrer, mas não me entrego facilmente. Quero morrer na luta. E começou a se debater com perninhas, com orelhas, com o rabo e o corpo inteiro.

Tanto ele se bateu e se debateu, que a nata foi endurecendo, até ficar sólida e virar manteiga. Quando o ratinho valente se viu por cima da manteiga são e salvo, tratou de safar-se quanto antes, dando um pulo de mestre para fora do tigelão. Sua luta persistente trouxe várias vantagens:

— Saiu vivo e triunfante.
— Deixou pronta a manteiga para dona Margarida.
— Deixou uma lição de coragem para todos nós.

Palavra de Deus

Entrai pela porta estreita porque larga é a porta, e espaçoso o caminho que conduz à perdição. E muitos são os que seguem por ele.

Como é estreita a porta e quão apertado é o caminho que conduz à vida, e como são poucos os que o encontram. *(Mt 7, 13-15)*

Desde os dias de João Batista até agora, o Reino dos céus tem sido objeto de violência, e só os violentos o conquistam à força. *(Mt 11,12)*

A COR DOS OLHOS DELA

Palavra do homem

Eu estava lendo jornal, quando chega minha filha pequena e pergunta quase à queima-roupa:

— Papai, por que a mamãe tem olhos verdes?

Eu caí do céu. Fiquei baratinado diante de pergunta tão inesperada, quão inédita. Inventei uma resposta qualquer: "Pergunta boba! Porque não são de outra cor, ora essa".

Minha resposta também foi muito boba. Eu me senti humilhado e envergonhado porque nunca me preocupara em saber, sequer, a cor dos olhos da minha esposa.

As reflexões iam se desdobrando em minha mente: É possível conviver anos e anos com uma pessoa e não conhecer a cor dos seus olhos? Vivemos juntos há uns dez anos e nunca nos olhamos realmente nos olhos. Nunca pusemos em confronto nossos problemas, nossos defeitos e virtudes. Não somente não conhecia a cor dos olhos dela, como também desconhecia os seus problemas, suas angústias e suas dificuldades.

Desde aquele dia, tudo mudou. Comecei a me interessar mais pela minha esposa e pela minha família. Fui descobrindo novos mundos no seu jeito de falar, de gesticular, de sorrir, de trabalhar. Comecei a ver menos televisão e ler menos jornal para ocupar-me mais com ela e com eles.

Palavra de Deus

Ouvi, céus! E tu, ó terra, escuta! É o Senhor quem fala: Eu criei filhos e os eduquei, eles porém se revoltaram contra mim. O boi conhece o seu dono, o burro conhece o estábulo, mas Israel não me conheceu e meu povo não me entendeu... *(Is 1, 1-3)*

Palavra para a vida

— Vivemos tanto tempo com uma pessoa (parentes, colegas de estudo ou de trabalho) e não chegamos a nos conhecer... Vivemos, mas não convivemos. Também os apóstolos ouviram esta queixa do seu Mestre: "Tanto tempo estou com vocês, e ainda não me conhecem?" E nós?...

MORTO PELA RIQUEZA

Palavra do homem

Era uma vez um avarento que queria ganhar mais dinheiro, sempre mais dinheiro. Uma noite, enquanto contava e recontava seus níqueis e notas, aparece-lhe um gênio e diz: "Teus desejos foram satisfeitos. Terás cinco mil todos os dias. Mas com uma condição..."

O homem, meio apatetado com tal notícia, nem perguntou qual seria a condição. Disse logo que aceitava. O gênio continuou:

— Pois bem. Receberás todas as manhãs essa quantia, com a condição de gastar tudo até o fim do dia. Se, ao dar meia noite, tiver sobrado algum centavo, morrerás.

A princípio tudo correu bem. Comprava móveis, roupas, carros, aparelhos eletrônicos, terras, novidades que apareciam. Os milhões se esgotavam logo. Com o correr do tempo, entretanto, a tarefa foi se tornando difícil. Se jogava na loteria, a sorte irônica o protegia. Suas propriedades alugadas rendiam somas fabulosas. Os depósitos de banco se multiplicavam. Não havia mais nada nas lojas que ele já não tivesse comprado.

Chegou o dia em que o pobre rico não conseguiu desfazer-se da mesada recebida de manhã. O gênio, gargalhando sarcasticamente, apareceu e lavrou a sentença de morte. O homem se escusou, se explicou e se enrolou:

— Mas eu recorri a todos os meios para gastar esse maldito dinheiro...

— Só te faltou aplicar um meio. O melhor de todos. Faltou empregar essa fortuna em favor dos pobres e dos oprimidos. Se assim tivesse feito, esse dinheiro teria sido insuficiente...

Palavra de Deus

Liberta quem sofre injustiça. Quando fizeres um julgamento, não o faças com azedume.

Sê misericordioso com os órfãos como um pai. E sê como um marido para a mãe deles.

E serás como um filho obediente do Altíssimo que, mais do que uma mãe terá compaixão de ti! *(Eclo 4, 9-12)*

1 ABRIL

A CAÇA AO BISPO

Palavra do homem

Na velha residência episcopal de Grenoble, na França, era grande a agitação naquela manhã de 1084: Onde está o bispo? O bispo havia fugido.

O jovem Hugo nunca quis ser bispo. Dois anos após a sua eleição, não suportou o seu rebanho difícil e rebelde. Fugiu e foi esconder-se num mosteiro de monges.

Representantes do clero e do povo de Grenoble foram atrás dele. Encontraram-no vivendo a vida austera do mosteiro:

— Senhor bispo, seu lugar é lá entre nós. Não pode abandonar-nos assim sem mais nem menos.

— Como não, se não consigo nada com vocês? Talvez porque não sei ser bispo. Ou talvez porque vocês não me obedecem.

Ninguém o convencia a regressar. Somente depois de muitas súplicas do próprio Papa Gregório VII, ele voltou para sua sede episcopal.

Mas continuou pedindo que o exonerassem do peso do episcopado.

Sempre se queixando de doenças e pedindo aos Papas que o exonerassem, governou a diocese durante 50 anos. Nada menos que sete Papas governaram a Igreja durante esse tempo. E a todos eles pediu dispensa do episcopado, sem conseguir.

Morreu com 82 anos. Morreu bispo, sempre contra sua vontade.

Mesmo reclamando, morreu como santo.

Palavra de Deus

Deus disse a Moisés: "Vai, eu te enviarei ao Faraó a fim de que tires do Egito o meu povo..." Moisés respondeu: "Não me darão crédito..."

Deus então lhe explicou como agir diante do Faraó. Moisés ainda se esquivou e tentou escapar à missão que Deus queria confiar-lhe:

— Eu não tenho palavra fácil. Minha língua é enrolada e lerda.

— Vai, que eu estarei na tua boca e te ensinarei o que deves dizer.

— Senhor, peço-te que mandes outro.

(Ler os capítulos 3 e 4 do Êxodo)

SANTO HUGO, bispo († 1132)

O EREMITA PENITENTE

Palavra do homem

— Por que este ferry-boat se chama "São Francisco de Paula"? perguntava um turista, ao atravessar o estreito de Messina, na Itália.

O barqueiro, calabrês de boa fala e sotaque ininteligível, explicou:

— Muitos anos atrás, um frade pediu aos barqueiros que o transportassem para o outro lado, pois estava sem dinheiro. Como todos eles se recusassem, ele estendeu seu velho manto sobre a água e navegou para o outro lado, até o porto de Messina. Assim foi que ele se vingou. Os barqueiros ainda tiveram a sem-cerimônia de adotá-lo como seu padroeiro.

Instigado pela curiosidade do turista, o calabrês continuou, contando histórias desse santo que se tornou popular na Itália, devido aos muitos milagres:

— Uma vez Frei Francisco de Paula teve que viajar da Itália para a França a fim de curar o rei Luís XI. Era desejo do rei e ordem do Papa. O santo obedeceu e foi. Mas foi para convencer o rei que devia aceitar a morte. Deus não queria curar o rei, mas prepará-lo para uma boa morte. Este foi o milagre: Conseguiu a reconciliação do rei com Deus e com a morte.

Outro grande milagre foi conseguir viver noventa e um anos, apesar dos jejuns e penitências que fez durante toda a sua vida.

Só um milagre Francisco de Paula não conseguiu: Quis viver escondido no deserto e no anonimato como eremita, mas a fama de sua santidade se espalhou pelo mundo inteiro. Doze anos depois da morte, já era proclamado santo pelo povo.

Palavra de Deus

O amor de Cristo nos constrange, persuadidos de que, se um só morreu por todos, então todos estão mortos. Cristo morreu por todos para que, os que vivem, não vivam mais para si mesmos, e sim para aquele que por eles morreu e ressuscitou... *(2 Cor 5,14-15)*

SÃO FRANCISCO DE PAULA († 1507)

OLHA UM BOI VOANDO

Palavra do homem

Contam os anais da Ordem de São Domingos que, achando-se Santo Tomás de Aquino em sua cela, curvado sobre obscuros manuscritos medievais, ali entrou de repente um frade folgazão, o qual foi exclamando com voz agitada:

— Irmão Tomás, venha ver um boi voando.

Tranqüilamente o grande doutor da Igreja ergueu-se do seu banco, deixou a cela e, vindo para o átrio do mosteiro, pôs-se a olhar o céu, a mão em pala sobre os olhos fatigados do estudo.

Ao vê-lo assim, o frade jovial desatou a rir com estrépito:

— Ora, Irmão Tomás, então o senhor é tão crédulo, a ponto de acreditar que um boi pudesse voar?

— Por que não, meu irmão, retrucou Tomás de Aquino. E com a mesma singeleza, flor da sabedoria, acrescentou:

— Eu preferi admitir que um boi voasse, do que acreditar que um religioso pudesse mentir.

Palavra de Deus

Entretanto, Pedro estava assentado no pátio. Uma empregada aproximou-se dele e disse-lhe: "Também tu estavas com Jesus, o Galileu". Mas ele negou diante de todos dizendo: "Não sei o que dizes".

Dirigindo-se para a porta foi visto por outra criada, que disse aos que ali estavam: "Este também estava com Jesus, o Nazareno". E de novo negou com juramento: "Não conheço esse homem".

Um momento depois, aproximaram-se os que ali estavam, e disseram a Pedro: "Com certeza tu és dos seus, pois a tua maneira de falar te denuncia". Pedro começou então a dizer imprecações e a jurar: "Não conheço esse homem".

No mesmo instante o galo cantou. E Pedro lembrou-se das palavras de Jesus: Antes de o galo cantar, ter-me-ás negado três vezes. E saindo para fora, chorou amargamente. *(Mt 26,69-75)*

ÁGUA MOLE EM PEDRA DURA

Palavra do homem

Devia ter acontecido numa tarde muito quente. Os alunos da escola conventual de Sevilha esquentam a cabeça, tentando aprender as conjugações latinas. Súbito, um dos meninos fecha bruscamente o livro, levanta-se e sai gritando:

— Padre Mestre, eu não entendo nada disso tudo.

Abandona a sala de aula, ante o espanto de todos e sai a vagar pelas ruas desertas da cidade. Cansado, assenta-se junto a uma fonte e fica olhando a água que corre. Sua atenção concentrou-se agora numa pedra oca, parecendo um pilãozinho. Seria obra da natureza ou de mãos humanas?

Naquele momento chegou uma mulher para pegar água. O aluno fujão aproveitou a chance para perguntar como fora possível aquele furo na pedra dura. A mulher explicou sorrindo:

— Você está vendo a gota d'água que cai sem parar dentro da pedra? Foi ela que escavou esse oco na pedra.

E piscou maliciosamente para o menino que ela conhecia e sabia estar fora do seu dever. Ele pôs-se a refletir: "Se uma gota d'água consegue, com sua tenacidade, perfurar a pedra, eu também posso aprender a língua latina".

Pouco depois ele reaparecia na escola. Apresentando-se ao professor com a cara mais inocente do mundo, disse:

— Estou de volta, padre mestre. Quero fazer mais uma tentativa.

O aluno fujão ficou arcebispo de Sevilha. Foi um dos grandes luzeiros da Igreja e um dos homens mais eruditos do seu tempo. Escreveu numerosos livros e ficou santo.

Palavra de Deus

Vai ver a formiga, ó preguiçoso, observa sua atividade e torna-te sábio. Sem ter um chefe, nem um guia, nem um dirigente, no verão acumula o alimento e reúne provisões durante a colheita. Até quando dormirás, ó preguiçoso? Quando irás te levantar do sono?...
(Pr 6, 6-10)

——————— **SANTO ISIDORO**, bispo e doutor da Igreja († 636)

NOVO JOÃO BATISTA

Palavra do homem

As igrejas e praças da Espanha nunca puderam comportar as multidões que vinham ouvir o Pe. Vicente Ferrer, profeta máximo do século XV. Pregava sempre ao ar livre, em cima de grandes tablados para poder ser visto e ouvido.

A chegada do grande missionário era um espetáculo à parte. A cidade inteira parava para recebê-lo. Nunca chegava sozinho. Um exército de devotos e penitentes o acompanhava: homens e mulheres, crianças e velhos, músicos e catequistas. Todos vestiam túnica parda, como a dos peregrinos.

Durante a caminhada de uma cidade para outra, a campânula anunciava as horas para comer, dormir, rezar e recomeçar. Caminhavam a pé, com o bordão na mão, divididos em grupos. O grupo dos homens era presidido pela imagem do Crucificado; e das mulheres, pelo quadro da Virgem.

Havia um grupo especial, o dos flagelantes. De tempo em tempo, à hora combinada, separavam-se dos companheiros, cobriam o rosto, desnudavam as espáduas e flagelavam-se até regar a terra com o próprio sangue.

As cidades vizinhas despovoavam-se para receber e ouvir o homem de Deus, o mensageiro da penitência e da reconciliação, o novo João Batista.

Os milagres se sucediam, tanto de conversão espiritual como de cura física. Conta-se que ele fez mais de oitocentos milagres, constatados e confirmados.

Palavra de Deus

Eu sou a voz do que clama no deserto "Preparai o caminho do Senhor, aplainai suas veredas... Produzi frutos dignos de penitência...

O machado já foi posto à raiz das árvores. Toda árvore que não der bom fruto, será cortada e lançada ao fogo... *(Lc 3,4-9)*

Palavra para a vida

— Os tempos mudaram. Mas a verdade não mudou. Por que somos tão lentos em acorrer para nossas reuniões eclesiais?...

SÃO VICENTE FERRER (1350-1419)

O MENINO ESFARRAPADO

ABRIL **6**

Palavra do homem

Encontrei na rua um menino esfarrapado. Lembrei-me que tinha uma camisa velha em casa e poderia servir-lhe ainda. Convidei-o a chegar até minha casa.

Foi e recebeu, todo contente, a camisa velha.

Depois vi que sobrou muita comida do almoço.

— Você quer almoçar?

— Quero, sim, senhora. Já não sei mais o que é isso.

Fiz o prato e lhe entreguei. Ele o colocou sobre o joelho e começou a comer com muita vontade. Realmente, fazia tempo que não almoçava.

Na metade do prato ele parou e perguntou:

— Moça, a senhora me dá um pedaço de papel?

Estranhei o pedido. Mas fiz a sua vontade. Ele colocou com cuidado o resto da comida no papel, explicando:

— É para meu amigo. Ele hoje ainda não comeu.

E eu, pensando que estava sendo muito caridosa porque lhe dei uma camisa velha e um resto de comida. Preciso confessar que senti vergonha de mim mesma.

Palavra de Deus

Filho, não negues ao pobre a esmola, nem deixes que definhem os olhos dos indigentes. Não desprezes aquele que tem fome, nem irrites o pobre na sua necessidade.

Não aflijas o coração do infeliz, nem recuses a esmola àquele que está na miséria. Não rejeites a petição do aflito, nem voltes o rosto ao humilde.

Não afastes os olhos do indigente, nem lhe dês ocasião para te amaldiçoar. Porque, se te amaldiçoa na amargura da sua alma, Aquele que o criou ouvirá a sua imprecação...

Dá ouvido ao pobre de boa vontade, responde à sua saudação com afabilidade. Livra o oprimido da mão do opressor... *(Eclo 4, 1-9)*

7 ABRIL

ESCOLA PARA OS POBRES

Palavra do homem

Na França do século XVII só os ricos podiam estudar. Só os mais abastados podiam aprender ler e escrever.

João Batista de La Salle viu e sentiu tudo isto. Resolveu fundar uma sociedade religiosa que garantisse a educação cristã para crianças e jovens da classe pobre.

Começou a obra com um grupo de companheiros e com muito entusiasmo. Mas não faltaram dificuldades para um empreendimento arrojado como esse: problemas econômicos para ensinar de graça o abc, incompreensões de todo o lado, abandono dos primeiros companheiros.

A obra estava perigando. Se vinha de Deus, não podia morrer.

Um dia João Batista reuniu os dois companheiros que sobraram, num lugar retirado da casa e com eles fez o seguinte voto heróico:

Prostrado diante do Pai, do Filho e do Espírito Santo, ele se consagrava inteiramente ao serviço de Deus. Junto com seus dois companheiros fazia voto de ensinar gratuitamente os jovens, embora se visse obrigado a pedir esmola e viver somente de pão.

Este voto heróico foi o alicerce firme para a primeira Congregação Religiosa, formada exclusivamente de Irmãos Leigos, dedicada ao ensino da juventude pobre.

É a Congregação dos Irmãos Lassalistas.

Palavra de Deus

Apresentaram a Jesus algumas crianças para que ele as tocasse. Mas os discípulos repreenderam os que as tinham trazido.

Vendo isto, Jesus indignou-se e disse-lhes: Deixai vir a mim as criancinhas, não as afasteis, pois a elas pertence o reino de Deus. Em verdade vos digo: Quem não receber o Reino de Deus como uma criancinha, não entrará nele.

Depois tomou-as nos braços e abençoou-as, impondo-lhes as mãos. *(Mc 10,13-16)*

SÃO JOÃO BATISTA DE LA SALLE († 1719)

O MARIDO AVARENTO

Palavra do homem

Esta história aconteceu no tempo em que o avião era novidade.

Certo dia o seu Firmino, conhecido como o homem mais avarento da cidade, foi passear no campo de aviação com sua esposa.

Lá estava um teco-teco do tipo mais rudimentar possível. O passageiro viajava com as pernas de fora, apreciando a paisagem de todos os lados.

Seu Firmino ficou doido para dar uma voltinha com a mulher. Mas era preciso pagar, e foi aí que o negócio enguiçou. O homem pechinchava de um lado, e o proprietário do avião negaceava de outro. Percebendo que o Firmino, além de pão-duro, era tagarela e medroso, propôs o seguinte meio termo:

— Posso carregar você e sua esposa de graça, mas com uma condição: Que durante a viagem você não abra a boca, nem para pedir socorro. Se não me atrapalha. Se disser qualquer coisa, terá de pagar dobrado.

— Combinado. Não abrirei a boca, nem que esteja morrendo.

Os dois tomaram assento no teco-teco e a geringonça decolou. Uma vez lá em cima, o piloto começou a dar cabriolas e piruetas para ver se arrancava uma palavra de susto ou de socorro do seu Firmino. Mas nada.

Por fim, já cansado e dando-se por vencido, o aviador aterrissou. Ao dar-lhe os parabéns, notou a ausência da esposa dele:

— Cadê sua mulher?

— Pois é, que pena! Logo na primeira virada, ela ficou tonta e...

— Mas por que você não gritou? Eu desceria para socorrer...

— Se eu abrisse a boca, né?...

Palavra de Deus

Não vos enganeis: Nem os impuros, nem os idólatras, nem os adúlteros, nem os efeminados, nem os devassos, nem os ladrões, nem os avarentos, nem os bêbados, nem os salteadores, nem os difamadores possuirão o reino de Deus. *(1 Cor 6,9-10)*

38 ANOS NA CAMA

Palavra do homem

Lidvina estava com quinze anos quando, patinando no gelo com algumas companheiras, levou forte empurrão, e caiu. Na queda fraturou a espinha e quebrou a costela.

O acidente trouxe conseqüências fatais. A medicina do tempo não encontrou solução. Seguiu-se uma infecção pertinaz, com dores atrozes. Um dia, no desespero da dor, jogou-se da cama e quase partiu-se em duas, junto aos pés do pai que chorava.

A chaga virou gangrena e suas carnes se transformaram num viveiro de vermes. O corpo inteiro ficou em carne viva. Aos tumores e feridas, ajuntou-se outra enfermidade terrível que consumiu em pouco tempo a carne de um dos braços, deixando o osso a descoberto.

Teve mais. Nevralgias terríveis deformavam o semblante jovem. Perdeu o olho direito, enquanto o esquerdo não podia fixar a luz sem sangrar. Um tipo de câncer perfurou o peito.

Nos primeiros anos da doença conseguia comer apenas uma rodela de maçã assada. O estômago não suportava mais nada. Depois, nem mesmo a maçã. Devia contentar-se com água açucarada ou um gole de vinho com água. O sono desapareceu completamente.

Deitada de costas, com a pele soltando como casca de árvore, assim permaneceu trinta e oito anos. Durante todo esse tempo não dormiu mais que vinte horas, segundo atestam seus biógrafos.

Vendo-se presa na cama, derramou todas as lágrimas e quase se desesperou. "Minha filha, disseram-lhe, pense um pouco na Paixão do Redentor. Somente assim encontrará solução para sua dor". Não foi fácil. Mas foi o remédio que a curou do desespero e da revolta.

Palavra de Deus

Atribulados em tudo, mas não oprimidos; perplexos, mas não abandonados; abatidos, mas não perdidos; levamos sempre no corpo os sofrimentos de Jesus para que também a vida de Jesus se manifeste em nosso corpo. *(2 Cor 4,8)*

SANTA LIDVINA, virgem († 1433) ______________________

NESTE VALE DE LÁGRIMAS

Palavra do homem

Cansado de seu ofício de porteiro do céu, São Pedro chegou-se a Jesus um dia e pediu alguns dias de férias. Jesus estranhou o pedido e achou bom especular:

— Vem você com novidade, hein? Depois de tanto tempo de trabalho quieto! Mas onde quer passar as férias?

— Quero ir numa região qualquer do Brasil. Tenho cá uns convites.

— Naquela pobreza? Pode ir. Mas não passe de uma semana.

Pedro agradeceu e desceu para cá. Passou uma semana bem divertida, porque coincidiu com os festejos juninos, inclusive o seu. Recebeu tantos convites para tanta festa, que acabou passando duas semanas em vez de uma. Despediu-se pesaroso dos muitos amigos e voltou apressado para o céu, na certeza de receber um pito de Jesus.

Engoliu a merecida repreensão e retomou o cargo.

Chegou o ano seguinte. As saudades foram tomando conta. São Pedro arriscou pedir mais uns dias de férias. Desta vez pediu logo duas semanas. Ganhou as duas semanas, mas com uma condição severa: Se atrasasse por uma hora apenas, perdia definitivamente o cargo.

Passados apenas sete dias, São Pedro voltava tristonho e frustrado.

— O que foi isso, Pedro? Medo de perder o emprego? Não gostou?

— Gostar, eu gostei. Mas não acertei a temporada. Deu uma seca braba na região. Depois uma carestia danada. Depois fome, doença e tanto sofrimento. Pobre povo! Não deu para ficar mais, não.

Palavra de Deus

Direis talvez: Hoje ou amanhã iremos a tal cidade, ficaremos um ano, negociaremos e tiraremos nosso lucro. Entretanto, não sabeis o que acontecerá amanhã. Que é nossa vida? Um vapor que aparece por alguns instantes e logo se desvanece. Antes dissésseis: Se Deus quiser, viveremos e faremos tal coisa... *(Tg 4,13-15)*

Palavra da vida

— Ao riso sucede o choro. Depois da festa vem a saudade. A história de S. Pedro nos fala da instabilidade da vida presente.

11 ABRIL

A CORAGEM DO PROFETA

Palavra do homem

Dom Estanislau, bispo de Cracóvia, havia atirado em rosto as injustiças e imoralidades do rei Boleslau II da Polônia. E arrematara dizendo que não pisasse mais na igreja, enquanto não abandonasse essa vida incestuosa que levava.

Semanas depois, quando celebrava missa na igreja de São Miguel, o recinto sagrado foi invadido por um pelotão de soldados, chefiados pelo próprio rei. O bispo interrompeu a missa e bradou categórico:

— Rei Boleslau, em nome de Deus eu te conjuro a abandonar o templo!

Como resposta, o rei invadiu o presbitério e chamou os soldados: "O que estão fazendo, parados aí? Não ouviram o insulto que esse padreco proferiu contra o rei de vocês? Depressa! Peguem as espadas e venham!"

Ninguém se mexeu. Seus olhos, saltados das órbitas, soltando chispas de fogo, voltavam-se ora para um ora para outro dos soldados. Mas ninguém pôs a mão na espada: Ele gritava: "Covardes! Não querem defender o seu rei?!"

Espumando de raiva, puxou da espada e avançou contra o bispo, derrubando-o no chão com um golpe. O mártir morreu ali mesmo, banhado no próprio sangue.

Mas o rei foi excomungado pelo Papa. Perdeu a coroa e teve de fugir para a Hungria. Dizem que morreu no meio da selva, devorado pelos seus cães de caça.

Palavra de Deus

Assim vituperou Jesus contra os poderosos: "Serpentes! Raça de víboras! Como haveis de escapar ao julgamento da geena? Por isso vos envio profetas, sábios, escribas. A uns matareis e crucificareis, a outros açoitareis em vossas sinagogas e perseguireis de cidade em cidade.

E assim cairá sobre vós o sangue dos justos, derramado sobre a terra, desde o sangue do justo Abel até o sangue de Zacarias, filho de Baraquias, que matastes entre o santuário e o altar... *(Mt 23,33-35)*

SANTO ESTANISLAU, bispo e mártir († 1079)

OS BRAÇOS DE JESUS

ABRIL **12**

Palavra do homem

Durante a guerra civil na Espanha em 1936, também as igrejas foram invadidas e profanadas pelas forças comunistas.

Numa dessas invasões foi atingido pelas balas um grande crucifixo de parede. O corpo de Cristo ficou intacto, mas sem os braços.

Mostrando aos paroquianos as ruínas da igreja e aquele Cristo sem braços, disse o padre vigário, em tom emocionado mas resoluto:

— Meus bons irmãos, agora nós temos que ser os braços de Cristo. Temos que continuar, com maior empenho a obra salvadora de Nosso Senhor. Deveremos dar não só os braços, mas também as pernas, a voz e toda a nossa pessoa para quem precisar de nós...

* * * * *

Conheci um homem a quem faltava a perna esquerda. Ele, por sua vez, tinha um amigo que perdera a perna direita num acidente. Então ele me contou uma coisa que, além de ser humorística, era também um gesto de doação profunda:

— Sempre que comprava um par de sapatos ou sandálias, lembrava-se do amigo sem a perna direita. Fraternalmente entregava-lhe o pé que lhe sobrava. Este fazia o mesmo: Quando comprava calçado, era o pé esquerdo que sobrava para o amigo do pé direito.

Belo gesto de partilha, além de ser uma boa economia para ambos.

Palavra de Deus

E as multidões perguntavam (a João Batista): "Que devemos então fazer?". Respondia-lhes: "Quem tem duas túnicas, reparta com quem não tem nenhuma; e quem tem mantimentos, faça o mesmo".

Vieram também alguns publicanos para serem batizados e disseram-lhe: "Mestre, que havemos de fazer?". Respondeu-lhes: "Não exijais além do que vos foi estabelecido". — Vieram por sua vez os soldados em serviço e perguntaram-lhe: "E nós, que devemos fazer?". Respondeu-lhes: "Não exerçais violência sobre ninguém, não denuncieis injustamente... *(Lc 3,10-14)*

13 ABRIL

A VOLTA AO CAMPO

Palavra do homem

Eu estava regressando de uma dessas cidadezinhas do interior. Seus setecentos habitantes vivem, quase todos, da agricultura. Levam vida pacata, apenas animada por alguma festa de Padroeiro ou por uma pamonhada, no tempo do milho verde.

Com meu companheiro de ônibus, que partilhava das mesmas idéias, fui comentando as belezas da vida de roça:

— Bem sei que há muitas dificuldades e até muito abandono nas zonas rurais: falta de escolas, falta de assistência médica e religiosa, falta de recursos, falta de atenção por parte das autoridades. Um roceiro me disse uma vez: Aqui só chega visita quando é tempo de política.

Sim, a falta de apoio ao campo, continua sendo uma das causas do êxodo rural. Por outro lado, penso que os valores da roça superam as vantagens de se morar na cidade. Lá existe largueza, amizade, ajuda mútua e solidariedade, certa fartura de mantimentos, temor de Deus, boas tradições, bons costumes, espírito comunitário.

Na cidade existe aperto, insegurança do amanhã, desconhecimento do vizinho, corre-corre de todos os dias.

— Pois é, disse meu companheiro, ainda há pouco meu filho vendeu uma terrinha formada e plantada, para vir morar no sufoco da cidade grande, sem um metro quadrado de quintal.

O assunto foi por aí a fora, durante toda a viagem. Esta foi a conclusão da prosa do ônibus:

— Quem mora na roça deveria ter compaixão dos que vivem na cidade grande. Nunca trocar a liberdade pela escravidão. É preciso, isto sim, lutar pelos direitos do pessoal da roça.

Palavra de Deus

Não abomines as tarefas penosas, nem o labor da terra que foi criado pelo Altíssimo... Tens rebanhos? Cuida deles. Se foram úteis, guarda-o em tua casa. *(Eclo 7, 15.22)*

UM MODELO PARA JESUS

Palavra do homem

Leonardo da Vinci estava pintando a famosa "Última Ceia". Queria que fosse sua obra-prima. Por isso não tinha pressa. Teve o capricho de procurar modelos no meio do povo para representar as figuras de Jesus e dos apóstolos.

Não foi fácil encontrar o modelo para Jesus. Encontrou-o numa igreja, na hora da celebração eucarística. Era um jovem de rosto fino e másculo, cabelos compridos, e semblante que irradiava nobreza.

E assim foi modelando os outros personagens: São Pedro, São João, Santo André... O tempo foi se escoando e o quadro ainda estava por terminar.

Chegou a vez de pintar o rosto sinistro de Judas Iscariotes. Deixara-o para o fim, porque era a tarefa mais repugnante da sua obra artística.

Foi mais fácil achar o modelo para Judas. Tinha que ser um rosto que refletisse a perfídia, a covardia, a revolta, o ódio, o cinismo. Foi encontrá-lo numa boate.

Trouxe o rapaz para seu atelier. Enquanto fixava os olhos no modelo, foi descobrindo traços já conhecidos. Para tirar dúvidas perguntou-lhe o nome. Sim, era o mesmo rapaz que, antes servira de modelo para Jesus.

Chamava-se Pedro Bandinelli. Em poucos anos o vício havia transtornado e desfigurado aquele rosto.

Palavra de Deus

Ao anjo da igreja de Éfeso, escreve: "... Tenho contra ti que decaíste do teu primeiro fervor. Lembra-te, pois, donde caíste. Arrepende-te e retorna às tuas primeiras obras. Se não, virei a ti, e removerei o candelabro teu do seu lugar, caso não te arrependas...". *(Ap 2, 1.4-5)*

Palavra para a vida

— O vício arruína tanto o espírito como o físico, pois o semblante é o espelho da alma. — A moderação e a temperança controlam o uso das coisas, para que não se transformem em abuso. Sobriedade traz longevidade.

15 ABRIL

O HERÓI DE MOLOKAI

Palavra do homem

Enquanto o Pe. Damião esquenta a água para fazer a barba e lavar os pés, põe-se a pensar no tempo que passou entre os leprosos na ilha de Molokai. Já faz mais de doze anos que se ofereceu para viver no meio deles. Nesses longos anos procurou ser o companheiro e pai desses infelizes, segregados na "ilha maldita". São mais de quinhentos hansenianos, condenados a viver e a morrer no mais triste abandono.

Quantas vezes comeu no mesmo prato com eles, bebeu do mesmo copo de seus doentes! A quantas crianças contagiadas pela lepra, ele tomou nos braços, e no colo. Aceitara viver como eles, segregado com eles. Quantos visitantes já passaram perto da ilha, mas sem poder deixar o navio, para evitar contágios. Uma vez, passando um seu colega de sacerdócio, este lançou-lhe de longe a absolvição sacramental. Esta separação do convívio humano tinha sido mais dolorosa do que a própria doença.

Perdido em seus pensamentos, nota que a água já está quente, pois começou a levantar fumaça. Ao colocar os pés na bacia, não sentiu a quentura da água. Os pés haviam perdido a sensibilidade. Era o sintoma certo da lepra. Pe. Damião ajoelha-se no chão do seu quarto e reza:

— Agora estou leproso também. Agora, sim, estou identificado com meus irmãos de sofrimento. Seja feita a vontade de Deus. Bendito seja meu Senhor!

Palavra de Deus

Quem é fraco, que eu não seja fraco? Quem sofre escândalo, que eu não me consuma de dor?

Se for preciso que a gente se glorie, eu me gloriarei na minha fraqueza. Deus, Pai de Nosso Senhor Jesus Cristo, que é bendito pelos séculos, sabe que não minto... *(2 Cor 11,29-31)*

Palavra para a vida

A vida só tem valor, quando consumida por alguém ou por uma causa.

PADRE DAMIÃO de Veuster († 1889)

O SANTO ANDANTE

Palavra do homem

O guarda-noturno acordou bruscamente um homem que estava dormindo junto às ruínas do estádio esportivo denominado Coliseu, em Roma.

Agradecendo com delicadeza as maneiras despachadas do guarda, levantou-se, recolheu os panos ensebados que serviram de colchão.

Pegou do chão um saco velho onde jogava pedaços de pão embolorado, cascas de laranja e trapos. E foi saindo o mais depressa possível, antes que ouvisse novos palavrões, e tomou o rumo de uma igreja.

Durante muito tempo o guarda acompanhou com os olhos aquele andante, de roupas rotas e remendadas:

Quem era esse estranho vagabundo? Muitos o conheciam em Roma. Era Bento Labre, tido como santo por alguns e como louco por outros. Já peregrinou por diversos países, visitando sempre e somente as igrejas.

Diziam que ele escolheu essa vida de vagabundo por amor de Deus, ou para protestar contra a vaidade e o luxo da época. Naquele tempo em que cada qual procurava suspender mais o colarinho engomado e o penteado, ele tentava ensinar que "tudo é vaidade e aflição de espírito". Fizera-se pobre para denunciar silenciosamente a situação injusta dos pobres.

O guarda mudou o rumo dos pensamentos, pois já era tempo de ir embora. Entrementes, o estranho mendigo ajoelhava-se no chão frio da igreja de Santa Maria a fim de fazer sua adoração ao Santíssimo Sacramento. Quantas horas ficou ali, sem comer e sem beber?

Palavra de Deus

Existia uma pequena cidade, pouco populosa, contra a qual veio um poderoso rei, que a cercou e levantou contra ela grandes fortificações.

Ora, encontrava-se nela um homem pobre, sábio, cuja sabedoria salvou a cidade. E contudo, ninguém mais se lembrou deste pobre homem.

Por isso eu disse: A sabedoria vale mais do que a força. Mas a sabedoria do pobre é desprezada, e não são ouvidas as suas palavras. *(Ecl 9,13-16)*

SÃO BENTO LABRE (1748-1783)

DEIXE PARA AMANHÃ

Palavra do homem

Neste século de encontros e congressos, também os demônios convocaram uma assembléia. Seu objetivo era estudar novos métodos e mais eficientes para aumentar a sua freguesia, isto é, o número de sócios e candidatos ao inferno.

Os palpites choveram de todos os lados:

— Vamos intensificar os programas pornográficos nos diversos meios de comunicação. Fomentar mais o amor livre.

— É preciso endurecer mais o coração do povo. Nada de fazer caridade. Formar a mentalidade de que pobre é preguiçoso e que velho é peso morto.

— Convencer o povo de que missa e oração não enchem barriga. Religião só serve para anestesiar as consciências.

— Vamos incitar o povo a gozar mais a vida. Mais prazer, mais festa, mais droga, mais bebida.

Os palpites continuavam, mas o chefe dos demônios meneava a cabeça a cada nova sugestão: "Isso já estamos fazendo". Levantou-se afinal um demônio muito velho e experimentado que, pausadamente, deu sua opinião:

— Vamos aconselhar o povo a fazer o que padres ensinam, mas... comecem amanhã. Por exemplo: É necessário ir à missa e freqüentar a comunidade, mas deixar para começar amanhã. É preciso corrigir os vícios. Mas deixar para amanhã. Todos devem fazer o bem. Mas deixar para fazer amanhã.

Esta opinião foi aprovada pela assembléia. Esta ficou sendo a tática diabólica: Elogiar todas as boas iniciativas, mas adiar para amanhã a sua execução.

Palavra de Deus

Lembra-te de como recebeste e ouviste a doutrina. Observa-a e arrepende-te. Se não vigiares, virei a ti como um ladrão, e não saberás a que horas te surpreenderei... *(Ap 3, 3)*

OS OLHOS DE REGINA

ABRIL **18**

Palavra do homem

Os médicos haviam lutado desesperadamente para salvar a vida de Regina, garotinha de três anos. Os pais, que não saíam do hospital há vários dias, choravam desolados.

Mas havia no hospital outro caso muito delicado. Uma menina, também de três ou quatro anos, corria perigo de ficar cega para sempre, se não encontrasse uma criança da mesma idade que lhe doasse os olhos. O caso era urgente.

O médico operador, embora com o risco de parecer grosseiro, expôs aos pais de Regina a situação delicada e pediu autorização para fazer o transplante dos olhos de Regina para os de Raquel. A reação foi brusca:

— Jamais consentiremos. Isto viria aumentar a nossa dor.

— Mas ela não tem pai nem mãe. É pobre. Só os senhores podem salvá-la. A própria Regina iria gostar. Seus olhinhos continuariam a viver no semblante de Raquel. Estou pedindo em nome da caridade cristã.

O tempo urgia. O médico aguardava, impaciente e esperançoso. Rompendo o silêncio angustioso, disse a mãe:

— Não podemos permitir que a pobrezinha fique cega por causa do nosso egoísmo.

O pai, com a voz sumida de quem venceu uma grande batalha, concluiu:

— Raquel é órfã e pobre. Nós lhe damos os olhos de Regina. E Raquel será de hoje em diante a nossa filha também.

Palavra de Deus

Quem é o maior no reino dos céus? Perguntaram os discípulos a Jesus.

— Em verdade vos declaro: se não vos transformardes e vos tornardes como crianças, não entrareis no reino dos céus. Aquele que se fizer humilde como esta criança, será maior no reino dos céus.

E quem recebe em meu nome um menino como este, é a mim que recebe. *(Mt 18,1-5)*

Palavra para a vida

— Todos nós estamos comprometidos com o problema do menor.

19 ABRIL

O DOENTE MISTERIOSO

Palavra do homem

Certa vez o papa São Leão IX viu, no pátio do palácio, uma figura agachada. Não tinha aparência de ser humano. Era um inválido, todo atrofiado. Seu corpo, coberto de chagas, estava enrolado em alguns andrajos esmolambados e sujos.

Aproximou-se do enfermo e o soergueu. Depois, tirando as próprias vestes pontifícias, cobriu com elas aquele corpo disforme. Tomou-o nos braços como se fosse uma criança, e o levou para os seus aposentos.

Deitou-o na própria cama, que aliás nunca utilizava, pois costumava dormir em cima de uma esteira, no chão nu.

No dia seguinte procuravam em vão o doente. Todas as saídas da residência do Papa costumavam ficar bem fechadas. Não obstante, ninguém mais viu o homem aleijado. Sumira misteriosamente.

Pouco antes de morrer, o Papa revelou o segredo que guardara até aí: Na noite que seguiu-se ao acontecimento, o Senhor Jesus lhe aparecera em sonho, vestindo a mesma roupa que recebera dele, horas antes.

Palavra de Deus

Não tinha beleza nem formosura que atraísse os nossos olhares, não tinha apresentação para que desejássemos vê-lo. Era desprezado, era o refugo da humanidade, homem das dores e habituado à enfermidade; era como pessoa de quem se desvia o rosto, tão desprezível que não fizemos caso dele.

No entanto ele carregou nossas enfermidades e tomou sobre si as nossas dores. E nós o considerávamos como alguém fulminado, castigado por Deus e humilhado.

Mas ele foi traspassado por causa das nossas rebeldias, esmagado por causa de nossos crimes. Caiu sobre ele o castigo que nos salva, e suas feridas nos curaram. *(Is 53,2-5)*

Palavra da vida

— Jesus continua desfigurado e sofredor, na pessoa de tanta gente.

SÃO LEÃO IX (1002-1059)

A GALINHA SABE CONTAR?

Palavra do homem

Dona Maria estava estendendo roupa no quintal quando ouviu resmungo de galinha choca, no meio de um cisqueiro. Onde é que a galinha foi chocar a sua ninhada? pensou a mulher.

Abrindo caminho com dificuldade por entre galhos secos e montes de capim, dona Maria encontrou realmente a galinha, acocorada em cima dos pintainhos. Mas ali não havia água nem comida. Poderiam morrer todos naquele sufoco de galhos e de sujeira. Mais do que depressa ajuntou dez pintainhos no avental, pegou a mãe debaixo do braço, e levou-os para o galinheiro.

A galinha parecia não estar muito contente com a mudança. Talvez faltasse comida, pensou a boa camponesa. Enquanto foi e voltou com uma pratada de arroz cozido, a galinha tinha sumido, deixando ali os seus pintainhos.

A mulher resmungou: "Eta, galinha tonta e boba. Largou os filhotes e saiu por esse mundo, à-toa". Desconfiando que tinha voltado para o ninho antigo, ela foi atrás. Sim, lá estava a galinha. Mas quase não acreditou no que viu. Carinhosamente aconchegava debaixo das asas um pintainho que havia sido esquecido pela camponesa.

Dona Maria comoveu-se até as lágrimas. O pintainho poderia morrer por falta de comida, mas nunca por falta de amor! Que lição de amor para muitos pais!

Palavra de Deus

Quem dentre vós, possuindo cem ovelhas e tendo perdido uma delas, não deixa as noventa e nove no curral, e vai atrás da que se perdeu, até encontrá-la? E ao encontrá-la, põe-na jubiloso nos ombros. Ao chegar em casa, chama os amigos e vizinhos dizendo: "Alegrai-vos comigo, porque achei minha ovelha perdida".

Assim eu vos digo que haverá mais alegria no céu por um só pecador que se converte, do que por noventa e nove justos que não precisam de arrependimento... *(Lc 15,3-7)*

21 ABRIL

O PORTEIRO DO CONVENTO

Palavra do homem

Irmão Conrado fora porteiro do seu convento durante quarenta anos. A quantos pobres e famintos atendera! A cidade alemã de Alttoeting, onde residiu, já era grande centro de romarias. Quantos milhares puxaram a cordinha do sino de chamar!

Agora ele está preso ao leito e aguarda também a chamada para o céu. Às vezes sonha. Às vezes delira. Parece ouvir a todo o instante a campainha da portaria. Fica preocupado: Será que o novo porteiro, o Irmão Deodato, está escutando? Mas... quem poderá estar chamando a estas horas tardias da noite? Deve ser a Mariazinha que veio buscar sopa e pão para sua mãe doente.

Grita para o Frei Deodato: "Estão chamando na portaria".

Depois aquieta e contém a respiração para ver se ouve o bondoso Irmão caminhando para a portaria. Não! Nada! Tudo silencioso.

Passados alguns instantes, escuta ou parece escutar o sininho tocando com insistência. Sim, é a Mariazinha, com aquela roupa tão fina para um tempo tão frio e ventoso. E o Irmão Deodato não escutou ainda.

Pela terceira vez ressoa desesperada a campainha. "Eu mesmo vou abrir a porta". Reunindo todas as forças, o doente em delírio desce da cama e caminha vacilante até a porta da cela. Consegue dar alguns passos pelo corredor do convento. Mas... o que aconteceu? A vela caiu-lhe das mãos e se apagou. Seus olhos também escureceram e perdeu o equilíbrio. Caiu sim, mas nos braços de Frei Deodato que cuidadosamente o reconduziu para a cela. Frei Conrado continuava delirando:

— Obrigado, Irmão. Mas vá logo abrir a porta para a Mariazinha. Ela deve estar do lado de fora, exposta ao frio.

Foram os últimos momentos do santo Irmão. Ao redor da sua cama os frades já estavam fazendo as preces pelo agonizante.

Palavra de Deus

— Vem, servo bom e fiel! Já que foste fiel no pouco, confiar-te-ei muita coisa. Entra na alegria do teu Senhor! *(Mt 25,21)*

SÃO CONRADO PARZHAM (1818-1894)

O SANTO PRETO

Palavra do homem

Os pais de Benedito eram escravos, de cor negra. Nunca aprendeu a ler e a escrever. Talvez porque o estudo naquele tempo era privilégio reservado às classes mais ricas.

Não se ordenou padre porque julgava-se indigno. Entrou na Ordem dos Franciscanos e ganhou o ofício de cozinheiro.

Sem conhecer a leitura, foi escolhido diversas vezes para ocupar os cargos de superior e mestre de noviços.

Era procuradíssimo para dar conselhos e resolver problemas de consciência.

Ricos e pobres, nobres e plebeus, apareciam na cozinha, para pedir ao santo pretinho, uma esmola, uma bênção, uma prece, um conselho e até um milagre.

Foi o pai dos pobres. Certo dia estava rezando na capela do convento, quando teve uma cisma: "Acho que o irmão porteiro está despachando alguns pobres sem dar-lhes a ração pedida. Vou ver o que está acontecendo".

Suspendeu a oração e foi até a portaria. Realmente, o porteiro despedira alguns pedintes porque o pouco que os frades possuíam, não era suficiente nem para o almoço deles:

— Não tem importância. Reparta esse pouco com eles. O bom Deus há de providenciar a nossa parte.

O certo é que nenhum frade morreu de fome.

Palavra de Deus

Pedro, tomando a palavra, disse: "Eis que deixamos tudo para te seguir. Que haverá então para nós?" Respondeu Jesus: ... Todo aquele que por minha causa deixar irmãos, irmãs, pai, mãe, mulher, filhos, terras ou casa, receberá o cêntuplo e terá a vida eterna. Muitos dos primeiros serão os últimos, e muitos dos últimos serão os primeiros. *(Mt 19,27-30)*

SÃO BENEDITO

23 ABRIL

O VENCEDOR DO DRAGÃO

Palavra do homem

Era uma vez um terrível dragão que morava num lago pantanoso, perto de Lasia, na Capadócia. Os habitantes da região tremiam de pavor, pois bastava seu hálito pestilento para envenenar e matar.

Para manter o monstro afastado da cidade, ofereciam-lhe diariamente uma vítima, que consistia numa criatura humana, escolhida em sorteio.

Um dia a sorte caiu sobre a filha do rei. Seu desespero não teve limites. Enquanto a desventura ia bater à porta dos súditos, pouco estava ligando. Agora que veio atingir a sua casa, ele apressou-se em tomar providências contra o monstro.

Naqueles dias aconteceu passar por ali um batalhão de soldados romanos, comandados pelo valoroso Jorge. Ao ficar sabendo da angústia do rei, ofereceu-se para acertar as contas com o dragão.

Todos alertaram contra o perigo que ele ia correr. Mas ninguém conseguiu demovê-lo do seu propósito. Olhava mais o bem da comunidade e da região que sua própria vida. O intrépido oficial montou no seu cavalo e marchou até o pântano. Foi rápido e decisivo o combate! Com um golpe certeiro de sua lança, matou a fera e devolveu a paz a toda a região.

São Jorge, que foi comandante de uma legião romana e morreu mártir, nos ensina que devemos combater diariamente o pior dos dragões que é o pecado, sob todas as suas formas repelentes.

Palavra de Deus

Houve uma batalha no céu. Miguel e seus anjos tiveram de combater o dragão. O dragão e seus anjos combateram, mas não puderam vencer. Já não houve mais lugar para eles no céu.

O grande dragão, a antiga serpente, chamada diabo e satanás, que seduz o mundo todo, foi então precipitado para a terra, e com ele seus anjos. Ouvi uma grande voz do céu que dizia:

— Chegou agora a salvação, o poder e a autoridade de seu Cristo, porque foi precipitado o acusador de nossos irmãos.
(Ap 12,7-10)

SÃO JORGE, mártir (270-303)

MISSIONÁRIO MÁRTIR

ABRIL **24**

Palavra do homem

Frei Fidélis foi um missionário intrépido na luta contra as heresias da época. Ao subir o púlpito para proferir um daqueles sermões inflamados e revolucionários, encontrou certa vez um bilhete pregado na balaustrada: "Hoje pregarás; e depois, nunca mais!"

Sem demonstrar medo, ele começou o sermão. Um estranho desassossego agitava a comunidade dos ouvintes. Também o capitão Joaquim Colonna, que estava na igreja com um piquete de soldados para defender o padre, parecia bastante inquieto.

De repente, um estrondo abala a assembléia. Alguém disparou um tiro de bacamarte dentro do templo. A bala passou roçando a cabeça do pregador. Seguiram-se outros tiros. O povo foi saindo em pânico. Só o pregador permaneceu tranqüilo. Desceu com passo firme as escadas do púlpito e foi ajoelhar-se diante do altar. Depois saiu para fora, sem preocupar-se com as advertências dos que o rodeavam.

O capitão está ao seu lado. Súbito, Frei Fidélis cai pesadamente no chão, atingido por um balaço. Vendo-o caído no chão, uma horda inteira atirou-se sobre ele brandindo espadas, paus, pedras e revólveres, cevando seu ódio e sua sede de vingança.

Era o dia 24 de abril de 1622.

Palavra de Deus

Caríssimos, não estranheis o fogo da provação que se produziu entre vós, como se algo de extraordinário vos acontecesse. Deveis alegrar-vos na medida em que participais dos sofrimentos de Cristo, para que na revelação de sua glória, possais exultar e alegrar-vos.

Felizes sereis vós se pelo nome de Cristo fordes ultrajados, porque o Espírito da glória que é o Espírito de Deus, repousa sobre vós. *(1 Pd 4,12-14)*

Palavra da vida

— Também na época atual existem mártires na Igreja? Quais? É sempre um bom sinal. É sinal de vitalidade.

——————— **SÃO FIDÉLIS DE SIGMARINGA,** mártir († 1622)

25 ABRIL

OPORTUNA E IMPORTUNAMENTE

Palavra do homem

Luiz Maria Grignon de Montfort é o propagador da devoção sincera a Maria Santíssima. Sua maneira de ensinar e exortar, saía fora dos parâmetros normais. Pregava a palavra de Deus a tempo e fora de tempo.

Certa ocasião viajava num pequeno navio cargueiro, em companhia de outros, quando começaram a cantar canções obcenas. Que método empregar para fazer cessar aquelas cantigas, sem ofender? Convidou-os a rezar com eles o santo terço. Por duas vezes responderam com caçoadas e zombarias. Mas, vencidos pela insistência amorosa do santo, puseram-se de joelhos e acompanharam a reza. E ainda ouviram com atenção a homilia que lhes fez, logo a seguir.

A história não diz se os marinheiros, lá entre eles, resmungaram baixinho: O que fazer para botar esse santo fora do navio, sem ofender?

Outra vez foi num baile indecente. Aplicou o mesmo sistema. Sem resultado no começo. Entre pai-nossos e ave-marias, foi exortando os dançarinos a terem modos. A música foi amainando e a dança esfriando, até que todos se viram ajoelhados, respondendo às ave-marias.

Era preciso muita força de liderança de um lado, e muita docilidade do outro, para se chegar a esse final feliz.

Palavra de Deus

Conjuro-te diante de Deus e de Cristo Jesus, que julgará os vivos e os mortos, pela sua aparição e por seu reino: prega a palavra, insiste oportuna e importunamente, repreende, ameaça, exorta, com toda a paciência de instruir.

Porque virá tempo em que os homens já não suportarão a sã doutrina. Levados pelas próprias paixões e pelo prurido de escutar novidade, arregimentarão para si mestres e afastarão os ouvidos da verdade, a fim de voltá-los para os mitos. Tu, porém, sê prudente em tudo, suporta os trabalhos, pratica obra de pregador do Evangelho, cumpre teu ministério. *(2Tm 4,1-5)*

SÃO LUÍS M. GRIGNON de Montfort (1716) ———

COM LETRAS DE SANGUE

ABRIL **26**

Palavra do homem

Pedro de Verona recebeu como tarefa, pregar o Evangelho de cidade em cidade e zelar pela pureza da doutrina. É claro que ganhou muitos admiradores e perseguidores.

Uma vez, enquanto pregava, anunciou aos ouvintes que sabia de uma conspiração contra sua vida. Sua cabeça fora colocada a preço.

Poucos dias depois, viajando para Milão com mais um companheiro, ambos foram agredidos por dois assassinos, atocaiados num bosque.

Pedro foi golpeado na cabeça com uma foice. Gravemente ferido, mas consciente, o heróico missionário recomendou a Deus sua pessoa e seus assassinos com as mesmas palavras de Santo Estêvão: "Senhor, não leveis em conta esse pecado".

Em seguida, molhando o dedo em seu próprio sangue, escreveu na areia as palavras: "Creio em Deus..." Um segundo golpe do agressor acabou de prostrá-lo.

Seu companheiro Frei Domingos, também agredido mortalmente, morreu alguns dias depois.

São Pedro de Verona é venerado dia 29 de abril.

Palavra de Deus

Depois disto olhei e vi uma grande multidão que ninguém podia contar, de todas as nações, povos e línguas. Estavam diante do trono e diante do Cordeiro, de vestidos brancos e com palmas em suas mãos...

Então um dos anciãos falou-me dizendo: "Estes que estão vestidos com vestes brancas, quem são e de onde vieram?" E eu respondi-lhe: "Meu Senhor, tu o sabes". Ele me disse:

— Estes são os que vieram da grande tribulação. Lavaram seus vestidos e os branquearam no sangue do Cordeiro. Por isso estão diante do trono de Deus, e o servem de dia e de noite no seu templo. Aquele que está assentado sobre o trono, os abrigará na sua tenda.

Nunca mais terão fome nem sede, nem o sol ou vento cairão sobre eles. *(Ap 7,9.13-16)*

SÃO PEDRO DE VERONA, mártir

27 ABRIL

ZITA, A EMPREGADINHA

Palavra do homem

Era noite de Natal na cidade de Lucca, na Itália. A neve caía abundante pelas ruas desertas. Os sinos da igreja matriz começaram a bater, conclamando a todos para a missa do galo.

Zita, empregadinha doméstica dos Fatinelli, também se prepara. Mas não tem nenhum agasalho. O que tinha, fora dado aos pobres.

Quando seu patrão a viu descer as escadarias do castelo, assim desprotegida, chamou-a e disse:

— Você está ficando doida? Se não tem agasalho, pegue o meu manto. Mas não faça como tem feito. Traga-o de volta, ouviu?

Embrulhada na capa, Zita enfrentou a noite fria. No pórtico da igreja, encontrou um pobrezinho, de roupa esfarrapada, tiritando de frio.

E agora? Precisava socorrer aquele irmão de Cristo. Mas só tem a capa do conde. Se voltar ao castelo sem a capa, o homem apronta um berreiro daqueles. Após muito matutar, achou uma solução:

— Olha, empresto-lhe esta capa até o fim da missa. Não preciso dela durante a missa. Ela nem é minha. No fim da cerimônia, eu a procuro aqui. Está bem assim?

Estava bom demais. Terminado tudo na igreja, ela se retirou e foi atrás do pobre. Ele tinha desaparecido. "Meu Deus, o homem sumiu com a capa. O que será de mim se voltar para casa sem ela?"

Voltou sem a capa. Podemos imaginar o que aconteceu entre Zita e o conde. Ela estava tentando amansar o seu patrão, quando alguém bateu à porta. Era um moço que chegava com a capa na mão, dizendo:

— Faça o favor de entregar esta capa ao senhor Fatinelli.

Dizem que o moço desapareceu logo em seguida, sem dizer quem era.

Palavra de Deus

Quem vos recebe, a mim recebe. E quem me recebe, recebe aquele que me enviou... Todo aquele que der, ainda que seja somente um copo de água a um destes pequeninos que acreditam em mim, em verdade eu vos digo, não ficará sem recompensa. *(Mt 10,40.42)*

JÁ CONSULTOU A MÃE?

ABRIL **28**

Palavra do homem

Pedro Chanel tinha quinze anos e estudava no Seminário, preparando-se para o sacerdócio. Vieram as dificuldades e as tentações. Pensou deixar os estudos e voltar para sua casa.

Como não tivesse coragem de pedir ao seu Diretor para ir embora, resolveu sair às escondidas. Só esperava uma ocasião oportuna.

Um dia o padre se ausentou. Era a ocasião esperada. Pedro arrumou a mala, e sem que ninguém o visse, ganhou a rua. Foi quando encontrou-se com uma velhinha, conhecida sua:

— Pedrinho, onde você vai com essa mala? Vai viajar?

— Eu vou embora. Os estudos estão muito difíceis. Não agüento mais essa vida apertada de Seminário.

— E você já consultou Nossa Senhora? Já falou com a Mãe do céu?

O rapaz ficou vermelho de vergonha e não respondeu.

— Volte, Pedro. Volte e vá consultá-la primeiro. Sem o conselho dela não se deve tomar nenhuma decisão importante.

Pedro voltou. Ajoelhou-se diante da imagem da Virgem e rezou muito tempo. Depois levantou-se, foi para o seu quarto, desarrumou a mala. Tinha resolvido ficar.

Ordenou-se padre. Depois de um apostolado muito laborioso, morreu mártir. Deram-lhe pancadas até morrer. Foi o primeiro mártir da Oceania.

Palavra de Deus

E comendo com eles, ordenou-lhes que não se afastassem de Jerusalém, mas que esperassem aí o cumprimento da promessa do seu Pai, que ouvistes, disse ele, da minha boca...

Assim reunidos, eles o interrogaram: "Senhor, é porventura agora que ides restaurar o reino de Israel?". Respondeu-lhes ele: "Não vos pertence saber os tempos nem os momentos que o Pai fixou em seu poder. Mas descerá sobre vós o Espírito Santo e vos dará força e sereis minhas testemunhas em Jerusalém, em toda a Judéia e Samaria e até os confins do mundo". *(At 1,4.6-8)*

SÃO PEDRO CHANEL, mártir (1803-1841)

29 ABRIL

IGNORANTE DEMAIS

Palavra do homem

Isabel Bergeron havia tentado, bem umas três vezes, entrar em alguma comunidade de freiras. Mas fracassou em todas. Ou porque era analfabeta, ou porque não tinha saúde, ou porque não foram com seu jeito.

Aconselhada pelo seu bispo Dom Moreau, fundou uma Congregação. Tinha por finalidade cuidar de crianças. Assim surgiram as "Irmãs de São José de São Jacinto".

Dois anos após a fundação, estão todas reunidas na capela do conventinho. Dom Moreau começa a missa. Em dado momento ele anuncia uma troca de Superiora:

— Minhas filhas, a sua Madre Fundadora é ignorante demais para continuar como superiora da comunidade e para cuidar das crianças. Além do que, seu estado de saúde não é bom. Daqui em diante, não será mais a Superiora de vocês. Fica sendo, pois, a Irmã do Preciosíssimo Sangue.

A notícia surpreendente e o teor chocante do comunicado criaram uma atmosfera de mal-estar. Formou-se um clima pesado na capela. A Fundadora era deposta como incompetente. Mas uma das Irmãs presentes, de espírito muito criativo, saiu-se com esta, desarmando o clima de tensão: "Consolemo-nos, minhas queridas. Agora temos duas mães. A nova Superiora e a nossa Fundadora".

Irmã Isabel, mostrando que não guardava ressentimento, acrescentou:

— Como Deus é bom! E eu, que não tinha mais mãe, ganhei uma também.

Palavra de Deus

Jesus exultou de alegria no Espírito Santo e disse:

— Pai, Senhor do céu e da terra, eu te dou graças porque escondeste estas coisas aos sábios e inteligentes, e as revelaste aos pequeninos. Sim, Pai, eu te bendigo porque assim foi do teu agrado.

Todas as coisas me foram entregues por meu Pai. Ninguém conhece quem é o Filho, senão o Pai; nem quem é o Pai, senão o Filho e aquele a quem o Filho quiser revelar. Voltando-se para seus discípulos, acrescentou: Ditosos os olhos que vêem o que vós vedes. *(Lc 10,21-23)*

ELISABETH BERGERON († 1936)

ENTREGOU À PROVIDÊNCIA

Palavra do homem

Uma pobre mulher está morrendo. Não conseguira internação no hospital por falta de dinheiro. As crianças choram junto ao leito da mãe agonizante. Pe. Cotolengo assiste a esta cena constrangedora sem nada poder fazer.

Mas promete fazer tudo para que tais casos de injustiça não se repitam. Vende o pouco que tem, inclusive a sua capa, aluga alguns quartos e começa sua obra benéfica. Quem iria manter o hospital? Seria a Divina Providência.

Uma vez o ministro do Rei se ofereceu para patrocinar a obra. Pe. Cotolengo respondeu que não precisava, porque já possuía um bom padrinho. E apontou para o visitante o que estava escrito no frontispício: "Piccola Casa della Divina Providenza". Se aceitasse outro patrocinador, estaria cometendo uma falta de confiança com o bom Deus.

Levava tão a sério este contrato que, nem sequer queria amanhecer com dinheiro em casa. Mais de uma vez deu aos pobres o que sobrou no final do dia.

Hoje este hospital virou uma cidade, dentro da cidade de Turim. Abriga mais de oito mil doentes atacados de todas as enfermidades. Nos cento e cinqüenta anos de existência nunca foi preciso pedir esmola nem criar fundos de manutenção. A Divina Providência continua mantendo o contrato. Em troca os doentes se revezam dia e noite, em adoração perpétua, nas muitas capelas existentes nessa imensa "Casa da Caridade".

Palavra de Deus

A ninguém fiqueis devendo coisa alguma, a não ser o amor mútuo, porque aquele que ama seu próximo, cumpriu a lei. Os preceitos "não cometerás adultério, não matarás, não furtarás, não cobiçarás" e ainda outros mandamentos, todos eles se resumem nesta palavra: "Amarás o teu próximo como a ti mesmo". A caridade não pratica o mal contra o próximo.

Portanto, a caridade é o pleno cumprimento da lei.

(Rm 13,11-14)

SÃO JOSÉ BENTO COTOLENGO (1786-1842)

A PACIÊNCIA DE JOSÉ

Palavra do homem

Já que os Evangelhos não colocaram nenhuma palavra na boca do justo José, o povo se encarregou de criar histórias e lendas ao redor desse homem silencioso e trabalhador.

Uma delas é a história do serrote e do demônio.

José passava o dia em sua tenda de carpinteiro, serrando e martelando. Nunca perdia a paciência e a calma, mesmo se às vezes acertava uma martelada no dedo.

O demônio, irritado com tanta calma, resolveu tirar José do sério. Imaginou e já executou uma de suas muitas artes diabólicas para arrancar um palavrão da boca santa do José.

Aproveitou o momento em que ele foi almoçar. Não havia ninguém mais na oficina. Pegou o serrote e entortou todos os dentes.

José voltou do almoço, cantarolando um salmo, e foi pegando no serrote. Logo nas primeiras idas e vindas notou que ele ficara mais macio e rápido. "Louvado seja meu Senhor" exclamou todo feliz.

O serrote estava melhor do que antes.

O demônio, irritado e derrotado, sumiu da carpintaria do bom José, para nunca mais perturbá-lo.

É por isso, diz o povo, que os serrotes já vêm travados da fábrica.

O mal que o demônio quis fazer a São José e à humanidade, transformou-se em bem para todos. Deus pode muito mais.

Palavra de Deus

Não vivemos entre vós na ociosidade, nem comemos o pão de ninguém. Trabalhamos com afã e fadiga, dia e noite, para não ser pesados a nenhum de vós...

Quem não quiser trabalhar, não deve comer. Ouvimos que entre vós há alguns que vivem na ociosidade, sem fazer nada, ocupados apenas em coisas fúteis. A estes exortamos em nome de Nosso Senhor Jesus Cristo: Trabalhem tranqüilamente e comam o pão que ganharem. *(2 Ts 3, 7-12)*

SÃO JOSÉ OPERÁRIO

O DESTERRADO

Palavra do homem

Atanásio, bispo de Alexandria, já não sabe contar quantas vezes foi exilado pelos imperadores, por causa de suas pregações proféticas e denunciadoras contra a heresia e a injustiça.

Esta vez foi o imperador Valente que o expulsou. Talvez seja a quinta e última vez.

Mas onde o bispo se refugiou? Corre o boato que se recolheu para o cemitério, a fim de fugir às emboscadas do imperador pagão.

Naquele tempo, os cemitérios e as igrejas gozavam de inviolabilidade. Por isso eram lugares procurados como refúgio.

São altas horas da noite. Um diácono, munido de uma tocha, caminha pelas ruas solitárias de Alexandria, a caminho do cemitério. Vai, talvez, receber alguma mensagem do seu bispo. Após percorrer várias fileiras de tumbas mortuárias, deparou com uma abertura e desceu por ela. Somente uma candeia iluminava debilmente o subterrâneo.

Acertou. Lá estava sentado Atanásio, rodeado de caveiras, debruçado sobre um pergaminho no qual escrevia. Ao ver entrar o diácono, levantou os olhos, suspendeu a pena e cumprimentou o recém-chegado.

Respirando com dificuldade, o ancião de 70 anos enrolou cuidadosamente o pergaminho e o entregou ao diácono dizendo:

— Meu irmão, leva aos nossos irmãos. Tirem muitas cópias e distribuam.

— O que é, venerável pai?

— É a minha profissão de fé. Começa assim: Quem quiser ser feliz, conserve antes de tudo a fé católica...

Atanásio permaneceu ainda quatro meses na sepultura do seu pai como refugiado. Ante os protestos do povo que muito o estimava, o imperador viu-se obrigado a suspender a ordem do desterro.

Palavra de Deus

Felizes sereis quando vos insultarem e perseguirem e, por minha causa, mentirem, dizendo contra vós todo o mal. Alegrai-vos e exultai, porque grande será vossa recompensa. *(Mt 5, 11)*

SANTO ATANÁSIO, bispo (295-373)

O FALADOR E O TACITURNO

Palavra do homem

São Felipe e São Tiago parecem ter sido dois gênios opostos. Pertenceram ao colégio dos apóstolos de Jesus.

Felipe era pacífico e risonho. Quem trabalhava com ele, sentia-se feliz. Era conversador e contador de histórias. Em momentos de embaraço, procuravam-no para dar uma sugestão.

No milagre da multiplicação dos pães, Jesus pediu-lhe uma opinião:

— Felipe, onde podemos comprar pão para tanta gente?

— Chi! Nem com duzentos denários se consegue comprar tanto pão que dê ao menos um pedacinho para cada um...

Ah! meu bom Felipe, você esqueceu de incluir nos seus cálculos, a bondade e o poder do Mestre. Ademais, não percebeu que Jesus quis apenas desabafar-se com você? Pois você, dentre os apóstolos, era quem mais se sensibilizava com a miséria do povo.

Tiago, ao contrário, parecia ser calado e fechado em si mesmo. Gostava de ficar sozinho. Como nazareno, fizera voto de não comer carne e nem beber vinho...

Os Evangelhos não registram nenhuma palavra ou intervenção de Tiago. Talvez para compensar esse mutismo, Tiago nos deixou uma carta bem original, que pode ser o primeiro manual de sociologia cristã.

Palavra de Deus

Eu vos lembro, irmãos, o Evangelho que vos preguei e que tendes acolhido, no qual estais firmes. Por ele sereis salvos, se o conservardes como vo-lo preguei. De outra forma, em vão teríeis abraçado a fé.

Eu vos transmiti primeiramente o que eu mesmo havia recebido: que Cristo morreu por nossos pecados, segundo as Escrituras. Foi sepultado e ressurgiu ao terceiro dia. Apareceu a Pedro e em seguida aos doze.

Depois apareceu a mais de quinhentos irmãos de uma vez, dos quais a maior parte ainda vive (alguns são mortos). Depois apareceu a Tiago, em seguida a todos os apóstolos. *(1 Cor 15, 1-8)*

SANTOS FELIPE E TIAGO, apóstolos

O MENINO E A BOLINHA

Palavra do homem

O pai, dentista de uma cidadezinha do interior, estava trabalhando em seu gabinete. Abre-se de repente a cortina da saleta, e diante dele apresenta-se um pimpolho de seus quatro anos:

— Papai, eu queria um dinheiro para comprar uma bolinha.

— Hoje não dá, Mário. Espere até amanhã. Volte para a cozinha.

O menino, muito sério, saiu e o dentista continuou a brocar o dente do cliente. Daí a pouco volta o menino:

— Papai, a mamãe me disse que o Senhor me desse dinheiro para comprar uma bolinha.

— Vá embora, menino. Já disse que esperasse até amanhã. Hoje não tenho tempo.

O garotinho lançou um olhar desconcertado para o rosto do pai e bateu em retirada. Após alguns instantes entrava pela terceira vez, munido de uma arma poderosa, sua mãe. Trouxera-a pelo avental:

— Papai, a mamãe me disse...

Os olhos negros, como dois borrões de tinta nanquim, pousaram suplicantes no rosto da mãe, animando-a para entrar na defesa da sua causa.

O resultado foi o esperado: Um minuto depois, o menino estava no balcão da loja, com o dinheiro necessário para comprar sua bolinha.

Palavra de Deus

No banquete que Ester preparou para o rei, este lhe perguntou:

— Qual é o teu pedido, rainha Ester? Será atendido. Que é que desejas? Fosse mesmo a metade do meu reino, tu a obterias.

— Se achei graça a teus olhos, ó rei, e se ao rei lhe parecer bem, concede-me a vida, eis meu pedido. Salva meu povo, eis o meu desejo. Fomos votados, eu e meu povo, ao extermínio, à morte, ao aniquilamento. Se tivéssemos sido vendidos como escravos, eu me calaria. Mas eis que agora o opressor não poderia compensar o prejuízo que causa ao rei... *(Est 7, 1-4)*

AMOR CONTRA VIOLÊNCIA

Palavra do homem

1.º de maio de 1980 na capital paulista.

Duzentos mil operários estavam prontos para iniciar a passeata monstro em favor dos seus direitos violados. A poucos metros, preparados para um duelo terrível e desigual, estavam os policiais com metralhadoras, cavalos e cães amestrados.

A ordem de Brasília para os soldados era intransigente: atirar no primeiro operário que desse um passo à frente.

Helicópteros voavam baixinho sobre a multidão, talvez para amedrontar e dissuadir da caminhada de protesto.

A situação era por demais tensa. Imprevisível o que poderia acontecer naqueles próximos minutos.

Subitamente, inesperadamente, um bando de crianças com flores corre ao encontro dos policiais. Abrançando-os e beijando-os, puseram-lhes nas mãos ramalhetes de flores.

A flor era o gesto da paz e do amor.

As mãos que agora seguravam flores, não tinham mais condições de disparar um fuzil. Um bando de crianças havia desarmado um batalhão inteiro.

Pouco depois o capitão da polícia telefonava para Brasília explicando.

Não pudemos atirar. Um bando de crianças com flores nas mãos, nos desarmou.

Palavra de Deus

Então o lobo habitará com o cordeiro, e o leopardo se deitará com o cabrito. O bezerro, o leãozinho e o animal cevado estarão juntos e um menino os conduzirá...

A criança de peito brincará sobre a toca da áspide, e sobre a cova da serpente a criança pequena estenderá a sua mão. Não se fará mal nem destruição em todo o meu santo monte, porque o país estará repleto do conhecimento do Senhor, com as águas que enchem o mar. *(Is 11, 6-9)*

O DUELO DAS PEDRAS

MAIO 6

Palavra do homem

Dois meninos tiveram violenta discussão. Um deles havia insultado a família do outro. Naquele tempo o duelo era a maneira de lavar a honra. Os homens faziam-no com a espada. As crianças, que gostam de imitar os grandes, só podiam fazê-lo com as armas próprias de criança que são as pedras.

Desafiaram-se para um duelo de pedradas. Quando Domingos Sávio, rapazinho de doze anos, soube disso, tentou dissuadi-los da briga. Mas estavam irredutíveis. Conseguiu ao menos que o deixassem presenciar a luta.

No dia marcado dirigiram-se para o local combinado. Cada um ajuntou um monte de pedras junto dos pés. Postaram-se a vinte passos um do outro e se encararam com dureza. Dominguinhos seria o árbitro da luta.

Quando cada um pegou a primeira pedra e olhou para Domingos, esperando o sinal para o ataque, ele colocou-se no meio deles com um crucifixo na mão e disse: "Podem começar". E permaneceu ali. Eles gritaram:

— Sai do meio, Domingos. Você pode se machucar.

— Você vai ter que atirar em mim a primeira pedra, disse ele voltando-se para o mais forte. — E deve dizer bem alto: "Cristo morreu inocente e perdoou. Mas eu não quero perdoar".

— Isso não, Domingos. Eu não tenho nada contra você.

— Então você aí, disse Domingos voltando-se para o outro.

— Ora, você não tem nada a ver com a nossa briga.

Mostrou então a crueldade que iam praticar. Fez que se dessem as mãos. Abraçados com ele, abandonaram o campo da vingança.

Palavra de Deus

Após ensinar o Pai Nosso, Jesus acrescentou:

— Porque, se perdoardes aos homens as ofensas, vosso Pai celeste também vos perdoará. Mas, se não perdoardes, tão pouco vosso Pai vos perdoará. *(Mt 6, 14-15)*

SÃO DOMINGOS SÁVIO, jovem (1842-1857)

UMA GAMELA PARA O PAI

Palavra do homem

O velho avô caminhava, mas apoiado no bastão. As mãos tremiam e as pernas vacilavam. A roupa não parava limpa, precisando trocar a cada instante. Quando assentava-se à mesa, derramava comida no chão. O pobre do velho virou uma criança.

Tais cenas causavam nojo ao filho e à nora, com quem vivia.

Por isso faziam-no assentar-se num canto e davam-lhe a comida numa tigela de barro. Ele olhava, muito sentido, para a mesa grande onde sempre se assentara com os filhos. E seus olhos marejavam-se de lágrimas.

Um dia ele deixou cair no chão a tigela. Além de quebrar, derramou toda a comida no chão. A nora resmungou qualquer coisa. Com muita má vontade, catou os cacos e arrumou outra comida.

Para evitar novos prejuízos, resolveram comprar uma gamela de pau, artigo muito barato e grosseiro. O velho sentiu, mas calou.

Alguns dias depois, quando ele estava comendo nessa travessa de madeira, apareceu o netinho com algumas tábuas na mão. O pai perguntou:

— O que você vai fazer com isso, menino?

— Quero fazer um cochinho. Quando eu ficar grande, vou fazer papai e mamãe comer aqui.

Os dois se entreolharam. Entenderam a lição. No dia seguinte o velho pai e avô estava novamente assentado à mesa, comendo junto com eles.

Palavra de Deus

Filhos, escutai a advertência de um pai; e assim agi, de maneira a serdes salvos. Pois o Senhor glorifica o pai em seus filhos e consolida a autoridade da mãe sobre a prole... Quem glorifica o pai, terá vida longa; e quem obedece ao Senhor, proporcionará repouso à sua mãe...

Filho, ampara teu pai na velhice, e não lhe causes desgosto enquanto vive. Ainda que perca a razão, sê tolerante e não o desprezes, tu que estás em teu pleno vigor... Quem abandona o pai é como o blasfemador; e é maldito do Senhor quem irrita sua mãe.
(Eclo 3,1-16)

A RESISTÊNCIA DE VÍTOR

Palavra do homem

Vítor, o soldado, também foi colocado diante deste dilema: ou os deuses pagãos do Império ou o Deus verdadeiro do Universo. Sua escolha foi clara e decidida. Por isso ganhou a prisão, juntamente com seus colegas.

Primeiro, deixaram-no seis dias sem comer nem beber, pois queriam testar sua resistência. Em seguida foi arrastado ao hipódromo do circo e flagelado barbaramente.

Voltou para o cárcere, onde foi torturado de novo. Despejaram chumbo derretido em suas feridas, mas a fibra do soldado africano era muito forte.

Um dia, aproveitando a distração dos carcereiros, fugiu e foi esconder-se numa estrebaria, nas proximidades de um teatro. Foi descoberto, recapturado e arrastado para um bosque, onde foi degolado.

Seu cadáver ficou insepulto durante uma semana. Dizem que foi encontrado intacto, fielmente vigiado por duas feras.

São Vítor é o padroeiro dos prisioneiros e exilados.

Palavra de Deus

Lembrai-vos dos dias de outrora quando fostes iluminados. Quão longas e dolorosas lutas sustentastes! Seja tornando-vos alvo de toda espécie de opróbrios e humilhações, seja tomando moralmente parte nos sofrimentos dos seus companheiros. Não só vos compadecestes dos encarcerados, mas aceitastes com alegria a confiscação dos vossos bens, pela certeza de possuirdes riquezas muito melhores e imperecíveis.

Não percais esta convicção a que está vinculada uma grande recompensa; é necessária a perseverança para fazerdes a vontade de Deus e alcançardes os bens prometidos. Ainda um pouco de tempo, sem dúvida bem pouco, e o que há de vir, virá e não tardará...
(Hb 10, 32, 37)

Palavra da vida

— Quais os ídolos ou deuses do tempo atual? Mencionemos alguns.

SÃO VITOR, mártir († séc. II)

A MENINA E O COLAR

Palavra do homem

Uma menina de seus sete anos entrou numa casa de jóias e começou a percorrer com os olhos a riqueza de colares, correntes, brincos e relógios rebrilhantes na vitrine. Depois, dirigindo-se ao dono da loja, perguntou quanto custava uma daquelas jóias. E apontou com o dedinho um belo colar.

— É para você mesma? perguntou admirado o comerciante.

— Não. É para minha mãe. Quero fazer-lhe um presente.

— Quem vai pagar? Não é barato, não!

— Mas eu tenho só isso. Dá para pagar?

A menina tirou da bolsinha toda a sua fortuna: um punhado de moedas. O negociante contou. Eram alguns poucos cruzados. Olhando tristemente para a garotinha, abanou negativamente a cabeça.

— Mas eu só tenho isso. É tudo o que eu tenho...

Comovido com o desprendimento, o homem deu-lhe o colar em troca daquelas moedas. Todos nós temos na vida, um momento de generosidade.

Passados alguns dias, apareceu a mãe na joalheria. Mostrou o colar ao homem que estava no balcão e perguntou se fora comprado aí. Qual fora o preço. E quem tinha comprado.

— Sim, foi comprado aqui. O preço é segredo entre nós dois.

— E a menina pagou? Onde ela arranjou tanto dinheiro?...

— Não fique desconfiada nem preocupada com sua filha. Ela apresentou-me um punhado de moedas e disse que era tudo o que possuía. Desprendeu-se da sua fortuna para dar um presente à sua mãe...

Palavra de Deus

Sentando-se diante do cofre, Jesus observava como o povo lá deitava as moedas. Enquanto muitos ricos colocavam muito, veio uma pobre viúva e deitou duas pequeninas moedas.

Chamando os discípulos, disse-lhes: "Em verdade vos digo que esta pobre viúva colocou no cofre mais do que todos. Eles puseram do seu supérfluo, ao passo que esta, na sua penúria, pôs tudo o que tinha: todo o seu sustento. *(Mc 12, 41-44)*

ISIDRO, O LAVRADOR

Palavra do homem

O fazendeiro Vargas estava descontente com seu empregado Isidro. Por isso mandou chamá-lo:

— Seu Isidro, os seus companheiros andam falando que você é preguiçoso. Em vez de trabalhar, fica o tempo todo na igreja. Eu não contratei você para rezar, e sim para trabalhar.

O bom camponês fitou serenamente o patrão e respondeu:

— Desculpe-me. Mas eu não estou a serviço só do senhor, mas também do meu Deus. Aprendi dos meus pais que a oração e o trabalho devem caminhar juntos.

— Basta! Até hoje estive satisfeito com seu serviço. Não deixe o mato crescer no meio da plantação.

— Espere chegar a colheita. Se houver alguma quebra na produção, só então o senhor poderá chamar-me a atenção. Louvado seja Nosso Senhor.

Os dias foram passando e as acusações continuaram.

Um dia o próprio Vargas quis tirar o negócio a limpo. Foi bem cedo ao campo onde Isidro trabalhava. O piedoso lavrador, que já havia chegado da missa, estava arando com sua junta de bois. O fazendeiro ficou à distância para ver sem ser visto.

E viu, além de Isidro, mais dois lavradores. Eram dois jovens vestidos com roupas brancas e brilhantes, empurrando arados reluzentes, que eram puxados por bois brancos. Quando chegou mais perto para certificar-se do que via, não mais os avistou. Quem eram esses anjos?

Vargas sossegou e esperou. Quando chegou a colheita, os campos de Isidro deram mantimentos em quantidade dobrada.

Palavra de Deus

Eu plantei, Apolo regou, mas Deus é quem fez crescer. Assim, nem o que planta é alguma coisa, nem o que rega, mas só Deus faz crescer. O que planta ou o que rega são iguais. Cada um receberá sua recompensa, segundo o seu trabalho... Nós somos operários com Deus... *(1 Cor 3, 6-9)*

SANTO ISIDRO († 1130)

A LIÇÃO DE SÃO PEDRO

Palavra do homem

Um dia Jesus resolveu dar um giro pelo mundo e trouxe consigo São Pedro. Entraram num casebre. Lá estava uma mulher dando de comer para os seus filhinhos. Era apenas um pãozinho que ela ia partindo em vários pedaços, ficando ela mesma sem nada. Pedro comentou baixinho com Jesus:

— Com certeza está sem fome.

— É que ela é MÃE, disse Jesus.

Mais adiante, o dia estava frio, entraram em outro barraco e viram uma mulher tirando pedaços da própria roupa a fim de cobrir um filho pequenino. Jesus cutucou Pedro, que logo foi dando seu comentário:

— Ela não deve estar sentindo frio.

— É que ela é MÃE, acentuou Jesus.

Já era de noitinha quando avistaram, na soleira de uma cabana, uma velhinha toda alquebrada e acabada. Pedro, sempre com seus comentários:

— Veja aquela velha. Deve ter vivido muito, para ficar daquele jeito.

— É porque foi MÃE, corrigiu Jesus.

Voltaram para o céu. Alguns dias depois, apareceu uma senhora idosa, pedindo para entrar. São Pedro fez algumas perguntas e concluiu:

— A senhora pode entrar, porque é uma santa.

Jesus escutou lá do fundo do céu e corrigiu com voz enérgica:

— Essa senhora pode entrar porque é MÃE.

Finalmente, depois de tantos "sabões", Pedro aprendeu a lição. Quando aparece alguma mulher na porta do céu, ele pergunta logo se é MÃE. Se a resposta for afirmativa, ele sorri e diz com muita ternura:

— Pode entrar porque é MÃE.

Palavra de Deus

Junto à cruz de Jesus estavam de pé sua mãe, a irmã de sua mãe Maria, mulher de Cléofas, e Maria Madalena. Quando Jesus viu sua mãe, e perto dela o discípulo amado, disse à sua mãe: "Mulher, eis aí teu filho". Depois disse ao discípulo: "Eis a tua mãe". E desta hora em diante, o discípulo a levou para sua casa. *(Jo 19, 25-27)*

VALE A PENA PREOCUPAR-SE?

Palavra do homem

Era tempo de guerra. Os rapazes estavam sendo convocados para servir a Pátria. Um deles, muito patriota, mas pouco entusiasmado com os campos de batalha, começou a matutar:

Posso ser chamado e posso não ser. Se não for chamado, acabou-se a preocupação.

Se for chamado, duas possibilidades se apresentam: Serei mandado para as frentes de combate, ou ficarei nos lugares menos perigosos. Se não for colocado na frente, graças a Deus.

Mas se tiver a sorte infeliz de ser chamado para as frentes de combate, outra vez duas hipóteses podem acontecer: Serei ferido ou não serei ferido. Se não for ferido, tudo bem.

Se for ferido, ainda podem acontecer duas coisas: O ferimento poderá ser grave ou leve. Se for leve, devo dar graças a Deus.

Se for grave, mais duas hipóteses se verificariam: O ferimento pode ser curado, e estou salvo. Ou ele é mortal, e nesse caso morrerei.

Se morrer, acabam-se as preocupações. Espero ir para o céu.

Lá terminam as hipóteses, as possibilidades, as alternativas, as opções e os "poderia ser".

Palavra de Deus

Humilhai-vos, pois, sob a poderosa mão de Deus, para que a seu tempo vos exalte. Lançai sobre ele vossas preocupações porque cuida de vós.

Estai alerta e vigiai, pois o adversário, o diabo, como um leão que ruge, anda rondando à procura de quem devorar. Resisti-lhe firmes na fé, considerando que iguais sofrimentos suportam vossos irmãos espalhados pelo mundo.

E o Deus de toda a graça, que vos chamou em Cristo Jesus para a glória eterna, vos aperfeiçoará e firmará, vos fortalecerá e consolidará, depois de um breve sofrimento. Para ele a glória e o império pelos séculos dos séculos. Amém. *(1 Pd 5, 6-11)*

13 MAIO

PEDRO LIBERTADOR

Palavra do homem

Pedro Nolasco era um comerciante espanhol, rico e idealista. Viajava muito para comprar e vender suas mercadorias. Viajando, aprendeu a conhecer o mundo e os homens.

O século XIII, época em que viveu, foi também de muita barbárie. Sarracenos percorriam as costas italianas e espanholas, devastando, depredando e capturando homens e mulheres.

Os prisioneiros eram levados para longe, onde viviam como escravos, submetidos a todo o tipo de tortura física e moral. Sendo seus patrões da religião de Maomé, viam-se constrangidos a passar para o maometanismo, caso não quisessem sofrer novas torturas.

Além de escravos, viravam mercadoria e fonte de lucro para seus donos. Quem quisesse resgatá-los tinha de pagar altar somas de dinheiro.

Pedro via tudo e começou a ficar angustiado. Sentia-se obrigado a fazer alguma coisa em favor desses irmãos seqüestrados, escravizados, mercadejados. Devia mudar de profissão.

Primeiramente com os próprios recursos, iniciou o trabalho de resgate dos seus compatriotas. Quando o dinheiro acabou, organizou coletas nas igrejas e nas famílias. Percebeu que Deus estava com ele. Por isso reuniu um grupo de homens com esta finalidade: libertar os cativos. Surgiu assim a Ordem dos Mercedários. Eles se comprometiam, inclusive, a entregar-se como escravos no lugar dos prisioneiros, quando não houvesse mais outro recurso.

Dos vinte e seis mil prisioneiros libertados naquele século, nada menos que novecentos foram resgatados pessoalmente por Pedro Nolasco.

Palavra de Deus

Bendito seja o Senhor, Deus de Israel, porque visitou seu povo e o libertou. E suscitou para nós poderoso Salvador, na casa de seu servo Davi, conforme prometera pela boca de seus santos, os profetas dos tempos antigos, para nos libertar de nossos inimigos e da mão de quantos nos odeiam... *(Lc 1, 68-71)*

SÃO PEDRO NOLASCO († 1258)
NOSSA SENHORA DE FÁTIMA ————————

O DÉCIMO TERCEIRO APÓSTOLO

MAIO **14**

Palavra do homem

Já fazia vários dias que os apóstolos estavam reunidos em oração, juntamente com Maria Mãe de Jesus e outros discípulos. Assim eles se consolavam mutuamente, orando e meditando juntos, desde que o Senhor Jesus separou-se deles e voltou para o céu.

Um nome cessou de ser pronunciado, desde os trágicos acontecimentos do Calvário, embora o gesto de covardia continuasse vivo nos corações de todos. Era o nome de Judas, o traidor.

Pedro precisava tocar também nesse assunto quando se levantou e começou a falar:

— Prezados irmãos, era preciso que se cumprisse a profecia a respeito de Judas que foi o guia daqueles que prenderam Jesus. Era um dos nossos. Fazia parte da nossa missão. Infelizmente se desesperou.

Nesta altura do discurso, Pedro propôs à assembléia, escolher outro apóstolo no lugar de Judas Iscariotes. Citaram-se vários nomes. Dois deles despertaram a atenção e o interesse de todos: José Barsabas e Matias.

Buscaram luz na oração e depois deitaram sortes.

A sorte caiu sobre Matias, que assim completou o número dos doze apóstolos.

Palavra de Deus

Neste momento alguém chegou com a notícia: "Aqueles homens que atirastes na prisão, estão no Templo, ensinando o povo". O oficial com os guardas foi, então, buscá-los, mas sem fazer violência porque temiam que o povo os apedrejasse. Trouxeram-nos e os introduziram na sala do sinédrio. O Sumo Sacerdote os interrogou, dizendo:

— Nós vos ordenamos solenemente que não ensinásseis neste nome! E não obstante enchestes Jerusalém de vossa doutrina, e quereis fazer-nos responsáveis pela morte deste homem".

Pedro e os apóstolos replicaram dizendo:

— Importa obedecer mais a Deus do que aos homens.

(At 5,25-28)

SÃO MATIAS, apóstolo

15 MAIO

O EGOÍSTA NÃO TEM SOLUÇÃO

Palavra do homem

Era uma vez um homem muito mau que morreu e foi parar no inferno. De lá ninguém sai. Mas, como esta história é uma parábola, aquele sujeito teve uma chance de sair de lá.

Foi quando um anjo desceu do céu e disse para ele:

— Vou lhe dar uma colher de chá. Se você me contar ao menos uma boa obra que praticou na terra, abro-lhe a porta do céu.

O homem escarafunchou a memória longo tempo, sem descobrir nada. Ao final de muitos minutos, disse:

— Ah! sim! Uma vez vi uma aranha atravessar meu caminho e tive ganas de esmagá-la. Mas resisti ao primeiro impulso e deixei-a passar.

— Já é alguma coisa, disse o anjo. Essa mesma aranha vai puxá-lo para o céu.

Dali a momentos desceu lá do alto um fio que a aranha foi desnovelando.

— Agarre no fio e suba, — disse o anjo.

Mais do que depressa o homem agarrou-se e foi subindo. Mas alguns companheiros de desgraça quiseram aproveitar a "carona" e se atracaram no fio também. O homem começou a dar ponta-pés e a gritar esbravejando: "O fio é só meu. Larguem!"

Então o fio se arrebentou e o infeliz despencou-se novamente no inferno. E para sempre.

Palavra de Deus

Em seguida Jesus dirá aos da sua esquerda: Afastai-vos de mim, malditos, para o fogo eterno, preparado para o diabo e seus anjos. Porque tive fome e não me destes de comer. Tive sede e não me destes de beber. Era peregrino e não me recolhestes. Estava nu e não me vestistes. Estava preso e doente e não fostes visitar-me...
(Mt 25,41-43)

MÁRTIR DO SIGILO

Palavra do homem

O rei Wenceslau da Bohemia, era sanguinário e imprevisível. Uma vez mandou queimar o seu cozinheiro, só porque deixou tostar demais a asa de um frango assado.

Pe. João Nepomuceno, capelão do palácio e confessor da rainha, protestou contra esse ato desumano, mas ganhou prisão em troca da denúncia corajosa.

O rei vivia encabulado com as confissões um tanto demoradas da sua esposa. Queria saber o que ela ficava contando para o Pe. João. Este respondeu com firmeza:

— O sigilo sacramental não me permite contar nada do que se passa entre o penitente e o confessor.

— João, ofereço um cargo de prestígio e de muita renda, se me contar o que minha esposa lhe confia durante a confissão. Prometo guardar segredo!...

— A um sacerdote não cabe outra resposta: não posso.

— Nem quando o rei manda? retrucou Wenceslau, erguendo a voz.

— É Deus quem o proíbe!

Wenceslau mandou chamar o verdugo: Prenda novamente o padre na torre e faça-o mais "maleável" para um novo diálogo.

Algumas semanas depois, o rei mandou chamar o padre e fez nova investida. Ameaçou até com a morte. Mas o valoroso profeta continuava irredutível. Veio a sentença irrecorrível:

— Então irá fazer companhia aos peixes do rio Moldávia, tão mudos como você.

Chamou o carrasco. Mandou acorrentar o mártir e atirá-lo nas águas do rio. Descoberto o crime nefando, o rei teve de fugir da cidade, receoso de uma revolta popular. Nunca mais teve sossego.

Palavra de Deus

Bem-aventurados os que sofrem perseguição por causa da justiça, porque deles é o reino dos céus! *(Mt 5, 10)*

SÃO JOÃO NEPOMUCENO, mártir († 1393)

17 MAIO

DEFENSOR DA EUCARISTIA

Palavra do homem

Frei Pascoal era hortelão, porteiro, cozinheiro e encarregado da limpeza em seu convento franciscano.

Certa vez seus superiores precisaram mandar uma carta muito importante para o Superior Geral em Paris. Frei Pascoal poderia ser o estafeta.

Era o tempo em que os hereges combatiam a presença real de Jesus na Eucaristia. A viagem seria muito arriscada e perigosa.

Mas ele enfrentou os riscos e partiu, viajando a pé várias semanas. Ouviu muita caçoada e recebeu muitas surras, a ponto de ficar moído e quebrado.

Certo dia passou por uma aldeia no momento exato em que um herege pregava em praça pública contra Nossa Senhora e o Santíssimo Sacramento. O frade, que parou para escutá-lo, não se conteve e gritou:

— Isso não é verdade, meu irmão.

Bastou localizar o frade, para o povo cair em cima dele com socos e pontapés. Tentou escapar para fora da aldeia, enquanto as pedradas choviam nas suas costas, derrubando-o por terra.

Ardendo em febre e sem poder continuar a viagem, precisou esconder-se num paiol. Uma piedosa mulher teve compaixão e conseguiu que lhe prestassem os cuidados mais urgentes.

Alguns aconselharam-no a tirar o hábito franciscano e a vestir roupa comum. Assim chamaria menos a atenção, e evitaria novos ultrajes. Mas preferiu arriscar tudo pelo Reino do Senhor.

Chegou ao destino, mais morto que vivo. Seus cabelos, de pretos que eram, ficaram brancos.

Palavra de Deus

Os judeus discutiam entre si: "Como pode este homem dar-nos a sua carne para comer?" Jesus respondeu: "Em verdade vos digo: se não comerdes a carne do Filho do Homem e não beberdes o seu sangue, não tereis a vida em vós". *(Jo 6,52)*

SÃO PASCOAL BAILÃO († 1592)

OS PALHAÇOS DA VIDA

MAIO **18**

Palavra do homem

Um escritor conta uma passagem da sua vida: Quando eu era menino, fui com meu pai a uma cidade grande. Nascido na roça, nunca tinha visto tantas ruas, tantos prédios, tantos carros e tantas vitrines. Aquele vaivém de gente e de carro me deixava zonzo. Tive a impressão de que todo o mundo estava correndo atrás do outro para pegar.

Eu andava agarrado na mão do meu pai, mas olhando para todas as direções, querendo sorver tudo de uma só vez. Em dado momento, quando ele especulava o preço de uma mercadoria, passou na rua um homem que caminhava em cima de duas pernas de pau. Todo mascarado, ia gritando em seu megafone: "Hoje tem circo, meninada". Era o palhaço.

Um bando de meninos seguia atrás, respondendo às perguntas que ele fazia: "Tem, sim senhor". Eu me senti atraído também e fui atrás do palhaço, misturando-me no meio das crianças.

Quando me dei fé, estava longe do meu pai, perdido no meio do povo. Comecei a chorar e a gritar, chamando pelo meu pai. Pessoas caridosas se interessaram por mim, e me ajudaram a encontrá-lo. Ele, por sua vez, já estava todo inquieto e preocupado. Felizmente não saíra do lugar onde o deixei, o que facilitou o reencontro.

Palavra de Deus

Vendo que Moisés tardava a descer da montanha, o povo agrupou-se ao redor de Aarão e disse-lhe: "Faze-nos um deus que marche à nossa frente. Este Moisés que nos tirou do Egito, não sabemos o que é feito dele".

Aarão respondeu-lhes: "Tirai os brincos de ouro que estão nas orelhas de vossas mulheres, vossos filhos e vossas filhas e trazei-mos". Tiraram todos os brincos de ouro que tinham nas orelhas e trouxeram-nos a Aarão. Tomando-os em suas mãos, pôs o ouro em um molde e fez dele um bezerro de metal fundido. Então, exclamaram: "Eis, o' Israel, o teu Deus que te tirou do Egito". *(Êx 32, 1-4)*

Palavra para a vida

— Quais são os palhaços e ídolos que nos seduzem hoje?...

O PAPA QUE RENUNCIOU

Palavra do homem

Julho de 1294. O eremita Pedro de Morrone, já com oitenta anos, vive feliz na solidão do seu eremitério, no alto da montanha. Não trocaria aquele pedacinho de chão por nada deste mundo.

Acabou de tocar o sino da ermida na hora das ave-marias, quando avistou um cortejo de cardeais e bispos que subiam a montanha íngreme. Vieram buscar o velhinho para ser papa. Somente um papa santo e pobre, pensavam eles, poderia resolver os problemas e impasses pelos quais estava passando a Igreja naqueles momentos.

O piedoso eremita relutou e resistiu. Nenhum argumento foi aceito. — Se o senhor não aceitar, o que será da Igreja? Um grande cisma está ameaçando toda a cristandade.

Diante deste último argumento ele se rendeu. Montado num jumento e seguido pelo cortejo de prelados e cavaleiros, entrou na cidade de Aquila, então residência dos papas. Duzentas mil pessoas estiveram na sua coroação. A cristandade exultou de alegria.

Dezembro de 1294. Eram passados apenas cinco meses, desde a sua tomada de posse. Celestino não suportou mais o peso da tríplice coroa de papa. Era santo, mas não nascera para ser papa. Não se acostumava com os complicados cerimoniais, as mesuras e os convencionalismos da vida palaciana. Não conhecia a malícia e os subterfúgios dos homens. Não entendia o porquê de tanta burocracia. Queria voltar para o silêncio da sua ermida.

Convocou os cardeais e leu o documento da renúncia: Por amor de Deus, deixai-me voltar para a minha solidão. Tirai de mim esse peso que não posso mais suportar.

Foi o primeiro e único Papa que renunciou. Mas continuou cada vez mais santo.

Palavra de Deus

Entretanto dilatava-se cada vez mais a fama do seu nome. Concorriam muitas multidões para o ouvirem e serem curadas de suas doenças. Mas ele retirava-se para lugares desertos e fazia oração. *(Lc 5,15-16)*

SÃO CELESTINO V, Papa († 1296)

O PREGADOR DAS MULTIDÕES

Palavra do homem

Frei Bernardino vai pregar na praça do mercado da cidade de Sena. Uma grande multidão já se comprime no imenso espaço livre, pois a catedral não comporta mais a massa popular.

Chegou o escrivão que, numa taquigrafia por ele inventada, costumava anotar os sermões do famoso pregador italiano.

Frei Bernardino sobe ao púlpito, montado especialmente para essa ocasião. Saúda o povo e percorre demoradamente com os olhos, toda a praça, como se quisesse fixar a atenção em cada um dos milhares de ouvintes.

Interrompe subitamente o sermão e, voltando-se para uma senhora, interpela-a com acento especial de voz:

— Dona Maria, não estou vendo o seu marido. Vá chamá-lo. Tem medo de perder o lugar? Não há perigo. Não consegue atravessar a multidão? Então abram caminho para dona Maria. Ela vai chamar o seu marido, porque hoje o sermão vai ser muito bom para ele também, e para tantos outros maridos.

O sermão continua. Usa de todos os artifícios oratórios da voz e dos gestos. Sabe comover e assustar, sabe fazer rir e chorar. Dirige-se aos pobres e aos ricos, aos humildes e aos orgulhosos. Tem expressões contundentes contra a injustiça e a ganância:

— Você que tem mais agasalhos do que a cebola, reparta com o maltrapilho, pois a carne dele e a sua são de uma só natureza... O que você tem, não é seu. Deus emprestou para que você administre em favor dos necessitados.

Quando vai acabando o sermão, o sol já está alto no céu. Termina sempre mostrando para o povo um grande estandarte com o nome de Jesus.

Palavra de Deus

Não existe salvação em nenhum nome (a não ser Jesus). Porque, debaixo do céu nenhum outro nome foi dado aos homens, pelo qual nós devemos ser salvos. *(At 4, 12)*

SÃO BERNARDINO DE SENA († 1444)

21 MAIO

O PÃO E A PEDRADA

Palavra do homem

Chega um pobre a uma casa e pede um auxílio. A mulher o atende e lhe entrega um pão. Mas, apenas fechou a porta, ouve um estilhaçar de vidros. Sai depressa e pega o delinqüente em flagrante. Era o mesmo pobre que acabava de quebrar a vidraça da sua benfeitora.

Indignada, a mulher corre até o delegado. O pobre é chamado a comparecer imediatamente para prestar depoimento e dar satisfação do seu ato ignóbil. O diálogo foi assim:

— Você, hein? Que grosseria sem tamanho! Ganha uma esmola dessa mulher e depois, em vez de agradecer, arrebenta-lhe a vidraça com uma pedrada. Que falta de gratidão! Sujeito mal agradecido!

O pobre começou a chorar. E o delegado:

— Vamos! Explique-se!

E o pobre, entre soluços:

— Doutor, eu quebrei, sim, a vidraça dessa mulher... Mas não foi com pedra, não... Foi com o mesmo pão que ela me deu...

Palavra de Deus

De que aproveitará, irmãos, alguém dizer que tem fé, se não tiver boas obras? Acaso esta fé poderá salvá-lo?

Se a um irmão ou a uma irmã faltarem roupas e o alimento cotidiano, e algum de vós disser "vai em paz, aquece-te e sacia-te", mas não lhes der o necessário para o corpo, de que lhes aproveitará?

Assim também a fé. Se não tiver boas obras, é morta em si mesma. *(Tg 2, 14-17)*

Palavra para a vida

— Quando algum objeto não serve mais para nós, ou porque se estragou, dizemos sem pensar: "Para o pobre ainda serve". Como se pobre fosse lata de lixo.

— O que é melhor?

Dar esmola simplesmente? (Assistencialismo)

Promover o pobre? (Promocionalismo)

Remover as causas profundas? (Denúncia)

A SANTA DOS IMPOSSÍVEIS

Palavra do homem

Rita de Cássia foi uma mulher sofredora.

Casou-se com um homem de gênio difícil e colérico. Quantas vezes espancou a esposa, deixando-a sem sentidos, atirada ao chão.

Foram dezoito anos de sofrimento. Mas a oração e a mansidão de uma santa conseguiram domar e domesticar aquela fera humana.

Foram poucos, porém, os dias felizes ao lado do marido convertido. Pois foi barbaramente assassinado, deixando-a viúva, com dois filhos já crescidos.

Os dois rapazes quiseram vingar a morte do pai e juraram liquidar o assassino. Embora sentindo o desaparecimento trágico do esposo, Rita não podia permitir que os filhos aplicassem essa forma de justiça. Pediu e suplicou que não manchassem as mãos de sangue. Antes entregassem para a justiça divina. A Deus pediu que desviasse os filhos desse rumo.

Mais uma vez foi atendida. Seus filhos recolheram as armas. Logo depois eles também morriam, perdoando e pedindo perdão.

Sem marido e sem filhos, a santa viúva procurou um convento e terminou seus dias na penitência, como irmã religiosa.

Palavra de Deus

— Bem-aventurados os pobres de espírito, porque deles é o reino do céu.

— Bem-aventurados os mansos, porque possuirão a terra.

— Bem-aventurados os aflitos, porque serão consolados.

— Bem-aventurados os que têm fome e sede de justiça, porque serão saciados.

— Bem-aventurados os misericordiosos, porque alcançarão misericórdia.

— Bem-aventurados os puros de coração, porque verão a Deus.

— Bem-aventurados os que promovem a paz, porque serão chamados filhos de Deus.

— Bem-aventurados os que são perseguidos por causa da justiça, porque deles é o Reino dos céus. *(Mt 5, 3-10)*

SANTA RITA DE CÁSSIA (1381-1447)

TOQUEM O ENTERRO

Palavra do homem

Era uma vez um homem que não gostava de trabalhar. Seria fraqueza? Seria doença? Seria preguiça? Desgosto da vida? O certo é que o povo se divertia às custas dele, o seu Alípio: "Seu pai trabalhou demais. Por isso nasceu cansado". "Talvez não queira maltratar a enxada..."

Um dia resolveu morrer. Morrendo, não precisaria preocupar-se com mais nada. Chamou os amigos e disse: "Coloquem-me no caixão e me levem para o cemitério".

Não adiantava discutir. Os amigos puseram o Alípio no caixão e formou-se o cortejo fúnebre, rumo ao cemitério. O povo saiu às portas e postou-se nas janelas para ver o cortejo passar. Choveram os comentários: "Trabalhou demais, o coitado". "Morreu de tanto ficar sem fazer nada". Esqueciam-se os fofoqueiros que também eles estavam parados naquele momento, comentando a desgraça alheia. Passando o cortejo diante de um armazém, o dono encheu-se de compaixão e ofereceu ajuda:

— Alípio, volte para casa. Vamos começar tudo de novo. Posso oferecer-lhe um saco de arroz para começar.

O homem ergueu lentamente a cabeça. A proposta era tentadora. Para tirar todas as dúvidas, arriscou ainda uma pergunta:

— Mas.... o saco de arroz é com casca ou sem casca?

— Ora... com casca. Só fica o trabalho de pisar no pilão.

Ouvindo a palavra "trabalho", Alípio se encolheu no caixão e disse:

— Nesse caso eu agradeço. Toquem o enterro para frente.

Palavra de Deus

O reino do céu é semelhante a um pai de família que saiu ao romper da manhã a fim de contratar operários para sua vinha... Lá pela hora undécima encontrou ainda outros na praça e perguntou: "Por que estais o dia todo sem fazer nada?" Eles responderam: "Porque ninguém nos contratou". Disse-lhes então: "Ide vós também para a minha vinha". *(Mt 20, 1-7)*

Palavra para a vida

- **Outros, porém, querem trabalhar. Mas faltam condições. Ajudemo-los.**

MARIDO NAS COSTAS

Palavra do homem

O século do imperador Conrado da Alemanha foi tempo de muita guerra e muita escaramuça. Aliás, desde Caim o homem nunca mais parou de brigar.

Os soldados haviam invadido uma cidade, aprisionando seus habitantes.

Os homens foram retidos, juntamente com os bens materiais. As mulheres e crianças podiam deixar a cidade sem ser lesadas.

Conrado, embora filho do seu tempo, tinha um coração generoso e magnânimo. Mandou dizer às mulheres: "Levem consigo aquilo que vocês mais estimam".

O imperador pensou que fossem levar um utensílio de cozinha, um objeto de adorno e assim por diante. Mas ficou boquiaberto com o que viu: As mulheres, mais do que depressa, puseram seus maridos nas costas e saíram logo, antes que o imperador se arrependesse.

***

Existe também o reverso da medalha. Com respeito aos homens há outra história que dizem ter sido inventada. Uma vez o pregador citou com muita ênfase aquela passagem do Evangelho: "Quem quiser ser meu discípulo, tome a sua cruz e..."

Houve um mexe-mexe na igreja. Alguns maridos pegaram suas esposas e foram saindo com elas nas costas, sem esperar o padre terminar a frase.

Palavra de Deus

Sujeitai-vos uns aos outros no temor de Cristo.

As mulheres sejam submissas a seus maridos, como ao Senhor. O marido é a cabeça da mulher, como Cristo é a Cabeça da Igreja, seu corpo, da qual ele é o Salvador...

Maridos, amai vossas esposas como Cristo amou a Igreja e se entregou por ela, para santificá-la, purificando-a pela água do batismo, com a palavra... Assim os maridos devem amar suas esposas como a seu próprio corpo. *(Ef 5, 21-28)*

Palavra para a vida

— O mando e a sujeição desaparecem quando existe amor de verdade.

25 MAIO

O PAPA E O IMPERADOR

Palavra do homem

Gregório VII foi proclamado papa pelo próprio povo durante os funerais do seu antecessor, Gregório VI.

O novo papa começou com energia o seu reinado, combatendo os diversos abusos da Igreja e dos Governos.

O imperador da Alemanha Henrique IV estava praticando muitas arbitrariedades e injustiças. Por isso recebeu um aviso sério. Como não se corrigia, foi excomungado e deposto. Era a primeira vez na História, que um papa excomungava e depunha um rei.

Isso foi um desastre para o teimoso imperador. Perdeu as simpatias também no meio do seu povo.

Teve que humilhar-se, diante do Papa. No rigor do inverno europeu dirigiu-se à cidade italiana de Canossa, onde se achava o Papa, a fim de pedir perdão.

Gregório desconfiou da sua sinceridade e recusou-se a recebê-lo.

O imperador permaneceu três dias junto à porta do palácio do papa, com os pés descalços e roupa de penitente, pedindo misericórdia.

Só então lhe foi dado o perdão, com a suspensão da excomunhão.

Mas o imperador não cumpriu os propósitos de emenda. Sucederam-se os abusos. Veio a segunda excomunhão. Então o imperador, furioso e indignado, reuniu um exército e marchou contra Roma. Gregório VII precisou fugir, morrendo no exílio. Estas foram suas últimas palavras:

— Amei a justiça e odiei a iniqüidade. Por isso morro no exílio.

Palavra de Deus

Assim falou Paulo aos anciãos de Éfeso: Cuidai de vós mesmos e de todo o rebanho sobre o qual o Espírito Santo vos constituiu bispos, para pastorear a Igreja de Deus, que ele adquiriu com seu próprio sangue.

Sei que, depois da minha partida se introduzirão entre vós lobos cruéis, que não pouparão o rebanho... Vigiai! *(At 20, 28-31)*

SÃO GREGÓRIO VII, Papa († 1085)

O SANTO ALEGRE

Palavra do homem

Felipe Neri, quando rapaz, tentou o ramo do comércio, ajudando seu tio no armazém. Mas este logo lhe disse: "Você nunca será um bom comerciante. Eu lhe deixaria tudo em herança, se você largasse essa mania de rezar".

Ele também se convenceu que sua vocação não era o comércio. Um dia desapareceu de casa e tomou o rumo de Roma. E lá ficou, cuidando dos pobres e do apostolado. Ele gostava de repetir para eles:

— Vocês podem até rachar lenha nas minhas costas. Mas não façam pecado.

Uma vez uma senhora chegou-se a ele e perguntou, muito cheia de si: "Padre Felipe, contemplei-me hoje no espelho e me achei bonita. Será que fiz pecado de vaidade?"

— Oh! não, minha senhora. Foi apenas um engano.

Sempre amável e às vezes irônico no confessionário. Uma dama da alta sociedade perguntou-lhe certa vez se podia usar sapatos de salto alto. Ele respondeu, sorrindo:

— Sim, minha filha. Mas, cuidado para não levar um tombo.

Felipe Neri comia pouco e dormia menos ainda. Quando, certa vez, o aconselharam a se alimentar melhor, ele respondeu jocosamente:

— Tenho medo de engordar. Não quero perder a linha.

Quanto mais os homens o estimavam, mais ele desconfiava de si mesmo: Por isso rezava:

— Senhor, protege-me. Se não me ajudares, vou trair-te hoje mesmo.

Palavra de Deus

Irmãos, procedei com sabedoria no trato com os de fora. Sabei aproveitar todas as circunstâncias. Que as vossas conversas sejam sempre amáveis, temperadas com sal. Sabei responder a cada um devidamente... *(Cl 4, 5-6)*

Palavra para a vida

Para franzir a testa são necessários quarenta e tantos músculos. Para sorrir, bastam catorze. Ao menos por economia, vamos sorrir...

SÃO FELIPE NERI (1515-1595)

27 MAIO

A VIOLÊNCIA E A MANSIDÃO

Palavra do homem

O sol e o vento estavam discutindo uma questão muito atual: qual dos dois tinha mais jeito para vencer uma situação difícil, para mudar uma opinião. Um apresentava mais vantagens do que o outro:

— Eu espalho as sementes pelo campo, dizia o vento.

— Mas eu as faço crescer com meu calor, arrematava o sol.

— Eu... eu...

Nisto avistaram um homem caminhando pela estrada, desatento ao que ambos conversavam. Era de manhã. Fazia frio e o homem se cobria com um blusão. Foi quando tiveram uma idéia: Vamos ver quem de nós dois faz aquele homem tirar o seu casaco.

O vento quis ser o primeiro a mostrar sua força. Começou a soprar e a soprar, sempre mais. Mas o homem apertava mais e sempre mais o casaco, para se defender do frio que aumentava.

Nada conseguindo, o vento "passou a palavra" ao sol. Este começou a aquecer o ambiente com seus raios. O calor aumentou tanto, que o caminhante precisou tirar o seu casaco.

O que o vento não conseguira com a violência do seu chicote, o sol conseguiu com a mansidão do seu calor.

Palavra de Deus

Irmãos, se alguém for surpreendido em alguma falta, vós que sois animados pelo Espírito, admoestai-o em espírito de mansidão. E tem cuidado de ti mesmo, para que não caias também na tentação.

Ajudai-vos uns aos outros a carregar os vossos fardos, e deste modo cumprireis a lei de Cristo. Quem pensa ser alguma coisa não sendo nada engana-se a si mesmo. Cada um examine o seu procedimento. *(Gl 6, 1-4)*

PEQUENO APÓSTOLO

MAIO 28

Palavra do homem

Na ponta da rua morava um homem, já de certa idade, que vivia revoltado com Deus e todo o mundo. Não pisava mais na igreja porque Deus se esquecera dele, como dizia.

Carlinhos, menino muito jeitoso e zeloso, ficou sabendo do caso e resolveu dar uma prosa com o velho. Quando lá chegou, o homem estava assentado junto à porta do barraco, e fumava seu cachimbo de barro. Cumprimentou-o afavelmente.

— Seu Joaquim, faz tempo que não vi mais o senhor na igreja. Tá doente?

— Doente propriamente não. Mas acho que Deus me abandonou. Vivo sozinho nesta choça, passando necessidade, sem recurso nenhum, perrengue...

— Deus o abandonou? Mas está passando fome?

— Fome, pra falar a verdade, ainda não. Tenho o necessário.

— Sua casa tem goteira?

— Uma que outra goteirinha. Mas isso não é o pior.

— Recebe visita dos amigos?

— Alguém sempre "esbarra" por aqui. Mas quem é que gosta de velho?

— Só reumatismo, seu Joaquim. O senhor disse que tem o que comer, tem barraco, tem alguns amigos, tem saúde boa demais para sua idade. Não há motivo para ficar desanimado, nem para reclamar. Tem gente por aí que vive pior.

— Lá isso é, menino.

— Deus não abandona ninguém. No próximo domingo quero ver o senhor na missa. Tá? Vou voltar aqui com alguns companheiros.

No domingo seguinte o seu Joaquim estava na igreja, com seu bastãozinho.

Palavra de Deus

Eis os nomes dos doze apóstolos: Simão, Pedro; depois André, seu irmão. Tiago, filho de Zebedeu e João seu irmão. Felipe e Bartolomeu. Tomé e Mateus, o publicano. Tiago, filho de Alfeu, e Tadeu. Simão o cananeu e Judas Iscariotes que foi o traidor.

(Mt 10,2-4)

Palavra para a vida

Quando é que meu nome vai figurar na lista dos apóstolos?

29 MAIO

A MÃE DE TODOS OS VÍCIOS

Palavra do homem

Alguns missionários estavam chegando a uma cidade a fim de iniciar o movimento renovador das santas missões. Junto a um dos portões (as cidades antigas eram cercadas de grandes muralhas com acesso através de portões), havia um bando de demônios que dormiam e roncavam, estendidos ali no chão.

Os missionários perguntaram a um deles que acordou com o ruído de suas sandálias:

— Estamos espantados e surpresos com a moleza de vocês. Justamente hoje, quando começam as Missões, vocês ficam aí nessa modorra. Pensamos que estivessem no meio do povo, trabalhando violentamente contra nós....

O demônio explicou entre sonoras gargalhadas:

— Já deixamos alguém trabalhando para nós. É a dona preguiça. É a ociosidade. Quando o povo se entrega a esse tipo de vida, o resto vem sozinho. Vocês não pregam que a ociosidade é a mãe de todos os vícios?

Os missionários, abanando a cabeça, entraram na cidade cada vez mais convencidos da astúcia diabólica.

Palavra de Deus

O reino do céu será como um homem que tendo de viajar, reuniu seus empregados e lhes confiou seus bens. A um deu cinco talentos, a outro dois e a mais outro um, segundo a capacidade de cada qual. Depois partiu.

Logo em seguida, o que recebeu cinco talentos, negociou com eles, fê-los produzir e ganhou outros cinco. Do mesmo modo, o que recebeu dois, ganhou outros dois. Mas o que recebeu apenas um, foi cavar a terra e escondeu o dinheiro do seu patrão...

No acerto das contas, assim disse o patrão ao último: "Servo mau e preguiçoso. Sabeis que colho onde não semeio e que recolho onde não espalhei. Devias, pois, levar meu dinheiro ao banco; a minha volta eu receberia com juros o que é meu. Tirai-lhe esse talento... A esse servo inútil, jogai-o nas trevas exteriores. Ali haverá choro e ranger de dentes. *(Mt 25, 14-18; 26-30)*

A DONZELA DE ORLEANS

MAIO 30

Palavra do homem

Uma moça de 16 anos está diante do comandante das tropas francesas:

— Sou Joana d'Arc, da aldeia de Domremy. O rei do céu me mandou libertar a França. Ele quer que eu leve o delfim até Reims para ser coroado rei. Quer tropas para poder combater.

O comandante riu às gargalhadas. Que a levassem de volta, pois devia estar perturbada.

Mas Joana sentia-se impulsionada por uma força invisível. Sentia que precisava obedecer a Deus. Dirigiu-se a autoridades mais altas.

Alguns meses depois, Joana estava marchando à frente de uma escolta escolhida de soldados, na direção da cidade francesa de Orleans, cercada pelos ingleses.

Vestia uma túnica branca. Mas precisava também do capacete, da couraça e da lança. A espada tinha de ser aquela que mandou desenterrar, atrás do altar da capela de Santa Catarina.

Semanas depois a humilde camponesa conseguiu o que Deus lhe pedira: Libertou a cidade de Orleans e levou o delfim até a igreja para ser coroado.

Depois foi acusada de feiticeira e herege. Morreu queimada na fogueira. Mas Deus a exaltou e a fez conhecida no mundo inteiro.

Palavra de Deus

Irmãos, revesti-vos da armadura de Deus para que possais resistir às ciladas do demônio... Ficai alerta: rins cingidos com a verdade, o corpo revestido com a couraça da justiça, pés calçados com a prontidão para anunciar o Evangelho da paz.

Empunhai principalmente o escudo da fé, com o qual possais anular os dados inflamados do maligno. Tomai enfim o capacete da salvação e a espada do Espírito, isto é, a palavra de Deus.

Intensificai vossas orações e súplicas... *(Ef 6, 11-18)*

SANTA JOANA D'ARC, mártir († 1431)

31 MAIO

MARIA SALVOU MINHA VIDA

Palavra do homem

Durante as santas missões pregadas numa cidade do Mato Grosso, sempre encostava junto à igreja um jeep, bastante velho, em cujo pára-choque se lia: "Nossa Senhora salvou minha vida".

O letreiro era curioso. Eu também fiquei curioso e um dia perguntei ao proprietário o significado daquela frase. Ele nos contou:

— Foi um milagre que alcancei, escapando de morrer sufocado. Eu havia entrado num pequeno depósito, ao lado da minha casa, onde guardava coisas de carro: latas de óleo, querosene, peças estragadas etc.

De repente pegou fogo numa dessas latas. Na pressa e na afobação de apagar o fogo, fui queimando as mãos, os braços etc. Não o conseguindo, tentei deixar o depósito, mas a porta não queria abrir. A fumaça que se formou lá dentro, deve ter feito pressão, dificultando um pouco puxar a porta. Minhas mãos, queimadas e sangrando, já não tinham força para puxar a porta.

Gritei como podia, mas ninguém me ouvia lá fora. Prestes a cair ali mesmo, sufocado pela fumaça e atingido pelo fogo, gritei por Nossa Senhora. No mesmo instante, como que por encanto, a porta se abriu sozinha e eu caí na soleira, sem sentidos. Foi quando os familiares se aperceberam do acontecido e correram para me socorrer.

Mostrando nas mãos e no rosto as marcas indeléveis das queimaduras, concluiu a narrativa emocionante:

— Cheio de gratidão, vivo proclamando de todos os modos, a graça imensa que recebi.

Palavra de Deus

Minha alma glorifica o Senhor. Exulta meu espírito em Deus meu Salvador. Ele olhou para a humildade da sua serva. Por isso todas as gerações me chamarão bem-aventurada.

O todo Poderoso fez em mim grandes coisas, santo é seu nome. Sua misericórdia se estende de geração em geração sobre os que o temem. *(Lc 1,46-50)*

A CRUZ DE MADEIRA

Palavra do homem

Uma senhora perdera seu marido, ficando com os filhos e algumas dívidas. Como acontece quando uma mulher fica viúva, apareceram credores e aproveitadores aos montes.

Acossada de todos os lados, a pobre viúva reuniu os filhinhos no quarto para rezar. Retirou da cômoda um belo crucifixo que recebera de herança e guardava com carinho. Tinha-lhe grande estima, não tanto pelo valor artístico em si, mas pelo valor afetivo.

E assim ficou a rezar com a cruz apertada entre as mãos. Os filhos não resistiram ao sono. Ela os colocou na cama e continuou sua oração, cada vez mais ardente e confiante.

No auge da angústia, ao apertar com mais veemência o crucifixo, sentiu estalar alguma coisa. A madeira partira-se ao meio, deixando aparecer algumas pedrinhas brilhantes.

Ela não sabia. Talvez nem o soubesse quem a deu por herança. O artista do crucifixo tivera o capricho de esconder dentro da madeira alguns pequenos diamantes. Só quem soubesse do segredo, seria capaz de retirá-los sem danificar o crucifixo.

Foi assim que sua oração foi ouvida. Ela pôde pagar as dívidas e reservar um pouco para o futuro.

Palavra de Deus

Em certa cidade havia um juiz que não temia a Deus, nem respeitava os homens. Vivia também naquela cidade uma viúva que ia procurá-lo e lhe dizia: "Faze-me justiça contra meu adversário". Durante muito tempo recusou-se a atendê-la. Mas um dia disse consigo: Embora eu não tema a Deus nem respeite os homens, contudo, já que esta viúva me incomoda, vou fazer-lhe justiça para que me deixe em paz e não volte a importunar-me...

E Deus não fará justiça aos seus eleitos, que a ele clamam dia e noite, e os fará esperar? Far-lhes-á justiça prontamente... *(Lc 18,2-8)*

2 JUNHO

O VENDEDOR DE BONÉS

Palavra do homem

Era uma vez um vendedor ambulante que, com seu malote às costas, ia de casa em casa, vendendo de tudo, inclusive roupas e bonés. Uma vez, surpreendido pela noite, quando atravessava um bosque, resolveu dormir debaixo das árvores. Para se proteger do sereno, abriu o malote e pegou um boné, com o qual cobriu a cabeça.

O bosque era habitado por grandes bandos de macacos. Aboletados nos galhos da árvore, acompanharam todos os movimentos do mascate. Assim que o viram adormecido, desceram de mansinho da árvore e foram até o malote. Cada qual tomou um boné, enterrou-o na cabeça e voltou para os galhos. E roncaram, como o mascate.

De manhãzinha ele acorda, levanta-se e se dispõe a prosseguir viagem, quando vê o malote vazio, sem nenhum chapéu. Começou a lastimar-se e a praguejar desesperadamente: Santo Deus, fui roubado!

Foi quando ouviu gritinhos que vinham lá dos galhos da árvore. Ergueu os olhos e deu com o bando de macacos embonezados: "Vejam só quem me roubou".

Aos berros começou a jogar pedras e paus nos macacos, pensando que assim os faria devolver os bonés. Mas eles se defendiam, pulando de galho em galho. No auge do desespero, o mascate levou a mão à cabeça e atirou raivosamente o boné no chão. Aconteceu o imprevisto: Todos os macacos imitaram o gesto de raiva do homem. Foi aquela chuva de bonés caindo no chão. Mais do que depressa catou os bonés e tratou de safar-se a tempo.

Palavra de Deus

Fui eu que vos gerei em Jesus Cristo, por meio do Evangelho. Rogo-vos pois que sejais meus imitadores, como eu o sou de Cristo.

Por isso vos enviei Timóteo que é meu filho caríssimo e fiel no Senhor, o qual vos lembrará os meus caminhos que são em Jesus Cristo, como eu ensino por toda a parte em todas as igrejas.
(1Cor 4,16-17)

"VOCÊS REZAM DE VERDADE?"

Palavra do homem

O rei Lwanga acaba de convocar seus pajens para uma reunião na sala de audiências. Um triste pressentimento invade a todos, pois alguns soldados já estão na sala, montando guarda.

Os pajens do rei são rapazes e meninos escolhidos a dedo, entre os mais belos e robustos do país. Cercam o trono, olhando-se interrogativamente. E o rei dá uma ordem muito estranha:

— Todos aqueles que não rezam, continuem perto de mim. Aqueles, porém, que gostam de rezar, ajuntem-se ali, perto daquela parede.

O líder dos pajens, Carlos Lwanga, foi o primeiro a se mover. Outros quinze o acompanharam.

— Mas vocês rezam de verdade? perguntou incisivamente o rei.

— Sim, meu senhor. Nós rezamos de verdade.

— E querem continuar rezando?

— Sim, meu Senhor, até a morte.

— Então matem-nos, decretou o rei, dirigindo-se aos soldados.

Rezar, no reino de Uganda, tinha-se tornado sinônimo de ser cristão. Ser cristão era rigorosamente proibido naquele reino.

Depois de terem sido torturados com requintes de crueldade, morreram queimados. Entre eles estava também o pequeno Simão, com apenas doze anos de idade.

Em 1969, quando de sua viagem pela África, Paulo VI celebrou missa sobre os túmulos desses mártires.

Palavra de Deus

As almas dos justos estão nas mãos de Deus, e não os tocará o tormento da morte. Pareceu aos olhos dos insensatos que tinham morrido. Sua saída deste mundo foi considerada como uma aflição, e sua separação de nós como um extermínio. Mas eles estão em paz.

E se eles sofreram tormentos diante dos homens, a sua esperança está cheia de imortalidade... Deus os provou e achou-os dignos dele. *(Sb, 3, 1-5)*

SÃO CARLOS LWANGA e companheiros († 1886)

A SOMBRA DO CAVALO

Palavra do homem

Certa vez o comerciante de uma cidade do Oriente chegou-se ao Prefeito e fez este pedido estranho:

— Peço encarecidamente não deixar mais ninguém abrir loja de tecidos na rua do meu comércio.

— Por que, meu amigo? Talvez o medo da concorrência? Você não sabe que a concorrência obriga a gente a melhorar o atendimento e a controlar os preços?

— Sim, senhor Prefeito. Mas eu torno a repetir o pedido.

Então o Prefeito, que não tinha papas na língua, perguntou-lhe:

— Por que o cavalo, quando vai beber no riacho, primeiro bate com as patas na água?

— Ora, porque está impaciente de tanta sede.

— Não, meu amigo. É porque ele enxerga na água a sua própria imagem, e imagina que é outro cavalo a querer água também. Por isso dá patadas a fim de espantar o suposto concorrente. Agora escute o que acontece: Acaba sujando a água para si mesmo. É egoísta demais para pensar que a água daria folgadamente para os dois.

O negociante despediu-se e saiu sem dizer palavra.

Palavra de Deus

Havia numa cidade dois homens, um rico e outro pobre. O rico tinha ovelhas e bois em grande quantidade. O pobre, porém, não tinha coisa alguma, senão uma ovelha que comprara e criara, que tinha crescido em sua casa, comendo o seu pão, bebendo do mesmo copo, e dormindo no seu regaço. Ele a queria como se fosse a sua filha.

Tendo chegado um hóspede à casa do rico, não querendo tocar nas suas ovelhas nem nos seus bois, para dar um banquete ao hóspede, tomou a ovelha do pobre e preparou-a para dar de comer ao hóspede... *(2Rs 12,1-4)*

Palavra para a vida

— Alguns pecados modernos: latifúndios, monopólios, multinacionais, grandes projetos. E eu com minhas pequenas ganâncias?...

SANGUE NO EVANGELHO

JUNHO 5

Palavra do homem

Foi no dia de Pentecostes, em Dokum, na Alemanha.

Bonifácio, infatigável apóstolo e pioneiro do Evangelho naquelas regiões, havia marcado um encontro com um grupo de jovens que deveriam receber o sacramento da Confirmação.

Parece não ter dormido bem de noite, alojado que estava em tendas de campanha, junto com seus cinqüenta monges. Levantou-se mais cedo e abriu um grande livro que contava histórias dos santos e da Bíblia.

De repente ouviu estranho rumor quebrando o silêncio da manhã e se assustou. Seriam já os confirmandos que vinham chegando? Mas era muito cedo ainda.

Saiu com o livro nas mãos. Queria apurar o que estava acontecendo. E viu um bando de bárbaros que se aproximavam gritando e agitando armas.

As cenas sucederam-se com muita rapidez. Um monge foi logo atingido por uma cacetada. Outros tentaram reagir, mas Bonifácio gritou com voz poderosa:

— Nada de armas, meus irmãos. Não viemos trazer a guerra e a violência, mas a paz e a brandura. Deus é quem nos vai defender. Marchemos juntos para a morte.

Cinqüenta e dois monges caíram sob os golpes dos pagãos. Quando um dos assassinos saltou sobre Bonifácio, ele ergueu instintivamente o livro sagrado para se proteger. A espada desceu veloz, cortando o livro e a cabeça do missionário.

Palavra de Deus

Não julgueis que eu vim trazer a paz à terra. Eu vim trazer, não a paz e sim a espada... Quem ama seu pai ou sua mãe mais que a mim, não é digno de mim. Quem ama seu filho mais que a mim, não é digno de mim. Quem não toma a sua cruz e não me segue, não é digno de mim. Aquele que tentar salvar sua vida, perdê-la-á. Aquele que a perder por minha causa, reencontrá-la-á. *(Mt 10,34.37-39)*

SÃO BONIFÁCIO, bispo e mártir († 755)

O RAIO NA FLORESTA

Palavra do homem

Norberto era um jovem como tantos outros, folgazão, alegre e mundano. Filho da alta nobreza, não precisava preocupar-se com trabalhar para viver. Gostava de vestir-se bem. Ia para as festas com o cabelo perfumado, corrente de ouro no pescoço e roupas de seda e arminho. Seus cavalos de passeio eram ajaezados com arreios de ouro.

Gostava de caçar. Um dia, no meio da floresta, sobreveio uma tempestade carregada de raios e relâmpagos. Norberto, apavorado com um raio que caiu junto dele, pareceu ouvir uma voz: "Abandone o caminho do mal e comece a praticar o bem".

Foi o começo de sua conversão sincera. Voltou para casa, transformado. Abandonou suas roupas de luxo, vestiu-se de mendigo, e saiu pelo mundo, a pé e descalço, pregando a penitência.

Vendeu o castelo que herdara dos pais e distribuiu entre os pobres as suas riquezas, conservando para si apenas dez moedas de prata. Desfez-se também dessas moedas, quando lhe pareceu que estava desconfiando da Providência.

Caminha agora como missionário, sempre descalço, pedindo esmola, dormindo nas hospedarias de beira de estrada, trovejando forte contra os vícios, pregando a conversão do clero e do povo.

Já ordenado sacerdote, fundou a Ordem dos Premonstratenses, no vale solitário de Premontré.

Palavra de Deus

Vinde todos! Juntai-vos, nação indigna de ser amada, antes que o decreto produza esse dia que passará como pó, antes que venha sobre vós a ira do furor do Senhor, antes que venha sobre vós o dia da indignação do Senhor.

Buscai o Senhor todos vós que sois humildes nesta terra, vós que guardastes os seus preceitos. Buscai a justiça, buscai a mansidão, para ver se podeis achar um abrigo no dia do furor do Senhor.
(Sf 2, 1-3)

SÃO NORBERTO, bispo e missionário († 1134) ________

HISTÓRIA DE BICHOS

Palavra do homem

O elefante, o cavalo, o cachorro, o gato, o coelho e o rato estavam fazendo um passeio pela floresta. Bichos de todos os tamanhos e de todos os temperamentos, mas numa relativa convivência de paz.

Eis que chegaram num pedaço de mato muito espesso, muito intrincado e quase impenetrável. Aqui estacou a caravana, sem saber o que fazer para atravessar aquele emaranhado de mato, de cipó e de espinho.

Houve muitas deliberações e muito jogo-de-empurra: "Vá você que é mais miúdo!" "Não, vá você que é mais forte!" Mas, como sempre acontece, a voz do mais forte fala mais grosso e assim ficou resolvido:

— Você, ratinho, vai na frente abrindo caminho. É o mais pequenino e assim encontra menos obstáculos. Em seguida irá o coelho, depois o gato, depois o cachorro, em seguida o cavalo, e por fim o elefante, seguindo-se a ordem do tamanho.

Palavra de Deus

Não se turbe o vosso coração. Credes em Deus, crede também em mim. Na casa do meu Pai há muitas moradias. Se assim não fosse, eu vo-lo teria dito. Vou preparar o lugar para vós. E depois que eu tiver ido e vos tiver preparado o lugar, virei novamente e tomar-vos-ei comigo...

Eu sou o Caminho, a Verdade e a Vida. Ninguém vai ao Pai senão por mim. *(Jo 14,1-6)*

Palavra para a vida

A solução encontrada pelos bichos foi ditada por quem?

— Pela ignorância? Por que o elefante não foi na frente?

— Pela prepotência? Por que o mais fraco sempre apanha?

— Pelo individualismo? Por que cada um por si?

— Pela falta de liderança? Quem puxa a fila não é o líder?

— Pela covardia? Por que a gente costuma sempre empurrar a responsabilidade para o outro?

— Qual a sugestão que você daria para os bichos?

HARPA DO ESPÍRITO SANTO

Palavra do homem

Santo Efrém, poeta sírio, é um dos primeiros cantores e compositores do cristianismo. Compôs em prosa e em verso quase toda a doutrina católica. Cantou em sua harpa as glórias de Jesus e de Maria, desviando assim, muita gente da heresia dos arianos.

Seus hinos eram cantados em todas as regiões do Oriente, nos mosteiros do deserto, nas cidades e nas margens dos rios.

Cantavam-nos ao compasso dos remos, no vaivém das lançadeiras dos teares, durante as longas marchas das caravanas de camelos, com o acompanhamento dos cincerros das cavalgaduras.

Seus cânticos, decorados facilmente, viviam na boca e no coração do povo. Onde fossem cantados, corações se animavam, e tudo se impregnava de consolo e esperança.

Seus hinos penetravam nas igrejas e as inundavam de melodias. Efrém é o fundador do primeiro coral de jovens, ao qual deu o nome de "Filhas da Aliança".

Seus belíssimos cânticos infundiam tanto entusiasmo e tanto calor no povo de Edessa, que o imperador Valente teve de suspender a perseguição contra os cristãos daquela cidade.

Santo Efrém, apelidado "harpa do Espírito Santo" é cantado até hoje.

Palavra de Deus

Louvai o Senhor ao som da trombeta, louvai-o com o saltério e a cítara. Louvai-o com o sino e com a dança! Louvai-o com instrumentos de corda e com órgão.

Louvai-o com címbalos sonoros! Louvai-o com címbalos ressonantes. Tudo o que vive e respira, louve o Senhor. *(Salmo 150)*

Palavra para a vida

— Você gosta de cantar na igreja? Você costuma cantar hinos religiosos enquanto trabalha ou se ocupa com alguma coisa?

— Muitos aprendem mais depressa, cantigas profanas do que religiosas. Por que?

SANTO EFRÉM, doutor da Igreja († 373) ____________________

SUA ÚLTIMA CARIDADE

Palavra do homem

Pe. Anchieta, em suas cartas aos Superiores de Portugal, descreve os primeiros passos na evangelização do Brasil. Assim começou o primeiro Colégio, nas terras de Piratininga:

— Aqui se fez uma casa pequena de palha. Esteiras fazem as vezes de portas. As camas são redes, à moda dos índios. O cobertor é a fogueira que a gente prepara com lenha do mato, após a lição da tarde...

A roupa é pouca e pobre, sem meias nem sapatos. Como toalhas ou guardanapos usa-se às vezes a folha larga das árvores. Mas... para que toalhas se, às vezes falta até o que comer?

A comida não passa de farinha, algum peixinho ou caça do mato que os indígenas dão generosamente...

***

Como foi a morte de Anchieta? Bastante adoentado, ele se deitara um pouco. Alguém o chamou. Havia uma outra pessoa doente que reclamava socorro urgente. Só Anchieta sabia preparar o remédio de que ela precisava. Levantou-se para preparar a medicina. Mas estava tão fraco, que desmaiou. Voltando a si, pediu a unção dos enfermos e entrou em agonia, que durou só meia hora.

O primeiro apóstolo do Brasil e pai dos índios, morreu com 63 anos, no cumprimento da caridade, para a qual vivera. Foi em Reritiba (hoje Anchieta) dia 9 de junho de 1597.

Palavra de Deus

Estando Jesus um dia junto à margem do lago de Genesaré, o povo se comprimia ao redor dele para ouvir a palavra de Deus. Vendo duas barcas estacionadas à beira do lago (os pescadores haviam descido para consertar as redes), subiu a uma das barcas que era de Simão, e pediu-lhe que a afastasse um pouco da terra. Sentado, ensinava da barca...

Então disse Jesus a Simão: "Não temas. Daqui em diante serás pescador de homens". E atracando as barcas à terra, deixaram tudo e o seguiram. *(Lc 5, 1-3. 10-11)*

——— **BEM-AVENTURADO PE. JOSÉ DE ANCHIETA** († 1597)

ESPOSA E MÃE PACIENTE

Palavra do homem

Ana Maria, simpática e bela, sempre gostou de se arrumar, também depois de casada. Foi a maneira que encontrou para "prender" seu marido. Acompanhava-o nos divertimentos e no teatro.

Suportava com paciência seu gênio irascível. Certa vez, irado em extremo, ele jogou para o ar a toalha da mesa com todo o almoço, apenas servido. Outra vez atirou uma cadeira nas costas de um filho que fugia para escapar das pancadas.

Ele, por sua vez, deixava-a frequentar a igreja, o que já era muita coisa. Além disso, esforçava-se para dominar seu gênio colérico e iracundo.

Foi paciente com seus sete filhos, todos traquinas e peraltas.

Foi paciente com a empregada, bastante desajeitada. Uma vez, depois de quebrar um frasco de vinho, esbarrou num maravilhoso vaso de porcelana, preciosa recordação de família. Petrificada de susto, preparou-se para ouvir uma boa reprimenda. Assim reagiu a patroa:

— Paciência, minha filha. Se os fabricantes soubessem disso, ficariam muito felizes. Também eles precisam viver...

Foi paciente na doença, ficando presa na cama durante vários anos.

Foi paciente com os pobres, os enfermos e os agonizantes.

Santa Ana Taigi é a padroeira das mães.

Palavra de Deus

As esposas sejam dóceis a seus maridos para que, se alguns não crêem na palavra, sejam conquistados pelo proceder de suas mulheres, sem a palavra, apenas pelo testemunho de uma vida casta, com temor...

Do mesmo modo, vós maridos, convivei sabiamente com vossas esposas, tratando-as com honra, como seres frágeis, e como herdeiras convosco da graça da vida eterna, a fim de que não sejam impedidas as vossas orações.

Finalmente, vivei todos num só coração... *(1.ª Pd 3, 1-2.7)*

SANTA ANA M. TAIGI (†1837) ____________________

OS DOIS AMIGOS

Palavra do homem

Paulo caminhava sozinho pelas ruas de Listra quando um pelotão de homens o agarrou e o arrastou até as portas da cidade. Longe das vistas do povo, ele foi atirado ao chão, apedrejado e insultado. O sangue corria até pelos olhos. As dores aumentavam e Paulo desmaiou.

Seu amigo Barnabé o esperava impaciente na casa de Eunice. Por que Paulo não volta mais? Talvez mais um atentado contra sua vida? Por fim chegou a triste notícia do tumulto havido.

Ruminando pensamentos sombrios, Barnabé saiu à procura do companheiro de jornadas missionárias. Levou consigo o pequeno Timóteo. Encontraram-no afinal, jogado num canto, fora da cidade. O menino disse baixinho: "Está morto".

Barnabé inclinou-se, chamou-o pelo nome. Paulo abriu os olhos: "Graças a Deus, está vivo ainda". Ajudado pelo menino, tomou-o nos braços e o transportou até a casa de dona Eunice. Felizmente a escuridão da noite os protegia.

Paulo foi se recuperando pouco a pouco, graças aos cuidados do amigo. Esta amizade durou muitos anos. Mas teve também um estremecimento, o que acontece em todas as amizades.

Quando preparavam-se para a segunda viagem missionária, Barnabé quis levar também seu sobrinho Marcos. Mas Paulo se opôs. Separaram-se por isso. Paulo seguiu para a Ásia Menor e Barnabé viajou para Chipre com Marcos. Assim as duas regiões foram beneficiadas.

Embora separados fisicamente, São Paulo e São Barnabé continuam formando a "dupla missionária", modelo de trabalho para nossos dias.

Palavra de Deus

Quando eles se entregavam ao serviço do Senhor e jejuavam, disse-lhes o Espírito Santo: Separai-me Paulo e Barnabé para a obra a que os destinei". Então, depois de jejuar e orar, impuseram-lhes as mãos e os enviaram para o trabalho missionário. *(At 13, 2-3)*

SÃO BARNABÉ, apóstolo

O CONSELHO DEU CERTO

Palavra do homem

Pe. Gaspar Bertoni sabia dar conselhos práticos e oportunos.

Na diocese de Verona, onde nascera, havia uma paróquia de péssima fama. Nenhum padre aceitava ser vigário daquela comunidade, porque o povo era difícil mesmo. Muitos aceitaram o encargo, mas devolveram logo ao bispo "o abacaxi".

Foi escolhido finalmente um padre zeloso, mas muito jovem ainda. O povo não iria concordar. Prevendo os prós e os contras, o padrezinho procurou tirar o corpo. Mas o bispo já estava cansado de tanto pechinchar, e não quis mexer mais no vespeiro.

O novo vigário foi então aconselhar-se com o Pe. Bertoni, que disse:

— Aceite! Deus ajudará. Para conquistar aquele povo, aconselho o seguinte. Diga claramente no sermão, que você é muito moço para ser vigário num lugar tão importante, de gente tão culta e desenvolvida. Por isso acha melhor cuidar só das crianças. Portanto, que os pais mandem seus filhos pequenos para a igreja. Diga assim para o povo e aguarde os resultados.

Assim fez o jovem padre. Agradava as crianças na igreja e na rua. Ensinava como tratar os pais e os mais velhos. Os pais começaram a gostar desse padre, de quem os filhos falavam tão bem. "Quem agrada os filhos, adoça a boca dos pais". E foram se aproximando da igreja, que foi se enchendo cada vez mais.

O conselho do Pe. Bertoni contribuiu para transformar aquela cidade.

Palavra de Deus

E repousará sobre ele o Espírito do Senhor: espírito de sabedoria e entendimento; espírito de conselho e fortaleza; espírito de ciência e de piedade; e será cheio do espírito de temor do Senhor. Não julgará pelo que se manifesta exteriormente à vista, nem condenará somente pelo que ouve dizer. Mas julgará os pobres com justiça, e tomará com eqüidade a defesa dos humildes da terra... *(Is 11, 2-4)*

BEM-AVENTURADO PE. GASPAR BERTONI ——————

ENFRENTANDO OS PODEROSOS

JUNHO 13

Palavra do homem

Antônio de Pádua não foi somente o santo milagreiro. Foi também profeta e missionário, anunciando o Evangelho e denunciando as injustiças.

Havia naquele tempo um poderoso tirano chamado Ezzelino. Conquistava terras e cidades, roubando, saqueando, assassinando.

Um dia Frei Antônio apresentou-se diante dele, vestido com o burel franciscano, e revestido de coragem evangélica:

— Conde Ezzelino, até quando o senhor quer continuar desafiando o céu? Pensa que os ouvidos de Deus estão surdos ao clamor de vingança que sai do sangue derramado? As medidas estão cheias. Se o senhor não fizer penitência, a cólera divina o atingirá. Eis que estou falando em nome do Deus justo e poderoso.

Tal foi o efeito produzido no coração de Ezzelino, que prometeu mudar de jeito e fazer penitência. Infelizmente não manteve por muito tempo a promessa. Principalmente após a morte de Frei Antônio, o feroz grileiro continuou sendo o flagelo dos pobres do norte da Itália.

Mas a voz profética de Antônio continua ecoando até os tempos de hoje no coração de tantos outros Ezzelinos. Deus tarda, mas não falha.

Palavra de Deus

Julgai segundo a verdadeira justiça, e cada um de vós exerça com seu irmão, obras de misericórdia e de compaixão.

Não oprimais a viúva, nem o órfão, nem o estrangeiro, nem o pobre. E nenhum forme no seu coração, maus desígnios contra seu irmão. Eles, porém, não quiseram atender, antes se retiraram, voltando-me as costas e taparam os ouvidos para não ouvir. Tornaram o seu coração duro como diamante para não ouvir a lei, nem as palavras que o Senhor dos exércitos lhes dirigiu em seu espírito, por meio dos profetas que nos precederam. Por isso acendeu-se contra eles uma grande indignação... *(Zc 7, 9-12)*

Palavra para a vida

— Cite outros fatos da vida de Santo Antônio. E as lições para nossa vida?

SANTO ANTÔNIO DE PÁDUA (1195 -1231)

14 JUNHO

A CONFISSÃO DO CARROCEIRO

Palavra do homem

Certa vez São João Bosco foi visitar uma pessoa enferma, um tanto longe da cidade. Não podendo caminhar direito, pois estava com algum problema no pé, esperou passar um cocheiro e pediu carona. Isto aconteceu no fim do século passado, quando ainda não existia automóvel.

O carroceiro hesitou, fez menção de continuar o trote, mas parou afinal. Dom Bosco, um tanto esfalfado, subiu e assentou-se ao lado na boléia. Após cumprimentá-lo afavelmente, perguntou:

— Caro amigo, estava com medo de mim? O que foi que o assustou?

— Fiquei com medo de mim, e não do senhor. Sabe por que? Desde a minha infância, nunca mais me confessei. Sempre que vejo um padre, eu me lembro da minha dívida.

— Ah! não tem importância. Dê-me as rédeas, pois também sei tocar o animal. Enquanto eu dirijo a carroça, o senhor faz sua confissão.

— Mas... eu me esqueci como a gente começa.

— Não se preocupe. Eu ajudo.

E assim aconteceu. Foi uma confissão demorada. Um verdadeiro desabafo.

O cavalo dava pinotes de espanto a cada pecado que o carroceiro ia despejando. Mas o homem ficou satisfeito. No final da viagem, quando Dom Bosco perguntou quanto devia, o carroceiro respondeu descontraído:

— Nada, senhor padre. Nunca ninguém me pagou tão bem assim. Eu é que deveria pagar o senhor, pela paz que me devolveu.

Palavra de Deus

Na tarde desse dia, o primeiro da semana, estando fechadas as portas do lugar onde se achavam, por medo dos judeus, Jesus veio e colocou-se no meio deles. Disse-lhes: "A paz esteja convosco". Dito isto, mostrou-lhes as mãos e o lado. Os discípulos ficaram contentes.

Disse-lhes de novo: "A paz esteja convosco. Como o Pai me enviou, assim também eu vos envio". Depois soprou sobre eles, acrescentando: "Recebei o Espírito Santo. Aqueles a quem perdoardes os pecados, serão perdoados. Àqueles a quem retiverdes, serão retidos..." *(Jo 20,19-23)*

A LERDEZA E A IMPACIÊNCIA

Palavra do homem

A empregadinha era trabalhadeira, mas um tanto vagarosa.

A patroa, por sua vez, queria tudo já e agora. Dava duas ou três ordens, e queria que todas fossem executadas ao mesmo tempo.

Um dia, com a pouca paciência já esgotada, gritou num repente:

— Vá logo à farmácia. Compre lá umas quinhentas gramas de esperteza.

Chegando à farmácia, a moça fez o pedido, na maior simplicidade:

— Seu João, minha patroa mandou perguntar se o senhor tem esperteza para vender.

— O que? Esperteza para quem?

Ele já conhecia o gênio impertinente da patroa e a humildade da empregadinha. Por isso respondeu, sem mesmo ter a resposta da moça:

— Diga para sua patroa que a esperteza acabou. Mas tenho em estoque, vários quilos de paciência. Pergunte se ela não quer mandar comprar. Acho que ela está precisando.

Palavra de Deus

Sede pacientes, irmãos, até a vinda do Senhor. Vede como o lavrador aguarda o precioso fruto da terra e tem paciência até receber a chuva do outono e da primavera.

Tende também vós, paciência e fortalecei os vossos corações porque a vinda do Senhor está próxima. Não vos queixeis uns dos outros, para que não sejais julgados. Eis que o juiz está à porta.

Tomai, irmãos, por modelo de paciência e de coragem, os profetas que falaram em nome do Senhor. Vós sabeis que elogiamos quem suporta os sofrimentos de Jó. Sabeis onde o Senhor o colocou, porque Ele é misericordioso e compassivo. *(Tg 5, 7-11)*

Palavra para a vida

— Temos paciência com nossos familiares, com nossos empregados, com quem lidamos durante o dia, com nossos próprios defeitos?... A paciência não é uma virtude que não acomoda, mas ajuda a chegar mais depressa.

16 JUNHO

A TEIA DE ARANHA O COBRIU

Palavra de Deus

Isaías é o líder de uma comunidade rural, em Tranqueiras da Bahia.

Tem unção quando fala e quando reza. Ele nos contou este fato e garantiu com sua palavra honesta:

— Veja se aqui não esteve o dedo de Deus. Um meninozinho de seus sete anos saiu caminhando pelo cerrado, daquele lado ali, e se perdeu. Veio a noite fria e chuvosa, e ele não voltava. Homens saíram à sua procura mas também voltaram sem ele.

No dia seguinte, bem de manhãzinha, fiz uma oração e fui tentar de novo. Saí confiante naquela passagem do Evangelho: "quem pede, recebe".

O frio e a garoa continuavam. Mas eu seguia firme, molhando a roupa no orvalho da madrugada. Parecia que Deus estava me guiando.

Mais na frente, num descampado, avistei um pequeno vulto deitado e encolhido no chão. Era o menino. Estava vivo? Estaria morto? Cheguei mais perto. Uma enorme teia de aranha se estendia sobre ele, como se fosse um telhado. Seu corpinho estava seco, enxuto, embora frio.

Escutei um gemidinho. Ele estava vivo. Retirei aquela coberta improvisada, feita pela bondosa aranha (ou pela mão de Deus) durante a noite. Peguei-o nos braços e fui voltando. O povo do povoado aguardava as notícias com ansiedade.

Um banho quente o reanimou. Hoje ele é um rapagão.

A Providência divina havia protegido a criança, enquanto o socorro não chegava.

Palavra de Deus

Pedi e vos será dado. Buscai e achareis. Batei e abrir-se-vos-á. Porque todo o que pede, recebe. O que busca, acha. A quem bate, ser-lhe-á aberta a porta.

Qual é o homem que, se o filho lhe pedir um pão, dar-lhe-á uma pedra? E se lhe pedir um peixe, dar-lhe-á uma serpente? Se vós, que sois maus, sabeis dar boas dádivas a vossos filhos, quanto mais vosso Pai do céu... *(Mt 7, 7-11)*

O BISPO E O LEPROSO

JUNHO **17**

Palavra do homem

O povo conta uma história que caracteriza a caridade de Dom Adolfo.

O santo bispo costumava visitar um pobre atacado da lepra. Demorava-se muito tempo no quartinho do enfermo, consolava-o e o confortava.

Para os acompanhantes do bispo, tais visitas não eram nada agradáveis. Não entravam, com medo de pegar a doença. E nem gostavam de ficar esperando lá fora.

Por isso inventaram um estratagema. Sem que o bispo desconfiasse, providenciaram a visita do doente para outra casa ou esconderijo. Quando viesse para a visita costumeira, não encontraria mais seu amigo e tudo terminaria mais depressa.

Nem tudo, porém, desenrolou-se como tinham programado e planejado. Na primeira visita, após a transferência forçada, o bispo entrou no quarto e não saía mais. O que estaria fazendo no quartinho vazio? Talvez procurando o doente nos cantos e recantos ou debaixo da cama?

Levados pela curiosidade, os malandros aproximaram-se e espiaram dentro. O doente estava lá, como sempre, deitado em sua enxerga, ouvindo as palavras do bondoso bispo.

Por um milagre o doente havia voltado para o barraco antigo.

Teve ainda a felicidade de morrer nos braços de Dom Adolfo.

Palavra de Deus

Alguém dentre vós está enfermo? Chame os sacerdotes da igreja. Façam oração sobre ele, ungindo-o com óleo em nome do Senhor. A oração da fé salvará o enfermo, e o Senhor o aliviará. E se estiver com pecados, ser-lhe-ão perdoados.

Confessai, pois, os vossos pecados uns aos outros e orai uns pelos outros para serdes salvos. Porque a oração fervorosa do justo pode muito. *(Tg 5, 14-16)*

Palavra para a vida

— O tempo consumido em favor dos outros, é tempo perdido? Por que alguns dizem, num caso desses: "Hoje não fiz nada"?

SANTO ADOLFO, bispo († 1224)

UM GOLINHO SÓ

Palavra do homem

Carlão gostava de beber até passar da conta. Uma vez houve santas missões na cidade vizinha. Um dia ele terminou mais cedo o seu trabalho de roça, encilhou o cavalo e marchou para a igreja.

Ouviu com atenção o sermão do missionário. Participou da palestra especial para os homens e resolveu: pinga, nunca mais! Era já de noitinha quando voltou para o sítio.

A estrada passava bem ao lado de uma vendinha onde ele parava sempre, para beber seus goles. Aproximando-se do boteco fatídico, o cavalo já foi diminuindo o trote. Mas Carlão estugou o animal e passou pela venda num galope firme.

Após haver caminhado um bom trecho, sofreou o cavalo enquanto matutava consigo: "Cumpri meu propósito. Não parei na venda para beber. Até mereço uma recompensa. Acho que posso voltar atrás e tomar um golinho para festejar minha vitória. Mas só um golinho".

E voltou. Lá estavam os amigos dele e do copo. Convidaram-no para fazer companhia. Mas ele respondeu resoluto: "Não! Só um golinho". Eles atiçavam para mais um golinho. Depois mais outro. Deixasse de carolice. Eles pagariam tudo.

O homem não resistiu. Dali a poucos minutos, Carlão estava estirado junto à porta da venda. Como sempre...

Palavra de Deus

Não faço o bem que quero, mas sim o mal que não quero. Ora, se faço o que não quero, já não sou eu que faço, mas o pecado que em mim habita.

Encontro, pois, em mim esta lei: quando quero fazer o bem, o que se me depara é o mal. Deleito-me na lei de Deus, no íntimo do meu ser. Sinto, porém, nos meus membros outra lei, que luta contra a lei do meu espírito e me prende à lei do pecado, que está nos meus ombros.

Homem infeliz que sou! Quem me livrará deste corpo de morte?... Graças sejam dadas a Deus por Jesus Cristo Nosso Senhor. *(Rm 7,19-25)*

O BISPO FICOU ESCRAVO

JUNHO 19

Palavra do homem

— Dom Paulino, meu filho está preso, em poder dos godos. É meu filho único. Vários companheiros de escravidão conseguiram a liberdade, comprando-a com dinheiro. Mas eu não tenho nem um centavo...

Assim se lamentava uma senhora para o santo bispo de Nola. Seu pranto corria pelas faces, chegando até o coração do santo. Respondeu pensativo:

— Minha santa, nem eu tenho alguma coisa para comprá-lo... Não tenho roupa, nem dinheiro, nem nada... Como podemos fazer?... Ah! sim, tenho a minha pessoa. Já sei o que vou fazer.

Naquele mesmo dia Paulino encaminhou-se para a região da Calábria, onde o rapaz fora feito escravo do rei Ataulfo. Pediu para falar com o rei. Expôs o problema e se ofereceu para ficar no lugar do moço. O rei perguntou:

— Mas... o que você sabe fazer?

— Entendo um pouco de horta.

Não contou que fora orador, escritor, poeta. Esses títulos de nada serviriam naquele momento. E foi assim que Dom Paulino começou a plantar legumes para que o filho de uma viúva pudesse voltar aos seus braços. Quando descobriram seu gesto heróico, o rei mandou chamá-lo e disse todo confuso:

— Você está livre. Ainda lhe concedo outra graça, à sua escolha.

— Nesse caso, peço que todos os prisioneiros da minha cidade de Nola possam voltar livres, comigo.

Palavra de Deus

Irmãos, agora me alegro por tudo o que sofro por vós. E completo em minha carne o que falta aos sofrimentos de Cristo, em benefício do seu corpo que é a Igreja.

Dela me tornei ministro, em virtude da missão que Deus me confiou para vosso benefício: dar pleno cumprimento à palavra de Deus, o mistério escondido desde a origem dos séculos e das gerações, e agora manifestado aos seus santos... *(Cl 1, 24-26)*

SÃO PAULINO DE NOLA, bispo († 431)

MISSIONÁRIO DA ROÇA

Palavra do homem

Francisco Regis ficou padre jesuíta e ouviu o chamado de Deus para pregar missão nos meios rurais. Pegou o bordão de peregrino, enrolou-se num pobre manto e saiu percorrendo os povoados, visitando casas espalhadas nos campos e nas montanhas, socorrendo pobres, confortando os corações aflitos. Várias vezes enfrentou a neve até os joelhos e outras vezes quase morreu de insolação no tempo do calor.

Num bairro afastado da cidade de Puy morava um pobre coitado coberto de chagas e vermes, abandonado por todos. João Francisco o descobriu e foi visitá-lo. Tirou-lhe os farrapos com que se cobria, lavou as feridas, arranjou cama e roupa e todos os dias levava comida. Quando o enfermo lhe agradeceu, esta foi a resposta do santo:

— Sou eu quem deve agradecer-te, pois estou ganhando muito com isso. É pena que comecei muito tarde esse serviço.

Francisco morreu pregando missão. Dirigia-se para uma aldeia, no mês frio de dezembro e se perdeu devido à neve que cobria todos os caminhos. Passou a noite debaixo de uma espécie de galpão, completamente desprotegido. No dia seguinte apresentou-se uma pneumonia. Três dias depois, véspera do Natal, chegava ao local da missão. Pregou e atendeu confissões, em alto grau de febre. Desmaiou na cadeira do confessionário e foi levado para o quarto. Faleceu dia 31, exclamando: — Pai, nas tuas mãos entrego o meu espírito.

Palavra de Deus

Eis que pela terceira vez estou disposto a ir ter convosco, e também agora não vos serei pesado. Porque eu não busco as vossas coisas, mas a vós. Pois não são os filhos que devem entesourar para os pais, e sim os pais para os filhos.

E eu de muito boa vontade darei o que é meu e me darei a mim mesmo pelas vossas almas. Mesmo que amando-vos mais, seja por vós menos amado... *(2 Cor 12, 14-15)*

SÃO FRANCISCO REGIS (*†* 1640)

O LÍRIO E A PESTE NEGRA

Palavra do homem

O pequeno Luís tinha tudo para fazer carreira e ser feliz: nobreza, riqueza, estudo. Mas renunciou a tudo. Renunciou também aos seus direitos de primogenitura. Queria ser padre jesuíta.

Quando estava em Roma, sobreveio a peste negra que ceifou pobres e ricos, nobres e plebeus. O colégio dos padres, onde Luís estudava, também abriu as portas para acolher os doentes.

Luís pediu licença para cuidar das vítimas da epidemia. Não queriam dar, devido à sua saúde muito frágil. Após muita insistência conseguiu. Agora, sim, podia dar vazão à sua caridade. Passava horas inteiras no hospital à disposição dos doentes. Lavava suas feridas, arrumava suas camas e os confortava.

Um dia, a caminho do hospital, encontrou uma pessoa desmaiada em plena rua. Inclinou-se sobre ela, pegou-a nos braços, levando-a sozinho para o hospital.

O esforço demasiado e o contacto direto com o doente foram fatais para seu organismo já enfraquecido. Foi contagiado pela peste e teve que se internar também. Quando viu que ia morrer da mesma doença de tantos irmãos seus, grande alegria brilhou em seu semblante. Não cessava de repetir: Eu vou muito contente. Vou ficar junto com aqueles que socorri. Sou um deles também.

Tinha apenas 23 anos. Desprezou a coroa da terra e ganhou a coroa que Deus concede aos limpos de coração. É chamado o lírio dos Gonzaga.

Palavra de Deus

Todo o que crê que Jesus é o Cristo, nasceu de Deus. Todo o que ama aquele que o gerou, ama também aquele que Dele foi gerado.

Nisto conhecemos que amamos os filhos de Deus: se amamos a Deus e guardamos seus mandamentos. E seus mandamentos não são penosos, porque todo o que nasceu de Deus, vence o mundo. Esta é a vitória que vence o mundo: a nossa fé. *(1 Jo 5, 1-4)*

SÃO LUÍS GONZAGA (1568-1591)

22 JUNHO

O CHANCELER INFLEXÍVEL

Palavra do homem

Tomás More, chanceler do rei da Inglaterra, foi aprisionado na Torre de Londres porque não quis aderir à religião de Henrique VIII e não aprovou seu divórcio.

O que mais o fazia sofrer na prisão, era a situação em que ficou sua esposa com os filhos. Além da falta do pai e esposo, foram-lhes confiscados todos os bens.

Um dia veio a esposa dona Alice, pesarosa e aflita, olhos inchados de tanto chorar. Veio pedir que, por amor dos filhos, cedesse à vontade do rei. Tomás respondeu, quase chorando:

— Como posso fazer uma coisa que vai contra minha consciência? Eu passaria vergonha diante de Deus e dos próprios filhos. Além do mais, quanto tempo achas que eu iria viver, se o rei me libertasse?

— Pelo menos uns vinte anos, respondeu a pobre mulher.

— E queres que, a troco de vinte anos, eu perca toda uma eternidade?

A esposa se afastou desolada. Se, de um lado Tomás procurava infundir coragem nos seus familiares, a dor que sentia dilacerava-lhe o coração.

Foi condenado a ser decapitado. Seu rosto estava calmo e sereno.

Antes da execução, o verdugo ajoelhou-se e pediu perdão do que ia fazer. Tomás lhe respondeu sorrindo: "Perdoar de que, se hoje você me presta o maior dos favores?"

E assim, conservando o bom humor até o último instante, Tomás deu a vida para ser fiel a Deus.

Palavra de Deus

E tendo chamado os apóstolos, depois de os terem mandado açoitar, ordenaram-lhes que não falassem mais no nome de Jesus. E soltaram-nos.

Porém eles saíam da presença do conselho, contentes por terem sido achados dignos de sofrer afrontas pelo nome de Jesus. Todos os dias não cessavam de ensinar e de anunciar Jesus Cristo no templo e nas casas. *(At 5, 40-42)*

SANTOS TOMÁS MORE E JOÃO FISHER († 1535) ————

O BISPO NA MASMORRA

JUNHO 23

Palavra do homem

Dom João Fisher também resistiu ao rei Henrique VIII da Inglaterra que pretendia fundar uma religião nacional e separar-se do Papa.

Foi recolhido para a Torre de Londres, onde passou as piores provações. Depois veio o julgamento e a condenação à morte.

Na madrugada da execução, apresentou-se um oficial e leu a sentença: decapitação em praça pública. João Fisher ouviu e disse com serenidade:

— Obrigado pela notícia. Está bem; mas a que hora deve ser cumprida a sentença?

— Às nove horas da manhã.

— Que horas temos agora?

— Cinco horas, aproximadamente.

— Está bom. Nesse caso tenham a bondade de me deixar em paz. Quero dormir um pouco. Nesta noite tive pouco sossego.

Dormiu cerca de duas horas. Raramente o cardeal dormira tão bem como estas duas horas antes da execução capital. Levantou-se, vestiu-se o melhor que pôde com as roupas que lhe deram. E explicou:

— Vamos para uma festa. É preciso, pois, ir bem arrumado.

Quando vieram buscá-lo, ele ainda pegou o livro do Novo Testamento, fez o sinal da cruz e deixou a masmorra. Enquanto faziam os últimos preparativos para a execução, ele abriu a Escritura e leu alguns versículos do evangelho de São João.

Instantes depois, a cabeça do corajoso bispo rolava pelo chão.

Palavra de Deus

Irmãos, bem-amados, se sofreis por causa da justiça, bem-aventurados sois. Não tenhais medo de nenhum deles, nem fiqueis conturbados. Antes, santificai a Cristo, o Senhor, em vossos corações, estando sempre prontos a dar razão da vossa esperança a todo aquele que vo-la pede. Fazei-o, porém, com mansidão e respeito, conservando a vossa boa consciência, para que, se em alguma coisa sois difamados, sejam confundidos os que ultrajam o vosso comportamento... *(1Pd 3,14-17)*

24 JUNHO

A FESTA DO NASCIMENTO

Palavra do homem

Quando se completou o tempo para Isabel, ela teve um filho. Os vizinhos e parentes viram que o Senhor mostrou nela sua misericórdia e se alegraram com a mãe.

Conta-se que a família de Zacarias preparou uma grande fogueira para ser acesa quando nascesse o menino. No alto das montanhas circunvizinhas seus moradores também levantaram fogueiras. Seriam acesas quando se acendesse a fogueira da casa de Zacarias. Foi este o sinal convencionado para se transmitir a notícia do nascimento do menino. Foi também a maneira mais rápida, naquele tempo, e mais calorosa de se comunicar.

Os corações palpitavam alvoroçados e comovidos. Por todas as cidades da Judéia correu o mesmo rumor: Nasceu o profeta. Surgiu, afinal, aquele que vem preparar os caminhos do Senhor.

As mulheres que giravam a pedra dos moinhos de farinha e as que tiravam água das cisternas; os homens que perambulavam pelas ruas e pelos bazares de Jerusalém; os viajantes que paravam nos pousos dos caravaneiros; todos, absolutamente todos, falavam de Joãozinho.

Zacarias, libertado de sua mudez, exclamou jubiloso: "Bendito seja o Senhor Deus de Israel, porque visitou seu povo e o libertou..."

Uma grande esperança começou a encher o coração de todos, cansados já de esperar e de sofrer. E todos se perguntavam: "O que será deste menino?"

Na verdade, a mão do Senhor estava sobre ele.

Palavra de Deus

E tu, menino, serás chamado profeta do Altíssimo, pois irás à frente do Senhor, para preparar os seus caminhos, para anunciar a seu povo a salvação, pela remissão dos pecados. Pelo amor do coração do nosso Deus, Sol nascente que nos veio visitar. Luz do alto para os que se acham na treva, que jazem nas sombras da morte, guia para nossos passos no caminho da paz. *(Lc 1, 76-79)*

NASCIMENTO DE SÃO JOÃO BATISTA ______________

MORREU DE TANTO TRABALHAR

JUNHO 25

Palavra do homem

Um jornal alemão trazia esta notícia em letras garrafais: Milionário morre de tanto trabalhar.

Tratava-se de um homem de negócios que, de aprendiz de açougueiro passou a dono de fábricas. Não sabia o que era folga e por fim morreu de repente.

Não fumava e não bebia, para economizar. Trabalhava sem descanso. Levantava-se todos os dias às cinco horas e nunca voltava do serviço antes das oito horas da noite. Férias ou descanso eram palavras desconhecidas no seu vocabulário. Trabalho e negócio era o seu mundo, dia e noite, noite e dia. A renda líquida de suas fábricas de presunto e dos estabelecimentos congêneres era de vários milhões de marcos.

Assim não há organismo que resista. O milionário morreu no quarto ataque do coração, de enfarte, quando dirigia sua "Mercedes" azul. Morreu de tanto trabalhar. Morreu vítima da ganância.

A esposa e o filho único herdaram um palacete de luxo, quinze milhões de marcos, dois cachorros de raça, a única distração do milionário.

Palavra de Deus

Havia um homem rico cujos campos produziam muito. Ele pensava consigo: Que farei? Não tenho mais onde recolher a minha colheita... Farei o seguinte: Derrubarei os meus celeiros e construirei outros maiores. Neles recolherei toda a minha colheita e os meus bens. E direi à minha alma: Tens muitos bens em depósito para muitíssimos anos. Descansa, come, bebe e regala-te.

Deus, porém, lhe disse: Insensato! Nesta noite ainda exigirão de ti a tua alma. E as coisas que ajuntaste, de quem serão? Assim acontece com o homem que ajunta para si mesmo e não é rico para Deus. *(Lc 12, 16-21)*

Palavra para a vida

— Os dois extremos são reprováveis: Viver na ociosidade e trabalhar em excesso. Ajuntar, só por ajuntar, não é evangélico: Vejam as aves do céu, que não semeiam nem colhem...

O BOBO DA CLASSE

Palavra do homem

O fusquinha do inspetor não quer acabar de chegar. A uns quinhentos metros da escola rural, para onde se dirige, começou a ratear, atravessou aos pulos a pontezinha do ribeirão e parou numa pequena ladeira.

O dono do carrinho olhou para os ponteiros do painel. A gasolina era suficiente. Mais uma tentativa. Mas o carro só fazia nhé... nhé.... nhé. Saiu do carro, ergueu o capô, apertou aqui, apertou ali, só para fazer alguma coisa. Deu na partida. Nada de querer pegar.

Olhou para os ponteiros do seu relógio. Oito horas. Está começando a aula na escolinha. Abriu novamente o capô e ficou olhando para aquela porção de fios e peças, humilhado e impotente. Foi quando ouviu uma voz de criança: "É o cabo da vela".

Era um menino de seus onze anos, pé no chão, camisa remendada e bolsa escolar a tiracolo que se aproximara do carro sem que o inspetor percebesse. Pediu licença, inclinou-se sobre o motor, tirou a vela, limpou-a cuidadosamente e a recolocou dizendo com segurança: "Pode dar a partida". O homem sacudiu incredulamente a cabeça, mas experimentou. O carrinho começou a roncar satisfeito. O menino ia saindo, quando o homem o chamou:

— Obrigado, menino. Mas... é hora de começar a aula. Você não vai?

— Minha professora me dispensou porque hoje vai chegar o inspetor.

— O que tem a ver uma coisa com a outra?

— Eu sou o mais bobo da classe, como ela sempre diz. Ela me dispensou para não envergonhar a escola diante do inspetor...

Palavra de Deus

Ao que parece Deus tem posto a nós, apóstolos, na última classe dos homens, por assim dizer, sentenciados à morte, visto que fomos entregues como espetáculo ao mundo, aos anjos e aos homens. Nós, estultos por causa de Cristo e vós, sábios em Cristo. Nós fracos e vós fortes. Vós honrados e nós desprezados... Chegamos a ser como que o lixo do mundo, a escória de todos até agora... *(1 Cor 4, 9-13)*

A ÚLCERA E O ÓDIO

JUNHO 27

Palavra do homem

Uma senhora procurou o sacerdote para se desabafar e pedir conselho. Sentia-se mal de alma e corpo. Já estivera no médico. Constatou-se a presença de uma úlcera no estômago. Tinha medo de uma operação. Ela estava pensando em fazer uma série de preces, uma novena, uma promessa para ficar livre da operação. Estava muito nervosa.

No meio da conversa o padre perguntou:

— Existe alguma pessoa atravessada na sua vida? Brigou com alguém? Guarda rancor de alguma vizinha ou companheira de serviço?

— Tenho sim — respondeu logo. É um rancor muito forte. Mas muito justo. Nem posso perdoar. Estou com a razão. Ela me ofendeu demais.

— Jesus disse uma vez que não é nenhuma vantagem fazer o bem a quem nos faz um bem. Até os pagãos fazem assim. A nobreza de alma está em a gente pagar o mal com o bem. No caso da senhora, também. Não se pergunta se o ódio é justificado ou não. Se a senhora tem razão, também os motivos para perdoar são maiores. Caso contrário não adianta rezar nem fazer novena para ficar livre da úlcera...

Ela ficou pensativa. Depois rezaram juntos um pai-nosso e a mulher se retirou. Chegando à sua casa, o marido também pediu que perdoasse a pessoa com quem estava de mal. Ela resistiu. O marido insistiu:

— Vamos rezar até você sentir que deve perdoar.

No meio da oração ela se rendeu. Depois veio a calma, a paz.

Dias depois a mulher foi para o hospital a fim de submeter-se a novo exame e, se preciso, marcar o dia da operação. Inexplicavelmente, a úlcera havia desaparecido, disse o médico.

Sim, havia uma explicação. Aquela úlcera fora causada pelo ódio. Desaparecido ele, também a doença retrocedeu.

Palavra de Deus

— Todo aquele que odeia seu irmão é homicida. Sabeis que nenhum homicida tem a vida eternamente em si. *(1 Jo 5, 15)*

28 JUNHO

CONFESSEMOS NOSSOS PECADOS

Palavra do homem

Certa vez um homem foi confessar-se, mas não tinha pecado. A todas as perguntas do sacerdote, a resposta era sempre esta: De jeito nenhum, seu padre! Não fiz não. Então disse-lhe o confessor, em tom de brincadeira:

— Você deve ser um santo. Vamos colocá-lo no altar.

O homem ficou um tanto desconfiado. Mas foi deixando a coisa acontecer. Havia um nicho vazio na parede da igreja. O padre encostou uma escada junto à parede e mandou o homem subir: "Suba e coloque-se dentro do nicho, de mãos postas. Assim". E mostrou como devia ficar.

Depois retirou a escada e foi chamar o povo: "Venham ver o novo santo". O pessoal acorreu logo. Cada um que chegava, ao ver o novo santo no altar, dava seu comentário:

— Aquele ali? Mas que santo mais esquisito. Vive bebendo nos botecos.

— É fulano, gente! Tem conta velha comigo e não paga...

— Nunca vi santo mexer com família alheia...

— Eh! Xingador como só ele...

E assim, cada um ia fazendo a confissão do novo santo. O padre precisou mandar parar, porque poderia sair coisa mais pesada. Voltando-se para o homem que, a estas alturas estava de cabeça baixa, disse:

— Agora pode descer. Você não quis contar seus pecados. Seus conhecidos se encarregaram de fazê-lo no seu lugar.

Palavra de Deus

Dois homens subiram ao templo para orar. Um era fariseu; o outro, publicano. O fariseu, em pé, orava no seu interior desta forma: "Graças te dou, ó Deus, porque não sou como os demais homens: ladrões, injustos e adúlteros. Nem como o publicano que ali está. Jejuo duas vezes na semana e pago o dízimo de todos os meus lucros".

O publicano, porém, mantendo-se à distância, não ousava sequer levantar os olhos ao céu, mas batia no peito dizendo: Ó Deus, tem piedade de mim, que sou pecador.

Este voltou para casa justificado, e não o outro... *(Lc 18, 10-14)*

MARTÍRIO DE PEDRO

JUNHO 29

Palavra do homem

Nero, monstro disfarçado em gente, pôs fogo no circo de Roma e culpou os cristãos. Só assim achou motivo ou pretexto para desencadear furiosa perseguição contra eles. Diz um historiador que "uma enorme multidão" morreu torturada.

Pedro, o pastor da cristandade nascente, também foi encarcerado. Encerrado na prisão mamertina, aguarda o dia bendito do martírio. Vai ser o dia de "limpar o passado", pensa o velho pescador acorrentado. Relembra então os encontros com o Mestre, as cenas de coragem e de covardia, seus avanços e recuos, e repete baixinho:

— Senhor, tu sabes tudo. Sabes também que te amo.

Chegou o dia do martírio. Primeiro a tortura da flagelação. Depois a crucifixão. Eles o deitam em cima da cruz, esticam braços e pés até alcançar o lugar dos cravos.

Tal e qual como seu Mestre Jesus. Mas sobrevém um pensamento de humildade: Não sou digno de morrer como Jesus morreu. E pede, mais com gestos do que com palavras:

— Crucifiquem-me de cabeça para baixo.

Que pedido mais estranho. Esse tipo de tortura jamais passou pela cabeça daqueles torturadores profissionais. O sofrimento se prolonga até altas horas. Depois os verdugos cortam as pernas do mártir com machadadas, conforme mandava o código penal romano.

Morreu Simão, filho de Jonas. Mas Pedro continuava vivo na pessoa de centenas de Papas que vão se sucedendo na História da Igreja.

Palavra de Deus

Herodes resolveu perseguir alguns da Igreja e fez matar pela espada Tiago, irmão de João. Vendo que isso era agradável aos judeus, mandou prender também a Pedro. Eram os dias dos Ázimos. Mandou-o prender, portanto, e atirá-lo no cárcere, entregando-o à guarda de quatro piquetes de quatro soldados cada um, na intenção de o fazer comparecer, depois da Páscoa, perante o povo... Mas a Igreja rezava incessantemente por ele... *(At 12, 1-5)*

SÃO PEDRO E SÃO PAULO

30 JUNHO

FESTA DE TODOS OS MÁRTIRES

Palavra do homem

São numerosos os mártires cujos nomes não figuram no calendário da Igreja. Muitos deles deixaram de ser lembrados oficialmente, porque suas biografias estavam recheadas de fatos lendários. Mas existiram realmente e não podem ficar esquecidos de uma vez. Entre muitos, citemos São Jorge, Santa Bárbara, São Cristóvão, São Mário, Santa Apolônia...

— De outros não se sabe nem o nome. São os mártires anônimos, dos quais nunca se teve notícia, nem histórica e nem lendária. Viveram durante as perseguições romanas ou durante os longos séculos da nossa História.

Para todos eles a Igreja tem um dia especial, como Mãe que é de todos. Por isso celebra no dia de hoje a Festa dos Primeiros Mártires.

Podemos, na celebração de hoje, incluir os mártires do nosso século, cujas biografias estão sendo escritas com suor e lágrimas de sangue. São os mártires da discriminação racial e social, da tortura e da exploração, da injustiça e da invasão, do exílio e do extermínio, da grilagem e da expulsão, da escravatura negra e branca. São operários, agricultores, cortadores de cana, bóias-frias, donas-de-casa, bispos, padres, leigos.

São todos que sofreram, que foram presos, que morreram pela fé, pela virtude, pela justiça, pelo direito.

São os mártires da libertação.

É uma nova página na História da Igreja que, infelizmente, não deixa nada a desejar em crueldade, comparada com as torturas suportadas pelos primeiros mártires do cristianismo.

Palavra de Deus

Meus irmãos, quero fazê-los cientes de que os acontecimentos que nos envolvem, estão redundando em maior proveito do Evangelho. Em todo o pretório e por toda a parte tornou-se conhecido que é por causa de Cristo que estou preso.

Ante a notícia das minhas cadeias, a maior parte dos irmãos cobraram nova confiança no Senhor e maior entusiasmo no anunciar sem temor a palavra de Deus. *(Fl 1, 12-14)*

TINHA DUAS PAIXÕES

JULHO 1

Palavra do homem

Um dia Pe. Aníbal mandou preparar um almoço festivo. Quais seriam os seus convidados de honra? Talvez pessoas da alta sociedade? Benfeitores da paróquia? Não, o almoço era para os pobres da cidade. Assentou-se no meio deles e comeu com eles.

Lá pelas tantas percebeu uma cena constrangedora. Um pobre, bem ao seu lado, babava no prato em que comia. Devia chamar a atenção antes que os outros notassem? Não, simplesmente trocou seu prato com o prato dele. Queria evitar que os companheiros caçoassem do pobrezinho desajeitado.

Um dia leu no jornal da cidade esta manchete "Caça aos pobres". O articulista pretendia promover uma "limpeza" tirando os pobres da rua. Pe. Aníbal protestou energicamente contra essa grosseria: "É preferível pedir honestamente, do que roubar e ser preso. Os pobres também são gente. Eles têm o direito de usufruir do ar e da luz do dia, e caminhar livremente pela cidade..."

O amor aos pobres foi uma das paixões do Pe. Aníbal. A outra foram os jovens. Promoveu e semeou no meio deles o amor à vocação sacerdotal e religiosa. Para isso fundou a Congregação dos Padres e das Irmãs Rogacionistas. Sua oração preferida era o pedido de Jesus: "Rogai ao Senhor da messe que mande operários..." Faleceu dia 1.º de julho de 1927.

Palavra de Deus

Jesus percorria as cidades e aldeias, ensinando nas sinagogas, proclamando a Boa Nova do Reino, e curando toda a doença e enfermidade.

Ao ver a multidão, compadeceu-se dela, porque estavam cansados e abatidos como ovelhas sem pastor. Então disse aos seus discípulos: "A messe é grande, mas os operários sao poucos. Rogai pois ao Senhor da messe que mande operários à sua messe..."
(Mt 9,35-38)

Palavra para a vida

— Se eu gosto mesmo de Jesus, por que não procuro ser o seu seguidor?

— Se eu gosto dos seus irmãos, por que não trabalho para eles?

2 JULHO

GESTO DE FIDELIDADE

Palavra do homem

Era o tempo em que os imperadores nomeavam bispos ou apresentavam seus candidatos ao Papa, numa quase imposição.

Pe. Oto fora nomeado bispo pelo imperador Henrique IV. Mas não queria assumir esse encargo sem ser antes aprovado e sagrado pelo próprio Papa, a quem cabia este direito. Por isso foi conversar com o Santo Padre. Queria pôr a limpo esse problema que já o afligia há três anos.

Ajoelhado aos seus pés, entregou-lhe o anel e o báculo episcopais, gesto que significava sua renúncia, bem como sua inteira obediência ao Vigário de Cristo.

Disse-lhe Pascoal II:

— Caro irmão, aproxima-se a festa de Pentecostes. Vamos deixar este assunto para o Divino Espírito Santo resolver.

O santo Padre parecia ter aceito a renúncia de Oto. Dias depois empreendia alegremente a viagem de volta. Nunca havia montado em seu cavalo com coração tão leve. Estava livre de um peso. Tristes iam seus companheiros porque perderam pastor tão bondoso.

Apenas haviam cavalgado alguns quilômetros, quando cavaleiros pontifícios alcançaram-nos e transmitiram a ordem de voltar imediatamente. Pascoal II recebeu-o com amabilidade:

— Está confirmada sua virtude e humildade. Peço que aceite da minha mão o anel e o báculo do bispado de Bamberg. Prepare-se para ser sagrado na festa de Pentecostes.

Foi em vão que pediu e suplicou não lhe pusesse de novo essa carga nos ombros. Mas era para o bem da Igreja.

Palavra de Deus

Tu, porém, homem de Deus, afasta-te desses vícios e procura a justiça, a piedade, a caridade, a paciência, a mansidão. Combate o bom combate da fé, conquista a vida eterna, à qual foste chamado e da qual fizeste tua bela profissão de fé na presença de muitas testemunhas... *(1Tm 6, 11-12)*

SANTO OTO, bispo († 1139)

AS INTERVENÇÕES DE TOMÉ

Palavra do homem

São Tomé Apóstolo foi um desses tipos francos e resolvidos. Ele intervém três vezes no Evangelho, sempre de maneira positiva.

1. Os Apóstolos não queriam que Jesus voltasse para Jerusalém, devido às ameaças de morte que os inimigos lhe fizeram. Ele, porém, mostrou-se irredutível. Tomé entrou na conversa e, num tom decidido, arrematou:

— Então vamos nós também, e morramos com Ele! *(Jo 11, 16)*

2. Outra intervenção foi na Última Ceia. Jesus estava se despedindo dos Apóstolos. Disse que não iria explicar-lhes para onde ia, porque já sabiam. Sabiam até o caminho. Tomé, arriscando-se a passar por ignorante, foi logo aparteando:

— Senhor, nós não sabemos para onde vais. E muito menos, o caminho. *(Jo 14, 1-6)*

Esta intervenção rendeu para ele e para nós, a belíssima e repetida palavra de Jesus: Eu sou o Caminho, a Verdade e a Vida.

3. A terceira intervenção foi após a aparição de Jesus ressuscitado aos Apóstolos, quando Tomé estava ausente:

— Se eu não vir em suas mãos o lugar dos cravos e não puser meu dedo no lugar dos cravos e minha mão no seu lado, eu não acredito...

Este desafio custou-lhe a triste fama de incrédulo. Qualquer outro dos Apóstolos e qualquer um de nós teria dito a mesma coisa, ou pior. Jesus aceitou o desafio. Voltou na semana seguinte e repetiu o gesto da paz, deixando-nos ainda o Sacramento da Reconciliação. *(Jo 20, 24-29)*

Palavra de Deus

Depois Jesus disse a Tomé: "Põe o teu dedo aqui, vê minhas mãos. Estende a tua mão, e põe-na no meu lado. E não sejas mais incrédulo, mas tem fé". Respondeu-lhe Tomé: "Meu Senhor e meu Deus!"

Jesus lhe disse: Porque tu me viste, Tomé, tu acreditaste. Felizes aqueles que crêem sem ter visto". *(Jo 20,24-29)*

SÃO TOMÉ, apóstolo (séc. I)

O PAJEM DE SANTA ISABEL

Palavra do homem

A rainha de Portugal, santa Isabel, tinha um pajem que muito estimava devido à sua docilidade e piedade. Isto provocava ciúmes dos outros pajens, que viviam acusando o rapaz perante o rei Diniz.

Cruel e sem coração, deu atenção às acusações e resolveu mandar matar o pajem, de maneira insidiosa e traiçoeira.

Num bosque vizinho, operários queimavam cal, para o que mantinham grandes fornos acesos. O rei mandou-lhes esta ordem: Jogassem na fornalha o moço que ele ia mandar no dia seguinte, bem cedo.

Logo às primeiras horas do dia, o rei chamou o pajem e disse:

— Vá ao forno de cal e diga aos homens que façam o que mandei.

Pareceu-lhe esquisita esta ordem. Mas foi. Chegando nas proximidades do bosque, ouviu sinos chamando para a missa. Julgou que a ordem do rei não tinha tanta urgência, e resolveu ir à igreja primeiro.

Uma hora depois, ele chega aonde estavam os operários:

— O rei manda dizer que façam o que ele mandou.

— Volte e diga ao rei que já fizemos.

O pajem voltou e se apresentou ao rei. Este abriu desmesuradamente os olhos:

— Quem estou vendo? Você chegou até o forno? Deu o recado?

— Sim, meu Rei. Mas disseram que já tinham cumprido suas ordens.

O rei pôs as mãos na cabeça, com raiva de si mesmo. Fora um tremendo equívoco: Logo após a saída do pajem, ele havia mandado atrás o próprio acusador para espreitar e acompanhar os acontecimentos.

O engano valeu como lição para o rei maldoso.

Valeu como conforto para a bondosa rainha.

Palavra de Deus

Quem abre uma cova, nela cairá. Quem põe uma pedra no caminho, nela tropeçará. Quem arma um laço a outrem, nele perecerá. O desejo perverso recairá sobre quem o forjou... O escárnio e o ultraje são próprios dos soberbos. A vingança, como um leão, colhê-los-á de surpresa... *(Ecli 27, 25-28)*

SANTA ISABEL DE PORTUGAL († 1336) ____________________

GREVE CONTRA O ESTÔMAGO

Palavra do homem

Certa vez os membros do corpo resolveram fazer uma greve contra o estômago. Condenaram-no por egoísmo e inatividade. O preguiçoso usufruía o trabalho de todos os outros membros e ficava de folga.

Lavrou-se, pois, contra ele a sentença de morte por inanição. Os pés não se movimentariam mais em busca de alimento. As mãos não levariam nada à boca. E a boca cerraria os dentes para nada receber nem mastigar. Os olhos se fechariam para não descobrir o que pudesse servir de nutrição. Tudo parou.

Passadas as primeiras horas da greve, as pernas começaram a sentir dificuldade em sustentar o peso de todo o corpo. As puas da fome verrumavam o estômago. Uma sensação de fraqueza espalhava-se por todo o organismo, indo até a cabeça. Os olhos turvaram-se. Os braços pendiam como galhos murchos. Veio a tontura e o corpo desmaiou, chegando às portas da morte.

Nesta altura a cabeça, que deveria ter tido juízo desde o início, descobriu o erro que estavam cometendo e chamou os demais membros à ordem: Querendo castigar o estômago, eles estavam matando a si mesmos e a todo o corpo. E a greve contra o estômago foi suspensa.

Palavra de Deus

O corpo não se compõe de um só membro, mas de muitos. Se o pé disser: "não sou mão, por isso não pertenço ao corpo", nem por isso deixará de fazer parte do corpo. E se a orelha disser "não sou olho, logo não pertenço ao corpo", nem por isto deixará de fazer parte do corpo. Se o coração todo fosse olho, onde estaria a audição? Se fosse todo ouvido, onde estaria o olfato?...

Há portanto, muitos membros, mas um só corpo.

Não pode o olho dizer à mão: "não preciso de ti". Nem tão pouco pode a cabeça dizer aos pés: "não preciso de vós".

Vós sois o corpo de Cristo e sois seus membros...

(1Cor 12,12-27)

A MENINA MÁRTIR

Palavra do homem

Maria Goretti, era uma menina simples da roça.

Foi numa tarde quente do dia 6 de julho de 1902. Ela assentara-se na escadinha da casa e remendava uma camisa. Todo o pessoal estava no terreiro, a uns quinhentos metros, debulhando feijão com juntas de bois.

Sua mãe dona Assunta, que enviuvara há poucos meses, estava no trabalho. Também Alexandre, um rapaz que se apaixonara pela mocinha.

Remendava e olhava a irmãzinha de dois anos. Súbito levantou os olhos e viu Alexandre que se aproximava. Ela se encolheu de medo, pois já fora tentada umas duas vezes. O rapaz passou de lado, e entrou na casa. Parecia não ter ligado para ela.

Mas logo saiu e chamou-a: "Venha para dentro". Ela se recusou: "Primeiro diga o que você quer". Agarrou-a então pelo braço e puxou-a para dentro: "Vamos! É hoje ou nunca mais!" Agrediu-a com violência, mas ela:

— Não, Alexandre! Isso é pecado! Você vai para o inferno se fizer isso.

Maria lutava com todas as forças de adolescente. E ninguém para defendê-la. O perverso escolhera o momento em que todos trabalhavam longe. Mas ela não cedia. Então ele empunhou um estilete de ferro pontudo e começou a golpeá-la como um possesso. Ela gritava apenas:

— Meu Deus, estou morrendo! Mãe! Mamãe!

Caída no chão, ensopada no próprio sangue, tentava erguer-se. O rapaz, que já ia se retirando, voltou e cravou mais facadas no corpo ensangüentado da menina. Depois se trancou no quarto. À custa de muito esforço a pequena mártir conseguiu arrastar-se até a porta. Com as poucas forças que lhe sobravam gritava: "Mamãe, acuda. Alexandre me matou!"

Maria morreu no dia seguinte, perdoando o assassino.

Palavra de Deus

Senhor, quem entrará no teu Santuário pra te louvar? Quem tem as mãos limpas e o coração puro, pratica a justiça e pensa o que é reto. *(Sl 14)*

SANTA MARIA GORETTI, virgem e mártir (1890-1902) ———

ESTA NÃO É MINHA MÃE

Palavra do homem

Bento XI era filho de uma lavadeira. Quando eleito Papa, sua mãe foi visitá-lo em Roma. Chegou ao palácio, vestida como simples camponesa: um grande lenço na cabeça, longo vestido rodado de algodão, chinelos nos pés, uma cestinha no braço.

Os secretários do Papa achavam que ela não podia apresentar-se diante dele nesses trajes "caipiras". Aconselharam-na a vestir-se conforme preceituava o cerimonial da época. Inclusive cotizaram-se e deram-lhe uma ajuda para esse fim.

A pobre mulher, na sua melhor fé, pegou o dinheiro, foi às lojas e se vestiu pelo figurino. Assim foi apresentada ao Papa:

— Santo Padre, aqui está sua mãe que veio visitá-lo.

— Esta é minha mãe? Mas a minha mãe se veste como uma simples camponesa. Usa chinelos. Tem um chale na cabeça. Não se enfeita. Estou estranhando tanta mudança. Vocês não se enganaram?

Os secretários, visivelmente desapontados, levaram de volta a mãe de Bento XI para que se trocasse de novo e se apresentasse do jeito que viera. Sem compreender tanta confusão, ela obedeceu.

Quando entrou na sala de audiências, vestida como mulher da roça, o Papa foi ao seu encontro, abraçou-a e beijou-a com efusão:

— Minha mãe! Minha mãe querida!

Palavra de Deus

Esposas, que o vosso ornamento seja não aquele exterior, como o arranjo dos cabelos ou os enfeites de ouro, ou a elegância na maneira de se vestir. Mas, sim, a pessoa escondida no coração, na beleza incorruptível de um espírito manso e tranqüilo, que é tão precioso aos olhos de Deus. Era assim que se adornavam outrora as santas mulheres que esperavam em Deus... *(1 Pd 3, 3-6)*

Palavra para a vida

— A simplicidade de vida é a melhor maneira de viver em paz com todos.

BENTO XI, Papa (1240-1304)

VIVEU COM ELES E COMO ELES

Palavra do homem

Vila das formigas era uma favela de Tóquio, no após guerra, com todo aquele cortejo de casebres e famílias marginalizadas.

Uma jovem cristã, da alta sociedade, sentiu-se chamada a trabalhar com eles. Começou a ir todos os dias para lá. Ajuntava as crianças, ensinava-as a ler e a rezar, a economizar e a se ajudar mutuamente.

Os velhos da vila não viam com bons olhos aquela jovem de "gente bem" no meio de seus netos e filhos. Nesse ambiente de miséria destoavam seus vestidos finos e seu modo aristocrático. Certo dia um deles lhe disse:

— Como é cômodo levar a vida que você leva. Trabalha entre nós algumas horas e depois volta para sua casa. Lá encontra boa comida, quartos aquecidos, cama fofa e macia. Você quer fazer nome às custas de nossa miséria.

Maria ficou chocada com essas palavras. Chegando a sua casa, fechou-se no quarto, abriu a Bíblia, leu, meditou, rezou e adormeceu. No dia seguinte acordou com nova resolução.

Deixou sua casa, seus belos vestidos, seus livros e todo o conforto, e foi morar num barraco, no meio daquele povo andrajoso. Saía com eles de manhã, puxando um carrinho de mão, catando ferro velho e papel para vender. À noite reunia as crianças para ser sua professora e mãe.

Aos poucos seu organismo foi se esgotando e adoeceu, atacada pela tuberculose. Como uma vela, apagou-se lentamente no meio de seus pobres.

Palavra de Deus

Embora sendo Deus (Jesus) aniquilou-se a si mesmo, tomando a forma de servo, tornando-se semelhante aos homens. E reconhecido como homem por todo o seu exterior, humilhou-se, fazendo-se obediente até a morte, e morte de cruz. Por isso Deus o exaltou...
(Fl 2, 6-9)

COMO ACOLHER O IRMÃO

Palavra do homem

Certo dia o bom Neftali chamou seu netinho Samuel e disse:

— Samuel, presta atenção, e abre bem teus ouvidos. Quando alguém sofre sozinho, o sofrimento pesa muito mais. Compreendeste?

— Sim, compreendi. A gente sofre muito mais quando está sozinho.

— Mas, quando alguém disser "como estás sofrendo, meu irmão", o que aconteceu? Começou a enxergar alguma coisa?

— Sim, vovô! Ele está acolhendo a dor do amigo com seus olhos.

— Se ele for cego, terá possibilidade de acolher também?

— Sim, com os ouvidos.

— E se for cego e surdo?

— Ora, com as mãos...

— Suponhamos que o amigo esteja longe, sem poder estender a mão. Que seja cego, sem poder ver. Seja surdo, sem poder ouvir. Que não tenha nem mão para poder tocar. Mesmo assim haverá um jeito de acolher a dor do irmão e aceitá-la como sua?

O discípulo pensou e respondeu:

— Sim, acho que sim. Ele pode adivinhar.

O velho Neftali alegrou-se muito e concluiu:

— É assim mesmo. Quem tiver uma sensibilidade muito profunda, chega até a adivinhar o sofrimento do seu irmão.

Palavra de Deus

Irmãos, a caridade é paciente. A caridade é serviçal. A caridade não é ciumenta. Não se gaba, não se exibe. Não é desonesta. Não procura o seu próprio interesse. Não se irrita, não faz caso do mal. Não se alegra com a injustiça, mas se rejubila com a verdade. Ela tudo desculpa, tudo crê, tudo espera, tudo suporta.

A caridade nunca há de passar. As profecias vão desaparecer, as línguas cessarão, a ciência desaparecerá. Pois, imperfeita é a nossa ciência, imperfeitas são nossas profecias. Mas quando vier o que é perfeito, desaparecerá tudo o que é imperfeito... *(1 Cor 13, 4-10)*

10 JULHO

QUE REMÉDIO LHE DERAM?

Palavra do homem

Ele era destes rapazes que não pensam na vida. Seu programa era curtir uma boa nos clubes e nas boates, divertir-se, gozar, drogar-se, abusar. Não havia conselhos nem ameaças que adiantassem. Nem médicos e remédios que o curassem.

Estava anunciado um encontro de jovens na paróquia. Ele foi convidado. Alguns amigos conseguiram arrastá-lo para esse retiro: "Você vai se divertir. Vai aparecer muita moça por lá..."

E o rapaz foi. Foram três dias de surpresas.

Depois voltou para casa. Todos o receberam com alegria, mas com certa expectativa: Será que melhorou? Será que ficou na mesma?

No dia seguinte foi procurar serviço. À noite ele deitou-se logo, pois estava cansado do trabalho. E assim foi a semana inteira. Sábado à noite foi visto na igreja, numa reunião de jovens...

E as farras? As más companhias? As drogas? A bebida? Não! O rapaz não era mais aquele. Então o pai, quase em tom de brincadeira, perguntou:

— Afinal de contas, que remédio lhe deram para ficar curado?

— Este aqui, papai.

Abrindo a camisa, mostrou um pequeno crucifixo, lembrança do seu encontro de jovens. Jesus, com a força do sacramento e o magnetismo de sua pessoa divina, havia transformado aquele rapaz.

Palavra de Deus

Vós, porém, não foi para isto que vos tornastes discípulos de Cristo, se é que ouvistes e dele aprendestes, como convém à verdade em Jesus.

Renunciai à vida passada, despojai-vos do homem velho, corrompido pelas concupiscências enganadoras. Renovai sem cessar o sentimento da vossa alma, e revesti-vos do homem novo, criado à imagem de Deus, na verdade e na justiça. *(Ef 4,20-24)*

MUDOU DE ENDEREÇO

JULHO **11**

Palavra do homem

Um jovem, cheio de idealismo, faz o longo percurso da cidade italiana de Nurcia até Roma. Quer conhecer a cidade dos césares e dos papas com seus monumentos e sua história. Quer estudar para fazer carreira, tornar-se advogado e doutor em leis.

Mas logo se iludiu. Ao lado de tantos testemunhos e exemplos de heroísmo cristão, encontrou muita vaidade e muito desengano. Os filhos dos ricos patrícios viviam afogados nas baixezas da mais crua sensualidade. Queria respirar outros ares, e olhar para coisas mais altas.

Por isso mudou de endereço. Deixou Roma, completamente frustrado.

Agora caminha para a solidão do monte Subiaco. Vai em busca de paz. Deseja purificar-se, no silêncio do deserto, dos miasmas da civilização pagã que o contaminaram.

Recolheu-se numa gruta e se entregou inteiramente à contemplação.

Retirando-se do mundo, Bento vai construir um mundo novo, através de seus filhos espirituais, os futuros monges beneditinos. Seus mosteiros florescerão, semeados por toda a Europa e pelo mundo inteiro.

Pela cruz, pelo livro e pelo arado farão nascer uma civilização cristã no meio dos povos por eles evangelizados.

Foi, realmente, providencial a mudança de endereço do jovem Bento.

Palavra de Deus

Filho, se aceitares minhas palavras e conservares os meus preceitos, dando ouvidos à sabedoria, e inclinando teu coração à prudência, se invocares a inteligência e chamares a prudência; se a procurares como o dinheiro e a buscares como um tesouro, então compreenderás o temor do Senhor e alcançarás o conhecimento de Deus.

Pois é o Senhor quem dá a sabedoria, de sua boca procedem o saber e a prudência. Ele guarda para os retos a sensatez. É escudo para os que andam na integridade. Ele vigia as sendas do direito e guarda o caminho dos seus amigos fiéis... *(Pr 2, 1-9)*

SÃO BENTO, abade († 547)

12 JULHO

PERDOOU O ASSASSINO

Palavra do homem

Era uma Sexta-Feira Santa. Silêncio na cidade de Florença e nos caminhos que levavam para os campos.

João Gualberto pegou seu cavalo e saiu por um desses caminhos, acompanhado de alguns amigos. Tempos atrás fora assassinado seu irmão, o saudoso Hugo. Perante o pai, João jurou que não descansaria enquanto não lavasse no sangue, a morte do irmão.

Ia taciturno e triste, perdido nesses pensamentos quando, numa garganta da estrada, topou de frente com um homem que vinha em direção contrária. Que triste coincidência. Era ele, o assassino.

Os olhos de Gualberto brilharam sinistramente.

Pulando do cavalo, desembainhou a espada e gritou:

— Dou-lhe o tempo necessário para se encomendar a Deus e rezar um pai-nosso. Assim meu irmão ficará vingado.

O homem empalideceu. Sem armas e sem forças, ajoelhou-se diante do homem enfurecido e suplicou:

— Tenha dó de mim! Por amor de Jesus, que no dia de hoje perdoou seus assassinos. Perdão, meu senhor!

João Gualberto permaneceu indeciso durante alguns instantes. Que rude batalha travava-se no seu coração! Recolhendo a espada e estendendo a mão para o assassino do seu irmão, disse:

— Neste dia da Sexta-Feira Santa não posso recusar o seu pedido. Vá em paz!

São João Gualberto é o fundador dos monges valombrosanos.

Palavra de Deus

Ouvistes o que foi dito aos antigos: "Amarás o teu próximo e odiarás o teu inimigo". Eu, porém, vos digo: Amai os vossos inimigos e orai pelos que vos perseguem, para serdes filhos de vosso Pai que está nos céus...

Porque, se amais os que vos amam, que recompensa tereis? Porventura não fazem assim também os publicanos?... *(Mt 5, 43-47)*

SÃO JOÃO GUALBERTO († 1075) ____________________

AS PEGADAS DO REI SANTO

JULHO 13

Palavra do homem

Os reis gostavam de fazer caçadas. E os santos também.

Henrique II, o santo imperador da Alemanha, foi caçar um dia com os seus homens. Talvez atraído por uma caça mais gorda, separou-se dos companheiros e enveredou por atalhos novos. Um deles o acompanhava.

Perderam-se no emaranhado da floresta. Era tempo de frio e de neve. Caminharam horas e horas sobre a neve espessa que cobria a região, tentando inutilmente reencontrar o caminho. O pajem, sem forças para continuar, se queixava:

— Meu senhor, não posso mais. O frio está gelando meus pés. Vamos parar um pouco.

Mas Henrique, ciente de que o frio intenso poderia enregelar seu corpo se parassem, disse:

— Coragem, meu irmão. Siga atrás de mim, colocando seus pés em minhas pegadas.

O pajem seguiu o conselho. Sentiu então um calor agradável, uma força estranha que se desprendiam das pegadas do santo, invadindo todo o seu corpo.

Assim fortificado e aquecido, caminhou longo tempo atrás do imperador, sem mais sentir o cansaço e o frio. Às primeiras luzes do dia encontraram finalmente o caminho para casa.

Palavra de Deus

Irmãos, sede meus imitadores, e olhai atentamente para os que vivem segundo o exemplo que nós vos damos. Porque há muitos por aí, de quem repetidas vezes vos tenho falado e agora o digo chorando, que se portam como inimigos da cruz de Cristo. Seu destino é a perdição, seu deus é o ventre... Só têm prazer no que é terreno. Nós, porém, somos cidadãos do céu. É de lá que esperamos ansiosamente o Salvador... *(Fl 3, 17-20)*

Palavra para a vida

— Se seguirmos as pegadas de Cristo e dos santos, sentiremos o mesmo ardor e entusiasmo.

———— **SANTO HENRIQUE II,** imperador (973-1024)

FARRISTA E BEBERRÃO

Palavra do homem

Camilo de Lellis ficou órfão de pai e mãe quando era rapaz. Chorou a morte deles. Mas será que sua vida de boêmio não terá abreviado a existência dos pais?...

Era preciso tomar outro rumo na vida. Aconselharam-no a ir para Roma. Lá ele se empregaria num hospital. E aproveitaria o momento oportuno para tratar de uma ferida maligna que se formou na perna esquerda no tempo de soldado.

Como servente de hospital, logo se esqueceu das promessas de conversão. Entregou-se novamente à bebedeira e à jogatina. Relaxava as obrigações, brigava com os enfermeiros e pouco faltava para virar aquele hospital de pernas para o ar. Um dia o responsável pelo hospital chamou o rapaz desordeiro e ameaçou:

— Você pensa que aqui é casa de malucos? Ou casa de jogo? Se continuar avacalhando, eu boto você na cadeia.

— Desculpe, senhor. Prometo emendar-me.

— Já conheço essa cantilena. Acabe com essa jogatina e essa bebedeira.

Também desta vez não se emendou. E foi posto no olho da rua.

Camilo iria levar muitos solavancos da vida. Passaria por muitos desenganos até se transformar no santo e penitente Padre Camilo, fundador dos Camilianos e apóstolo dos doentes.

Palavra de Deus

Permaneça o amor fraterno. Não vos esqueçais da hospitalidade, porque, graças a ela alguns, sem o saber, hospedaram anjos. Lembrai-vos dos encarcerados, como se fôsseis um deles, e dos que são infelizes, como também vós vos encontrais num corpo mortal...

Nem esqueçais a beneficência e a liberdade, pois com tais sacrifícios se compraz a Deus... *(Hb 13, 1-4. 16)*

Palavra para a vida

— Na vida de S. Camilo, constata-se mais uma vez a força da graça divina. Não estamos, nós, também resistindo aos apelos da graça?

SÃO CAMILO DE LELLIS (1550-1614)

UM SÁBIO MUITO HUMILDE

JULHO 15

Palavra do homem

Frei Boaventura recusara diversas vezes o convite do Papa que o queria nomear Cardeal da Santa Igreja. Um dia quando lavava os pratos em seu convento, chegou uma delegação papal, trazendo-lhe o chapéu cardinalício com a carta do Papa. Foi uma surpresa desagradável, pois pensara que já tinham desistido da idéia. Sem interromper o seu trabalho de cozinha, ele disse aos enviados pontifícios:

— Dependurem por aí esse chapéu, porque agora estou com as mãos ocupadas.

Passaram-se os anos. Realizava-se em Roma o grande Concílio de Lião em 1274. O Cardeal Boaventura era um dos membros mais destacados nessa assembléia da qual participavam quinhentos bispos, setenta abades e muitos convidados especiais, sob a presidência de Gregório X.

Depois da terceira sessão ele caiu doente e não se levantou mais. O próprio Papa foi administrar-lhe o sacramento da unção dos enfermos.

O agonizante dirigia constantemente os olhos para o crucifixo, que segurava nas mãos. A cruz fora o grande sinal da sua vida agitada. Quando, em certa ocasião perguntaram em que livro tinha bebido tanta sabedoria, ele respondera apontando para o crucifixo:

— Aí está o livro onde aprendi as coisas.

O enterro do humilde sábio foi soleníssimo. Todos os padres conciliares participaram das cerimônias fúnebres. Incontável a multidão que acompanhou o féretro do homem que abalou a Europa, mais com a unção do que com a erudição. Ele que dissera uma vez:

— Basta amar a Deus se quisermos ir para o céu. Uma simples velhinha analfabeta pode amar muito mais o Pai do céu do que um professor de Teologia.

Palavra de Deus

Quem teme a Deus, faz o bem. O que guarda a justiça, encontra a Sabedoria... Quem teme o Senhor, encontrará um tesouro de felicidade e alegria, e a herança de um nome que não passa...
(Eclo 15,1.6)

—— **SÃO BOAVENTURA,** bispo e doutor da Igreja (1218-1274)

O ÍNDIO SERÁ LIVRE

Palavra do homem

15 de julho de 1976. A colônia indígena de Meruri, no Mato Grosso, foi atacada por sessenta e dois fazendeiros armados.

Não houve reação. O Pe. Rodolfo e o índio Simão morreram assassinados. Mais quatro índios bororos ficaram feridos.

Um dos atacantes também morreu, mas atingido por uma bala perdida, de seus próprios companheiros.

O índio Simão, aquele que "nunca se zangava", morreu porque tentou defender o padre missionário. "Só para acudir o padre" como dizia o velho cacique, Eugênio.

Simão morreu e os outros ficaram feridos "de mãos limpas, de corpo limpo". Nem canivete eles tinham consigo. Ninguém respondeu com a violência. No velório do Pe. Rodolfo os indígenas colocaram sobre seu peito o "cocar" de seus chefes e fizeram trinta dias de luto pelos mártires.

Palavra de Deus

Naqueles dias, aproximando-se para Matatias o tempo da sua morte, disse a seus filhos: "Triunfam agora a insolência e o ultraje. É o tempo da destruição e da cólera enfurecida. Agora, pois, meus filhos, tende o zelo da Lei e dai as vossas vidas pela aliança dos nossos pais. Recordai-vos dos feitos de nossos antepassados em seu tempo e granjeareis uma glória esplêndida e nome imorredouro...

Não tenhais medo das ameaças do homem pecador, pois a sua glória acabará no esterco e em meio aos vermes. Hoje ele é exaltado, mas amanhã terá desaparecido, pois voltará ao pó de onde veio e seu projeto fracassará. Meus filhos, sede fortes e apegai-vos firmemente à Lei, porque é na Lei que sereis glorificados.

Palavra para a vida

— Quando vai cessar o extermínio dos índios? Quando o índio será livre?

— Violência gera violência. Mas existe o direito da legítima defesa...

— Qual minha obrigação? Trabalhar para que o direito seja respeitado.

SANGUE A BORDO

JULHO 17

Palavra do homem

Julho de 1570. Pe. Inácio de Azevedo vinha vindo para o Brasil com oitenta e sete missionários, distribuídos em três navios. Perto da ilha de Madeira, o barco em que viajava com quarenta companheiros, desgarrou-se dos outros. Franceses calvinistas, piratas do mar, cercaram o navio solitário e dominaram todos os passageiros, após luta feroz corpo a corpo.

Os calvinistas curtiam ódio implacável contra os católicos, especialmente contra os padres. Por isso decretaram a morte de todos, caso não abjurassem a fé católica.

Inácio não vacilou. Com a imagem da Virgem nas mãos, professou publicamente a sua fé. Um herege desferiu um golpe de espada na sua cabeça. Seus companheiros o cercaram. Como um leão ferido, empunhou a bandeira de Cristo gritando: "Não chorem. Hoje fundaremos um reino lá no céu".

Irritados com tanta coragem, os hereges precipitaram-se sobre os outros quarenta sacerdotes, degolando a uns com espadas e trucidando a outros com golpes de barras de ferro. O navio tingiu-se de sangue. Os cadáveres foram atirados ao mar. Estava tudo terminado.

Assim pensaram os hereges. Mas aquele sangue era sementeira de novos cristãos nas terras ainda virgens do Brasil nascente.

Palavra de Deus

Os ímpios disseram: Armemos ciladas ao justo, porque sua presença nos incomoda, e não anda de acordo com o nosso modo de agir. Ele reprova as nossas transgressões da lei e abre a boca para acusar nossas imoralidades. Vejamos se age de maneira coerente com o que fala. Fiquemos de olhos abertos para ver até onde chegará.

De fato, se o justo for filho de Deus, ele o assistirá e livrará das mãos de seus adversários. Vamos provocá-lo com injúrias e sofrimentos, para ver se resiste com mansidão e se é paciente de verdade. Vamos fazê-lo morrer de modo humilhante, pois, como diz ele, será protegido. *(Sb 2, 12.17.20)*

BEM-AVENTURADO INÁCIO DE AZEVEDO
e companheiros († 1570)

18 JULHO

PREFERIU OS NEGROS

Palavra do homem

Francisco Solano tinha um grande sonho: ser missionário na América. Tantos índios e negros para serem catequizados, tantos escravos para serem libertados de seus dominadores. Um dia ele embarcou num navio com destino às terras misteriosas do Peru.

Com ele viajava também uma centena de negros. Era a mercadoria mais comum nos navios que velejavam para as Américas. Tinham endereço certo: trabalhar como escravo... nas fazendas e nas minas. Francisco fez logo amizade com eles.

Em certa altura da viagem o navio encalhou num banco de areia. Passageiros e tripulantes tiveram que passar para as chalupas de salvamento. Mas não eram suficientes para todos. Nesse caso os graduados e graúdos teriam a preferência. Os negros, da última categoria, foram encurralados num canto do navio que ameaçava afundar. Ao presenciar cena tão desumana, Pe. Francisco renunciou ao seu lugar no barco de salvamento e ficou com os negros. Talvez morressem afogados. Pois bem, morreria com eles. Aproveitou as horas que teve, preparando-se e preparando-os para uma boa morte.

O perigo aumentou quando um golpe de mar carregou pedaços da embarcação. A morte rondava a todos. No terceiro dia, felizmente, foram recolhidos para um barco, no momento exato em que o navio partiu-se pelo meio.

Assim começou para o Pe. Francisco a fase mais fecunda de sua vida: o tão sonhado apostolado no Peru e no Uruguai.

Palavra de Deus

Eu sou o bom Pastor. O bom pastor dá a vida por suas ovelhas. O empregado, que não é pastor e a quem as ovelhas não pertencem, abandona as ovelhas e foge quando avista o lobo. E o lobo as rouba e dispersa porque é mercenário e não se preocupa em nada com as ovelhas...

Eu sou o bom Pastor. Conheço minhas ovelhas e elas me conhecem. *(Jo 10, 11-14)*

SÃO FRANCISCO SOLANO (1549-1631)

SERMÃO SOBRE A MENTIRA

Palavra do homem

Na homilia dominical, o padre vigário investiu energicamente contra a mentira. Enumerou seus aliados que são a calúnia, a hipocrisia, a duplicidade, o fingimento, a falsidade e todo o cortejo de pecados contra o oitavo mandamento. "Vosso dizer seja sim, sim; ou não, não".

E arrematou: Para completar, leiam o capítulo dezessete do evangelho de São Marcos. No próximo domingo, aprofundaremos o assunto, tão atual, baseando-nos nesse capítulo.

No domingo seguinte, ao iniciar a homilia, o vigário perguntou:

— Quem de vocês leu o capítulo dezessete do evangelho de S. Marcos?

A quase totalidade dos fiéis levantou a mão, dizendo que leu. O vigário prosseguiu, com um sorriso irônico nos lábios:

— Estou vendo que meu sermão sobre a mentira não produziu nenhum resultado. Ou vocês estavam cochilando, ou o vigário não soube explicar. Quem disse ter lido o capítulo dezessete de São Marcos, está mentindo, porque não existe esse capítulo no evangelho citado.

A brincadeira provocou riso na assembléia. Mas valeu mais do que o sermão passado.

Palavra de Deus

Certo homem chamado Ananias, com sua mulher Safira, vendeu uma propriedade. De conivência com a esposa, reteve uma parte do valor, e trouxe a outra parte aos pés dos apóstolos. Mas Pedro perguntou-lhe:

— Por que motivo satanás invadiu o teu coração, até levar-te a mentir ao Espírito Santo, e a reter uma parte do valor da propriedade? Se não o tivesses vendido, não continuaria, porventura, teu? E vendido, não ficava seu valor em teu poder? Por que então puseste no coração tal coisa? Não mentiste aos homens, mas a Deus... *(At 5, 1-4)*

Palavra para a vida

— Nossa vida familiar e social está impregnada de mentira sob todas as formas imagináveis. Cite exemplos...

20 JULHO

O CAMINHO É POR AQUI

Palavra do homem

Uma caravana atravessava o deserto do Saara, debaixo de um sol abrasador. As provisões estavam terminando. A sede aumentava. Os viajantes começaram a ficar inquietos e nervosos. O guia procurava acalmar e reanimar.

Em dado momento um dos caravaneiros apontou para um lado gritando: "Água, gente! Vamos lá!" Mas o guia advertiu: "Aquilo é simplesmente uma miragem, uma ilusão. Não é água, não".

E a caravana prosseguiu. Pouco mais adiante, com as gargantas secas de tanta sede, alguns começaram a ver um bosque com grandes tanques de água limpinha e se abalaram para lá. O guia tentou agarrá-los com energia gritando:

— Voltem! Voltem! Deixem de ilusão. Desse jeito nós atrasamos a viagem e não chegaremos onde existe água de verdade. O caminho é por aqui.

Então um dos mais exaltados puxou do revólver e atirou no guia, que tombou agonizando. Mesmo se acabando numa poça de sangue, o guia continuava apontando com mão trêmula o caminho certo, parecendo dizer:

— Gente, o caminho é por aqui.

Palavra de Deus

Eu sou o Caminho, a Verdade e a Vida, disse Jesus. Ninguém pode ir ao Pai, senão por mim. Se tivésseis conhecido a mim, conheceríeis também ao meu Pai. Mas doravante o conheceis e o vedes.

Disse-lhe Felipe: "Mostra-nos o Pai, e isso nos basta". Respondeu-lhe Jesus: "Há tanto tempo estou convosco, e ainda não me conheces, Felipe? Quem me vê, também vê o Pai. Como, pois, dizes: 'mostra-nos o Pai'? Não acreditas que eu estou no Pai, e que o Pai está em mim? *(Jo 14, 6-10)*

Palavra para a vida

— Jesus não só aponta o caminho, mas é o próprio Caminho.

— E nós teimamos em seguir guias falsos e cegos. Quais?

A FORÇA DO JOVEM LOURENÇO

Palavra do homem

O jovem Lourenço deixou a casa paterna e foi bater às portas de um convento pobre, onde frades capuchinhos levavam vida austera e penitente. Foi apresentado ao padre superior. Vendo-o bem vestido, disse-lhe com franqueza:

— Meu caro rapaz, acho que você está equivocado. Parece-me estar mais habituado ao conforto do que às asperezas. Nós, entretanto, nos vestimos pobremente e dormimos sobre tábuas.

— O que mais, senhor padre?

— A comida é muito frugal e mal temperada. Alpercatas grosseiras cobrem nossos pés, mesmo no frio mais rigoroso...

— Está ficando pesado. O que mais?

— Terá que amar os desprezos e as humilhações. Deverá sacrificar sua vontade própria e morrer para você mesmo...

O rapaz não disse mais nada. Apenas abaixou a cabeça. Parecia estar indeciso. Após curto momento de reflexão, levantou a cabeça e perguntou:

— Diga-me só uma coisa. Eu terei um crucifixo em minha cela?

— Ah! respondeu o frade de cabelos brancos e rosto marcado pelas penitências. Este não o abandonará em nenhum instante da vida. Tê-lo-á em todas as paredes do convento.

— Nesse caso o senhor pode aceitar-me. Tendo o crucificado diante dos meus olhos, todos os sacrifícios me parecerão suaves.

Palavra de Deus

Também o Cristo padeceu por vós, deixando-vos o exemplo, para que vos dediqueis a seguir suas pegadas. Ele não cometeu nenhuma culpa, nem jamais foi descoberto engano em sua boca. Insultado, não respondia com insultos. Maltratado, não ameaçava, mas entregava-se àquele que julga corretamente. "Ele carregou nossos pecados" no seu corpo sobre a cruz, a fim de que, mortos para o pecado, vivêssemos para a virtude. "Pelas suas chagas fostes curados pois éreis como ovelhas desgarradas", mas agora voltastes ao pastor e guarda de vossas almas. *(1Pd 2,21-25)*

— **SÃO LOURENÇO DE BRINDISI,** doutor da Igreja (1559-1619)

A FORÇA DA ORAÇÃO

Palavra do homem

Tarde de sábado numa paróquia americana. O vigário aguarda os fiéis que virão para receber o sacramento da reconciliação. Vem vindo uma moça toda perfumada com roupas provocantes e conversas equívocas. É uma madalena. O padre convida-a para se confessar. Ela se recusa:

— Não. Nem posso confessar-me. Estou aqui, apenas para satisfazer o desejo da minha mãe. Ela espera que eu me converta, a boa velhinha...

O padre insiste. Ela sai às pressas. Mas ele diz:

— Você vai voltar. Esperarei aqui a noite inteira se for preciso. Sim, a noite inteira lá, diante do sacrário.

A mulher pouco entendeu disso tudo. Talvez nem tenha escutado, pois foi saindo quase às carreiras. Começaram as confissões. Pediu orações por uma intenção particular. Depois que todos se foram, ele disse ao sacristão que não fechasse a porta. E foi ajoelhar-se diante do sacrário.

As horas foram se escoando. Lá pelas três da madrugada, ouviu passos. Era ela. Ele mudou o tom e o teor da oração: Obrigado, Senhor. Eu sabia, Senhor!

Soluçando e chorando, a pecadora contou a sua vida. Mais de sofrimentos, de opressões, de abandono da sociedade.

Lá fora, a escuridão se atenuava aos poucos. Era a alvorada que surgia risonha, esperançosa, bela. Mais bela que todas as alvoradas, era a que nascia no coração da pecadora convertida. Pela força da oração.

Palavra de Deus

Tendo um fariseu convidado Jesus para comer em sua casa, ele entrou e pôs-se à mesa. Uma mulher, que era pecadora naquela cidade, ao saber que Jesus estava à mesa na casa do fariseu, trouxe um frasco de alabastro cheio de perfume. Colocando-se por detrás dele e chorando, começou a banhar-lhe os pés com lágrimas; enxugava-os com os cabelos e beijava-os, ungindo-os com perfume... E Jesus disse à mulher: Vai em paz. Tua fé te salvou. *(Lc 7, 36-38.50)*

ANJO DA PAZ

Palavra do homem

Brígida era filha de príncipes da Suécia. Casou-se muito bem.

Era viúva quando fez uma peregrinação a Roma e viu a desolação em que jazia a cidade dos papas. Escombros e ruínas por toda a parte, templos derruídos, capim crescendo dentro e fora das igrejas, gado morando até no presbitério dos templos.

Era o tempo do assim chamado "cativeiro de Avinhão". Obrigados a deixar Roma, os papas viveram cerca de setenta anos como exilados naquela cidade francesa. Mas era uma situação lamentável que não podia continuar.

A vista deste cenário mudou o rumo da vida de dona **Brígida**. Sentiu-se chamada por Deus para trabalhar pela volta dos Papas. Deixou sua pátria e passou a residir em Roma. Escreveu centenas de cartas. Rezou muito. Fez muitas penitências. Peregrinou até Avinhão a fim de conversar pessoalmente com os Papas.

Não faltaram incompreensões. Expulsaram-na da casa que lhe fora cedida para morar. Passou fome e frio com sua filha Catarina. Quantas vezes foram dormir em baixo das pontes ou junto ao beiral das residências. Chegou a vender os derradeiros objetos de uso pessoal a fim de garantir um pedaço de pão.

Morreu nos braços dos filhos. Pouco depois, os Papas reinstalavam-se em Roma. Sua missão fora cumprida.

Palavra de Deus

Naqueles dias o Senhor disse a Abraão:

— Parte para longe da tua pátria, de teus parentes, e da casa do teu pai, e vai ao país que te indicarei. Farei de ti uma grande nação e te abençoarei. Engrandecerei o teu nome, para que sejas uma fonte de bênçãos. Abençoarei a quem te abençoar, e amaldiçoarei a quem te amaldiçoar. Em ti serão abençoadas todas as nações da terra.

Abraão partiu, como o Senhor lhe tinha ordenado.

(Gn 12,1-4)

SANTA BRÍGIDA, viúva († 1572)

O HOMEM GIGANTE

Palavra do homem

Era uma vez um gigante que queria trabalhar para o homem mais poderoso do mundo. Caminhava por montes e vales, apoiado num grande bastão, sempre à procura desse homem.

Parou diante de um palácio e perguntou quem morava ali dentro. Era o rei, o homem mais forte do mundo. Colocou-se, pois, a serviço dele. Um dia o gigante viu o rei tremer de medo quando pronunciaram o nome do demônio.

— Por que todo esse medo, Majestade?

— Porque o demônio é mais forte do que eu.

— Se assim é, vou atrás do demônio.

Encontrou-o no meio de uma noite escura. Mas não gostava das tarefas que o diabo lhe impunha: ajuntar gente para o inferno. Um dia, caminhando os dois pelas estradas, satanás avistou uma grande cruz e fez menção de desviar-se dela. O gigante estranhou tal atitude:

— Por que não quer passar diante daquela cruz?

— Naquela cruz morreu um homem que é muito mais forte do que eu.

O gigante abandonou satanás no mesmo instante. E começou a longa procura do homem mais forte que o rei e que o diabo. Do homem que morreu numa cruz.

Um dia, quando o gigante se ocupava em transportar gratuitamente as pessoas de um lado para o outro do rio, aparece uma criancinha que também queria atravessar. Colocou-a no ombro. Como lhe pesava aquele menino. Quando finalmente o depositou no chão, perguntou ofegante:

— Quem é você, menino? Pesa mais que o mundo!

— Sou o Criador do mundo. Sou Aquele que você tanto procurava. Sou Aquele que morreu na cruz. Eu estou nas pessoas que você ajudou. Sou Jesus.

Palavra de Deus

Quem acolhe um destes pequeninos, é a mim que acolhe. *(Mc 9,37)*

SÃO CRISTÓVÃO, padroeiro dos motoristas ——————

O FILHO DO TROVÃO

Palavra do homem

Tiago e João, de rosto sombrio e amarrado, comentavam os últimos acontecimentos. Jesus tinha mandado mensageiros a um povoado da Samaria pedindo hospedagem, mas nada conseguiram. Pensamentos disparatados enchiam suas cabeças:

Dias antes, aquele triunfo no monte da Transfiguração. Os dois irmãos, mais Pedro, puderam contemplar um pedacinho da glória de Jesus. Parecia-lhes que agora ia começar o reino e o triunfo dele com seus discípulos.

De repente, esta terrível frustração! Este retorno à estaca zero! Os samaritanos negaram-se a receber um homem cansado de caminhar, expulsando-o da soleira de suas portas. Esqueceram-se até dos benefícios recebidos. A velha inimizade entre judeus e samaritanos reaparecera nesse gesto mesquinho de negar hospitalidade a um pobre caminhante. Fora um teste para a popularidade de Jesus.

Assentado no sopé da montanha, Jesus aguardava a volta dos mensageiros:

— Nada conseguimos. Não quiseram receber-te, só porque desconfiaram que ias para Jerusalém.

Tiago e João, num assomo de raiva, prorromperam em ameaças:

— Senhor, queres que mandemos vir fogo do céu para consumir esse povo?

Jesus, volvendo seus olhos serenos para os dois irmãos a quem gostava de chamar "filhos do trovão", repreendeu-os mansamente:

— Não sabeis de que espírito sois. O Filho do homem não veio para perder os homens, e sim para salvá-los.

Palavra de Deus

Naquele mesmo tempo Herodes resolveu perseguir alguns da Igreja, e mandou matar pela espada, Tiago irmão de João. Vendo que isto era agradável aos judeus, mandou prender também a Pedro.
(At 12,1-2)

Palavra para a vida

— Será que valentia e violência resolvem melhor os problemas?...

SÃO TIAGO MAIOR, apóstolo (séc. I)

OS PAIS DE NOSSA SENHORA

Palavra do homem

Joaquim voltou acabrunhado do Templo de Jerusalém. Quando se aproximava do altar do sacrifício para oferecer um cordeiro, alguém o empurrara dizendo com desespero: "Não és digno de aproximar-te do altar. Devido aos teus pecados, Deus castigou a ti e a tua esposa com a esterilidade".

Ana ficou muito magoada ao saber como foi tratado seu santo esposo: "Santo Deus de Abraão e de Isaac! O que mais poderíamos fazer para encontrar graça diante de ti? Já não jejuamos e oramos o suficiente para conseguir um filho? Já não demos ao Senhor a metade de nossos bens?..."

Descansou a roca com que estava fiando, escondeu o rosto entre as mãos e chorou copiosamente. Foi neste momento que desceu sobre ela uma grande claridade. Sim, tentaria outra saída, talvez a última.

Levantou-se, acendeu os círios do candelabro de sete braços que estava sobre a mesa. Depois ajoelhou-se diante das sete luzes e fez este juramento:

— Meu Senhor, se abençoares nossa união com o nascimento de uma criança, ela será consagrada ao teu serviço. Não nos pertencerá. Será tua, inteiramente tua.

As sete chamas pareceram arder com mais intensidade.

Alguns meses se passaram, e o milagre aconteceu. Ana teve uma menina a quem pôs o nome de Maria. Era indescritível a alegria dos dois velhinhos e de toda a vizinhança.

Quando a santa menina completou três anos, levaram-na ao Templo a fim de ser consagrada ao Senhor. Foi difícil a separação.

Voltaram sozinhos e silenciosos para Nazaré. Mas uma alegria secreta e uma grande esperança enchiam seus corações.

Palavra de Deus

Estes são os varões virtuosos cujas obras de justiça não serão olvidadas... Sua sabedoria é louvada publicamente e seus louvores se repetem nas assembléias dos fiéis... *(Eclo 44, 10.15)*

SÃO JOAQUIM e SANT'ANA

UMA VIDA PELOS POBRES

Palavra do homem

Depois que Raimundo ficou viúvo, resolveu dedicar-se inteiramente aos pobres, de modo especial aos pobres envergonhados. Conseguiu um grande salão para abrigá-los.

Começou a pregar contra a ganância dos ricos. Fazia procissões e passeatas com os pobres. Ia na frente carregando uma grande cruz nos ombros e gritando profeticamente:

— Ajudem-nos! Estamos morrendo de fome enquanto vocês vivem na abundância.

Tornou-se o porta-voz dos oprimidos diante dos juízes iníquos. Acompanhava-os até o tribunal, defendia-os e ameaçava os opressores com os castigos divinos.

As autoridades municipais viam-se constrangidas a ouvir seus apelos, devido à grande influência que tinha no meio do povo. Consultavam-no a respeito da fundação de obras promocionais e sociais.

Fundou institutos de recuperação para mulheres decaídas, e procurou encaminhá-las para um casamento condigno.

Recolhia as crianças abandonadas, os peregrinos e os estrangeiros.

Visitava as prisões e pleiteava a libertação dos presos.

Tudo isso acontecia oitocentos anos atrás. Pelo que podemos chamá-lo "pioneiro da teologia da libertação", no sentido moderno.

Morreu no meio de seus pobres, em 1200, com apenas sessenta anos.

Palavra de Deus

— Mas, ai de vós ricos porque já tendes a vossa consolação!

— Ai de vós, que estais fartos, porque vireis a ter fome!...

— Ai de vós que agora rides, porque gemereis e chorareis!...

— Ai de vós quando vos louvarem os homens, porque assim faziam os pais deles aos falsos profetas... *(Lc 6, 24-26)*

BEM. RAIMUNDO ZANFOGNI, leigo († 1200)

A GRAÇA DO BOM JESUS

Palavra do homem

Já eram casados há vários anos.

Foi quando outra mulher entrou na vida dele. E com tanta paixão e veemência, que o homem dizia: "Era a única mulher no mundo que me satisfazia em tudo. Nem minha esposa, nem mais ninguém conseguiu, como aquela mulher, preencher meus anseios de amor, de carinho, de afeto".

A esposa legítima sabia tudo. Ele também estava ciente que ela acompanhava o seu drama. Mas não tinha força para se desvencilhar dos braços dessa criatura. Era uma paixão terrível, indômita, irrefreável.

Um dia a esposa convidou-o para ir ao santuário da Lapa. Ele foi, mas como simples turista e não como peregrino. Ajoelhada aos pés do Bom Jesus, pediu instantemente que Ele esfriasse essa paixão do marido. Também ele, ajoelhado junto da esposa, pediu força para romper as cadeias que o escravizavam.

Coisa espantosa e surpreendente: Ao voltar para casa, não sentiu nenhuma vontade de encontrar-se com sua amante, nem de telefonar, nem de mandar qualquer recado. Parecia nunca ter havido nada com ela. Todo o passado estava parecendo um sonho, uma novela de mentira.

O Bom Jesus, sempre o bom Jesus da Palestina, tinha tirado com a mão aquele amor proibido. Curou a ferida sem mesmo deixar vestígio. Fora mais um milagre da Graça.

Palavra de Deus

Por isso, como diz o Espírito Santo: hoje se ouvirdes a sua voz, não endureçais os vossos corações, como por ocasião da revolta, no dia da tentação no deserto, quando vossos pais me puseram à prova e viram meu poder durante quarenta anos...

Tomai cuidado, meus irmãos, para que ninguém de vós venha a perder interiormente a fé, a ponto de abandonar o Deus vivo. Antes, animai-vos mutuamente cada dia durante todo o tempo compreendido na palavra *hoje*, para não acontecer que alguém fique empedernido com a sedução do pecado. *(Hb 3, 7-13)*

A DONA-DE-CASA

Palavra do homem

O padre missionário estava a caminho da igreja para o primeiro exercício da Missão. Era de madrugada. Um menino, com grande cesta de pão, passava gritando: "O padeiro". O padre aproveitou os minutos que tinha, para um bate-papo com o garoto:

— Logo cedo, já está trabalhando... Muita coragem...

— Sim; mas tem gente em casa que se levanta mais cedo...

— Quem é?

— Minha mãe. Faz a marmita para o pai que vai trabalhar, faz a mamadeira do nenê que já acordou. E assim vai até o fim do dia nesse batidão.

— Quanto papai ganha? Quanto você ganha?

— Papai ganha bem, porque é grande e volta só de noite. Eu ganho menos porque sou criança e estudo.

O menino disse a quantia e já ia se despedindo, quando perguntei:

— E mamãe, quanto ganha?

Arregalando uns olhos deste tamanho, ele respondeu:

— Ué! Mamãe não ganha nada. Ela não trabalha.

— A mãe levanta-se antes dos outros, vira e revira a casa o dia inteiro, deita-se por último e... mesmo assim não trabalha?

Ainda bem que o pequeno padeiro entendeu o que eu queria dizer, enquanto eu também entendi o que ele quis dizer...

Palavra de Deus

Indo eles de viagem, entrou numa povoação. Uma mulher de nome Marta, recebeu-o em casa. Tinha uma irmã chamada Maria, a qual sentando-se aos pés do Senhor, ouvia a sua palavra. Maria, pelo contrário, andava atarefada com muito serviço. Deteve-se então e disse: — Senhor, não te importas que minha irmã me tenha deixado sozinha a te servir? Dize-lhe que me ajude.

Mas o Senhor respondeu-lhe:

— Marta! Marta! tu te preocupas e te confundes com muitas coisas. Uma só é necessária. Maria escolheu a melhor parte...
(Lc 10,38-42)

SANTA MARTA, padroeira das donas-de-casa,
irmã de Maria e Lázaro

30 JULHO

O BARRACO DA VIÚVA

Palavra do homem

O barraco da viúva dona Mariana estava precisando de alguns reparos. Havia telhas quebradas causando goteiras, madeiramento estragado ameaçando cair. E outros problemas de casa velha.

Era preciso retirar as telhas, trocar os caibros e ripas apodrecidos e repregar tudo.

O grupo de homens, quase todos vicentinos, reuniu-se logo cedinho para iniciar o trabalho. Puseram para fora os trastes de cozinha, o catre, os colchões, o caixote grande que servia de armário e guarda-roupa, os banquinhos e outros badulaques.

Enquanto os homens serravam e batiam pregos, as mulheres varriam, limpavam, remexiam os colchões e preparavam o café para os homens.

À tardezinha o conserto estava pronto. O material usado na reforma tinha sido ofertado gratuitamente. A mão de obra também. Dona Mariana pagou tudo com um comovido "Deus lhes pague". Os vicentinos voltaram para suas casas, alegres por terem prestado um serviço. Pareciam ter feito a coisa mais natural do mundo. Pareciam ter trabalhado em sua própria casa.

Palavra de Deus

Irmãos, nós vos damos a conhecer a graça que Deus concedeu às igrejas da Macedônia. Em meio às múltiplas tribulações que as puseram à prova, a sua copiosa alegria e a sua pobreza extrema transbordaram em tesouros de liberalidade.

Dou testemunho de que, segundo os seus meios e para além dos seus meios, com toda a espontaneidade e com viva insistência, nos rogaram a graça de tomar parte nesse serviço em proveito dos santos. Ultrapassando mesmo as nossas esperanças, deram-se primeiro ao Senhor, depois a nós pela vontade de Deus... Quando existe boa vontade, somos bem aceitos com os recursos que temos; pouco importa o que não temos... O que para nós sobeja, vai suprir a falta deles... *(2Cor 8, 1-5.12.14)*

O HERÓI DE PAMPLONA

Palavra do homem

Foi em 1521, na batalha sangrenta pela defesa da cidade espanhola de Pamplona. O jovem oficial Inácio de Loyola, lutava com denodo e bravura.

Mas uma bala de canhão atingiu a perna, partindo-a em vários pedaços. Vendo o comandante ferido, os franceses recobraram vigor e tomaram a cidade.

Inácio foi levado para o hospital e tratado com muita deferência pelos próprios médicos adversários. Ao recompor a perna, entretanto, reajuntaram erradamente os pedaços de ossos. É claro que o organismo rejeitava um remendo mal feito.

Foi transportado para o seu castelo de Loyola. A única solução era quebrar a perna fraturada para recompor tudo de novo. Inácio suportou com valentia as dores horríveis. É bom lembrar que naquele tempo não existiam ainda os anestésicos.

Os sofrimentos não terminaram ainda. Curada a fratura, constatou-se que um osso ficara muito saliente, dificultando calçar as botas de montaria. Mais uma cirurgia bárbara e martirizante.

Por causa de tudo isso, Inácio ficou preso ao leito durante muito tempo. Para se distrair e passar o tempo, pediu que lhe trouxessem romances de cavalaria para ler. O que lhe trouxeram, foi um livro sobre a vida de Jesus e dos santos.

Foi com muito pouco interesse que começou a ler tais histórias. Mas continuou lendo. Ficou empolgado com tanto heroísmo. Suas bravuras de soldado desapareciam diante da coragem de Jesus e dos mártires.

Quando deixou o leito, era outro homem.

Santo Inácio é o fundador dos padres jesuítas.

Palavra de Deus

Se alguém vem a mim, mas não quer deixar pai e mãe, mulher e filhos, irmãos e irmãs e até a própria vida, não pode ser meu discípulo. Quem não carrega a sua cruz e não me segue, não pode ser meu discípulo... *(Lc 14,26-28)*

SANTO INÁCIO DE LOYOLA (1491-1556)

1 AGOSTO

GANHOU TODAS AS CAUSAS

Palavra do homem

O jovem e nobre advogado Afonso Maria de Ligório era sempre o mais solicitado em Nápoles para defender causas difíceis.

Existia uma velha questão entre duas famílias importantes em torno de uma grande área de terra. Eram os Orsini e os Toscana. Convidado pelos Orsini a assumir a causa deles, Afonso estudou demorada e cuidadosamente o processo. Achou que podia, pela justiça, defendê-lo com segurança e tranqüilidade de consciência.

Os debates no tribunal prolongaram-se durante semanas. Afonso triunfava com sua argumentação cerrada e firme, quando houve uma virada imprevista e brusca. O tribunal deu parecer favorável ao adversário.

Afonso protestou com todo o peso da sua reconhecida autoridade. Mas o dinheiro e as propinas tiveram mais força. Os juízes foram comprados.

Revoltado com tanta sujeira moral, Afonso abandonou a sala de audiências, exclamando desiludido:

— Mundo, só agora te conheço. Adeus, tribunais! Nunca mais me vereis!

Anos mais tarde, o processo fatídico foi revisto pelo tribunal de apelação de Viena, dando-lhe ganho de causa. Mas não interessava mais. Já fazia vários anos que Afonso também tinha dado uma virada brusca em sua vida: Entregara-se totalmente a Deus e ao serviço dos pobres e mais abandonados, fundando a Congregação dos Missionários Redentoristas.

Assim continuou ganhando todas as causas, também as do Reino de Deus.

Palavra de Deus

O espírito do Senhor está sobre mim, porque o Senhor me ungiu. Ele me enviou para evangelizar os pobres, curar os contritos de coração, pregar a redenção aos cativos, a liberdade aos encarcerados e anunciar o ano de graça do Senhor...

Para consolar todos os que choram, conceder e dar aos de Sião que choram, uma coroa em vez de cinza, óleo de alegria em vez de pranto, um vestido de glória em troca do seu espírito de aflição...
(Is 61,1-3)

SANTO AFONSO M. DE LIGÓRIO,
Bispo e doutor da Igreja (1696-1787) ____________

SOBREVEIO UMA GRANDE FOME

Palavra do homem

Era dos mais pobres e oprimidos que Dom Afonso de Ligório gostava. Este amor atingiu o clímax na grande carestia que se alastrou pela região de Santa Ágata em 1763, onde ele era bispo.

Prevendo essa calamidade, começou a comprar e armazenar grande quantidade de cereais. Alguns até comentavam gracejando: O que deu na cabeça de nosso bispo? Para que ajuntar tanto mantimento, se a colheita deste ano foi tão boa?

Pouco depois sobreveio o que ninguém esperava: carestia, especulação dos preços, fome. Os mais castigados foram os pobres, como sempre. Todos os dias uma média de quinhentas pessoas se apresentava na porta da residência do bispo, implorando pão e víveres.

Apesar do imenso volume de provisões, elas foram se acabando, porque os necessitados aumentavam e a carestia se prolongava mais do que o previsto. Dom Afonso começou a vender mobílias, talheres de prata e até lembranças preciosas da família a fim de comprar mantimentos. Teria vendido o único relógio que possuía se o pessoal da casa não o tivesse escondido.

Quis vender os cálices e objetos de ouro da catedral. Disseram-lhe, entretanto, que não era permitido vender o patrimônio da diocese sem a licença da Santa Sé. Foi feito o pedido. Quando chegou a resposta afirmativa, a crise já tinha atravessado sua fase mais aguda.

Por isso ele pôde dizer um dia: Deixei meus títulos de nobreza, deixei minha herança, deixei tudo por causa dos pobres.

Palavra de Deus

Naqueles dias alguns profetas desceram de Jerusalém a Antioquia. Um deles, chamado Ágabo, levantou-se e, sob a ação do Espírito, pôs-se a anunciar que viria uma grande fome em todo o mundo. Veio ela, de fato, no reinado de Cláudio. Os discípulos decidiram enviar, cada um conforme suas posses, auxílios aos irmãos que moravam na Judéia... *(At 11,27-30)*

EUSÉBIO DE VERCELLI

O CHORO DA CRIANÇA

Palavra do homem

O padre vigário entrou na igreja para uma visita. Era de tardezinha, quando as sombras começavam a penetrar portas a dentro. Quase ninguém naquele momento.

Bem na frente, um homem profundamente absorto na oração, parecia não ouvir mais nada deste mundo. Sua atenção se concentrava totalmente no que rezava.

Mais atrás, assentada no banco, uma mulher macilenta e pobre segurava nos braços uma criança a chorar. Mirradinha e agoniada, parecia estar com muita fome.

Aproximando-se do homem, o padre perguntou:

— Está ouvindo o choro daquela criança?

O homem não ouviu. O padre sacudiu-o mansamente. Só então o contemplativo despertou do seu êxtase.

— Está escutando aquele choro de criança?

— Não estou escutando nada. Não notei nenhuma criança chorando.

— Meu bom irmão, achei bonito vê-lo rezar assim. Mas... quem reza de verdade, escuta até o choro de uma criança com fome. Vamos lá! Vamos logo, ver o que está faltando para a coitadinha.

Palavra de Deus

Se alguém disser que ama a Deus, mas odeia seu irmão, é um mentiroso. Porque, aquele que não ama seu irmão que vê, como pode amar a Deus que não vê? E nós temos de Deus este mandamento: Aquele que ama a Deus, ame também seu irmão.
(1Jo 4,20-21)

Quem fecha os ouvidos ao clamor do pobre, um dia clamará e não será ouvido... Quem exerce a justiça e a misericórdia, achará vida, justiça e glória... *(Pr 21, 13.21)*

Palavra para a vida

— É preciso caminhar olhando para cima e para os lados também.

— O amor a Deus e ao próximo é, praticamente, um só.

Pe. VIANNEY E O MENINO

Palavra do homem

— Menino, você pode mostrar-me o caminho para a aldeia de Ars?

O garoto que pastoreava tranqüilo o seu rebanho, olhou espantado para o estranho personagem de batina usada e surrada que o interrogara.

— Ah! o senhor é o novo vigário de Ars?

— Adivinhou. Então, qual destes caminhos chegam lá?

— Eu posso ir junto até lá perto.

Enquanto caminhavam, o novo vigário aproveitou para uma sondagem:

— Menino, você conhece esse lugar?

— Melhor que o bolso da minha calça. Mas vou logo dizendo que o senhor terá pouco serviço. Ninguém vai à missa. O povo prefere ficar nos botecos e nas salas de dança.

A chuva de perguntas vinha dos dois lados. Pe. Vianney teve que contar sua história: Filho de camponeses. Também pastor de ovelhas. Seus pais eram muito amigos dos pobres. Foi soldado e desertor. Era o aluno mais atrasado na escola e no Seminário. Deixaram-no ficar padre só porque sabia rezar o terço.

Conversando, chegaram até as portas da cidadezinha. Pe. Vianney ajoelhou-se no chão e rezou pela sua paróquia. Depois disse ao menino:

— Muito obrigado por me ter mostrado o caminho de Ars. Em troca, prometo mostrar para você o caminho do céu. Até o próximo domingo, hein?

Hoje, nesse mesmo local, há uma estátua reproduzindo a cena: Pe. Vianney mostrando o céu para o menino. Poucos anos depois, Ars transformou-se em comunidade exemplar e centro de peregrinações.

Palavra de Deus

Jesus tomou a palavra e disse: "Eu te dou graças, ó Pai, Senhor do céu e da terra, por teres escondido isto aos sábios e doutos, e o teres revelado aos pequeninos. Sim, Pai, tal foi a tua vontade. Tudo me foi confiado por meu Pai, e ninguém conhece o Pai, senão o Filho, senão o Pai. E ninguém conhece o Pai senão o Filho e aquele a quem o Filho quiser revelar... *(Mt 11,25-27)*

SÃO JOÃO VIANNEY (1786-1859)

5 AGOSTO

REI E RICO, MAS SANTO

Palavra do homem

Era uma vez um jovem rei de nome Osvaldo. Com vinte anos já era um herói, vencedor de muitas batalhas. Bonito e forte, fazia balançar o coração de muitas jovens.

Mas aquela de quem mais gostava, parecia uma conquista difícil. Bem mais difícil do que todas as batalhas que já conquistara. O grande obstáculo não era a moça, que também gostava dele, mas o pai. Ciumento e terrível, só entregaria sua filha a quem conseguisse colocar o anel de noivado em seu dedo.

Mas como fazê-lo, se era vigiada dia e noite pelo pai?

E como arriscar sem uma certeza, se o pai matava todos que malogravam no seu intento?

Osvaldo fez suas preces e confiou em Deus. Confiando em Deus e no seu amor criativo, mandou que um corvo fosse o seu mensageiro. O corvo partiu em sua roupagem preta levando o anel. Por incrível que pareça, o anel foi parar no dedo da donzela. Foi assim que Osvaldo se casou.

Deixando de lado a lenda, Osvaldo ficou santo porque soube ser um bom rei. Ficou santo porque se interessou pelo seu povo, chamando missionários que viessem mostrar o caminho do bem. Ficou santo porque, embora sendo muito rico, era o pai dos pobres e desamparados. Contam até que um dia não se contentou em dar aos pobres toda a comida de sua mesa. Mandou quebrar as travessas de prata e distribuir os pedaços entre os pobres.

Palavra de Deus

Depois de lhes lavar os pés e tomar suas vestes, Jesus sentou-se novamente à mesa e perguntou-lhes: Sabeis o que acabo de fazer? Vós me chamais Mestre e Senhor, e dizeis bem, porque eu o sou.

Logo, se eu, vosso Senhor e Mestre, vos lavei os pés, também vós deveis lavar os pés uns dos outros. Dei-vos o exemplo para que, como eu fiz assim façais vós também. *(Jo 13,12-15)*

Palavra para a vida

— O amor é forte como a morte. Ele abre caminhos onde não há.

SANTO OSVALDO, rei (séc. XVII) ______________________

ANTECIPAÇÃO DO CÉU

Palavra do homem

Todos os dias o Irmão Geraldo Majella servia a sopa aos pobres que se ajuntavam na portaria do convento redentorista em Materdomini. Era um dos seus momentos mais felizes, porque ele se encontrava com Jesus, na pessoa dos humildes.

Certo dia um dos pobres trouxe a sua flauta de bambu. Enquanto era servida a sopa, ele tocava alguma canção religiosa. Ouvindo a música, Geraldo se arrebatou e começou a elevar-se nos ares. Desprendeu-se do chão e entrou em êxtase. Saboreou aqui na terra um pedaço do céu.

Era uma pálida idéia do que aconteceu com Jesus no monte Tabor.

Palavra de Deus

Seis dias depois tomou Jesus a Pedro Tiago e João, seu irmão e levou-os a sós a um monte alto. E transfigurou-se diante deles. Seu rosto brilhou como o sol, e as vestes tornaram-se brancas como a luz.

Eis que apareceram Moisés e Elias, conversando com ele. Pedro, então, tomando a palavra, disse a Jesus: "Senhor, é bom que fiquemos aqui. Se queres, farei aqui três tendas: uma para ti, outra para Moisés e outra para Elias".

Falava ainda quando uma nuvem luminosa os envolveu, e uma voz saída da nuvem dizia: "Este é o meu Filho amado, no qual eu ponho as minhas complacências. Ouvi-o". Os discípulos, ouvindo isto, caíram de rosto por terra e foram tomados de grande medo. Mas Jesus aproximou-se e tocando-os disse: Levantai-vos e não temais. Eles, levantando os olhos, não viram mais ninguém, senão a Jesus. *(Mt 17,1-8)*

Palavra para a vida

— O que representa esta cena para nós? Momentos de alegria no meio da tristeza presente? Amostras do que vai ser a outra vida no céu? Repouso na labuta de todos os dias? Dose de entusiasmo para continuar a luta? Uma sombra amiga para o caminheiro queimado do sol? Uma fonte cristalina para o viajor sedento?

TRANSFIGURAÇÃO DO SENHOR

UM SANTO NO MEIO DA CHACINA

Palavra do homem

Ano de 1527. Após resistência heróica e sangrenta, Roma capitulou. Soldados alemães e espanhóis acabavam de invadir tudo, pondo em fuga os sobreviventes.

Começou o saque terrível. As tropas invadiam os palácios dos ricos e as cabanas dos pobres, pilhando e roubando tudo, matando a todos que tentassem opor resistência. Os cadáveres se amontoavam nas ruas e o sangue corria como um rio.

Profanaram os templos carregando os cálices, vestindo burlescamente os paramentos de igreja, desonrando freiras, torturando padres.

Dois sacerdotes vinham sendo arrastados desde o Monte Pincio. Sem piedade alguma, soldados alemães espicaçavam-nos com suas lanças, pisando-os debaixo das botas quando caíam.

Entretanto aqueles dois homens, Pe. Caetano e Pe. Carafa, pareciam pensar menos em si mesmos do que nas outras vítimas. Seus corações se confrangiam vendo e ouvindo o grito das mães e jovens seviciadas, o choro das crianças e a profanação das espécies consagradas.

Em certa altura do trajeto abriu-se uma porta e eles foram empurrados para dentro. Era o calabouço. "Descansem um pouco aqui, seus cachorros!" Entrementes podem ir pensando onde esconderam os tesouros do monte Pincio. Se não se recordarem, podemos ajudá-los chamuscando com fogo a sola de seus pés".

Esses dois padres haviam fundado a Ordem dos Teatinos com o seguinte programa: Viver a pobreza radical, denunciando assim o abuso do poder e do dinheiro que se infiltraram no seio da própria Igreja.

Palavra de Deus

Como filhos dóceis, não vos conformeis com os desejos de outrora, quando vivíeis na ignorância. Mas, como é santo aquele que vos chamou, assim sede santos vós também em todo o vosso procedimento, pois está escrito: "Sereis santos, porque eu sou santo".
(1Pd 1,14-16)

SÃO CAETANO DE THIENE († 1547)

O BASTÃO E O LIVRO

Palavra do homem

Domingos queria fundar um grupo de jovens que não tivesse nada para si. Mas precisava a aprovação do Papa. Para isso ele fez uma visita ao Santo Padre em Roma.

Naquela mesma noite o Papa viu em sonho a igreja de São João de Latrão com todas as suas pedras soltas, ameaçando ruir. Enquanto contemplava, chorando, esse triste quadro, apareceu Domingos e segurou com seus ombros as paredes oscilantes.

Unindo este sonho com o pedido de Domingos, o Papa louvou a proposta de Domingos e aprovou sua idéia arrojada. Assim nasceu a Ordem dos Frades Dominicanos.

Também Domingos teve um sonho. Estava na igreja de São Pedro em Roma quando lhe apareceram os apóstolos Pedro e Paulo. Pedro parecia dar-lhe um bastão, enquanto Paulo entregava um livro. Ambos o animaram com estas palavras:

— Vai e prega. Pois Deus te escolheu para este ministério.

Viu, logo em seguida, seus dominicanos espalhados por todo o mundo, caminhando aos pares e pregando a Palavra de Deus a todos os povos.

Palavra de Deus

Os onze discípulos caminharam para a Galiléia, à montanha que Jesus lhes determinara. Ao vê-lo, prostraram-se diante dele. Alguns, porém, duvidaram. Jesus, aproximando-se deles, falou:

— Toda a autoridade sobre o céu e sobre a terra me foi entregue. Ide, portanto, e fazei que todas as gentes se tornem discípulos meus, batizando-as em nome do Pai, do Filho e do Espírito Santo, ensinando-as a observar tudo o que vos ordenei. E eis que estou convosco todos os dias, até a consumação dos séculos.

(Mt 28,16-20)

Palavra para a vida

— O que dizer destes sonhos? Você acredita em sonho?

— Eles podem ajudar-nos a tomar decisões. Podemos acreditar em sonhos?

SÃO DOMINGOS (1170-1221)

ANTES DE PUXAR O GATILHO

Palavra do homem

Como é curta a distância entre o puxar do gatilho e uma palavra amiga. É o que aconteceu na história desta jovem, a quem vamos chamar... de Claríce.

Ela perdera o pai, e logo em seguida a mãe. Ficou desorientada. Jamais habituada a uma vida sóbria e simples, pois sempre tivera tudo o que quis, desesperou-se e resolveu suicidar-se.

Teve, porém, uma chance que mudou o rumo dos acontecimentos.

Passando junto a uma garagem, viu um homem ajeitando alguns pacotes no carro. Era o vigário da paróquia. Ela aproveitou para cumprimentar e combinar uma conversa.

— Pode ser agora mesmo, disse-lhe o sacerdote.

Numa sala próxima, ela expôs todo o seu drama, e seus planos sinistros.

O sacerdote, possuidor de uma psicologia muito prática, apenas respondeu:

— Prezada jovem, peço-lhe apenas uma coisa. Antes de executar o seu plano, venha comigo. Ajude-me a levar alguns pacotes para uma pobre viúva, que tem uma porção de filhos passando necessidade.

A moça aceitou o convite e acompanhou o padre até o casebre da viúva, lá num canto da cidade. Entreteve-se com a família, brincou com as crianças, ajudou a limpar a casa e depois voltou com o padre.

Chegando a sua casa, a primeira coisa a fazer foi, descarregar e jogar bem longe o revólver assassino.

Palavra de Deus

Aproxima-se, pois, o fim de todas as coisas. Sede ajuizados e sóbrios para vos aplicardes à oração. Tende sobretudo, um amor intenso uns para com os outros, porque a caridade cobre uma multidão de pecados...

Sede sóbrios e vigiai. O vosso adversário, o demônio, anda ao redor de vós como um leão, procurando a quem devorar. Resisti-lhe firmes na fé, sabendo que os mesmos sofrimentos são infligidos aos vossos irmãos em todo o mundo... *(1Pd 4,7-8; 5,8-9)*

OS TESOUROS DA IGREJA

Palavra do homem

Foi no tempo das perseguições romanas. O jovem diácono Lourenço é preso e interrogado:

— Dizem que você é o tesoureiro da sua Igreja. Fala-se por aí que vocês usam cálices de ouro e prata em suas reuniões noturnas. Que vocês iluminam a sala com candelabros preciosos. Ora, você sabe que ouro e prata pertencem ao Império Romano. Faça o favor de entregar esses tesouros. Depois poderemos ter uma conversa melhor a respeito da sua religião.

— Pois não, senhor Prefeito. Peço apenas um prazo de três dias para reunir todos esses tesouros.

Confiando na palavra dada por Lourenço, deram-lhe liberdade condicional no prazo pedido. Lourenço não perdeu tempo. Tratou de recolher o pouco que tinha nas catacumbas. Vendeu e repartiu o dinheiro com os pobres. Depois saiu, convidando mendigos, cegos e coxos para se dirigirem com ele até o fórum.

Quando foi aberta a porta, Lourenço entrou com todo aquele cortejo de gente malcheirosa. O juiz recuou instintivamente. Refeito do susto, perguntou o Prefeito:

— Trouxe os tesouros da sua Igreja?

— Ei-los aqui, senhor Prefeito. Estes são os verdadeiros tesouros de nossa Igreja. Aqui está o nosso ouro, a nossa prata, pois são imagens de Jesus Cristo.

Este atrevimento custou a vida para Lourenço. Foi queimado vivo, em cima de uma grelha, em brasa.

Palavra de Deus

Ouvi, meus amados irmãos: Não escolheu Deus os pobres segundo o mundo para os tornar ricos na fé e herdeiros do reino que ele prometeu aos que o amam? Vós, ao contrário, desprezastes o pobre. Não são os ricos que vos oprimem e vos arrastam aos tribunais?...
(Tg 2,5-7)

SÃO LOURENÇO, Diácono († 258)

11 AGOSTO

VENCIDOS PELA FRAQUEZA

Palavra do homem

Os sarracenos estavam chegando à cidadezinha de Espoleto, com toda a fúria devastadora. Ouvindo o badalar de um sino disseram gargalhando: Lá deve ser convento de frades ou freiras. Onde existe convento, não faltam os bons vinhos. Vamos para lá?

No humilde mosteiro de São Damião, havia uma cela onde só se entrava com muito silêncio e respeito. Irmã Clara, superiora das irmãs franciscanas, jazia ali no leito, gravemente enferma. Eis que a porta se abre com grande precipitação. O que estaria acontecendo? Seria algum forasteiro que não estava sabendo de nada? Era um bando de Irmãs que entraram como um pé de vento, e rodearam sua Madre num choro convulsivo:

— Os sarracenos estão querendo invadir nosso mosteiro.

— Nesse caso não me sobra tempo para ficar doente. Vamos lá!

Levantou-se com grande esforço e foi para a capela do mosteiro junto com as Irmãs. Abriu o sacrário, colocou a sagrada hóstia na Custódia e rezou: "Senhor Jesus! Permitirás que vossas servas indefesas caiam nas mãos dos infiéis? Esconde-nos debaixo de tua proteção".

Pegou respeitosamente a santa Custódia e foi ao encontro dos sarracenos, seguida pelas irmãs. Escalou o muro do convento e manteve a sagrada Hóstia voltada para os invasores. Eles, que já se dispunham a escalar do outro lado, sentiram-se ofuscados e paralisados pelo brilho que irradiava do Ostensório. Retrocederam, vencidos pela fraqueza de algumas mulheres e pela pequenez de uma Hóstia.

Palavra de Deus

Irmãos, considerai vossa própria vocação. Não há entre vós muitos sábios segundo a carne, nem muitos poderosos, nem muitos nobres... O que há de louco no mundo, Deus escolheu para a confusão dos sábios. O que há de fraco no mundo, Deus o escolheu para a confusão do que é forte. O que há de vil e desprezível no mundo, aquilo que não é, Deus escolheu para reduzir a nada aquilo que é... *(1Cor 1,26-31)*

SANTA CLARA DE ASSIS († 1253)

"MEU PAI"

AGOSTO 12

Palavra do homem

Seu Agostinho era marceneiro. Sofria muito com seus dois filhos rapazes. Sofria muito mais com o gênio explosivo que tinha. Se algum dos filhos ou empregados fazia algo errado, agarrava o primeiro pedaço de pau ao seu alcance e arremessava no sujeito, embrulhado num palavrão.

Um dos filhos não suportou mais. Numa noite fria e nevoenta, fugiu de casa deixando este bilhete em cima da mesa: "Nunca mais me chame de filho. Nem eu o chamarei de pai. Nunca mais!"

No dia seguinte o pai se desabafou com os amigos: "Foi por causa da minha brutalidade. Para onde terá ido? E se ele der cabo da vida?..."

Passaram-se longos anos. O filho não mandava notícia. Soube-se que enveredou pela vida de boêmio e gozador. Mais de uma vez foi parar na polícia. Mas sempre se desculpava: "Eu não seria o que sou, se tivesse sido tratado mais humanamente em minha casa. A culpa está no meu pai, com sua grosseria. Foi ele que me expulsou de casa".

Não perguntemos se ele tinha toda a razão, ou se melhor fora, repartir a culpa. Passados cinco anos, ele sentiu saudade e remorso. Reconheceu ter agido errado também. Mas como voltar? A mulher com quem se ajuntou, já estava no seu oitavo mês... Tinha ainda um resto de vergonha para não abandoná-la nesse estado. Reuniu as forças da alma e encetou a volta para casa. Chegou envergonhado, de cabeça baixa, trazendo a mulher pela mão. Quando o pai abriu-lhe os braços, ele só teve uma palavra:

— Meu pai!

Duas lágrimas rolaram pelas faces do pai:

— Sim, meu filho.

E se abraçaram. O rapaz casou-se. O presente de casamento foi uma casa para morar. Mais que tudo: o amor do pai.

Palavra de Deus

Filhos, obedecei em tudo a vossos pais porque isto é agradável ao Senhor. Pais, não irriteis vossos filhos para que não desanimem. *(Cl 3, 20-21)*

13 AGOSTO

MORTO A ESTILETADAS

Palavra do homem

Na igreja de Imola, na Itália, existe um quadro que chama a atenção dos visitantes: Um homem coberto de feridas, membros descarnados, cercado de meninos que ferem seu corpo com estiletes escolares.

A todos que perguntam a razão daquela cena bárbara, o guia explica:

— Trata-se de São Cassiano, professor muito consciencioso e sério no seu dever. Viveu nos primeiros séculos do cristianismo, no auge das perseguições contra os cristãos. Negou-se a oferecer sacrifício aos deuses pagãos e foi entregue à justiça romana. O juiz aplicou-lhe uma sentença tão inédita quão satânica: Devia ser morto pelos próprios alunos a poder de caçoadas e torturas.

Alguns atiraram na sua cabeça as lousas escolares. Outros picaram suas carnes com os estiletes. Sabe-se que antigamente as crianças escreviam em lousas cobertas com leve camada de cera. Os lápis eram estiletes pontiagudos.

O tormento foi longo e doloroso. Por fim o mártir expirou, todo perfurado e sangrado.

Palavra de Deus

São Paulo fala das torturas pelas quais passou:

— Cinco vezes recebi dos judeus os quarenta açoites, menos um. Três vezes fui flagelado com varas. Uma vez apedrejado. Três vezes naufraguei. Uma noite e um dia passei no abismo das águas. Viagens sem conta, exposto a perigos nos rios, perigos de salteadores, perigos da parte de meus concidadãos, perigos da parte dos pagãos, perigos na cidade, perigos no deserto, perigos no mar, perigos entre falsos irmãos. Trabalhos e fadigas, repetidas vigílias, com fome e sede, freqüentes jejuns, frio e nudez... *(2Cor 11,24-27)*

Palavra para a vida

— Será que a má conduta dos jovens não vem do mau exemplo dos grandes?

— Como está o problema do menor em minha comunidade?

SÃO CASSIANO (séc. IV) ______________________

OFERECEU A PRÓPRIA VIDA

Palavra do homem

Ano de 1941, em plena segunda guerra mundial. Pe. Maximiliano está preso no campo de concentração por amor da justiça. Com ele sofrem milhares de prisioneiros. Estão divididos em blocos de cem. Trabalham de sol a sol, comem o estritamente necessário para não morrer, sempre acossados pelos guardas que os tratam como animais.

Cercas de arame rodeiam o campo enorme. Ai daquele que tentar fugir! Nas torres de vigia estão os soldados com seus fuzis embalados. Mas se alguém conseguisse fugir, pior para os companheiros do seu bloco. Dez ou mais seriam sorteados e atirados no subterrâneo da fome, onde morreriam à míngua.

Um prisioneiro da turma do Pe. Maximiliano conseguiu fugir. No dia seguinte os noventa e nove companheiros foram colocados em fila para o sorteio fatal. O último a ser escolhido, de nome Francisco, começou a chorar e a se lamentar: "Nunca mais verei minha esposa e meus filhos".

O sacerdote se condoeu do infeliz. Num gesto supremo de heroísmo cristão, apresentou-se ao oficial e disse:

— Quero tomar o lugar de um destes condenados. Desse último, por exemplo, que tem mulher e filhos.

— Mas... quem é você?

— Um padre católico. Já estou sem préstimos para nada.

A troca foi feita. O espanto e o estupor pairavam sobre o campo de concentração. Jamais se ouviu dizer que um prisioneiro tivesse oferecido a própria vida no lugar de outro.

O martírio durou catorze dias. Sem comer. Sem beber. Sem alívio de espécie alguma. Era véspera da Assunção quando o médico lhe aplicou a injeção fatal, acabando de matá-lo.

Palavra de Deus

Este é o meu mandamento: que vos ameis uns aos outros, como eu vos amei. Ninguém tem maior amor do que aquele que dá a vida pelos amigos. *(Jo 15,12-13)*

SÃO MAXIMILIANO KOLBE († 1941)

DO CÉU OLHA POR NÓS

Palavra do homem

Depois que Jesus voltou para o céu, Maria continuou aqui na terra, como Mãe da Igreja nascente. Humildemente unida à comunidade cristã, participava das reuniões fraternas. Era o coração que acalentava e aquecia.

Fraca e perseguida, a Igreja pequenina precisava de uma Mãe. Maria tomou-a no colo e a carregou, como outrora carregara seu Filho. Em seus braços a fé ardente dos primeiros cristãos se fortificou.

Agora a Mãe podia pensar na despedida.

O amor e a saudade do Filho tinham aumentado demais. Sentia muito deixar os filhos na terra. Mas consolava-se pensando que, lá de cima, poderia olhar por eles com mais intensidade.

E adormeceu no Senhor. Morreu de puro amor. Ressuscitou plenamente. Como flecha despedida com segurança, voou certinha para Deus.

Vestida de sol, coroada de estrelas, em pé sob a lua, desabrochava na glória perene, a Toda Pura, cercada de anjos e de santos.

Indescritível o encontro com a Santíssima Trindade. "O mundo é teu", disse-lhe o Pai. "Eu, teu Filho, serei tua coroa", disse Jesus. "Vem, Esposa puríssima, floresce aqui nesta eterna primavera", acrescentou o Espírito Santo.

No meio de tanta felicidade, Maria continua olhando para nós e por nós, degredados filhos de Eva.

Palavra de Deus

Um sinal grandioso apareceu no céu: uma Mulher vestida com o sol, tendo a lua sob os pés e sobre a cabeça uma coroa de doze estrelas. Ela deu à luz um filho, que irá reger todas as nações com cetro de ferro. Seu filho, porém, foi arrebatado para junto de Deus e de seu trono.

Ao ver que fora expulso para a terra, o dragão pôs-se a perseguir a Mulher. A serpente, então, vomitou água como um rio atrás da Mulher a fim de submergi-la. A Mulher, porém, foi socorrida pela terra. *(Ap 12, 1-4)*

ASSUNÇÃO DE MARIA AO CÉU

PESTEADO POR AMOR DE CRISTO

AGOSTO 16

Palavra do homem

Roque tem vinte anos e pode amar. Mas deixa o palacete em que nasceu, e sai pelo mundo como peregrino: um chapéu de abas largas, um manto curto, um bastão, um rosário, uma cabaça para beber água no caminho, pão no alforje, e muita caridade no coração.

Queria visitar os túmulos dos apóstolos em Roma.

Mas encontrou a peste ceifando milhares de vidas por toda a parte.

Mudou de plano. Entregou-se ao cuidado dos empestados. Carrega-os nos braços ou nos ombros, achega-se à sua cabeceira, medica as suas chagas.

Não tem medo nem nojo. Um dia aparece-lhe um sinal esquisito na perna, além da febre, fraqueza, calafrios e vômitos. Era a peste que acabava de contrair.

Não quer dar trabalho a ninguém, e vai esconder-se no bosque. O povo começou a contar que um cachorro misterioso lhe trazia um pão e lambia suas feridas.

Sarou e voltou a peregrinar. Caminhando como andarilho e fazendo o bem por onde passava, chegou novamente à sua terra natal, a França. Mas ninguém o reconheceu. Tido por espião e suspeito, foi parar na cadeia.

Morreu no cárcere, após cinco anos de solidão e desprezo. Só após a morte foi reconhecido, devido a uma cruz de nascença que tinha no peito.

Palavra de Deus

Certo homem, ao descer de Jerusalém para Jericó, caiu em poder dos salteadores... Um samaritano que ia de viagem, chegando perto dele e tendo-o visto, encheu-se de compaixão. Aproximou-se, pensou-lhe as feridas, deitando nelas azeite e vinho. Colocando-o em seguida sobre a própria cavalgadura, levou-o para uma estalagem e prestou-lhe assistência. No dia seguinte, tirando dois denários, deu-os ao estalajadeiro e disse: Presta-lhe assistência, e o que gastares a mais, eu te pagarei quando voltar...

Qual desses três te parece ter sido o próximo daquele que caiu em poder dos salteadores?... *(Lc 10,30-37)*

SÃO ROQUE (séc. XIV)

17 AGOSTO

MÁRTIR DA EUCARISTIA

Palavra do homem

Foi no tempo das perseguições romanas. Um grupo de fiéis, no silêncio das catacumbas, acompanhava a santa missa. Após a comunhão, o sacerdote entregou a Tarcísio uma sacolinha de pano e disse:

— Vai, Tarcísio. Aqui estão as hóstias consagradas. Aqui está Jesus que irás levar aos nossos irmãos prisioneiros. Que ele te acompanhe. Vai, meu filho.

O pequeno diácono, de treze anos apenas, subiu as escadinhas sombrias do subterrâneo e ganhou a rua. Parece que ninguém reparou naquele menino que caminhava um tanto fora da rua, com as mãos sobre o peito, como que resguardando alguma coisa muito preciosa.

Mais na frente, numa pequena praça, um grupo de meninos avistou Tarcísio e gritou:

— Venha brincar conosco. Falta um parceiro para começar o jogo.

— Agora não posso. Vou levando um recado urgente. Na volta, sim.

— Queremos agora... Mas o que você vai levando aí? Mostre-nos logo.

Ele se recusou. Os garotos insistiram. Ameaçaram, empurraram. Ele resistia porque, pagãos que eram, poderiam profanar as sagradas espécies.

A resistência fez recrudescer o assanhamento dos garotos. Começaram a dar-lhe pontapés e pedradas. O menino caiu no chão, ensangüentado. As mãos continuavam protegendo a santa Eucaristia.

Foi quando apontou ali um soldado, guarda do quarteirão. Era Quadrato que, às escondidas, costumava freqüentar o culto dos cristãos. Os moleques fugiram ao ver o soldado aproximar-se. Levantando do chão o pequeno mártir, exclamou surpreso e comovido:

— É o Tarcísio. Já vi esse menino nas catacumbas...

O pequeno mártir morreu nos braços do soldado, com as mãos apertando ainda a santa Eucaristia contra o peito.

Palavra de Deus

Eu sou a videira e vocês são os ramos. Aquele que permanece em mim e eu nele, produz muito fruto... *(Jo 15,5)*

SÃO TARCÍSIO (séc. I)

PEGADAS NA AREIA

Palavra do homem

Uma noite eu tive um sonho. Sonhei que estava andando na praia.

Na areia, ao longo da praia, havia sinais de passos. Sempre dois pares de passos. Como se duas pessoas tivessem passado por ali, uma ao lado da outra.

Disseram-me que aquelas pisadas na areia representavam a caminhada de minha vida e do meu companheiro de viagem, o Senhor Jesus.

Toda a minha vida estava escrita naquela sucessão de passos.

Prestando mais atenção naquela sucessão de pegadas, notei uma coisa singular. Havia trechos onde só percebi um par de passos. Eram justamente os meus.

Notei mais ainda. Os trechos de caminho onde só se via um par de passos, eram exatamente os momentos mais difíceis e dolorosos da minha vida. Concluí, disso tudo, que meu bom companheiro de viagem, deixou-me sozinho quando mais precisava Dele. Queixei-me então com Ele:

— Tu me prometeste que estarias sempre comigo. Estou percebendo que me deixaste sozinho, justamente nos momentos mais difíceis e mais sofridos da minha vida. Como pois?...

— Meu filho, respondeu Ele, pensas que te abandonei? Achas que teria coragem de fazer tal coisa? Aquelas pegadas que aparecem sozinhas em alguns trechos da estrada, não são tuas, mas minhas.

— ?...

— Naqueles trechos mais difíceis da tua vida eu te carreguei no colo.

Palavra de Deus

Alegrai-vos com Jerusalém, exultai nela, todos os que a amais. Regozijai-vos com ela, todos que por ela estáveis de luto, pois sereis amamentados e saciados pelo seu seio consolador. Sugareis e vos deliciareis no seu peito fecundo.

Com efeito diz o Senhor: "Eis que vou trazer a paz como um rio e a glória das nações como uma torrente transbordante. Sereis amamentados e carregados ao colo e acariciados sobre os joelhos..." *(Is 66,10-12)*

O JOGO DA CRUZ

Palavra do homem

O padre vigário estava falando sobre os sofrimentos da vida.

Salientou, especialmente, este aspecto: Se aceitarmos as cruzes que Deus nos manda, serão muito mais suportáveis. E aduziu um exemplo muito prático e concreto: Tomou dois pauzinhos, um comprido e outro mais curto, e disse:

— Vejam só, meus irmãos. O pedaço mais comprido é a vontade de Deus. O mais curto é a nossa vontade. Se pusermos nossa vontade ao lado da vontade divina (e colocou os dois pauzinhos em paralelo), não se vê nenhuma cruz. O sofrimento desaparece.

Se colocarmos, porém, nossa vontade atravessada com a de Deus (pegou os dois pauzinhos e colocou-os atravessados), a vida se transforma numa cruz, num instrumento de suplício. O sofrimento aumenta muito mais.

Meus bons irmãos, concluiu o vigário, o jeito é conformar nossa vontade com a vontade de nosso Pai, se quisermos ter paz e alegria.

E arrematou: Se não podemos escapar do sofrimento, pelo menos não tornemos a vida mais difícil do que já é! Amém!

Palavra de Deus

Jesus foi, como de costume, para o Jardim das Oliveiras. Seguiram-no também os discípulos. Quando chegou ao local disse-lhes: "Orai para não cairdes na tentação". Afastando-se cerca de um tiro de pedra e pondo-se de joelhos, orava dizendo:

— Pai, se for possível, afasta de mim este cálice. Não se faça, porém, a minha vontade, mas a tua.

Apareceu-lhe um anjo para confortá-lo. *(Lc 22,39-42)*

Palavra para a vida

— Conformidade com o sofrimento da vida é a mesma coisa que passividade, acomodação, fatalismo? Deus quer o sofrimento?

— Podemos conformar-nos com as injustiças sociais, que são a causa e a raiz de muito sofrimento?

CAÇADOR DE VOCAÇÕES

AGOSTO **20**

Palavra do homem

Bernardo, monge de Claraval, tinha um poder de atração impressionante sobre os jovens. Em dois anos apenas, aumentou de doze para quinhentos, o número de monges da sua Ordem. Ninguém resistia àquele caçador de almas que no ouro e na prata via somente "um pouco de terra branca e amarela, valorizada apenas pela ignorância dos homens".

Bernardo encontrava seguidores até nos patíbulos e nas tabernas.

Um dia encontrou-se com uma turma de homens que levavam um condenado à forca e pediu que lho dessem. Ele mesmo queria enforcá-lo. Queria pregá-lo na cruz da vida de convento. E conseguiu.

Em outra ocasião entrou numa taberna e ofereceu-se para jogar com um sujeito viciado em jogatina. "Jogar o que?" perguntou o homem. "Você joga a sua alma e eu jogo a minha mula". Fizeram o jogo e Bernardo ganhou. Ganhou a alma do jogador e levou-o para o convento.

Fez uma palestra aos estudantes que ficou famosa: "Meus filhos, quem os ensinou a fugir da ira futura? Ai de vocês que têm a chave da ciência e do poder, mas não entram e nem deixam ninguém entrar!... Tenham dó dos outros e tenham dó das próprias almas, do sangue que alguém derramou por vocês. A castidade de vocês corre perigo no meio de tanto prazer. A humildade de vocês morre no meio da riqueza. Deixem esta Babilônia e venham salvar suas vidas para Deus..."

Após essa palestra, vinte jovens pediram para entrar no convento.

Palavra de Deus

Rogo-vos, pois, eu, prisioneiro no Senhor, que andeis de um modo digno da vocação a que fostes chamados: com toda a humildade e mansidão, com paciência suportando-vos uns aos outros por caridade, solícitos em conservar a unidade do espírito pelo vínculo da paz.

Há um só corpo e um só Espírito, como também vós fostes chamados a uma só esperança pela vossa vocação. Há um só Senhor, uma só Fé, um só Batismo. Há um só Deus e Pai de todos... *(Ef 4,1-6)*

——— **SÃO BERNARDO,** abade e doutor da Igreja († 1153)

21 AGOSTO

O PADRE DESCONHECIDO

Palavra do homem

José Sarto logo após ser nomeado bispo de Mântua (Itália), fez uma visita ao Santuário de Santo Antônio em Pádua. Apresentou-se na sacristia e pediu para celebrar a santa missa.

O vigário teve alguns momentos de dúvida e desconfiança quanto à identidade daquele padre, desconhecido para ele. Era preciso fazer uma sondagem:

— Por obséquio, o senhor de onde é?

— Sou de Treviso.

— O que o senhor faz em Treviso?

— Atualmente não faço nada.

— Como isso? Não é vigário? Nem coadjutor?

— Não, senhor.

— Estou admirado. Há tanta falta de padres por lá, e o senhor não tem nada que fazer lá?... Dou licença para celebrar a missa, mas... gostaria de ver melhor o seu caso.

Por precaução o vigário pediu ao sacristão que, durante a missa daquele padre desconhecido, observasse bem o seu comportamento. Terminada a missa, o sacristão informou que notara muita piedade e devoção no celebrante. "Ainda bem", suspirou o vigário.

Conforme o costume em algumas igrejas, apresentou-lhe o livro dos visitantes para deixar ali sua assinatura. O padre peregrino anotou: José Sarto, bispo eleito de Mântua.

Imagine o desapontamento do zeloso vigário.

E a humildade e simplicidade do futuro papa e santo, São Pio X.

Palavra de Deus

Disse Jesus aos seus discípulos: Não queirais ser chamados de mestre, pois não tendes senão um só Mestre e sois todos irmãos. O nome de pai não o deis na terra a ninguém, pois não tendes senão um Pai, que está no céu. Não vos façais chamar de líder, porque não tendes senão um líder que é o Cristo. O maior entre vós será o vosso servo. *(Mt 23,8-12)*

SÃO PIO X (1835-1914)

O MENINO E A DAMA

Palavra do homem

Era uma tarde fria de inverno europeu. Uma jovem senhora passa pela rua e vê um garotinho, pés no chão, roupa em frangalhos, diante de uma vitrine. Seus olhinhos estão presos na exposição de sapatos. Ela pergunta sorrindo:

— Que está fazendo aqui? Não está sentindo frio?

— Estou pedindo ao bom Jesus que me arranje um par de sapatos.

— Então venha comigo. Vejamos se Jesus gosta de ajudar meninos como você.

Entrou com ele na loja, onde aliás era muito conhecida, e pediu uma bacia com água quente para lavar os pés do menino. Depois comprou-lhe meias de lã e um par de sapatos. O garotinho continuava atônito, sem dizer palavra.

No fim, quando a mulher fez menção de deixá-lo, ele a fitou demoradamente, olhinhos úmidos, e perguntou:

— A senhora é a mãe de Jesus?

— A mãe de Jesus?... Não. Apenas a sua criada.

Palavra de Deus

Naqueles dias Ester revestiu-se de seus trajes reais e se apresentou diante do aposento onde estava o rei, sentado em seu trono. Logo que o rei viu a rainha no átrio, sentiu-se conquistado e estendeu-lhe o cetro de ouro.

Ester se aproximou para tocá-lo. Então o rei lhe disse: "Qual é o teu pedido, rainha Ester? Que desejas? Ainda que fosse a metade do meu reino, eu te daria". A rainha respondeu:

Se encontrei graça a teus olhos, ó rei, e se for do teu agrado, concede-me a vida, eis o meu pedido. Salva meu povo, eis o meu pedido. *(Est 5,1-2; 7,2-3)*

Palavra para a vida

— Maria usa de sua influência diante de Deus para interceder por nós.

FESTA DE NOSSA SENHORA RAINHA

VIOLÊNCIA E MANSIDÃO

Palavra do homem

O século XVI foi cheio de contrastes no Peru.

Francisco Pizarro desembarcou naquele país com um punhado de aventureiros, implantando um regime de terror e violência. A sede de ouro embriagava os conquistadores, transformando-os em feras humanas.

Os soberanos do Peru morriam martirizados pelos invasores.

Os índios, aterrorizados, fugiam para as cavernas ou se refugiavam nos vales das serras, para escapar à fúria devastadora dos europeus. O próprio Pizarro acabou apunhalado pelos seus companheiros de destruição.

No meio dessa barbárie, brota uma rosa e nasce uma menina. É Rosa de Lima. Desde a juventude sonhava dias mais tranqüilos para sua nação sofredora. No silêncio da sua pequena cela, no quintal da casa paterna, rezava e fazia penitência pelo seu povo.

Não comia frutas, tão abundantes no pomar do seu pai. Suportava a sede durante dias inteiros, bebendo apenas um gole por dia. Renunciava a tudo que tivesse qualquer sentido de prazer ou lazer.

Não duvidamos que o heroísmo oculto de Rosa alcançou dias melhores para sua pátria conturbada e explorada.

Palavra de Deus

Eu, João, vi um novo céu e uma nova terra, porque o primeiro céu e a primeira terra desapareceram e o mar já não existe. E vi a cidade santa, a nova Jerusalém, que descia do céu, de junto de Deus, inteiramente adornada, como uma noiva para o seu esposo.

Escutei, vinda do Trono, forte voz que dizia: "Eis a morada de Deus com os homens. Habitarei com eles, e serão o seu povo e Deus mesmo estará com eles. Enxugará toda lágrima de seus olhos, e já não haverá mais morte, nem luto, nem grito, nem dor, porque o antigo mundo se foi".

Aquele que estava sentado no Trono disse: "Eis que faço novas todas as coisas..." *(Ap 21, 1-5)*

SANTA ROSA DE LIMA (1586-1617)

ESFOLADO VIVO

AGOSTO 24

Palavra do homem

O pescador Natanael estava sentado à sombra de uma figueira, junto ao mar da Galiléia e consertava as redes. Queria passar a noite pescando, pois, dentro de três dias, um dos seus melhores amigos ia festejar o seu casamento em Caná. Não poderiam faltar os peixes, regados por um bom vinho feito em casa.

Era mais uma colaboração, pois o amigo era pobre. Mesmo sendo pobre, convidara meio mundo para a sua festa.

Ao levantar os olhos, avistou lá longe o amigo Felipe que vinha ao seu encontro, correndo como um desesperado. E gritava com as mãos em concha:

— Natanael, encontramos aquele que foi anunciado por Moisés e os profetas.

Natanael sacudiu os ombros incredulamente e perguntou:

— Quem é que vocês encontraram? O Messias? Como se chama?

— Jesus de Nazaré, filho de José, o carpinteiro.

Natanael olhou bem para Felipe, tornou a se assentar no cepo e soltou uma sonora gargalhada:

— De Nazaré pode sair coisa que preste?

E ria até correr lágrima pelos olhos. Não entendia como o Messias, o tão anunciado Salvador de Israel, pudesse nascer num lugar tão apagado. Mas o companheiro olhava firme para Natanael, que sublinhou suas palavras com este ditado popular:

— Quando Deus quer castigar alguém, dá-lhe uma esposa de Nazaré.

— Venha comigo, seu gozador.

Ele foi. Encontrou o Messias e tornou-se o seu apóstolo ardoroso. Tão ardoroso e apaixonado que, mais tarde, morreu esfolado por amor dele.

Palavra de Deus

Jesus, vendo Natanael que lhe vinha ao encontro, disse: Eis um israelita autêntico, em quem não há fingimento. *(Jo 1,47)*

S. BARTOLOMEU, apóstolo e mártir

PRESO E EXPULSO

Palavra do homem

Pe. José Calasanz fundou a Congregação das Escolas Pias, para trabalhar no meio da juventude escolar. Seus membros aumentaram depressa demais. Nasceram discórdias internas e muitos se voltaram contra o próprio fundador e pai. Foi acusado perante o Santo Ofício.

Um dia chegou à sua casa o representante desse tribunal eclesiástico e o levou preso. Não lhe deram tempo nem para pegar a capa e o chapéu.

Foi duro para o santo velhinho de oitenta e seis anos, suportar humilhação e ingratidão tão grandes. Provada sua inocência, foi libertado.

As calúnias e queixas redobraram. Foi deposto do cargo de Superior Geral da própria Congregação religiosa que fundara.

Formaram-se dois partidos dentro da agremiação: a favor e contra o Fundador. Ele se preocupava mais com o perigo de um cisma interno, do que com sua deposição.

No meio de tanta amargura, ele mostrou mais uma vez sua nobreza. Quando uma lepra imunda apareceu no corpo do seu opositor, invejoso e ávido de poder, o santo apressou-se em ir até ele para curá-lo.

Não obstante esses gestos de grandeza, a luta interna continuava cada vez mais acirrada. A Santa Sé precisou suprimir a Congregação dos Padres Esculápios, ao menos temporariamente.

Pe. José, agora com noventa anos, deixou este mundo como um fracassado. A obra pela qual tanto lutara, parecia ter naufragado.

Mas o povo julgou de modo diferente a vida e a obra do santo. Seu cadáver precisou ficar três dias exposto para que todos pudessem despedir-se dele.

Palavra de Deus

Não semearás a difamação no meio do teu povo, nem te apresentarás como testemunha contra a vida do teu próximo: Eu sou o Senhor. Não odiarás o teu irmão no teu coração... *(Lv 19, 16-17)*

SÃO JOSÉ CALASANZ (1557-1648)

TARDE PARA SE ARREPENDER

Palavra do homem

O marido estava saindo para o trabalho quando, por não sei qual motivo, surgiu um desentendimento. Era um bate-boca de casal que devia morrer ali mesmo.

Ele pediu desculpas. Não queria ir para o serviço com aquele peso no coração. Mas ela teimava em não perdoar. Chegou a fugir para o quintal, para não vê-lo sair.

Chegou a tarde. O marido, que costumava chegar às seis horas, ainda não apontara. Ela não estava preocupada em calcular os motivos do atraso: "Ele é dono do seu nariz. Chegue quando quiser".

Quem veio lá pelas sete horas da noite, foi um mensageiro com a triste notícia: Seu esposo tinha sido atropelado por um carro quando voltava para casa.

Horas depois a viúva recebia o corpo do marido para ser velado.

Tomada pelo remorso, daria tudo o que possuía, só para ele voltar à vida por alguns minutos e assim poder pedir perdão. Mas já era tarde, muito tarde.

Palavra de Deus

Mortificai, pois, vossos membros no que têm de terreno: a devassidão, a impureza, as paixões, os maus desejos, a cobiça, que é uma idolatria. Dessas coisas provém a ira de Deus sobre os descrentes.

Outrora também vós vivíeis mergulhados nesses vícios. Agora, porém, deixai de lado todas estas coisas: ira, animosidade, maledicência, maldade, palavras torpes, nem vos enganeis uns aos outros. Vós vos despistes do homem velho com seus vícios e concupiscências, e vos revestistes do novo que se vai restaurando constantemente à imagem daquele que o criou até atingir o perfeito conhecimento. *(1Ts 3, 5-10)*

Palavra para a vida

— Alguns acham que, perdoar, é sinal de fraqueza e covardia.

— Negar o perdão não é, antes, sinal de mesquinhez e orgulho?...

27 AGOSTO

FILHO DE MUITAS LÁGRIMAS

Palavra do homem

Dona Mônica vivia preocupada com os desmandos do seu filho Agostinho. Inteligente, mas irrequieto e volúvel, deixara-se arrastar pelas paixões e pelos falsos ideais.

Conselhos não resolviam. Então ela rezava. Rezava muito pela conversão do seu filho. Mas não se contentava só com a oração. Recorreu a pessoas sensatas, pedindo conselho e orientação.

Um dia foi ter com um bispo famoso e santo, Dom Ambrósio. Pediu-lhe que conversasse com Agostinho, que orientasse a sua inteligência, desviada do verdadeiro caminho. Surpreendentemente, o bispo recusou. E acrescentou:

— Deixe-o ficar assim. Limite-se a rezar por ele. Pouco a pouco irá reconhecendo seu erro e sua iniqüidade.

Ela, porém, insistia com "mais súplicas e mais copiosas lágrimas". Então o bispo, para acalmar e animar aquele coração materno, exclamou com ênfase:

— Vai em paz e continua fazendo assim. É impossível que se perca um filho de tantas lágrimas.

As lágrimas daquela santa mãe foram o primeiro batismo do rapaz. Vinte anos de preces regadas com lágrimas, alcançaram a graça da conversão.

Agostinho tornou-se depois o grande Santo Agostinho, bispo de Hipona.

Palavra de Deus

Jesus dirigiu-se a uma cidade chamada Naim, acompanhado dos discípulos e de grande multidão. Quando se aproximava da porta da cidade, vinham trazendo para fora um defunto, filho único de uma viúva. Acompanhava-a bastante gente da cidade.

Ao vê-la, o Senhor compadeceu-se dela e disse: "Não chores". Aproximando-se, tocou no esquife. Os que o transportavam, detiveram-se e ele exclamou: "Moço, eu te ordeno, levanta-te". O morto sentou-se e começou a falar. E Jesus entregou-o à sua mãe.
(Lc 7,11-15)

SANTA MÔNICA, viúva (331-387)

CORAÇÃO INQUIETO

AGOSTO **28**

Palavra do homem

Agostinho foi sempre um coração inquieto e insatisfeito. Experimentou todos os prazeres, leu todos os livros e conheceu todas as religiões.

Queria encontrar a verdade, mas não achava o caminho...

Queria libertar-se da sua sensualidade, mas não tinha força.

Durante dez anos viveu amasiado com uma mulher que lhe deu um filho. Depois, forçado a deixá-la, entregou-se a outras aventuras amorosas. Envolvido nas malhas da paixão, ele mesmo conta no livro das "Confissões":

— Eu dizia dentro de mim: vai ser agora, agora mesmo. E pelas palavras eu parecia caminhar para a resolução final. Estava perto de cumprir e não cumpria... Por quanto tempo direi ainda: Amanhã! Amanhã!

Ele rezava: "Meu Deus, faça-me casto. Mas não agora".

Um dia ele abriu a Bíblia e leu esta passagem: "Andemos dignamente, como convém, em pleno dia, e não em farras e bebedeiras, não em desonestidades e depravações, não em contendas e ciúmes. Revesti-vos do Senhor Jesus e não vos deixeis levar pela carne e suas concupiscências... *(Rm 13,13-14)*

Foi o empurrão final. Foi o passo decisivo para a conversão radical.

Aqui nasceu o doutor da Igreja, o bispo, o pregador, o santo.

Palavra de Deus

Caríssimos, amemo-nos uns aos outros pois o amor vem de Deus. Todo aquele que ama, nasceu de Deus e conhece a Deus. Aquele que não ama, não conheceu a Deus, porque Deus é Amor...

Nisto consiste o amor: não fomos nós que amamos a Deus, mas foi ele quem nos amou e enviou-nos o seu Filho, como vítima de expiação pelos nossos pecados. *(1Jo 4,7-10)*

Palavra para a vida

— Se grandes foram os pecados de Agostinho, maior foi seu amor.

— É dele a frase: Nosso coração está inquieto, enquanto não repousar em Deus.

SANTO AGOSTINHO,
bispo e doutor da Igreja (354-430)

29 AGOSTO

A MORTE DO PRECURSOR

Palavra do homem

O rei Herodes vivia amasiado com sua própria cunhada.

João Batista, chegou-se um dia ao rei e recriminou sua vida incestuosa e devassa:

— Não te é lícito viver com tua cunhada. Muda de conduta.

— Cala-te, respondeu Herodes. Ou te farei calar à força.

João não se calou e foi atirado no fundo de um calabouço.

Herodíades, amante do rei, exultou de alegria diabólica.

Um dia Herodes ofereceu um grande banquete. Queria distrair-se e distrair a atenção do povo que gostava muito de João. A jovem Salomé, filha de Herodíades, dançou com tanta graça e volúpia, que deixou os convivas fascinados. Herodes chegou a dizer-lhe: "Pede-me o que quiseres, que te darei. Nem que seja a metade do meu reino".

Salomé foi consultar sua mãe. Chegou o momento de se livrar daquela sombra importuna e denunciadora. Disse então para a filha: "Peça a cabeça de João Batista".

Horas depois a perversa Herodíades recebia numa bandeja a cabeça ensangüentada do profeta. Mas não suportou aqueles olhos que pareciam continuar vivos. Que continuavam encarando aquela mulher perversa, censurando-a e... perdoando-a.

Também Herodes, roído pelo remorso, não teve mais sossego. O vulto de João Batista o perseguia dia e noite. Diante do rei desvairado, desfilavam as sombras dos muitos inocentes que mandou matar.

Morreu logo, no exílio e na solidão. Mas João vive na História.

Palavra de Deus

Houve um homem mandado por Deus cujo nome era João.

Veio como testemunha, para dar testemunho da luz, a fim de que todos cressem por seu intermédio.

Ele não era a luz, mas devia dar testemunho da luz.

Já estava aqui a luz verdadeira que ilumina todos que vêm ao mundo. *(Jo 1,6-9)*

MARTÍRIO DE JOÃO BATISTA (séc. I)

QUANTAS SANTAS COMO ESTA

AGOSTO 30

Palavra do homem

Aquela mulher era muito simples. Tinha seus cinqüenta anos, mais ou menos. Casara-se no interior com um rapaz de quem gostava. Era ingênua e simples.

Vieram depois os filhos. Foi esposa. Foi educadora. Foi mãe.

Nunca teve muita amizade do marido. Homem rude e intransigente, ele não sabia conversar com ela. Sexualmente, sempre a procurava, mas de maneira egoísta e machista.

Ela, por sua vez, lavava a roupa, fazia a comida, amava os filhos, lutava e labutava do amanhecer até o anoitecer. Sempre fiel. Raras vezes se lamentava, embora não conseguisse esconder um ar de tristeza.

Não havia beleza nas conversas em casa. A vida parecia um peso. Era a doença de um filho, as dificuldades materiais de outro lado, as exigências do marido. Ele não tinha o hábito de procurar a Deus na religião. Mas ela gostava da igreja. Também como refúgio na dor e no abandono.

Com seus cinqüenta anos agora, teria vontade que tudo tivesse sido diferente. Gostaria de começar tudo, mas de outro jeito. Cumpriu sua obrigação e atirou tudo nos mistérios de Deus.

Por que a vida escreve tantas histórias parecidas com esta?

Por que a vida de um casal torna-se tão rotineira e vazia?

Palavra de Deus

Não te afastes da mulher sensata e virtuosa, porque a graça da sua modéstia vale mais do que o ouro...

Tens filhos? Educa-os, e acostuma-os à obediência desde a infância.

Tens filhas? Vela pela integridade dos seus corpos...

Tens uma mulher segundo o teu coração? Não a repudies, e não confies na que é odiosa.

Honra teu pai de todo o teu coração, não esqueças os gemidos da tua mãe. Lembra-te que não terias nascido sem eles, e como lhes pagarás o que por ti fizeram? *(Eclo 7, 19-28)*

ESCRAVO POR AMOR

Palavra do homem

Raimundo Nonato tomou sobre si a nobre tarefa de resgatar os escravos cristãos que caíam sob o poder dos maometanos. Conseguiu libertar centenas e centenas deles, com as somas de dinheiro que ajuntara para isso.

Um dia o dinheiro acabou. Mas sua pessoa também valia alguma coisa. Por isso ofereceu-se a si mesmo em troca da libertação de mais alguns prisioneiros.

Os sanguinários donos de escravos trataram-no como um preso comum. Raimundo tinha que desempenhar os trabalhos mais rudes, debaixo de um sol abrasador, com os pés acorrentados, enquanto a chibata sibilava em suas espáduas desnudas.

Aproveitava o cativeiro para evangelizar os companheiros de infortúnio. Quiseram matá-lo por isso. Mas perderiam boa soma de dinheiro, caso alguém viesse resgatá-lo.

Então tomaram outra solução: Foi arrastado pela cidade, açoitado nas esquinas, ridicularizado. Perfuraram seus lábios, introduzindo neles uma argola. Depois voltou para o cárcere. "Agora quero ver você abrir a boca para catequizar seus irmãos", dizia-lhe zombando, o cheique dos muçulmanos.

Ficou oito longos meses num calabouço infecto e sombrio, com mãos e pés acorrentados e uma espécie de freio na boca, que só era retirado para poder comer. Mesmo assim, tentava comunicar-se com os companheiros, ensinando-lhes a doutrina.

Chegaram finalmente os irmãos Mercedários, com o dinheiro necessário para seu resgate.

Palavra de Deus

Quando Jeremias chegou à porta da cidade, um guarda prendeu o profeta dizendo-lhe: "Passa para os caldeus". Jeremias respondeu: "Isto é falso. Eu não passo para os caldeus". Jerias, o guarda, não lhe deu ouvidos e, prendendo-o, levou-o à presença dos chefes. Estes, encolerizados, açoitaram-no e jogaram-no na prisão... *(Jr 37, 11-16)*

SÃO RAIMUNDO NONATO (1204-1240)

FALTOU O DIÁLOGO

SETEMBRO 1

Palavra do homem

Um homem voltava para sua roça, num sábado à tarde, após ter feito as compras na cidade. Perdera a camioneta que fazia esse trajeto, levando sempre algum passageiro. Por isso ia caminhando a pé, no "Expresso Canela".

Em certa altura do caminho, resolveu pegar um atalho no meio da mata. A sombra do mato se adensava devido à tarde que avançava cada vez mais.

De repente, no meio da sombra, uns cem passos adiante, avistou um vulto de homem. Não conseguiu identificar quem era. Notou apenas que o desconhecido apertou mais o passo, após olhar desconfiado para trás. O roceiro, por sua vez, ficou mais curioso e estugou o passo a fim de descobrir quem corria na frente.

O homem da frente percebeu que o sujeito de trás havia acelerado a marcha e cresceu sua desconfiança: será um ladrão? um assaltante? Desatou a correr desesperadamente, enroscando-se nos espinhos e desviando-se dos galhos.

O homem de trás não deixou por menos e esticou também as pernas.

Quando acabou o mato e os dois se viram no limpo, quase alcançando o povoado, constataram o engano: Ambos eram compadres, moradores do mesmo povoado, velhos amigos e parceiros de baralho.

Palavra de Deus

Jesus mandou os discípulos embarcarem adiante dele para a outra margem, enquanto ele despedia as turbas. Tendo-as despedido, subiu sozinho a um monte para orar. Ao cair da noite estava ali sozinho....

Na quarta vigília da noite Jesus veio ter com eles, caminhando sobre as águas. Os discípulos, vendo-o caminhar sobre as águas, assustaram-se, pensando que fosse um fantasma. E gritaram de terror. Mas logo Jesus lhes dirigiu a palavra dizendo: "Tende confiança. Não temais. Sou eu". *(Mt 14, 22-27)*

Palavra para a vida

O que faltou para os dois compadres? O diálogo.

O LIVRO DO DESTINO

Palavra do homem

Uma vez um homem conseguiu licença para entrar na grande gruta onde estavam os livros da vida de cada um, com seu passado e seu futuro.

Poderia ficar lá dentro certo número de minutos, durante os quais ser-lhe-ia facultado modificar o rumo do seu próprio destino e o de quantos homens o prazo permitisse.

O que fez o homenzinho? O que pensou aquele egoísta? Agora poderia se vingar dos seus desafetos. Foi direto ao livro de um grande inimigo e corrigiu, ajuntando desgraças, doenças e pobreza para ele. O mesmo ia fazendo com outros, riscando o que lhes fora reservado de bom e escrevendo misérias e desventuras.

O tempo corria e o prazo estava por terminar. Quando, afinal, pegou o livro de sua vida para anotar fortunas e bem-estar, alguém tocou-lhe no ombro:

— Amigo, o prazo terminou.

O infeliz lamentava a vida inteira:

— Tive o livro do destino em minhas mãos. Preocupado, porém, só em fazer mal aos meus inimigos, perdi a chance de fazer o bem para mim mesmo.

Palavra de Deus

Conservai a paz entre vós. Pedimo-vos porém, irmãos, corrigi os desordeiros, encorajai os tímidos, amparai os fracos e tende paciência com todos. Vede que ninguém pague a outro mal com mal. Antes, procurai sempre praticar o bem entre vós, e para com todos.

Vivei sempre contentes. Orai sem cessar. Em todas as circunstâncias dai graças, porque esta é a vosso respeito a vontade de Deus em Jesus Cristo. Não extingais o Espírito. Não desprezeis as profecias. Examinai tudo: abraçai o que é bom. Guardai-vos de todo o mal. *(1Ts 5, 14-22)*

FUGIU PARA NÃO SER PAPA

SETEMBRO 3

Palavra do homem

Gregório, monge beneditino, queria realizar seu grande sonho: deixar Roma a fim de pregar Missão entre os pagãos da Inglaterra. Partiu às escondidas. O povo romano foi pedir ao Papa que o chamasse de volta. Achavam que ele era a única salvação de Roma, atolada em tantos problemas. E ele voltou.

Meses depois foi escolhido para suceder ao Papa Benedito I. Relutou e protestou, mas sem resultado. Tentou fugir. As sentinelas da cidade não o deixaram passar.

Tentou de novo, desta vez, escondido numa carroça de verduras. Passou vários dias despistando seus caçadores, ocultando-se no mato e nas grutas. Pegaram-no e o trouxeram em triunfo.

Gregório cedeu finalmente à vontade do povo e de Deus. Já que era para ser Papa, ele o seria com todas as veras do coração. Foi um verdadeiro pai para todos, especialmente para os pobres.

Certo dia estava se revestindo dos paramentos a fim de começar a missa, quando vieram contar que, nas proximidades de Roma, um homem jazia desmaiado de fome e fraqueza. Devia ser um estrangeiro. O Papa empalideceu. Voltou para a sacristia, retirou os paramentos e disse ao sacristão:

— O Papa não pode oferecer o santo sacrifício da missa enquanto existe alguém morrendo de fome em Roma.

Governou tão bem a Igreja numa de suas fases mais difíceis, que mereceu o nome de Gregório Magno, isto é, o Grande.

Palavra de Deus

Disse Deus a Moisés: "Eu te enviarei a Faraó, para que tires do Egito o meu povo, os filhos de Israel.

Moisés disse a Deus: Quem sou eu para ir ter com Faraó, e tirar os filhos de Israel do Egito?... Não me darão crédito... Não sei falar...

E Deus disse-lhe: "Eu estarei contigo..." *(Êx 3,7ss.)*

SÃO GREGÓRIO MAGNO, Papa († 604)

A VISITA DE JESUS

Palavra do homem

Jesus estava conversando com seus apóstolos quando uma mulher se aproximou, vaidosamente vestida. Queria uma visita especial de Jesus à sua casa. Pedro expôs o desejo a Jesus, que respondeu: "Hoje mesmo irei visitá-la".

Ela voltou apressadamente para casa, chamou os empregados e ordenou: Deixem a casa bem arrumada porque hoje o Mestre vem aqui.

No meio dos preparativos e do corre-corre, ouve-se alguém bater à porta. Seria ele? Mas era cedo ainda e a casa não estava preparada. Mandou uma empregada ver quem era. Tratava-se de um velho doente e maltrapilho, que pedia comida. Ao tomar conhecimento, a mulher se irritou e mandou despachar o velho: "Onde se viu, interromper o trabalho para atender a um vagabundo? Além dos mais, iria sujar a casa, preparada para Jesus".

Passado algum tempo, ouve-se bater à porta pela segunda vez.

Seria ele? A empregada volta com a notícia: Era um menino abandonado, pedindo abrigo. A mulher o enxota brutalmente: "Aqui não é orfanato nem creche".

Chegou meio-dia, a casa estava arrumada, e Jesus não vinha. Ter-se-ia esquecido? Mas alguém está batendo. "É ele, finalmente. Pudera! Tudo preparado e empregados a postos!..." Ela mesma, toda enfeitada e perfumada, foi abrir a porta. Era uma velhinha pedindo esmola. Que frustração! Aos berros mandou a velha embora: "Pobre na porta é só para estragar o visual e enfeiar o cenário".

Começou a escurecer. Jesus não aparecia. Resolveu ir ver o que estava acontecendo. Encontrou o Mestre no mesmo lugar, conversando com o povo. Chegou-se a um dos discípulos e perguntou se Jesus ainda iria até a casa dela. Jesus mandou dizer:

— Diga a essa mulher que hoje, por bem três vezes, tentei visitá-la. Mas ela recusou-se a receber-me.

Palavra de Deus

O que fizerdes ao menor dos pequeninos, é a Mim que fazeis. *(Mt 18, 5)*

O RAPAZ E O EMPREGO

Palavra do homem

Um rapaz procurava emprego. Mas inutilmente. Era de aparência franzina e doentia. Após haver tentado em diversas oficinas, lojas e armazéns, passou por uma obra de construção e arriscou bater. Não tinha mais esperança. O gerente o recebeu com amabilidade, mas com a mesma resposta: "Não temos vagas".

Simpatizou-se com as maneiras educadas do moço, mas não podia fazer nada. Quando o rapaz saiu, o gerente ainda o acompanhou com os olhos: "Dá pena. Um rapaz tão bom".

Caminhava cabisbaixo pela calçada, quando abaixou-se de repente e catou qualquer coisa no chão. O que era? Um prego, um simples prego que limpou e guardou cuidadosamente. Poderá servir, pensou ele.

Este gesto (muitas vezes desaprovado por outros) foi a salvação do moço. O gerente, que havia visto tudo, mandou chamá-lo depressa e lhe disse:

— Você foi aceito. Para gente como você, nós sempre temos vagas.

Palavra de Deus

Rute, a moabita, disse a Noemi (casada com Booz): "Permite que eu vá ao campo, apanhar as espigas que escapam das mãos dos segadores que me acolherem favoravelmente". Ela respondeu: "Vai, minha filha". Ela foi e catava as espigas de trigo que escapavam das mãos dos segadores. Por sorte aquele campo pertencia a Booz... *(Rt 2, 2ss)*

— Quando todos ficaram saciados (após terem comido dos cinco pães e dos dois peixinhos), disse Jesus aos seus discípulos: "Recolhei o que sobrou para que nada se perca". Eles recolheram e encheram doze cestos com os restos dos cinco pães de cevada, deixados pelos que se alimentaram. *(Jo 6,12-13)*

Palavra para a vida

— Economizar é usar as coisas com justeza. O contrário chama-se esbanjar.

— "A quem sabe usar, não vai faltar". Tudo é dom de Deus.

MORREU AO LADO DO REMÉDIO

Palavra do homem

O jovem aviador Bill queria fazer uma visita à sua mãe. De San Diego até Phoenix (EUA) eram quinhentos quilômetros, e o dia estava bonito.

Mas a imensidão do deserto de Arizona o traiu. Errou a rota, e quando notou o erro, já não tinha mais combustível suficiente para chegar ao destino. Fez uma aterrissagem de emergência, num lugar deserto, à beira-mar. Tinha apenas quinze litros de gasolina e dois cigarros. Nenhum alimento e nenhuma bebida.

Ali ficou durante uns dez dias, esperando o socorro que não vinha. Alguns aviões passaram por cima dele, mas não conseguia fazer-se notado. E ali morreu o jovem de 22 anos, de fome e de sede, inteiramente só.

Passado um mês, o cadáver do desditoso aviador foi encontrado casualmente por um pequeno avião. Estava encolhido em baixo da asa esquerda do aparelho, já em decomposição. Junto dele acharam também um diário no qual contava, dia por dia, suas tentativas de salvar-se.

Entretanto, estivera tão perto da salvação. A poucos quilômetros dali, seguindo a praia, havia uma aldeia de pescadores. Estivera tão perto do recurso e se deixara morrer de inanição.

Palavra de Deus

O Verbo de Deus estava no mundo, e o mundo foi feito por ele, mas o mundo não o conheceu. Veio para a sua casa, e os seus não o receberam.

Mas, aos que o receberam, deu o poder de se tornarem filhos de Deus; aos que acreditam no seu nome, os quais não nasceram do sangue nem da vontade da carne, nem da vontade do homem, mas de Deus. E o Verbo se fez homem, e habitou entre nós... *(Jo 1, 10-14)*

Palavra para a vida

— Estamos perto da fonte de água viva, e nos deixamos morrer de sede. Estamos perto das riquezas da graça divina que são os sacramentos, e nos deixamos morrer de fome. Estamos perto da Vida, e preferimos a Morte. Por que isso?

INDEPENDÊNCIA OU MORTE

Palavra do homem

A cavalgada vinha pressurosa de Santos para São Paulo, tendo à frente o Príncipe Dom Pedro. Por onde passavam, iam despertando a atenção e curiosidade dos moradores daquelas paragens. Tinham pressa de chegar.

Beirando as margens do riacho do Ipiranga, depararam com outro grupo de cavaleiros, mais reduzido, que vinha ao seu encontro. Os dois grupos estacaram no meio da estrada. Um oficial entregou a Dom Pedro alguns papéis. Eram cartas vindas do Reino. Nelas Dom João VI ordenava severamente o regresso do Príncipe ao país natal. Os políticos queriam a todo o custo, reprimir e abafar os ideais de liberdade que estavam amadurecendo no Brasil.

A comitiva fitava, silenciosa, o semblante do Príncipe, como que adivinhando a gravidade dos textos das mensagens. Dom Pedro espraiou a vista pela paisagem, pela verdura dos campos em flor, pela água branca do riacho, viu o carreiro que descia a serra tocando seu carro-de-bois.

De súbito, como conta a história, tirou indignado o chapéu de dois bicos, desembainhou a espada e gritou: Independência ou morte!

Palavra de Deus

Subiu ao trono do Egito um novo rei que não tinha conhecido José. Ele disse ao seu povo: "Vede, os israelitas tornaram-se mais numerosos e mais fortes do que nós. Vamos! É preciso tomar cuidado e impedir que se multipliquem..."

Estabeleceu, pois, sobre eles, feitores para sobrecarregá-los de trabalhos penosos... Quanto mais os acabrunhavam, tanto mais eles se multiplicavam e se espalhavam, a ponto de os egípcios os aborrecerem. Impunham-lhes a mais dura escravidão, e amarguravam-lhes a vida com duros trabalhos na argamassa e na fabricação de tijolos, bem como com toda a sorte de trabalhos nos campos... *(Êx 1,8-14)*

Palavra para a vida

— Será que o Brasil já alcançou a independência total? Por que não?

8 SETEMBRO

DESABROCHA UM BOTÃO DE ROSA

Palavra do homem

Era indescritível a alegria que reinava na casa de Joaquim e Ana. Depois de tanta espera e tanta prece, nasceu uma menina. Algumas comadres meneavam a cabeça com certa compaixão: "Melhor fora se fosse um menino" Não obstante, participaram também da felicidade intensa daquela santa mulher, já entrada em anos, de quem foi tirada a desonra da esterilidade.

Acharam por bem chamá-la Miriam, o que significa Maria.

Maria trouxe alegria e felicidade para o lar tranqüilo dos pais.

Na cidadezinha pacata de Nazaré também se estendeu um manto de paz e doce expectativa. Era como a aurora de um grande dia que vai nascer.

O relógio do mundo começa a anunciar tempos novos. Já brilha a estrela da manhã. Logo vai nascer o sol.

Uma lufada de ar penetra pelas janelas invadindo o templo de Jerusalém, e derruba o pergaminho de Isaías, que se desenrola.

Um levita apanha-o do chão e lê a parte que ficou à vista:

— E sairá um broto do tronco de Jessé. Uma flor brotará da sua raiz. Repousará sobre ele o Espírito do Senhor, espírito de Sabedoria e Entendimento, espírito de Conselho e Fortaleza, espírito de Ciência e Piedade, e será cheio do espírito de Temor do Senhor...

O levita balança a cabeça um tanto perplexo, recoloca o pergaminho na estante e chega-se à janela. Os tempos estão maduros. As flores já brotaram. O fruto bendito não deve tardar...

Palavra de Deus

Assim fala o Senhor: "E tu Belém, embora pequena entre as cidades de Judá, de ti sairá aquele que será o dominador de Israel. Suas origens são de tempos antigos, de dias imemoráveis".

Por isso ele os entregará até o tempo em que a virgem dará à luz.

Então o resto de seus irmãos voltará para os filhos de Israel. *(Mq 5, 1-2)*

NATIVIDADE DE MARIA ————————————

DEU A PRÓPRIA CAMA

Palavra do homem

Pe. Tomás de Villanova está para morrer. Mandou que dessem aos pobres tudo o que havia na casa: roupas, móveis, utensílios de cozinha, dinheiro etc. Seus familiares cumpriram a ordem, mas reservaram certa quantia. O santo ficou sabendo e disse:

— Eu não morrerei enquanto souber que tenho alguma coisa neste mundo.

Somente agora cumpriram sua ordem ao pé da letra.

Lembrou-se, pouco depois, que esquecera um pobre pai de família. E agora, o que fazer para socorrê-lo? Teve uma solução, já que o amor é inventivo. Mandou chamar o homem, pediu perdão do esquecimento e disse:

— Fique com a minha cama.

Os familiares não quiseram dar, nem o pobre queria receber. O agonizante achou outra saída:

— Nesse caso, peço licença para usá-la emprestada enquanto estiver vivo. Mas ela é sua.

Assim morreu numa cama emprestada, aquele que empregara suas rendas de bispo em obras de caridade: remir os cativos, promover os desvalidos, casar jovens abandonadas e órfãs, sustentar enfermos e inválidos.

Assim morreu o santo bispo que varria pessoalmente seu quarto, dormia sobre palha e se alimentava de ervas e legumes.

Assim morreu o pastor que, antes de repreender um súdito, flagelava-se até o sangue, dizendo: "Meu irmão, meus pecados é que são os culpados do teu erro".

Palavra de Deus

Enquanto Jesus e seus discípulos caminhavam, alguém disse a Jesus: Eu te seguirei por toda parte aonde fores. Jesus respondeu:

— As raposas têm covis e os pássaros do céu, seus ninhos. Mas o Filho do homem não tem onde repousar a cabeça... *(Lc 9, 57-58)*

Palavra para a vida

— Se a gente se desprendesse, cada ano, de um objeto ou apego qualquer, haveria muito pouco para deixar, na hora da morte.

—————— **SANTO TOMÁS DE VILLANOVA** (1486-1555)

10 SETEMBRO

O NAVIO NEGREIRO

Palavra do homem

O navio negreiro está ancorado no porto de Cartagena. Aqui será descarregada mais uma carga de escravos, destinados aos "colonizadores" da Colômbia.

Pe. Pedro Claver pediu para visitar os negros. O comandante duvidou:

— Cuidado, hein! Mesmo não considerando o perigo do contágio, existe o perigo de vida. Os pretos viraram feras durante a viagem.

Mas o padre insistiu. Dispensou os guardas armados e entrou sozinho no porão, apenas acompanhado pelo seu fiel José. Um cheiro nauseabundo exalava do porão, onde centenas de homens se amontoavam como animais transportados para o matadouro.

Não era possível tanta barbárie humana. Não era possível respirar naquele recinto fétido, onde o suor, a podridão e as feridas se misturavam. Nenhum lugar da terra poderia oferecer imagem melhor do inferno, do que aquela masmorra hedionda. Pe. Pedro cumprimentou-os amavelmente:

— Meus irmãos, venho aqui em nome de Deus. Em nome de Jesus Crucificado. Venho dar a mão a vocês. Venho ajudar naquilo que puder.

— Quem é esse homem que nos chama de irmãos? perguntavam-se espantados.

Depois começou a repartir pão e frutas. Dirigiu-se aos doentes que jaziam desfalecidos no chão. Limpou-lhes o suor do rosto, lavou suas feridas.

Durante todos os dias em que o navio permaneceu no porto, Pe. Claver repetiu esse gesto de solidariedade. Esse foi seu apostolado na Colômbia durante quarenta anos. Não calou a voz diante dos donos de escravos denunciando tanta injustiça e desumanidade.

Ele se denominava "escravo dos escravos". Mas o povo chamou-o e o chama até hoje "apóstolo dos negros".

Palavra de Deus

Mestre, qual é na lei o maior mandamento? perguntou um doutor da Lei. Jesus respondeu: Amarás o Senhor teu Deus de todo o teu coração, de toda a tua alma, com todo o teu espírito... E o segundo é semelhante a ele: Amarás teu próximo como a ti mesmo...
(Mt 22,34-40)

SÃO PEDRO CLAVER (†1654) ————————

TRAGÉDIA EM 4 ATOS

SETEMBRO 11

Palavra do homem

1.º O Chicão se vangloriava de nunca ter botado uma gota de álcool na boca. "Comigo é só água". Se acontecia ir a uma festinha, os convites não faltavam. Mas ele respondia com firmeza:

— Eu bebo *só água.*

2.º E ninguém o demovia desse costume. Mas uma vez, numa festa de aniversário, os amigos conseguiram a duras penas que ele misturasse uma dose num copo com água. Chicão concordou e... gostou.

Passou a beber pinga *com água.*

3.º As semanas foram passando. Um dia, surpreendido pela chuva quando voltava para casa, entrou no boteco da esquina e pediu uma dose de pinga com água para evitar um resfriado. Os amigos disseram que, num caso desses, a pinga só faria efeito se fosse ingerida purinha. Nesse caso e por esta vez, Chicão bebeu uma dose de pinga sem água.

Daí para frente, cada vez que ameaçava uma chuvinha, ele tomava logo um gole da braba, sem água. Depois, sob qualquer pretexto, o Chicão pedia uma dose da purinha.

Ai! meu Pai! Durante quanto tempo ele tomou *pinga sem água!*

4.º Depois passou para a dose diária. Aumentou para duas, para três. Uma no almoço, outra na janta e a terceira no bar. Durante o dia, com motivo ou sem motivo, ele entrava nos botecos para refrescar ou esquentar a goela.

Quando Chicão caiu em si, estava tomando pinga *como água.*

O fim da tragédia não demorou. No dia do velório, aconteceu uma triste coincidência: Na falta de castiçais, as velas junto ao caixão estavam colocadas em cima de quatro garrafas vazias. Talvez as últimas que ele esvaziou...

Palavra de Deus

Vigiai e orai para não cairdes na tentação. O espírito está pronto, mas a carne é fraca... *(Mc 14, 38)* **— Quem ama o perigo, nele perece.**

12 SETEMBRO

AMARRADO NA IMAGEM

Palavra do homem

Anos atrás houve uma grande enchente no sul da Itália, ficando tudo alagado. Os moradores precisavam utilizar-se de canoas para deixar as suas casas e pôr-se a salvo.

Também a moradia de Beppo estava ameaçada. Um dia, de manhãzinha, disse para a esposa: "Rafaela, temos que aprontar nossa mudança e abandonar o ranchinho".

Em pouco tempo ajuntaram o que possuíam. Não podiam esquecer uma imagem de Nossa Senhora, esculpida em boa madeira pelo próprio Beppo. Puseram a trouxa, o menino de três anos e a imagem na canoa e foram remando.

Súbito, uma onda mais atrevida os assustou. Foi um susto e um aviso:

— Beppo, não será bom amarrar o menino na estátua?

— Ótima idéia, mulher. Assim ela irá cuidar melhor do menino.

Não demorou muito, e veio outra onda mais forte, virando a frágil embarcação. Beppo e Rafaela conseguiram agarrar-se ao barco. O menino, porém, caiu na água e corria grande perigo. Mas não afundava por estar amarrado na imagem de madeira. A mãe, sempre mais aflita, gritava:

— Zezinho, agarre-se firme na imagem. Não tenha medo. Já vamos aí.

Alguns bombeiros ouviram os gritos de socorro do casal e rumaram depressa para lá, salvando a criança e os pais.

Palavra de Deus

Assim fala a Sabedoria de Deus: O Senhor me possuiu desde o início de seus caminhos, antes das suas obras, desde sempre. Há séculos fui formada, desde o começo, antes da origem da terra... Quando Ele firmava os céus, eu estava ali. Quando traçava o horizonte na superfície do abismo, quando fixava as nuvens no alto, quando equilibrava as fontes do abismo, quando impunha ao mar seus limites para que as águas não transpusessem as margens, quando colocava os fundamentos da terra. Eu estava junto Dele... Estar com os homens é minha delícia. *(Pr 8, 22-31)*

FESTA DO NOME DE MARIA ____________________

O MEDO DE CRISÓSTOMO

Palavra do homem

O imperador Arcádio queria vingar-se de **João Crisóstomo**, intrépido bispo de Constantinopla. Esse bispo era um espinho atravessado na garganta do imperador despótico.

— Que tipo de castigo deveria infligir ao bispo, de tal maneira que sentisse profundamente? — perguntou aos seus conselheiros. Os palpites foram os mais variados:

— Manda-o para o exílio. Expulsa-o do país.

— Mas o mundo inteiro é sua pátria. Sente-se bem em qualquer lugar.

— Confisca-lhe então todos os seus bens.

— O pouco que tem, já entregou aos pobres.

— Nesse caso, atira-o no cárcere. Ferro nos seus pulsos.

— Ora! Ele vai beijar esses ferros e grilhões.

— Só resta a morte. Liquida-o de uma vez.

— A morte? É o que ele mais deseja para se libertar desta terra.

Disse afinal o último dos conselheiros:

— Vocês não conhecem Crisóstomo. Este é o meu palpite. Se o imperador quer vingar-se realmente desse homem, só tem um recurso: Obrigá-lo a fazer um pecado. Ele só tem medo do pecado.

João Crisóstomo foi desterrado. Morreu no exílio, vítima da prepotência dos fortes.

Palavra de Deus

"Que faremos destes homens, conferenciavam entre si os membros do Conselho. Porquanto, o milagre por eles feito se tornou conhecido de todos os habitantes de Jerusalém, e não o podemos negar. Todavia, para que esta notícia não se divulgue mais entre o povo, proibamos, com ameaças, que no futuro falem a alguém nesse nome".

Chamaram-nos e ordenaram que absolutamente não falassem nem ensinassem em nome de Jesus. Responderam Pedro e João: "Julgai-o vós mesmos se é justo diante de Deus obedecer mais a vós do que a Deus. Não podemos deixar de falar das coisas que vimos e ouvimos". *(At 4,16-20)*

—————— **SÃO JOÃO CRISÓSTOMO,** doutor da Igreja (†407)

14 SETEMBRO

A CRUZ CORTADA

Palavra do homem

Uma grande multidão caminhava em procissão para o céu. Cada um levava uma cruz. Havia também os que, além de carregar a sua, socorriam os vizinhos. Todos iam satisfeitos com suas cruzes, grandes ou pequenas, pesadas ou leves, mas de acordo com as forças de cada um.

No meio deles havia um homenzinho de cara azeda que não se conformava com a sua cruz. Resmungava contrariado: "Esta cruz não é a minha. Alguém trocou". O que fez? Escondeu-se atrás de uma touceira de mato e cortou um pedaço. Colocou-a novamente nos ombros e alcançou a procissão.

Pouco mais adiante, novo resmungo: "Ainda está pesada. Estou dizendo que não é a minha". Outra vez se escondeu numa moita e tirou mais um pedaço. E assim, por diversas vezes, até que a cruz do resmungão ficou reduzida a um toco.

Nisto chegaram a um riacho que não tinha ponte. Como atravessá-lo? Cada um resolveu o problema, utilizando a própria cruz como ponte. E continuaram a caminhada.

O homenzinho resmungão quis fazer o mesmo. Aquele pedacinho de cruz, entretanto, não alcançava as duas margens. Nada adiantara cortar a cruz e fugir do sofrimento.

Palavra de Deus

Cristo Jesus, sendo de condição divina, não se apegou ciosamente à sua igualdade com Deus. Mas aniquilou-se a si mesmo, tomando a condição de escravo, fazendo-se igual aos homens. Por seu aspecto, reconhecido como homem, humilhou-se fazendo-se obediente até a morte, e morte de cruz.

Por isso Deus o exaltou, e lhe deu o Nome que está acima de todo o nome, a fim de que ao nome de Jesus todo joelho se dobre, no céu, na terra e nos infernos, e toda língua confesse:Jesus Cristo é o Senhor", para a glória de Deus Pai. *(Fl 2, 6-11)*

Palavra para a vida

A cruz suportada generosamente, é uma ponte que nos ajuda a chegar ao céu.

EXALTAÇÃO DA SANTA CRUZ

IMAGENS DA MÃE DAS DORES

Palavra do homem

Nossa Senhora das Dores nos lembra tantas mães consumidas pela dor. Mães que choram o desatino dos membros da família. Mães que partem o pedaço de pão que têm, que repartem o único vestido que as cobre, a fim de socorrer os filhos. Mães que arriscam a própria vida...

Uma vez uma senhora foi à cadeia para fazer uma visita. Seu semblante refletia a dor curtida, sofrida, amanhecida. Dirigindo-se ao carcereiro, com voz suplicante:

— Eu queria falar com o Jorge.

— O Jorge? perguntou admirado o guarda. Será um rapaz que está confinado em cela especial?...

— Não sei onde ele está. Sei que está aqui na cadeia.

— Se for esse rapaz que estou imaginando, acho que não convém. É um elemento de alta periculosidade. Pode agredir a gente.

— Mas eu queria falar com ele.

— Minha senhora, pense bem. Ele praticou crimes horríveis. Está incomunicável. Sua cela está reforçada e vigiada. É um tipo imprevisível.

A mulher, sempre chorosa, sempre triste, sempre insistente:

— Mas eu preciso falar com ele.

— Quem é a senhora, afinal de contas? É parente dele?

— Eu sou a mãe dele.

O guarda foi conversar com o comandante, enquanto sacudia a cabeça murmurando:

— Só mãe mesmo... só mãe mesmo...

Palavra de Deus

O pai de Jesus e sua mãe maravilharam-se com o que dele diziam. E Simeão os abençoou e disse a Maria, sua mãe:

— Eis que este menino está aqui para a queda e o reerguimento de muitos em Israel, como um sinal de contradição. E a ti, uma espada atravessará tua alma. Assim serão desvendados os pensamentos de muitos corações. *(Lc 2, 33-35)*

16 SETEMBRO

GORJETA PARA O CARRASCO

Palavra do homem

No ano 258 saiu o decreto do imperador mandando perseguir e matar os cristãos. Vinha também a ordem expressa de julgar o bispo Cipriano. Alguns cristãos aconselharam-no a fugir, mas ele respondeu:

— Convém que um bispo confesse o Senhor na sua cidade, e deixe ao povo a lembrança do seu testemunho.

Foi condenado a morrer pela espada. Imediatamente após a sentença, o condenado foi conduzido ao local do suplício. Despojou-se do seu manto, entregou aos diáconos a dalmática (túnica litúrgica), ajoelhou-se e rezou.

Depois olhou para o carrasco, encarregado de cortar-lhe o pescoço. Chamou o secretário e mandou que lhe desse uma gratificação de vinte e cinco moedas de ouro. Queria ajudar a quem o ajudava a conquistar a coroa do martírio.

Enquanto o homem guardava o dinheiro, Cipriano mesmo vendou os olhos e ofereceu as mãos para serem atadas. Depois pronunciou estas palavras que foram as últimas:

— Graças a Deus!

Palavra de Deus

Irmãos, vivei vida digna do evangelho de Cristo, para que eu indo ver-vos ou estando longe, ouça dizer de vós que estais firmes num só espírito, lutando juntos com uma só alma, pela fé do evangelho, e que em nada vos deixais atemorizar pelos vossos adversários. O que para eles é sinal de ruína, mas para vós, de salvação, e isso da parte de Deus. *(Fl 1, 27-28)*

Palavra para a vida

— A coragem dos mártires só tem explicação, se olharmos pelo prisma da Graça divina e da colaboração humana.

— Para quem tem fé, não é preciso explicação. Para quem não tem fé, qualquer explicação é inútil.

— Para quem ama, todo o sacrifício é pouco.

SÃO CIPRIANO, bispo e mártir (†258) ______________

NÃO QUERO MORRER LOGO

Palavra do homem

Roberto Belarmino tinha vinte e cinco anos quando caiu num esgotamento profundo, a ponto de preocupar os médicos. Estava começando a sua carreira missionária. Pediu então ao Senhor: "Não quero morrer agora. Deixa-me viver mais para poder servir melhor o povo". Deus o escutou:

- Como professor, os estudantes e o povo invadiam a sala de aula, querendo ouvi-lo. Vinha gente até da Inglaterra e da Holanda, todos atraídos pela fama do grande mestre.
- Como escritor, deixou muitos livros. Seu "Catecismo" alcançou vinte edições em trinta anos. No fim da vida escreveu um livro muito original: "A arte de bem morrer".
- Como cardeal, participou de três conclaves para eleger o Papa.
- Como superior dos Jesuítas, na prestação mensal de contas do ecônomo interessava-se mais em saber quanto se gastou pelos pobres.
- Com setenta e oito anos, pediu licença para se recolher um pouco. Queria preparar-se para a morte. Sentia que ela se aproximava. Quando, na sua última doença, os médicos disseram eufóricos que tinha tido boa melhora, ele respondeu:

— Triste notícia para mim.

— Por que, Dom Belarmino?

— Porque agora me sinto preparado para morrer. Não sei se, numa outra oportunidade a morte me encontraria nas mesmas condições.

Quando, dias depois, lhe disseram que não havia mais esperança, ele juntou as mãos e disse:

— Que boa notícia! Que boa notícia!

Palavra de Deus

Enquanto habitamos nesse corpo, somos exilados do Senhor (pois caminhamos pela fé e não pela visão). Cheios dessa confiança preferimos sair do corpo para ir morar junto do Senhor. Exatamente por isso nos esforçamos, quer nos conservemos neste corpo, quer tenhamos que sair dele, em lhe ser muito agradáveis. *(2Cor 5, 6-9)*

SÃO ROBERTO BELARMINO,
bispo e doutor da Igreja (1542-1621)

O FRADE ANALFABETO

Palavra do homem

José Cupertino nasceu numa cocheira. É que seus pais, endividados até o pescoço, precisaram vender tudo, e a própria casa. Sem ter onde morar, e também para fugir dos credores e da polícia, esconderam-se num estábulo. Aí o menino viu a luz.

Assim começou a vida desse homem que viveu sessenta anos desconcertando e surpreendendo todo o mundo. Diziam que ele nasceu errado. Não tinha jeito para nada. Na escola foi um fracasso. Como aprendiz de sapateiro, só acertava o martelo no dedo.

Quis ser frade capuchinho e franciscano, mas foi rejeitado diversas vezes porque era "muito burro". Não prestava nem para descascar batatas. Sabia unicamente rezar horas inteiras, fazer muita penitência e cair em êxtases contínuos. Contra todas as previsões humanas e todas as regras do jogo, conseguiu chegar ao sacerdócio.

Tido por ignorante e quase analfabeto, era consultado por teólogos e sábios. Possuía a ciência infusa, que vem diretamente do Espírito Santo e não sofre interferência de cursos, livros e professores da terra. Foi um homem atrapalhado e um santo sem lógica. Pelo menos, em nosso entender.

Palavra de Deus

O Senhor é um juiz que não faz distinção de pessoas. Ele não considera as pessoas para fazer pouco caso dos pobres. Ele escuta o clamor do oprimido. Não negligencia a súplica do órfão, nem tampouco descuida da viúva que derrama suas lágrimas.

Aquele que serve a Deus de todo o coração, alcança misericórdia, e seu apelo subirá até as nuvens. A oração do humilde penetra nas nuvens. E até que ela não volte, ele não se sente consolado...

Palavra para a vida

Os pensamentos de Deus não são os nossos pensamentos. Ele tem outros conceitos e critérios: Confunde os sábios através dos ignorantes. Vence o ódio com o amor, a força com a fraqueza... É o consolo dos pobres.

SÃO JOSÉ CUPERTINO (†1663) ____________________

O SANGUE DE JANUÁRIO

Palavra do homem

Hoje é festa de S. Januário em Nápoles. Como todos os anos, desde o século XIV, a catedral se enche de gente. Todos querem ver o sangue liquefazer-se. O bispo e o pescador, o pastor de ovelhas e o comerciante, o turista e o operário, todos aguardam o momento solene.

Lá no altar, num relicário de ouro com janelas de vidro, está a ampola contendo o sangue, recolhido pelos cristãos no dia de seu martírio. Assim acredita-se. Milhares de pessoas rezam, esperando o milagre. Vez por outra o povo se impacienta e grita, pedindo que o prodígio se apresse.

Subitamente cessam as rezas e os cantos. Grande silêncio se faz no templo. Os sinos bimbalham alegremente. O povo grita de entusiasmo. Acaba de realizar-se o prodígio mais uma vez. Todos podem ver como o sangue seco se torna líquido e vermelho dentro da ampola. Parece ter sido recolhido naquele instante do coração do mártir.

Numerosos cientistas tentaram "explicar" cientificamente o milagre. Mas continua inexplicável até hoje.

Palavra de Deus

A fé é o fundamento da esperança, uma certeza a respeito do que não se vê. Foi ela que fez a glória de nossos antepassados...

Alguns foram torturados, por recusarem ser libertados, movidos pela esperança de uma ressurreição mais gloriosa. Outros sofreram escárnios e açoites, cadeias e prisões. Foram apedrejados, massacrados, serrados ao meio, mortos ao fio da espada. Andaram errantes, vestidos de peles de ovelhas e de cabras, carentes de tudo, perseguidos e maltratados. Homens dos quais o mundo não era digno... *(Hb 11,1-2; 35-38)*

Palavra para a vida

— Você tem opinião formada a respeito do fenômeno de São Januário?

— A mensagem do fenômeno permanecerá sempre: "O coração dos santos nunca morre. Seus exemplos continuam aquecendo e animando..."

SÃO JANUÁRIO, mártir († 305)

20 SETEMBRO

EU QUERO O MEU PICOLÉ

Palavra do homem

Um garoto de seus oito anos ia caminhando pela rua, todo entretido com seu picolé. Nem reparava nos carros que iam e vinham.

Foi quando, no melhor do sorvete, uma bicicleta o atropelou. O menino caiu no chão, enquanto o sorvete se desmanchava, esparramando-se no calçamento da rua.

Tratei de acudir logo o molecote, no que fui ajudado também pelo ciclista. A queda esfolou somente os braços e os joelhos:

— Menino, você é de sorte. Com um pequeno curativo, logo vai sarar. Vamos até a farmácia.

Fomos caminhando. Mas ele olhava para trás e chorava manhosamente.

— Por que está chorando? Sente alguma dor?

— Meu sorvete ficou lá no chão. Eu quero o meu picolé.

Palavra de Deus

E partiram de Elim, e toda a multidão dos filhos de Israel foi para o deserto de Sin, o qual está entre Elim e o Sinai...

E toda a multidão dos filhos de Israel murmurou contra Moisés e Arão no deserto. E os filhos de Israel disseram-lhes:

— Antes fôssemos mortos na terra do Egito, pela mão do Senhor, quando estávamos sentados junto às panelas das carnes, e comíamos pão com fartura. Por que nos trouxestes a este deserto, para matar de fome toda esta multidão? *(Êx 16,1-3)*

Palavra para a vida

— Os israelitas tinham sido libertados de uma terrível escravidão. Mas lamentavam ter perdido as cebolas e as carnes do Egito opressor.

— Assim fazemos nós muitas vezes, não? Dê exemplos.

— Era uma vez um cego que ganhava muita esmola às custas da cegueira. Quando lhe ofereceram tratamento com a garantia de sarar, ele recusou. Por que? Perderia a mamata...

— Muitos não querem a liberdade para escapar das pequenas renúncias.

MATEUS, O COLETOR

Palavra do homem

Hoje o coletor Levi está bastante distraído, ou melhor, perdido em pensamentos. Diversos comerciantes já passaram pelo seu posto fiscal, com os camelos carregados de mercadorias. Na hora de pagar o imposto, um que outro se admirou da soma pequena que pagou, em relação a outras vezes nas quais saiu "esfolado".

Levi está pensando no tão falado Mestre de Nazaré que já passou diversas vezes por ali, sem deixar de olhar para ele. Coisas estranhas se contavam daquele homem, tão diferente dos outros. Aplacou a tempestade. Curou um paralítico e perdoou seus pecados. Por diversas vezes mostrou grande senso de justiça e uma esquisita predileção pelos pecadores.

O coletor Levi pertencia à classe dos coletores e fiscais, tão odiada pelos comerciantes e pelo povo. Eram tidos como pecadores públicos, lacaios do imperador, corruptos e ladrões.

Será que o bom Mestre pensava assim dele e dos seus colegas? Gostaria tanto de aproximar-se dele? Como ter um encontro com esse homem singular que já olhou para ele com tanta amizade?

Levi ainda ruminava tais pensamentos, quando viu passar de novo aquele Homem de olhar tão nobre, seguido pelos amigos Pedro, João, André e outros. Desta vez parou diante de Levi, fitou-o com insistência e disse simplesmente:

— Vem, segue-me!

Foi assim que Levi se transformou no apóstolo e evangelista S. Mateus.

Palavra de Deus

Como Jesus estivesse à mesa na casa desse homem, eis que publicanos e pecadores vindo em grande número, sentaram-se com ele e seus discípulos. Vendo isto, os fariseus diziam aos discípulos: "Por que vosso Mestre come com os publicanos e pecadores?" Jesus ouviu e disse:

— Não são os sadios que precisam de médico, mas os doentes. Eu não vim chamar os justos, mas os pecadores. *(Mt 9, 10-13)*

SÃO MATEUS, apóstolo e evangelista

22 SETEMBRO

ABRAÇADO COM A MACAUBEIRA

Palavra do homem

Foi nas últimas enchentes, numa região de São Paulo. Duas barragens se romperam, as águas despencaram vale abaixo, fazendo misérias.

Um homem pescava tranqüilamente numa pequena ilha do rio, quando percebeu que ela estava sendo inundada. Seria carregado pelas águas se não tomasse uma medida. Só teve tempo de fazer uma coisa: Pegou uma caixa de isopor que trouxera para guardar os peixes, amarrou-a como pôde ao redor da cintura à guisa de bóia. Daí a pouco a correnteza o enlaçou e ele foi rodando, sem ter onde se agarrar. E se fosse atirado contra uma pedra ou tronco de árvore?

A correnteza começou a levá-lo na direção de uma árvore, plantada bem firme no meio das águas. "Será minha salvação", pensou. Ajudou-se com braços e pernas e rumou para lá.

Chegando até a árvore, abraçou-se a ela como um desesperado. Mas ai! Era uma dessas macaubeiras, eriçadas de espinhos por todos os lados. O pobre pescador viu-se espetado de todo o jeito e em todas as partes do corpo. Se soltasse, iria arrebentar-se mais em baixo contra as pedras. O jeito era "agüentar as pontas".

Foi um abraço muito longo e muito doloroso. Mas salvador.

Palavra de Deus

Quem quiser vir após mim, renuncie-se a si mesmo, tome a sua cruz todos os dias e siga-me. Porque, quem quiser salvar a sua vida, perdê-la-á. Mas quem perder a sua vida por minha causa, salvá-la-á.

De fato, que proveito tem o homem em ganhar o mundo inteiro, se perder a si mesmo ou causar a própria ruína?

Se alguém se envergonhar de mim e das minhas palavras, dele se envergonhará também o Filho do homem quando vier na sua glória, na do Pai e dos santos anjos. *(Lc 9, 23-26)*

Palavra para a vida

— Sem sangue não há redenção. Pela cruz, chega-se à luz. É estreito e áspero o caminho do céu. Somente a dor redime. Quem porfia, mata a caça.

ESTOU QUITES COM NOSSA SENHORA

SETEMBRO 23

Palavra do homem

Talvez ainda exista nas proximidades de Madri, uma capelinha dedicada a N. Sra. do Carmo. Antigamente os transeuntes costumavam atirar flores ou esmolas através da porta, em forma de grade.

Por ali mendigava sempre um homem de idade avançada. Pedia esmola de porta em porta, beijava o pão que lhe davam e retirava-se agradecido. Ninguém tinha queixa contra o velho pedinte.

Ao anoitecer, quando estava só, o mendigo introduzia pelo vão da porta da capelinha, uma vara besuntada de piche ou coisa semelhante, e assim puxava para fora as moedinhas caídas no chão.

É verdade que só fazia isso quando as esmolas eram escassas. Outras vezes foi visto colocando alguma moeda sobre o altar.

Um dia foi encontrado morto em sua choupana desmantelada. Na sacola das esmolas encontraram um caderninho todo ensebado com uma porção de dizeres como estes: "Hoje eu pedi à Virgem dez pesetas". "Hoje eu devolvi para a Virgem as dez pesetas". "Hoje tomei emprestadas duas pesetas". "Estou devendo dez pesetas para a Virgem..." A última anotação dizia assim: "Estou em paz com a Virgem. Não lhe devo mais nada".

Aquele mendigo anônimo, que às vezes não recebia o suficiente para se manter, recorria a esse estratagema original. Emprestava de Nossa Senhora. Mas devolvia quando a coleta era mais abundante.

Palavra de Deus

Não devais a ninguém coisa alguma, a não ser o amor de uns para com os outros. Pois, quem ama o próximo cumpriu a lei. Os mandamentos "não cometerás adultério, não matarás, não furtarás, não cobiçarás" e todos os outros mandamentos se resumem nestas palavras: "Amarás ao teu próximo como a ti mesmo".

A caridade não faz mal ao próximo. A caridade é, portanto, o cumprimento pleno da lei. *(Rm 13,8-10)*

Palavra para a vida

— E nós, quando morrermos? Estaremos quites com Deus e os irmãos?...

Comecemos hoje a acertar as contas.

24 SETEMBRO

GESTO DE GRATIDÃO

Palavra do homem

Por volta das duas horas da madrugada tocou o telefone da casa paroquial. Uma enfermeira me chamava com toda a urgência para o hospital.

Cheguei logo. Na.sala de operação, uma senhora banhada em sangue. O doutor Marcio me cochichou nos ouvidos: "É grave. Caso perdido. Dê-lhe os sacramentos". Após dar àquela senhora o conforto da religião, perguntei ao médico por que o caso era perdido, pois tratava-se de uma simples operação cesariana. Ele respondeu:

— A pobrezinha perdeu quase todo o sangue. Não temos uma gota de sangue no hospital, e nem tempo de chamar um doador.

Lembrei-me que, um dia antes, eu tinha estado no hospital. Mais por esporte e curiosidade, pedira que fizessem a classificação do meu sangue. Era do tipo universal. Podia servir para qualquer pessoa. Eu me ofereci para doar sangue àquela senhora. Depois voltei para casa.

Passados quatro meses, quando o caso parecia estar esquecido, recebi uma carta. Foi talvez a carta mais bonita que já recebi na vida, embora com erros de escrita: "... Sou aquela mulher a quem o senhor doou sangue naquela noite. Lembra-se? Eu lhe devo a minha vida. Venho agradecer-lhe em meu nome, em nome do meu marido, e em nome de meus nove filhos e em nome do caçulinha que nasceu naquela noite. Deus lhe pague muito, senhor padre".

Meu gesto de doar sangue não teve nada de extraordinário.

Foi extraordinário, isto sim, o gesto de gratidão daquela mulher simples, quase analfabeta, mas cheia de sentimentos cristãos.

Palavra de Deus

Reine em vossos corações a paz de Cristo, para a qual fostes chamados a fim de formar um único corpo. Sede agradecidos. Que a palavra de Cristo permaneça entre vós em toda a sua riqueza, de sorte que, com toda a sabedoria possais instruir-vos e exortar-vos mutuamente. *(Cl 3, 15-16)*

A COBRA E O PASSARINHO

Palavra do homem

No galho de uma árvore o passarinho chocava tranqüilo a sua ninhada. Súbito, ele se perturbou. Uma cobra ameaçava atacar o ninho. O que um minúsculo passarinho pode fazer contra uma serpente terrível? O jeito era pedir socorro.

Passou um macaco e se ofereceu para atirar uma pedra na cobra. Respondeu o passarinho:

— Assim não. As pedras poderiam atingir também os ovos.

Passou logo em seguida um elefante. Ofereceu-se para arrancar a árvore com sua poderosa tromba e assim espantar a cobra.

— Assim também não. Com essa violência toda, você poderia abalar o meu ninho e derrubar os ovos.

Os grandes da floresta não tinham condições de socorrer o passarinho.

O tempo urgia. Recorreu então aos pequeninos. Chamou as formigas que passavam ali perto na sua eterna procissão: "Irmãzinhas, ajudem-me!"

Vieram às centenas. Aos milhares. Subiram na árvore, invadiram a serpente por todos os lados e a devoraram. Um lavrador que ia passando com sua enxadinha no ombro, viu tudo e comentou:

— Quem socorre o pobre, é sempre o pobre!

Palavra de Deus

Não temas, pequeno rebanho, porque foi do agrado de vosso Pai dar-vos o reino. Vendei o que possuís e dai esmolas. Fazei para vós, bolsas que não se gastam, um tesouro imperecível no céu, aonde não chega o ladrão, e onde a traça não corrói. Pois onde estiver o vosso tesouro, aí estará o vosso coração. *(Lc 12,32-34)*

Palavra para a vida

— Quase sempre é o pobre quem socorre o pobre. Eles se entendem.

— A união dos pequenos torna-se uma potência quase invencível.

— As pequenas comunidades eclesiais de base são a nova força da Igreja.

— Um feixe de varas é inquebrável. Povo unido não será vencido.

26 SETEMBRO

ERAM TODOS INOCENTES

Palavra do homem

Uma vez os presos de uma penitenciária receberam a visita do governador. Conversou com todos eles, mostrando-se muito amigo e pronto para resolver seus problemas. Uma das perguntas que fez, como ponto de partida para uma possível solução, foi esta:

— Amigo, por que você veio parar aqui? O que você fez?

Estas foram algumas respostas:

— Não fiz nada, senhor governador. Deve ter havido algum engano em meu processo.

— Eu?... Parei num ajuntamento de pessoas para ver um sujeito esfaqueado, e me prenderam como suspeito. Mas não fui eu, não.

— Que fiz eu? Simplesmente fui apartar uma briga. Na confusão toda, quem levou na cabeça fui eu.

— Eu não sei o que estava fazendo. Só sei que fui amanhecer aqui.

— Senhor governador, houve um roubo em uma loja. Saí correndo para ajudar a pegar o ladrão. Quem foi pego, fui eu.

— E você? perguntou o governador a um homem que estava quieto num canto.

— Estou aqui porque mereço. Sou um criminoso, um desonesto. Somente peço a Deus que, na sua misericórdia, me perdoe. Perdoem-me aqueles que eu prejudiquei.

Então o governador, voltando-se para os outros, disse:

— Vocês são todos inocentes. Por isso não podem e não merecem ficar com um elemento tão perigoso como esse aí. Vou tirá-lo daqui.

Mandou dar anistia para ele, enquanto os outros continuaram presos, a fim de refletir mais um pouco.

Palavra de Deus

Se dissermos que não temos pecado algum, enganamo-nos a nós mesmos, e a verdade não está em nós. Se confessarmos nossos pecados, Ele é tão fiel e justo que nos perdoa e nos purifica de toda a iniqüidade. Se dissermos que não temos pecado, nós o chamamos de mentiroso e sua palavra não está em nós... *(1Jo 1, 8-10)*

HEROÍSMO DE VICENTE

SETEMBRO 27

Palavra do homem

Um dos campos de apostolado de Pe. Vicente foram as prisões.

As masmorras do século XVII eram antros de barbárie. Os prisioneiros eram tratados pior que animais: acorrentados, quase nus, alimentados a pão e água, devorados pelas bicheiras, açoitados e torturados sadicamente.

Eram utilizados como remadores dos navios. Cada embarcação ocupava uma média de trezentos remadores. Presos fortemente aos bancos com correntes de ferro, para não fugir, remavam até ficar exaustos. Ao menor sinal de cansaço, o chicote estalava nas espáduas nuas. Os que desfaleciam, eram jogados no mar.

Pe. Vicente misturava-se com essa gente anônima, visitava-os e procurava amenizar sua situação. Quantas vezes protestou contra as brutalidades nas prisões e nas galeras.

Uma vez, disfarçadamente, chegou-se a um dos galés que lamentava a situação de seus familiares, sem poder socorrê-los. Pediu ao feitor que o soltasse, pois ele tomaria o seu lugar. Pe. Vicente passou as correntes e algemas para seus pés, enquanto o rapaz saía atônito, dizendo:

— Agora eu acredito que existe amor... que existe Deus.

Algumas semanas depois, o Pe. Vicente foi reconhecido pelo comandante das galeras e posto em liberdade. Mas não parou de denunciar o tratamento injusto e desumano a que eram submetidos os condenados.

Palavra de Deus

Vinde, benditos do meu Pai, possuí o reino que vos está preparado desde o começo do mundo. Porque eu tive fome e me destes de comer. Eu tive sede e me destes de beber. Eu era estrangeiro e me acolhestes. Eu estava nu e me vestistes. Eu estava doente e me visitastes. Eu estava na prisão e viestes a mim... *(Mt 25, 34-36)*

Palavra para a vida

— Por que, até hoje, o homem continua sendo um lobo para seu irmão?...

SÃO VICENTE DE PAULO (1584-1660)

28 SETEMBRO

ASSASSINADO PELO IRMÃO

Palavra do homem

Venceslau e Boleslau eram irmãos, e filhos de reis.

Quando o pai morreu, Venceslau deveria assumir o trono, como sendo o primogênito. Mas a mãe, que gostava mais de Boleslau, tudo fez para arrebatar-lhe o trono, passando-o para o caçula. Tramou todos os ardis, inclusive a morte do filho.

Um dia Boleslau lhe disse: "Vem festejar comigo a festa de São Cosme e Damião. Depois celebraremos em santa companhia a festa de São Miguel".

Venceslau aceitou o convite. Realizou-se o banquete. Era a armadilha.

Preveniram o santo rei, mas ele não fez caso. Ao erguer o brinde, ele disse: "Meus amigos, amanhã é dia de São Miguel. Bebamos em sua honra este copo de vinho, para que se digne elevar nossas almas ao festim da glória". Depois abraçou os amigos e foi deitar-se.

No dia seguinte, antes do nascer do sol, Venceslau dirigiu-se para a igreja. Junto à porta encontrou-se com seu irmão Boleslau. Abraçou-o e agradeceu os momentos felizes que haviam passado juntos no dia anterior. O irmão respondeu, sarcasticamente:

— Ontem foi ontem. Hoje o serviço é outro.

E deu-lhe um golpe de espada na cabeça. Venceslau poderia defender-se. Mas derramaria o sangue do irmão. Preferiu morrer perdoando. Foi todo retalhado de punhaladas pelos sequazes de Boleslau. Tinha apenas vinte e oito anos, mas muito amor e nobreza.

Palavra de Deus

Abel e Caim eram irmãos... Abel tornou-se pastor e Caim, lavrador.

Um dia Caim ofereceu frutos da terra em oblação ao Senhor. Abel, por sua vez, ofereceu dos primogênitos do seu rebanho e das gorduras dele.

O Senhor olhou com agrado para Abel e para sua oblação, mas não olhou para Caim, nem para seus dons...

Caim disse a Abel, seu irmão: "Vamos ao campo". Logo que chegaram ao campo, Caim atirou-se sobre seu irmão e o matou.

(Gn 4, 3-8)

SÃO VENCESLAU, mártir (†935) ——————————

MORREU PARA SALVAR

Palavra do homem

Maria Francisca era uma jovem aeromoça de olhos castanhos e sorriso encantador. Sua última viagem foi a mais importante da sua vida.

O avião estava chegando a Filadélfia. Pouca visibilidade. Muita neve na pista escorregadia. O comandante não conseguiu frear a aeronave, que foi deslizando até romper os limites do campo, projetando-se num grande fosso. O gigantesco aparelho partiu-se em dois e pegou fogo.

A moça viu tudo mum relance. Abriu a portinhola da cabine. Era só dar um salto de dois metros e já estaria pisando chão firme, sã e salva. Mas havia muitos passageiros presos no avião e as chamas de fogo aumentavam cada vez mais.

Primeiro arrastou um passageiro atordoado até a porta e o empurrou para fora. Depois outro. Em seguida, uma senhora com o casaco em chamas. Assim conseguiu resgatar nove pessoas.

O fumo do fogo começava a sufocá-la. As forças declinavam. Um incêndio como esses não espera por ninguém, nem por uma gentil aeromoça.

A moça atirou-se às chamas pela undécima vez para libertar duas meninas, uma delas com quatro meses de idade, de nome Brenda. Apenas tentou. Porque foi esta menina que encontraram nos braços da jovem, quando horas depois, puderam chegar perto dos escombros.

Naquele jovem coração havia tanto amor cristão, que nenhum incêndio jamais conseguiria apagar. Salvar tantas pessoas enfrentando um avião em chamas não era tarefa para uma frágil mocinha, a não ser que se chamasse Mary Francis. *(Fato ocorrido por volta de 1950)*

Palavra de Deus

Nisto conhecemos o amor: ele ofereceu a sua vida por nós. E nós devemos oferecer a nossa vida pelos irmãos. Se alguém possuir bens deste mundo e, vendo seu irmão na necessidade, fechar-lhe o coração, como pode permanecer nele o amor de Deus? Filhinhos, não amemos por palavras e com a língua, mas por obras e em verdade... *(1Jo 3, 16-18)*

30 SETEMBRO

SOLIDÃO E TRABALHO

Palavra do homem

Embora fosse um dínamo de atividade, Jerônimo sempre foi muito amigo da solidão. Após uma juventude bastante leviana, sentiu-se enojado das vaidades e se retirou para o deserto. Lá ele estudou, rezou e fez penitência.

Vivendo no meio de feras e escorpiões, sem o mínimo conforto da civilização, foi adquirindo um aspecto selvagem. Mesmo no meio daquela rudeza, voltavam-lhe à lembrança as cenas voluptuosas dos clubes que freqüentara em Roma.

Domesticava o corpo rebelde a poder de jejuns e chicotadas. Dizem que, em conseqüência dos seus muitos jejuns e asperezas, emagreceu tanto que a pele da barriga podia dar uma volta ao redor do tronco.

Outra fase importante da vida desse gigante, foi a tradução da Escritura Sagrada para a língua latina. Até hoje a Igreja se utiliza desse texto para seus documentos oficiais.

Foi em Belém, onde morou trinta e cinco anos, que produziu muitas obras literárias.

Os achaques da idade e da vida penitente foram se acumulando. Vai ficando cego, sem poder decifrar os pergaminhos gregos e hebraicos.

Sente a proximidade da morte. Mas não cessa de trabalhar. Quer terminar o trabalho da Bíblia, antes de morrer. Sem poder ler ou escrever, devido à cegueira, passa noites inteiras ditando para seus secretários. Eles precisam se revezar porque não agüentam o ritmo de Jerônimo.

Mas os gigantes também se entregam. Um dia o homem que nunca parou, caiu nos braços do Pai.

São Jerônimo tinha oitenta anos.

Palavra de Deus

Todo o escritor versado nas coisas dos céus, é semelhante a um pai de família que tira do seu tesouro, coisas novas e velhas.
(Mt 13,52)

SÃO JERÔNIMO, doutor da Igreja (340-420)

UMA JUVENTUDE PARA DEUS

Palavra do homem

Teresinha está ficando uma jovem bonita. Tem uma linda cabeleira loura que desperta a atenção dos rapazes. Vozes tentadoras convidam-na para gozar a juventude.

Mas o seu sonho é bem outro. Quer ser monja carmelita. O único empecilho é a idade, pois ainda não fez quinze anos. Só com a licença dos superiores eclesiásticos. Mas ela é de uma santa teimosia. Juntou-se a uma peregrinação e foi com seu pai até Roma a fim de falar diretamente com o Papa. Ajoelhou-se aos pés de Leão XIII e, contrariando o protocolo que proibia dirigir a palavra ao Papa, disse:

— Santíssimo Padre, quero pedir uma graça muito grande.

O Papa inclinou sua cabeça branca até quase tocar na testa da jovem:

— O que deseja, minha filha?

— Permita-me que eu entre no Carmelo, mesmo tendo só quinze anos?

— Sim, sim, minha filha. Se Deus assim quiser, você vai entrar logo.

A resposta era um tanto vaga. Ela quis insistir, mas os guardas pontifícios tomaram-na suavemente pelo braço e a retiraram da frente do Papa. Ela escreveu mais tarde em sua "História de uma alma": "O bondoso Papa colocou sua mão sobre mim. Depois me abençoou e me seguiu longamente com os olhos". Pouco depois, seu pai levou a pela mão até o Carmelo, desprendendo-se da filha predileta. Depois cortaram-lhe as tranças louras. Depois... foi uma sucessão de holocaustos e imolações.

Palavra de Deus

Como a mãe acaricia o seu filhinho, assim eu vos consolarei, e em Jerusalém sereis consolados. Vós o vereis, e alegrar-se-á vosso coração. Vossos ossos retomarão vigor como a erva.

Conhecer-se-á a mão do Senhor em favor de seus servos.

(Is 66,13-14)

Palavra para a vida

Há duas maneiras de aproveitar a juventude. Sabe dizer quais são?

——— **SANTA TERESINHA DE LISIEUX**, virgem (1875-1897)

2 OUTUBRO

O CIGANINHO E SEU ANJO

Palavra do homem

Um menino de três anos, louro e bonito, brincava na porta da sua casa. Passou uma tropa de ciganos. Agradaram-se dele. Tudo foi questão de poucos minutos. Seqüestraram-no, fugindo para bem longe.

Apesar do trato carinhoso, ele não esquecia seus pais. As noites eram intermináveis, regadas com lágrimas. Cresceu educado e treinado para ser um artista de circo. Tentou fugir diversas vezes, mas a vigilância era muito severa.

Um dia, graças à cumplicidade de um colega, conseguiu libertar-se da escravidão dos ciganos. Livre do cativeiro, sentiu-se perdido no mundo, sem saber que rumo tomar.

Ficou vagando vários dias de aldeia em aldeia, pedindo um pedaço de pão e um cantinho para dormir. Encontrou finalmente uma família que se interessou pela sua sorte. Queria encaminhá-lo para os pais. Mas como? Ele não sabia o nome e o endereço dos pais. Sempre os chamara de papai e mamãe. Eles perguntavam:

— Você não tem nenhuma lembrança do tempo em que você vivia com eles?

O menino, já com dez anos, remexeu a memória e...

— Sim! lembro-me de uma oração que me ensinaram, e que sempre rezo até hoje. Era assim: Meu Anjo da Guarda, meu bom Amiguinho! Eu quero ser bom, mostrai-me o caminho!

Esta oração foi o fio da meada. Através de anúncios em jornais, seus pais foram localizados. Meses depois de intensa pesquisa, o menino voltava novamente aos braços deles.

Palavra de Deus

Eis que envio um anjo adiante de ti para proteger-te na viagem e conduzir-te ao lugar que te preparei. Respeita a sua presença e ouve a sua voz. Não lhe sejas rebelde, porque não perdoará as vossas más obras, pois meu nome está com ele... Meu anjo irá diante de ti...
(Êx 23,20-22)

SANTOS ANJOS DA GUARDA

O BOBO DA CORTE

OUTUBRO 3

Palavra do homem

Nos palácios dos reis antigos havia o assim chamado "bobo da corte". Sua tarefa consistia em divertir o rei e seus cortesãos com piadas e palhaçadas.

Certo dia o palhaço contou uma das suas. Mas o rei tivera uma terrível indigestão, conseqüência triste de um banquete bem regado. Não estava, de jeito nenhum, em condições de ouvir potocas. Disse-lhe, pois, cheio de azedume:

— Seu bobo! Pegue esta bengala e guarde-a consigo até encontrar alguém mais "trouxa" que você. Aí você passa para ele, ouviu?

Entregou-lhe uma bengalinha com a qual estava brincando. Os anos foram passando. O palhaço andava sempre com a bengala, que sabia aproveitar muito bem nas suas comédias. Um dia o rei adoeceu gravemente. O palhaço foi visitá-lo e perguntou, desta vez com muita seriedade:

— Majestade, o senhor se preparou para a morte? Vai levando alguma coisa de bom para sua última viagem? Sabe o que vai acontecer com o senhor depois da morte?...

— Não!

— Nesse caso, queira pegar a bengala. Achei um bobo maior do que eu.

Palavra de Deus

Todo aquele que ouve minhas palavras e as pratica, é semelhante ao homem sábio que edificou sua casa sobre a pedra. Caiu a chuva, os rios transbordaram, sopraram os ventos e investiram contra aquela casa. Mas ela não caiu porque estava construída sobre a rocha.

Mas todo aquele que ouve minhas palavras, e não as pratica, é como o homem bobo que fez sua casa em cima da areia. Caiu a chuva, transbordaram os rios, sopraram os ventos e investiram contra aquela casa. Ela caiu e grande foi sua ruína. *(Mt 7, 24-27)*

Palavra para a vida

— Nascemos para doar e nos doar em mil ações de amor e bondade. Por que só falamos em ter, em guardar, em armazenar, em aumentar?...

4 OUTUBRO

DESPOJOU-SE ATÉ DA ROUPA

Palavra do homem

O jovem Francisco mudou. Antes era folgazão, amigo de festas, de serenatas. Vestia-se bem. Freqüentava gente fina e tinha nojo de pobre.

De uns tempos para cá, começou a vestir-se com simplicidade e a visitar os pobres. Chegou mesmo a beijar as chagas de um leproso.

O pai, rico comerciante de roupas, não quis aceitar essa transformação em seu filho. Era humilhante para a nobre família Bernardoni, ter um filho mal trajado. Recorreu aos amigos influentes, pedindo que demovessem Francisco dessas idéias esquisitas e malucas. Que ao menos devolvesse o dinheiro que pegou em casa para reconstruir a igreja de São Damião.

Foi falar até com o bispo. Dom Guido marcou uma audiência.

Manhã de abril de 1204. Sala cheia de curiosos. De um lado, o pai com seus amigos. De outro lado, o filho sozinho. O pai repetiu as acusações. Francisco não respondeu. Então disse o bispo:

— Francisco, devolva o dinheiro para o seu pai. Talvez esse dinheiro tenha sido ganho injustamente... Confie no Senhor... Ele será seu amparo.

— Senhor bispo, não só o dinheiro que é dele. Também as roupas que ele me deu. Tudo eu restituo de coração.

Num daqueles ímpetos, próprios do seu coração fogoso, Francisco entrou numa salinha. Após um minuto voltava nu, cingido apenas por um cilício, e depunha perante o pai, a trouxa de roupa e o punhado de dinheiro. Voltando-se em seguida para o povo, disse em tom de profeta:

— Agora posso dizer com todo o direito: "Pai nosso que estais no céu. Daqui para frente meu Pai é Aquele lá em cima".

O pai abandonou furioso o recinto, enquanto o bispo envolvia Francisco no seu próprio manto. O terreno estava preparado para fazer germinar o futuro São Francisco de Assis.

Palavra de Deus

Eu considero todas as coisas uma perda, em comparação com este bem supremo: o conhecimento de Nosso Senhor Jesus Cristo. Por ele aceitei perder todas as coisas. Não vejo nelas mais que lixo... *(Fl 3,8-9)*

SÃO FRANCISCO DE ASSIS (†1226) ————————

A MÃE OFERECE A VIDA

Palavra do homem

Com dezenove anos o jovem irlandês Patrício Peyton emigrou para os Estados Unidos, onde havia maiores ofertas de trabalho. Queria sustentar seus pais e irmãos. Lá resolveu ser padre.

No meio dos estudos foi acometido pela tuberculose. A medicina daquele tempo, praticamente o desenganou. Comunicou seu estado de saúde à família e se encomendou a Nossa Senhora. Fez uma promessa: Se ficasse bom, iria dedicar toda sua vida na difusão das glórias de Maria.

Algum tempo depois submeteu-se a novo exame. O médico lhe disse em tom amigável: "Sua fé triunfou. Você sarou. Pode voltar aos estudos".

Em 1941 foi ordenado padre. Pouco depois chegou uma carta da Irlanda. Abriu com ansiedade e leu sofregamente: "... Ao saber que você ficou doente, nossa mãe ofereceu-se para sentir nela todas as dores de você. Entendeu, Patrício? Ela queria ficar doente no lugar de você, para que você sarasse... Deus ouviu o pedido de mamãe..."

Seus olhos se umedeceram. Deus aceitara a troca. O filho sarou, mas a mãe ficou tuberculosa. Desde então Pe. Patrício começou a percorrer o mundo, pregando a famosa "cruzada do rosário".

Palavra de Deus

Como retribuirei ao Senhor por tudo o que Ele me fez? Erguerei o cálice da salvação e invocarei o seu santo nome. Cumprirei meus votos ao Senhor, na presença de todo o povo...

Hei de oferecer-vos um sacrifício de ação de graças, invocando o nome do Senhor, na presença do povo, nos átrios da casa do Senhor, dentro de teus muros, ó Jerusalém... *(Salmo 115)*

Palavra para a vida

— Quem de nós não tem nada para agradecer?...

— Impressionante o número de "ex-votos" dependurados nos santuários e lugares de peregrinação!

— Nossa vida só tem valor, quando consumida em favor de alguma causa.

OS MONGES DO SILÊNCIO

Palavra do homem

Após várias horas de penosa escalada, o mensageiro do Papa Urbano II chegou ao mosteiro solitário da Cartuxa. O cenário era inédito:

Dezenas de casas em miniatura, formando semi-círculo ao redor de uma igreja. Cada uma das modestas ermidas estava cercada de plantas e flores. O silêncio impregnava todo o ambiente.

Os monges que aqui moram, devem ser muito laboriosos, pensou o emissário. Não resistiu à tentação de olhar para dentro de uma ermida, com a porta entre-aberta. O mobiliário era simples: mesa e cadeira de material rústico, uma esteira fazendo as vezes de cama, um crucifixo na parede como único adorno.

Entrou na igreja. Os monges, de túnicas brancas e capuz escuro, estavam assentados e cantavam os salmos. Cumprimentou-os quando saíram da igreja. Responderam abaixando respeitosamente a cabeça. Então se lembrou que estava num mosteiro onde se cultivava o silêncio perpétuo.

Dirigiu-se à cela do abade Dom Bruno. Não se diferenciava das outras na simplicidade e sobriedade. Entregou-lhe uma carta de seu antigo aluno, o Papa Urbano II. Bruno leu e contraiu o semblante. O Papa o queria para seu conselheiro particular. Era doloroso deixar seus monges e a solidão da Cartuxa. Lutou e relutou. Apresentou argumentos. O contra-argumento que o derrubou, foi este:

— Pensas demasiado em ti e na tua salvação. Será justo, por causa dela, descuidar da salvação de toda a Igreja?

Bruno despediu-se de seus queridos monges, e desceu a montanha do silêncio para enfrentar o bulício de Roma.

Palavra de Deus

Então o Senhor disse a Moisés: Vai, desce da montanha, porque o teu povo que tiraste do Egito, se corrompeu. Bem depressa se afastaram do caminho que eu lhes prescrevera... Moisés desceu da montanha trazendo as duas tábuas da lei, tábuas escritas de ambos os lados... *(Êx 32,7-15)*

SÃO BRUNO, abade (†1101)

O ROSÁRIO GANHOU A BATALHA

OUTUBRO 7

Palavra do homem

O Papa Pio V anda preocupado com muitos problemas da Igreja: ganância do ouro invadindo as portas do santuário, heresias infiltrando-se nas comunidades, corrupção moral...

Hoje, porém, outra preocupação está angustiando o coração do Pastor. Nas águas de Lepanto está iminente uma grande batalha entre turcos e cristãos. Não é uma guerra de conquista ou de poder, mas de preservação da fé e da religião.

r isso o Papa está orando, e mandou todo o povo rezar o terço. Neste s continhas desfilavam vagarosamente pelos dedos cansados do Papa. Parece que seu pensamento vagueia longe. Parece estar acompanhando cenas que se desenrolam à distância.

Súbito os dedos se aquietam e as contas do rosário param de correr. Vai até a janela e alonga os olhos para o oriente. Momentos depois, grita exultante para os que o cercam:

— Vamos até a igreja para agradecer a Deus a vitória alcançada pelas mãos de Maria.

Pela primeira vez, no final da Ladainha Lauretana, foi acrescentada a invocação: "Auxílio dos cristãos, rogai por nós!"

Duas semanas depois os mensageiros traziam a notícia oficial da vitória de Lepanto. O dia da vitória, que foi a 7 de outubro de 1517, ficou assinalado com a instituição da festa de N. Sra. do Rosário.

Palavra de Deus

Voltaram então para Jerusalém, do monte chamado das Oliveiras, que fica perto de Jerusalém, distante uma jornada de sábado. Tendo entrado no cenáculo, subiram ao quarto de cima, onde costumavam permanecer. Eram eles: Pedro, João, Tiago, André, Filipe, Tomé, Bartolomeu, Mateus, Tiago filho de Alfeu, Simão o Zelador, Judas irmão de Tiago.

Todos eles perseveravam unanimemente na oração, juntamente com as mulheres, entre elas, Maria mãe de Jesus e os irmãos dele.
(At 1,12-14)

CAPRICHOS DA PROVIDÊNCIA

Palavra do homem

O padre havia falado sobre a Providência divina em sua homilia de domingo. "Deus é Pai e nunca nos abandona... É muito mais fácil a mãe esquecer seus filhos, do que Deus abandonar suas criaturas..."

Após a missa um homem aproximou-se do padre com rosto sério e contraído:

— O senhor falou muito bonito, mas eu não acredito nesse palavrório. Para mim não existe mais Providência divina, nem coisa alguma. Bem agora que preciso de Deus, parece que me deixou sozinho.

— O que foi? Calma, meu amigo!

— Estou afogado em dívidas, devido à doença da minha esposa. Tive ainda o azar de bater meu carrinho velho contra outro. O que me falta, é acabar com a vida.

— Calma! Calma! Acho que ainda é cedo para dar esse passo. Vamos ver em quanto importa a sua dívida.

O homem, mais desarmado e tranqüilo, disse a quantia. O padre desatou numa sonora gargalhada:

— Quer suicidar-se por tão pouco? Aqui tem um envelope. É seu.

Enquanto punha a mão no bolso para retirar o envelope, continuou explicando:

— Uma senhora, ainda há poucas horas, entregou-me esse envelope, encarregando-me de dar ao primeiro necessitado que aparecesse. Agora tenha a bondade de entrar na igreja e agradecer a Providência divina, de quem tanto duvidou.

Palavra de Deus

Não vos preocupais com a vossa vida: o que haveis de comer ou o que haveis de beber. Nem pelo vosso corpo: o que haveis de vestir... Se Deus assim veste a erva do campo que hoje existe e amanhã se joga ao fogo, quanto mais vestirá a vós, homens de pouca fé? Não andeis, pois, preocupados... pois sabe vosso Pai celeste que precisais de todas elas... *(Mt 6, 25-34)*

A PROMESSA

Palavra do homem

Um romeiro contou em Aparecida: Eu trabalhava num garimpo de citrino. Lutei muito tempo, sem grande resultado. Arranjei um sócio. Mas não conseguíamos nada. Estava quase desistindo das escavações, quando tive uma idéia:

Tirei meu chapéu, botei o joelho no chão e disse comigo: Nossa Senhora Aparecida vai ajudar-me a tirar nesta direção, um lote de cristal de muito valor.

No dia seguinte recomecei o trabalho com o desmonte do barranco que eu tinha apontado. Logo encontramos um poço de citrino de alto grau. Fizemos a partilha das pedras entre o meu sócio e os proprietários do garimpo. O lote de citrino extraído foi avaliado em aproximadamente cinqüenta milhões.

Propus que tirássemos uma pedra para ser doada ao Santuário de Nossa Senhora Aparecida. Éramos cinco sócios e seríamos contemplados com dez milhões cada um. Todos concordaram no momento.

Retirei uma pedra no valor de cinqüenta mil. Esta importância seria dividida entre os sócios e levada até Aparecida. Passado o primeiro entusiasmo, ninguém quis cumprir a palavra. Por isso vim sozinho cumprir a promessa, minha e dos companheiros, que tão cedo se esqueceram do benefício recebido.

Fato ocorrido em outubro de 1962.

Palavra de Deus

Ao entrar numa aldeia vieram-lhe ao encontro dez leprosos que pararam ao longe e elevaram a voz, clamando: "Jesus, Mestre, tem compaixão de nós". Jesus viu-os e disse-lhes: "Ide, mostrai-vos ao sacerdote". E quando eles iam andando, ficaram curados.

Um deles, vendo-se curado, voltou glorificando a Deus em alta voz. Prostrou-se aos pés de Jesus e lhe agradeceu. Era um samaritano.

Jesus lhe disse: "Não foram dez os curados? Onde estão os outros nove?" *(Mt 17, 11-19)*

10 OUTUBRO

UMA RAINHA NO CAIXÃO

Palavra do homem

A imperatriz Isabel, esposa de Carlos V da Espanha, estava numa festa buliçosa em Toledo, quando foi surpreendida pela morte na flor dos seus trinta anos.

Seu corpo inanimado chegou à cidade de Granada, após uma peregrinação fúnebre que durou vários dias. Por onde passava, o povo queria despedir-se da sua rainha.

O ataúde ficou aberto para as últimas despedidas. Nobres e plebeus, ricos e pobres, todos queriam contemplar pela última vez as feições jovens da sua amada soberana.

Também o marquês Francisco de Borja aproximou-se do féretro. Mas recuou instintivamente. Era sua rainha que estava ali no ataúde? Mas... assim desfigurada pela morte? Quase irreconhecível? Não fora outrora a mais formosa das mulheres da Espanha? Não fora a esposa do rei mais poderoso do mundo, em cujos domínios o sol não se punha?... Não era diante dessa mulher que todos se inclinavam com respeito para beijar suas mãos e pedir um favor?

E agora? Completamente transformada pelas mãos frias e implacáveis da morte! Os disfarces do embalsamamento não conseguiram impedir o avanço irreversível das leis da decomposição.

Francisco de Borja ficou profundamente chocado. Deixou o recinto murmurando: Vaidade das vaidades! Vou servir a um senhor que não passa.

Este foi o primeiro empurrão de Deus. Vieram outros. Um dia morreu a esposa que tanto amava. Deixou tudo o que restava de fortuna e de títulos, e entrou na Companhia dos Padres Jesuítas.

Palavra de Deus

Tudo o que meus olhos desejaram, não lhes recusei. Não privei meu coração de nenhuma alegria. Mas quando me pus a considerar todas as obras de minhas mãos, e o trabalho ao qual me tinha dado para fazê-las, exclamei: Tudo é vaidade e vento que passa. Não há nada proveitoso debaixo do sol... *(Ecl 2,10-11)*

SÃO FRANCISCO BORJA (1510-1572) ——————

TORTURA NA PRISÃO

OUTUBRO 11

Palavra do homem

Foi no dia 11 de outubro de 1976, em Ribeirão Bonito, Estado do Mato Grosso. Duas mulheres, presas na delegacia, estavam sendo torturadas. Ouviam-se na rua seus gritos: Não me batam! Não me batam!

O bispo de São Felix Dom Pedro e o Pe. João Bosco estavam na cidade para uma visita. Inteirados do que se passava, resolveram ir até lá a fim de tomar alguma providência. Dois cabos e dois soldados receberam-nos com insultos e grosserias. Tentou-se um diálogo sereno, mas em vão.

Quando o padre ameaçou que relataria aquelas arbitrariedades aos seus superiores imediatos, um deles deu-lhe uma bofetada, e logo em seguida, um tiro de revólver na cabeça.

Tentaram prestar socorro no ambulatório local. Os recursos não davam para tanto. Com os médicos locais saíram noite a dentro, pelas estradas do Xingu a fim de encontrar um táxi aéreo, que sabiam estar numa fazenda.

No dia seguinte, ainda escuro, voaram para Goiânia, levando o padre ao Instituto Neurológico. Mas tudo inútil. A bala era explosiva e espalhou-se pelo cérebro.

O impressionante é que o padre tenha podido falar durante mais de duas horas com os que o acompanhavam. Foi uma agonia profundamente cristã. Ofereceu repetidamente a vida pelos índios, pelo povo e pelos perseguidos.

Imitando Jesus agonizante, ele disse: Dom Pedro, acabamos nossa tarefa.

Invocando a Jesus, ele morreu. Era o dia 12 de outubro, dia consagrado a Nossa Senhora Aparecida.

Palavra de Deus

Jerusalém, Jerusalém, disse Jesus, tu que matas os profetas e apedrejas os que te são enviados!... Quantas vezes eu quis reunir teus filhos como a galinha reúne seus pintainhos debaixo de suas asas, mas tu não quiseste. Pois bem, a vossa casa vos será deixada deserta. Porque eu vos digo: Já não me vereis de hoje em diante, até que digais: Bendito seja aquele que vem em nome do Senhor!
(Mt 23,37-39)

12 OUTUBRO

PRESA NAS MALHAS DA REDE

Palavra do homem

Foi em outubro de 1717. O novo governador das Minas Gerais vinha vindo de Portugal, e dirigia-se para a cidade do Carmo, onde tomaria posse. No roteiro da viagem estava incluída uma parada na cidade paulista de Guaratinguetá. A governança do lugar quer oferecer um banquete ao hóspede ilustre. Não poderiam faltar os famosos peixes do rio Paraíba.

Os pescadores foram intimados a pegar quanto peixe pudessem para abarrotar a mesa do governador. Muitos deles, entre os quais João Alves, Domingos Garcia e Felipe Pedroso, pegaram suas redes de arrasto, desatracaram suas canoas e lançaram-se no rio.

Estavam sem sorte. Os peixes não se deixavam prender nas redes.

Por fim, lá nas alturas do porto Itaguaçu, João atira sua rede e retira uma imagem. Era uma imagem de uma santa, mas sem a cabecinha.

Pouco abaixo, ao lançar novamente a rede, recolhe a cabeça da imagem. Representava Nossa Senhora da Conceição, modelada em terracota.

Quem a teria jogado no rio? Há quanto tempo? Espanto de João e dos companheiros. O certo é que o fato estava envolvido em muito mistério.

Eles, que já estavam para desistir da pescaria, após este achado miraculoso, tentaram de novo. Aconteceu então o segundo prodígio: A pesca foi tão abundante que as canoas quase afundaram com o peso dos peixes.

Voltaram para suas casas, maravilhados com o acontecido.

A imagem, guardada com carinho, foi logo descoberta pelo povo e começou a ser chamada N. Sra. Aparecida. Assim começou, como sementezinha humilde, o maior santuário mariano do Brasil.

Palavra de Deus

Naqueles dias Maria se levantou e foi às pressas às montanhas, a uma cidade de Judá. Entrou em casa de Zacarias e saudou Isabel. Ora, apenas Isabel ouviu a saudação de Maria, a criança exultou no seu seio. Isabel ficou cheia do Espírito Santo e exclamou em alta voz:

— Bendita és tu entre as mulheres, e bendito é o fruto do teu seio... *(Lc 1, 39-42)*

AMOR QUE NÃO MORRE

OUTUBRO 13

Palavra do homem

Esqueci os seus nomes. Vamos chamá-los de Milton e Ângela.

Este fato aconteceu alguns anos atrás, numa cidade mineira. Os dois já eram noivos, com casamento quase marcado. Mas o rapaz sofreu um acidente e precisou ser internado.

Longas semanas de recuperação. A noiva visitava-o quase todos os dias. A mãe não se apartava do seu leito, embora viúva, com mais filhos para zelar. O mal, entretanto, progredia. Era preciso amputar o pé.

A noiva foi diminuindo as visitas. A mãe sempre ao lado.

Meses depois tornou-se necessário amputar a perna. Depois a outra perna também. A noiva já não aparecia mais. Telefonava às vezes. Outras vezes mandava um cartão.

Ninguém mais suportava o mau cheiro que exalava daquele corpo corroído pela gangrena. A mãe mudou-se, praticamente, para o hospital. A noiva sumira por esse mundo, pois não dava mais sinal de vida. O rapaz perguntava, vez por outra:

— Mamãe, tem notícia da Ângela?

— Hoje, ainda não. Mas suponho que esteja viajando. Deve estar pensando em você.

Assim dizia a mãe, talvez para não matar a última esperança do filho.

— Eu sonhava que seríamos felizes, nós dois.

— Não perca a esperança, meu filho. Deus está dirigindo tudo.

O moço foi de mal a pior. O mau cheiro aumentava, espantando a todos. A mãe já segurava no colo aquele pedaço de gente. Como fizera no seu tempo de criança, talvez com mais amor ainda.

E foi assim que ele morreu, abraçado com a mãe, o amor que não morre.

Palavra de Deus

Pode uma mãe esquecer-se daquele que amamenta? Não ter ternura pelo fruto de suas entranhas? E mesmo que ela o esquecesse, eu nunca te esqueceria... *(Is 49, 14-15)*

14 OUTUBRO

ALGUÉM JÁ GOSTOU DE VOCÊ?

Palavra do homem

Paulo tem mais de quinze anos. É um rapaz franzino, com olheiras fundas e azuladas. Ri poucas vezes e tem olhos parados. Não sabe ter um desejo ou um sentimento mais elevado e puro. É a imagem do desalento.

Mas, o que aconteceu na sua vida? Mal conheceu seus pais. A mãe morreu cedo e o pai desapareceu numa companhia de circo. Foi internado em um educandário, que não passava de um reformatório policial.

Um dia consegui conversar com esse rapaz. Ele me contou: "Quando era mais pequeno, deixei o Orfanato e fui morar com uma família de roceiros. Era muito bom viver no meio dos campos e do gado. Mas um dia fui tocado da roça. Levaram-me embora. Desde então fico jogado de lá para cá..."

Tive compaixão daquele rapaz que contava coisas horríveis com a maior naturalidade e indiferença. Perguntei-lhe, entre outras coisas:

— Paulo, você já teve alguém que gostou mesmo de você?

Eu o chamara pelo nome. Talvez tenha sido uma das primeiras vezes que ele ouviu seu nome, o nome de batismo. E sorriu, melhor, pareceu sorrir. Depois olhou para o chão, refletiu um pouco. Pareceu-me que ia dar uma resposta negativa, quando se lembrou de repente:

— Ah! é verdade, lembro-me de um sujeito me ter dado um cigarro.

Palavra de Deus

Como a mãe a acariciar seus filhinhos, em nossa ternura por vós, desejávamos não só comunicar-vos o Evangelho de Deus, mas até a nossa própria vida, porquanto sois muito queridos a nós.

E sabeis que procedemos com cada um de vós como um pai com seus filhos: Nós vos temos exortado, estimulado, conjurado a vos comportardes de maneira digna de Deus, que vos chamou ao seu reino e à sua glória. *(1Ts 2, 7-8. 11-12)*

Palavra para a vida

— As crianças e os jovens também gostam de carinho e atenção. Muitos se extraviam na vida porque não encontraram o apoio, o estímulo, a compreensão que esperavam. Faltou nosso bom exemplo e testemunho de vida.

APAIXONADA

OUTUBRO **15**

Palavra do homem

Teresa d'Ávila, com sete anos, pregou um susto em seus pais. Ouvira falar dos cristãos que morriam sob o jugo dos mouros, nos países da África. A menina queria morrer mártir, mas não sabia como nem onde. Parece que agora descobrira uma pista. Chamou seu irmãozinho de onze anos e disse:

— Vamos para a África a fim de morrer mártires?

O irmão, que encarava a coisa mais como aventura do que como heroísmo, respondeu que sim. Bem de madrugadinha, sem fazer barulho e sem ser notados por ninguém, saíram de casa e puseram-se a caminho. No clarear do dia encontraram-se casualmente com um tio que estranhou aquelas crianças andando por aí, mochila nas costas: "Agora é hora de criança estar na cama. Voltem para casa".

Quando a mãe, mais refeita do susto que lhe pregaram, perguntou o motivo dessa loucura, a menina respondeu:

— Olhe, mamãe, ensinaram-nos que, para ver Jesus, era preciso morrer. Nós queríamos ver Jesus.

Os anos se passaram. Irmã Teresa está com mais de quarenta anos. Vive fundando e reformando mosteiros de frades e de freiras. Está para começar a construção de mais um mosteiro, quando alguém lhe pergunta:

— E a senhora tem dinheiro suficiente para isso?

— Tenho... Uns dez cruzados.

— O que pretende fazer com tudo isso? Não acha que é loucura?

— De fato, Teresa mais dez cruzados não representa nada. Teresa, mais dez cruzados e mais Deus, representa tudo.

Palavra de Deus

Para que a grandeza das revelações não me ensoberbeça, foi-me dado um espinho na carne, um anjo de satanás para me esbofetear e impedir que eu me orgulhe. Três vezes roguei ao Senhor que o apartasse de mim. Mas ele me disse: Basta-te a minha graça, porque é na fraqueza que se revela totalmente a minha força". *(2Cor 12, 7-10)*

——— **SANTA TERESA D'ÁVILA**, doutora da Igreja (1515-1582)

FUGIU PARA SER SANTO

Palavra do homem

Estavam sendo pregadas santas Missões na cidadezinha italiana de Muro, terra natal de Geraldo. O rapaz não dava sossego para os missionários. Queria a todo o custo que o levassem para o convento. Se não servisse para padre, ao menos o aceitassem como Irmão Coadjutor. Eles respondiam que sua saúde não ajudava. A vida do convento era pesada. Lá se vivia na pobreza e na penitência.

A própria mãe do rapaz pedia que não o levassem. Era franzino e pálido. Não sabia nada. Além do mais, como pobre viúva, precisava dele em casa.

A Missão terminou, deixando lágrimas nos olhos de todos. Montando em seus pacatos burrinhos, os missionários deixaram a cidade e rumaram para a próxima cidadezinha, onde iriam pregar também.

Já tinham feito um bom trecho de caminho, quando ouviram alguém gritando atrás deles: "Padres missionários, esperem-me! Eu quero ir com os senhores."

Olharam para trás. Era o Geraldinho. Vinha correndo há mais de três horas, com a língua de fora, tentando alcançar os padres.

Na casa de Geraldo, a mãe e a irmã haviam trancado a porta do quartinho dele, para impedir uma possível fuga noturna. No dia seguinte, ao abrir o quarto, ninguém lá dentro. Apenas um bilhete na mesa: "Não se preocupem comigo. Vou fazer-me santo. Geraldo".

Na janela havia um lençol dependurado pelo lado de fora, à guisa de corda...

Palavra de Deus

A linguagem da cruz é loucura para os que se perdem, mas é uma força divina para os que se salvam, isto é, para nós. Está escrito: "Destruirei a sabedoria dos sábios e anularei a prudência dos prudentes". Onde está o sábio? Onde o erudito? Acaso Deus não convenceu de incapacidade a sabedoria deste mundo? Já que o mundo, com sua sabedoria, não chegou a conhecer a Deus na sabedoria divina, aprouve a Deus salvar os que crêem, pela loucura de sua mensagem. *(1Cor 1, 18-21)*

SÃO GERALDO MAJELA (1726-1755)

EU SOU O TRIGO DE CRISTO

OUTUBRO **17**

Palavra do homem

O imperador Trajano ia dar uma grande festa em Roma. Para isso encomendou dez mil homens que iriam lutar com onze mil feras no circo romano. Seria uma festa de sangue para o povo, ávido de carnificina.

Um desses homens que vieram de longe, era Inácio, bispo de Antioquia. Escoltado por dez soldados, o santo foi embarcado no porto de Selêucia. O navio vinha fazendo escala em vários portos, certamente para recolher mais prisioneiros. Os cristãos acorriam para despedir-se do bispo que seria trucidado pelas feras.

O roteiro durou onze meses. Mas Inácio transformou esta viagem de tortura, em visita pastoral. Dirigia exortações comoventes aos irmãos, conclamando-os à fidelidade. Além disso redigiu sete cartas às diversas comunidades. Numa delas dizia: "Sou o trigo de Cristo. Serei triturado pelos dentes das feras para me tornar um pão puro e imaculado".

Realmente, algumas semanas depois, suas carnes foram mastigadas e trituradas pelos leões, ante os olhares insaciáveis dos pagãos, aboletados nas arquibancadas do estádio.

Palavra de Deus

É chegada a hora para o Filho do Homem ser glorificado. Em verdade, em verdade vos digo: se o grão de trigo, caído na terra, não morrer, fica só; se morrer, produz muito fruto.

Quem ama sua vida, perdê-la-á. Mas quem odeia sua vida neste mundo, conservá-la-á para a vida eterna. Se alguém quer me servir, siga-me. Onde eu estiver, ali estará também o meu servo. Se alguém me serve, meu Pai o honrará... *(Jo 12, 24-26)*

Palavra para a vida

— É verdade que centenas de milhares de cristãos dos primeiros tempos morreram mártires pela fé? Será que não houve um pouco de fanatismo? Morrer por causa nobre, chama-se fanatismo?

— Existem mártires hoje em dia? No silêncio dos lares? Na luta pela justiça? Na defesa dos pobres? Na preservação da moralidade? E eu? Estou pronto para morrer pela causa que defendo?

SANTO INÁCIO, bispo de Antioquia (†107)

18 OUTUBRO

LUCAS, MÉDICO CARÍSSIMO

Palavra do homem

O jovem médico Lucas, aprendeu de São Paulo as primeiras noções de cristianismo. Foi dele que Lucas tirou esse fogo e esse desejo de conhecer Jesus. São Paulo chamava de "médico caríssimo" ao seu bom discípulo.

Um dia Lucas quis conhecer também a terra onde nasceu e viveu o Salvador. Foi a Jerusalém, e lá encontrou sua mãe Maria que residia com o apóstolo João.

Nunca mais esquecerá aqueles momentos abençoados que passou junto de Maria. Das histórias que ela contou de Jesus, da sua infância pobre e sofrida.

Daí nasceu o evangelho de São Lucas, chamado também evangelista de Maria. Nesse evangelho o ilustre escritor e médico, destaca a figura humana de Jesus, sua mansidão, sua atenção com os pobres e doentes, com os pecadores arrependidos e com os marginalizados da sociedade.

Da sua convivência íntima com Paulo, nasceu o livro "Atos dos Apóstolos", o primeiro volume da História da Igreja.

Palavra de Deus

Filho bem-amado, Demas abandonou-me por amor deste mundo, e se foi para Tessalônica. Crescente partiu para a Galácia, Tito partiu para a Dalmácia. Somente Lucas está comigo. Toma contigo Marcos e traze-o, que me é muito útil para o ministério. Enviei Tíquico a Éfeso. Quando vieres, traze-me o manto que deixei em Trôade, em casa de Carpo, e os livros, principalmente os pergaminhos.

Alexandre, o ferreiro que trabalha em cobre, me fez muito mal. O Senhor dar-lhe-á a paga, segundo as suas obras. Tu também, toma cuidado com ele, pois se opôs fortemente à nossa pregação.

Na minha primeira defesa ninguém me assistiu. Todos me abandonaram. Que isto não lhes seja imputado. Assistiu-me, porém, o Senhor, e me deu forças para que, por meu intermédio, a pregação se realizasse, e todas as nações a pudessem ouvir... *(2Tm 4,10-17)*

SÃO LUCAS, Evangelista (†século I) ____________________

O HOMEM DA CRUZ

OUTUBRO **19**

Palavra do homem

Paulo, com vinte anos de idade, recusou um casamento vantajoso e partiu pelas terras da Itália, pregando a penitência e a paixão do Senhor.

Ia sempre a pé, sem chapéu e sem alforje, mendigando o pão, dormindo ao relento, debaixo das ruínas ou sob os portões das cidades. Às vezes passava pelas ruas, carregando pesada cruz, flagelando-se e convocando o povo para ouvir a Palavra.

Ordenou-se padre e reuniu mais discípulos que se chamaram Passionistas. Continuou pregando nas igrejas e nas praças, a Paixão de Cristo. Subia ao púlpito com uma corda no pescoço, uma coroa de espinhos na cabeça, e flagelava-se com chicote durante o sermão. Tremia da cabeça aos pés quando falava das dores de Cristo. Tornava-se pálido como um morto, quando falava dos horrores do pecado.

Carregava sempre consigo os instrumentos de penitência: azorragues com bolas de ferro nas extremidades, algemas, cruzes de madeira eriçadas de pontas, chapas de ferro, túnicas guarnecidas de navalhas etc. Nenhum tirano terá imaginado instrumentos tão terríveis para torturar o seu pior inimigo.

O Papa teve que intervir. Mandou mitigar tanta austeridade e tanto rigor. Também o Regulamento dos Passionistas só foi aprovado depois de abrandado e humanizado.

Palavra de Deus

Irmãos, quanto a mim jamais suceda que me glorie, a não ser na cruz de Nosso Senhor Jesus Cristo, pela qual o mundo está crucificado para mim, e eu para o mundo.

Porque a circuncisão e a incircuncisão nada valem, mas sim a nova criatura. E para todos que seguirem esta norma, paz e misericórdia... *(Gl 6, 14-16)*

Palavra para a vida

— A penitência ainda encontra espaço nos dias de hoje? É necessária?

SÃO PAULO DA CRUZ (1694-1773)

SANTA SOFREDORA

Palavra do homem

A vida de Edviges, menina rica e filha de príncipes, foi uma ladainha de sofrimentos.

Sofreu com o esposo, homem violento e grosseiro. Diversas vezes Henrique foi prisioneiro de guerra.. Uma vez chegou carregado em casa, derramando sangue pelas feridas. Foi morto a punhaladas, poucos meses depois, durante a celebração da missa.

Sofreu com os filhos. O filho Conrado revoltou-se contra o pai e teve morte violenta. Outro filho, Henrique, morreu na guerra. Ela mesma foi recolher seu corpo mutilado, no meio de outros cadáveres espalhados no campo de batalha.

Sofreu com seus parentes. Sua irmã Inês, rainha da França, teve muitas frustrações no seu casamento. Outra irmã, rainha da Hungria, morreu apunhalada. Seus irmãos foram acusados de trair e matar o imperador. A sobrinha, Santa Isabel da Hungria, foi expulsa do castelo e morreu na miséria.

Sofreu com a situação do seu tempo. Os camponeses e pobres eram oprimidos pelos nobres. Ficava noites inteiras sem dormir, parecendo ouvir o gemido dos prisioneiros atirados no fundo das masmorras. Andava descalça pelas ruas, os pés gretados pela neve, fazendo penitência por eles.

Sofreu com a maldade dos homens. Uma vez puseram fogo no palácio em que nasceu. Mais de uma vez foi expoliada dos seus bens.

Santa Edviges é a padroeira dos aflitos e devedores.

Palavra de Deus

Senhor, ouvi minha oração e chegue até vós o meu clamor! Não oculteis de mim a vossa face no dia de minha angústia... Queimado como a erva, o meu coração vai murchando. Até me esqueço de comer meu pão. A violência dos meus gemidos faz que colem à pele os meus ossos. Assemelho-me ao pelicano do deserto, como a coruja nas ruínas. Perdido o sono e gemendo, sou como pássaro solitário no telhado... Vós, porém, Senhor, permaneceis eternamente...
(Salmo 101)

SANTA EDVIGES (†1243) ______________________

EXPULSOS DA SUA TERRA

OUTUBRO 21

Palavra do homem

Aconteceu numa cidadezinha do norte, região muito visada pelos "grileiros". Passando pela pracinha, vi uma família arranchada junto ao cruzeiro que havia na frente da igreja. O casal e os filhos estavam amontoados em cima de sacos e trouxas de mudança. Pareciam retirantes.

Aproximei-se deles e perguntei o que tinha acontecido. O pai, entre soluços, explicou:

— Fomos tocados de nossa terra e de nosso barraco. Chegou gente armada, dizendo que aquele chão tinha dono, que eles tinham documento, e que a gente fosse saindo logo. Eu respondi que não ia embora, que já morávamos há muitos anos naquele sertão, e que a terra era nossa.

Dois dias depois eles voltaram, entraram no rancho, puseram nossos "trens" para fora e botaram fogo.

É difícil ver um homem chorar. Mas aquele sertanejo chegou a soluçar, junto com a mulher e os filhos.

Palavra de Deus

Ai de vós que ajuntais casa com casa e que acrescentais campo a campo, até que não haja mais lugar, e que sejais os únicos proprietários do país!

Os meus ouvidos ouviram ainda este juramento do Senhor dos exércitos. Grande número de casas, eu o juro, serão devastadas, grandes e magníficas herdades ficarão desabitadas... Ai daqueles que desde a manhã procuram a bebida, e se retardam à noite nas emanações do vinho! Amantes da cítara e da harpa, do tamborim e da flauta, e do vinho em seus banquetes. Mas para as obras do Senhor eles não têm um olhar sequer, e nao enxergam a obra de suas mãos.

Assim como a palhoça é devorada por uma língua de fogo e como a palha é consumida pela chama, a raiz deles sucumbirá na podridão, e sua flor voará como a poeira, porque eles repudiaram a lei do Senhor dos exércitos, e desprezaram a palavra do Santo de Israel.

(Is 5,8-12.24)

A BÊNÇÃO DO PROFESSOR

Palavra do homem

Havia um professor anônimo do interior que descobriu um tipo de apostolado, simples, fácil e eficiente: Dava sua bênção aos que percebia precisados. Ele mesmo nos conta:

— Quando atravesso as ruas, com quanto sofrimento eu deparo! Vejo pobres e doentes, pessoas com fome, aleijados ou abandonados. Vejo também pessoas bem trajadas, mas cujos semblantes revelam o vazio, a frustração, o desespero.

Não conheço a todos, nem posso ajudar a todos. Então atrevo-me a fazer como Jesus fazia. Eu os abençôo em nome de Deus, pelas mãos de Maria. Creio que este humilde serviço é possível a cada um de nós.

Ontem, caminhando para a escola, tive uma oportunidade. Vinha vindo ao meu encontro um menino, empregado numa padaria. Rosto cansado, triste, corpo franzino. No momento, o "primeiro socorro" seria este. Dei-lhe a minha bênção, traçando sobre ele uma cruz, sem que ninguém o percebesse.

Hoje, no aperto da feira, passou por mim uma senhora em estado adiantado de gravidez. Parecia estar passando por alguma angústia. Parecia preocupada. Não pude dizer uma palavra de ânimo. Somente pude traçar sobre ela disfarçadamente.o sinal da cruz. Quem sabe se esta foi a única bênção que mãe e filho iriam receber?...

Quando me deito à noite, quando me levanto ou no decorrer do dia, traço o sinal da cruz sobre meus familiares ou na direção onde sei que alguém está sofrendo...

Palavra de Deus

Assim Jacó abençoou seu filho José:... Graças ao Deus de teu pai, que te ajuda, graças ao Todo-poderoso que te abençoa com as bênçãos do céu altíssimo, com as bênçãos do profundo abismo, com as bênçãos dos peitos e do seio. As bênçãos de teu pai sobrepujam as bênçãos das antigas montanhas, as aspirações das colinas eternas. Que elas desçam sobre a cabeça de José, sobre a fronte do príncipe de seus irmãos... *(Gn 49, 25-26)*

O VENCEDOR DE BELGRADO

OUTUBRO 23

Palavra do homem

João Capristano já foi preso por causa de política. Ao tentar fugir da prisão, quebrou uma perna, que mais tarde foi amputada.

Depois entrou para a ordem dos Franciscanos e saiu pelo mundo europeu a pregar o Evangelho. Seu meio de transporte era um burrinho.

As igrejas ficaram pequenas para conter o povo que acorria de toda a parte. Era preciso pregar nas praças públicas. Com chuva ou sol, ninguém arredava pé. Todos ficavam presos nos lábios do profeta durante quatro horas ou mais.

Em muitas cidades organizavam-se mutirões para limpar as ruas e as praças onde iria passar ou pregar o grande missionário.

Uma vez ao falar sobre a penitência e as vaidades, convidou o povo a trazer para a praça todos os objetos de vaidade que tivessem. Formou-se uma montanha de taboleiros de jogos, perucas, gorros, cosméticos, roupas, colares e uma infinidade de objetos. Tudo foi queimado sem dó nem piedade.

Comandou e ganhou a famosa batalha de Lepanto. Com esta vitória impediu o avanço dos turcos na Europa e salvou a cristandade. E ficou santo assim mesmo.

Palavra de Deus

... Um dos serafins voou na minha direção. Trazia na mão uma brasa viva, que tinha tomado do altar com uma tenaz. Aplicou-a na minha boca e disse: "Tendo esta brasa tocado teus lábios, teu pecado te foi tirado e tua falta apagada".

Ouvi então a voz do Senhor que dizia: "A quem vou enviar? E quem irá por nós?" — "Eis-me aqui, disse eu, enviai-me". Disse ele:

— Vai, pois, dizer a esse povo. Escutai sem chegar a compreender. Olhai, sem chegar a ver... Obceca o coração desse povo...

(Is 6,5-9)

Palavra para a vida

— O profeta é um líder no meio do seu povo. Temos profetas atualmente?

SÃO JOÃO CAPISTRANO (1386-1456)

VÍTIMA DE CATORZE ATENTADOS

Palavra do homem

Antônio Maria Claret, arcebispo de Cuba no século XIX, foi um espanhol ardente de zelo pela causa de Deus. Devido à sua coragem apostólica, sofreu pelo menos catorze atentados contra a vida.

Um deles foi em 1856. Ele estava saindo da igreja à noite, após haver pregado sobre a Santíssima Virgem. O povo acompanhava-o até sua casa com cantos e vivas. No meio da multidão aproximou-se do arcebispo um homem de aspecto sinistro. Fingiu beijar o anel do prelado e aplicou em seu pescoço violento golpe de navalha. Um corte profundo se abriu desde a orelha até o queixo. A navalhada atingiu também o braço porque, naquele preciso momento, o arcebispo estava tapando a boca com o lenço para não se resfriar. O sangue correu aos borbotões. O povo se revoltou aos gritos querendo liquidar o assassino. Entrementes a vítima recebia os primeiros socorros numa farmácia próxima.

O assassino, semanas antes, tinha sido libertado da prisão graças à mediação do arcebispo. Foi preso novamente e condenado à morte.

Novamente interveio o santo em favor do seu malfeitor: "Eu o perdôo como cristão, como sacerdote, como arcebispo". Além de pedir indulto para o réu, ofereceu-se para pagar as despesas da fuga. Pois agora era o assassino que estava sendo ameaçado pelo povo indignado.

Palavra de Deus

Que diremos, pois, a tudo isto? Se Deus é por nós, quem será contra nós? Ele, que nem sequer poupou seu próprio Filho, mas o entregou à morte por todos nós, como não haveria de nos dar com ele, todas as outras coisas?

Quem acusará os eleitos de Deus? Existe Deus que justifica. Quem há de condenar? Existe Jesus Cristo, que morreu. Mais ainda, que ressuscitou e está à direita de Deus, e também intercede por nós. *(Rm 8, 31-34)*

SANTO ANTÔNIO M. CLARET (1807-1870)

O PAPA QUE SALVOU A PAZ

OUTUBRO 25

Palavra do homem

Foi em outubro de 1963. Em Cuba, técnicos e operários soviéticos montavam, com incrível rapidez, dezenas de rampas de lançamento de mísseis nucleares, apontados para os Estados Unidos. Pretendiam prevenir uma intervenção norte-americana.

Os Estados Unidos por sua vez, concentravam tropas e navios nas proximidades de Cuba.

Tudo parecia caminhar para um desfecho fatal. Os dois adversários estavam irredutíveis. A catástrofe era iminente. Em poucos minutos poderia haver mais de um bilhão de mortos, caso se apertasse o botão.

Era preciso que alguém, fora de qualquer partido e capaz de exercer influência, interviesse em favor de uma reconciliação. Pensou-se no Papa João XXIII. Ele aceitou.

Aquela noite, a luz do gabinete de trabalho do Papa não se apagou. Assessorado pelos secretários, preparou uma mensagem destinada aos chefes dos governos litigantes.

Ao meio-dia de 25 de outubro, quando a Rádio Vaticana difundia esse apelo, os navios soviéticos batiam em retirada.

O pesadelo terminara. O Papa João, após receber a mensagem de paz de ambos os governos, disse: "Vamos agradecer a Deus". Tomando pelo braço, o Cardeal dell'Acqua, dirigiu-se à capela particular.

Palavra de Deus

Não pagueis o mal com o mal. Aplicai-vos a fazer o bem diante de todos os homens. Se for possível, quanto depender de vós, vivei em paz com todos os homens. Não vos vingueis por vossas mãos, caríssimos, mas deixai agir a ira de Deus, porque está escrito: "Minha é a vingança. Eu farei justiça, diz o Senhor". "Se teu inimigo tiver fome, dá-lhe de comer. Se tiver sede, dá-lhe de beber". Não te deixes vencer pelo mal, mas vence o mal pelo bem... *(Rm 12, 17-20)*

Palavra para a vida

Você trabalha pela paz? Na família? Na comunidade? No ambiente de trabalho?

26 OUTUBRO

O TESTE DA AMIZADE

Palavra do homem

Uma vez um rapaz convidou seus amigos para um jantar num hotel de boa classe. E disse, no final da refeição:

— Chamei-os aqui para me despedir. Vocês acham que sou rico, mas não sou mais. Pretendo viajar, fazer negócios e enriquecer-me novamente. Espero estar de volta daqui a uns cinco anos. Se for feliz, oferecer-lhes-ei outro jantar, bem mais abundante e luxuoso do que este. Se, porém, não for bem sucedido, são vocês que me darão o jantar. Combinado?

Todos concordaram. Passaram-se uns cinco anos. O rapaz voltou e convocou os amigos, aqueles mesmos daquela noite: Saí pobre, volto miserável. Vamos cumprir o contrato feito? Estejam todos no hotel... hoje às vinte horas. Lá conversaremos mais. Quem dará o jantar serão vocês.

Era o teste da amizade. O rapaz voltava miserável, mas de saúde. Trouxera muito e muito dinheiro. Fizera o testamento doando em partilha o dinheiro aos amigos que comparecessem.

Dirigiu-se para o hotel na hora combinada. Esperou uma, duas e mais horas. Mas ninguém compareceu. Desiludido, rasgou o testamento e redigiu outro, no qual legava toda a sua fortuna para os pobres e órfãos da cidade.

Poucas semanas depois ele morria, acreditando menos nas amizades, e confiando mais em Deus, que nunca engana.

Palavra de Deus

Combina bem com todos, mas escolhe para conselheiro, um entre mil.

Se adquirires um amigo, adquire-o na provação, não confies nele tão depressa. Pois existe amigo em certas horas que deixará de ser no dia da aflição...

Existe amigo que só é para a mesa, e que deixará de ser no dia da desgraça... Um amigo fiel é uma poderosa proteção. Quem o achou, descobriu um tesouro. Nada é comparável a um amigo fiel. Nem o ouro nem a prata merecem ser postos em paralelo... *(Eclo 6, 6-17)*

O PATRÃO E O EMPREGADO

OUTUBRO **27**

Palavra do homem

Era uma vez um homem muito rico, muito orgulhoso, muito cheio de si e muito explorador. Ele tinha um empregadinho muito pobre, muito humilde e muito explorado.

Depois de gozar bastante, o patrão morreu e foi acertar as contas com Deus. Vestiram-no com uma túnica bonita e brilhante. Um anjo aproximou-se do homem e passou em toda a sua roupa, dos pés ao pescoço, uma espécie de glacê açucarado e gostoso, como se faz nos bolos. Ele sentia-se todo vaidoso e feliz: "Afinal de contas, eu mereço, pois fui um homem de bem".

Pouco depois morreu o pobre empregadinho e foi também acertar as contas lá no céu. Vestiram-no com uma túnica bem simples e modesta. Aproximou-se também um anjo e enlameou a roupa inteirinha do pobre com grossas camadas de... excremento.

Seu patrão já estava querendo esfregar as mãos de contente, quando soou a sentença solene do Pai Eterno:

— Agora, muita atenção! Vocês dois terão que passar toda a eternidade, um lambendo a roupa do outro...

O rico teria que lamber eternamente a roupa do pobre.

E o pobre teria que lamber eternamente a roupa do rico.

Palavra de Deus

Havia um homem rico que se vestia de púrpura e linho finíssimo. Todos os dias se banqueteava e se regalava. Havia também um mendigo, por nome Lázaro, todo coberto de chagas, que ficava deitado à porta do rico. Este desejava avidamente matar a fome com as migalhas que caíam da mesa do rico... Até os cães vinham lamber-lhe as feridas...

Ora aconteceu morrer o mendigo e ser levado pelos anjos ao seio de Abraão. Morreu também o rico e foi sepultado no inferno... *(Lc 16, 19-31)*

Palavra para a vida

Deus tarda mas não falha. Os preferidos de Deus, devem ser também os meus preferidos.

SIMÃO E JUDAS

Palavra do homem

Foi na última Ceia. Após dar muitas recomendações aos seus Amigos, Jesus disse:

— Aquele que recebe meus preceitos e os guarda, esse é que me ama de verdade. Quem me ama, será amado por meu Pai. Eu o amarei e manifestar-me-ei a ele.

Aqui o apóstolo Judas fez uma pergunta que parecia estar pendente dos lábios de seus companheiros, há uns três anos. Foi aliás, a única intervenção que ele fez em todo o Evangelho:

— Senhor, qual o motivo porque irás manifestar-te somente a nós e não ao mundo?

Todos os apóstolos se voltaram para Jesus. Realmente, por que o Senhor não queria manifestar-se ao mundo? Por que não anunciava sua realeza aos povos? Por que não se constituía o Messias soberano do seu povo? Não era isso que o povo estava esperando, quando Jesus entrou triunfante em Jerusalém?

A resposta veio, mas envolta em profundo mistério:

— Se alguém me ama, guardará minha palavra. Meu pai o amará e viremos a ele e nele faremos nossa morada.

Jesus não estava prometendo um reino apoteótico e triunfalista, mas um reinado fecundo e oculto, o reinado nas almas.

Simão e Judas trabalharam juntos. E juntos partilharam fadigas, perseguições e a morte.

Palavra de Deus

Jesus foi à montanha para rezar, e passou a noite em oração a Deus.

Quando amanheceu, chamou seus discípulos e escolheu doze deles, aos quais deu o nome de apóstolos:

Simão, a quem chamou de Pedro; André, seu irmão; Tiago; João; Filipe; Bartolomeu; Mateus; Tomé; Tiago, filho de Alfeu; Simão, chamado zeloso; Judas, filho de Tiago; e Judas Iscariotes, que se tornou traidor. *(Lc 6, 12-19)*

SÃO SIMÃO E SÃO JUDAS, Apóstolos

DOIS IRMÃOS SAPATEIROS

Palavra do homem

Crispim e Crispiniano eram irmãos e eram sapateiros.

Muito zelosos e apostólicos. Entre um prego e outro na sandália, davam uma lição de cristianismo ao seu freguês.

Mas um dia a sapataria dos dois irmãos amanheceu fechada e triste. Os donos tinham sido levados para a prisão e depois para o tribunal. A acusação veio forte e categórica:

— Vocês não acreditam em nossos deuses. Estão perturbando nosso povo. São inimigos do imperador.

— Não é verdade. Nós anunciamos a verdade e o amor. Ensinamos que existe um só Deus, que mandou seu Filho para salvar a humanidade.

Foram ameaçados com torturas. Eles tinham a verdade, e por isso não cederam. O juiz tinha a força e por isso não discutiu. Mandou que fossem torturados.

As histórias do povo descrevem um martírio terrível, sem imaginar que no futuro a crueldade da civilização iria encontrar torturas piores.

Foram dependurados e espancados. Em baixo das unhas foram espetadas agulhas. A pele foi arrancada em tiras. Foram lançados na água fria. Por fim deceparam suas cabeças.

Mas a idéia ficou.

Palavra de Deus

Não queremos, irmãos, que ignoreis a tribulação que nos sobreveio na Ásia. Fomos maltratados ali desmedidamente, além das nossas forças, a ponto de termos perdido a esperança de sair com vida. Sentíamos dentro de nós mesmos a sentença de morte; para que aprendêssemos a pôr a nossa confiança não em nós, mas em Deus que ressuscita os mortos.

Ele nos livrou e nos livrará de tamanhos perigos de morte. Sim, esperamos que ainda nos livre, se nos ajudardes também vós com orações em nossa intenção... *(2Cor 1, 8-11)*

SÃO CRISPIM E SÃO CRISPINIANO, mártires

30 OUTUBRO

OS FILHOS DO SEU PULGUINHA

Palavra do homem

Seu José, a quem todos chamavam de Pulguinha, fora o homem mais trabalhador da vila. Agora, quase imprestável, passava os dias na casa dos filhos que eram quatro, todos casados.

Era um mês na casa de um, e outro mês na casa de outro. Para isso já repartira com eles os seus bens. Entregava-lhes também certa mesada que recebia de um irmão, residente na Argentina.

Mas a "carga" foi ficando pesada, principalmente quando a mesada do tio parou de chegar. Um dia resolveram pôr o velho no asilo, alegando mil pretextos: carestia de vida, colheitas fracas, muitos filhos...

Lágrimas corriam pelas faces enrugadas, diante de tanta ingratidão dos filhos.

Chegado o dia da saída, o senhor Pulguinha apertou a mão de muitos vizinhos, emocionado e choroso. Já estava subindo no carro-de-bois que o conduziria à cidade, quando chegou correndo, ofegante, o vice-prefeito da vila: "Senhor José! Espere um pouco. Trago-lhe a felicidade. O carteiro acaba de dar-me este ofício do consulado da Argentina. Dizem que seu irmão morreu e, aberto o testamento, deixou a você uma grande herança!"

— Pai, gritaram os filhos e as noras. Queridíssimo papai! O senhor não irá mais ao Abrigo. Não tem cabimento. Venha para nossa casa.

Mas seu Pulguinha não se alterou com a notícia. Indiferente a tudo, subiu no carro ajudado pelos amigos. Aprumou-se e com voz solene disse:

— Meus filhos, este ofício não muda minha intenção. Vou para o Abrigo. As bondosas Irmãs e os velhinhos abriram seus braços para me receber quando era pobre. Agora, não é justo que os despreze a troco de vinte milhões. Esse dinheiro ficará para eles. E para os infelizes que, como eu, forem enxotados de casa pelos filhos ingratos. Maneco, toque os bois. Adeus!

Palavra de Deus

Honra teu pai e tua mãe para que teus dias se prolonguem sobre a terra que te dá o Senhor, teu Deus... *(Êx 20, 12)*

O MISSIONÁRIO E A SERPENTE

Palavra do homem

Foi na Birmânia, em terras de Missão. O padre missionário saíra bem cedo a fim de visitar os doentes. Tinha que atravessar uma floresta. O caminho era estreito. O cachorro que acompanhava o missionário, zigue-zagueava alegremente, farejando cada palmo do trilho.

O padre caminhava rezando o terço. Absorto na oração, não viu uma enorme boa (serpente) enrolada nos galhos de uma árvore: Teve tempo apenas de invocar "Maria Imaculada, ajude-me". A serpente já o apertava, enrodilhando-se no pescoço para esmagá-lo.

O cachorro, vendo seu dono em tal perigo, sai correndo como uma flecha no rumo da aldeia. Chega ofegante à casa do catequista, agarra-o com os dentes e faz menção de querer carregá-lo. Paulo catequista pressente alguma desgraça e segue o cachorro que retoma a corrida na direção da floresta. Às vezes ladra angustiosamente, como que pedindo ao catequista que apresse o passo.

Chegam. Aí está o padre, amassado entre os anéis da terrível serpente. Os birmanos sempre levam consigo um grande facão, o "dah". Com um só talho, corta a cabeça da boa feroz. Caem os anéis que asfixiavam o missionário. Paulo aplica-lhe a respiração artificial, enquanto o cachorro lambe carinhosamente o seu dono. Por fim o padre abre os olhos e volta a si.

— Seu padre, disse o catequista, é um milagre. Pelo tempo que eu demorei, o senhor poderia ter morrido vinte vezes.

Palavra de Deus

Tendo Paulo juntado um monte de gravetos, lançou-os à fogueira. Uma víbora saltou para fora devido ao calor e prendeu-se à sua mão. Quando os bárbaros viram a serpente pendurada na mão de Paulo, disseram entre si: "Por certo este homem é um homicida. Se escapar do naufrágio, Nêmesis não lhe permitirá viver". Mas Paulo, sacudindo a serpente para o fogo, não sofreu mal nenhum...

(At 28,3-5)

Palavra para a vida

Os enviados do Senhor, sempre gozam de proteção especial.

SANTOS DE CARNE E OSSO

Palavra do homem

Os santos não nasceram santos. Santificaram-se na luta do dia-a-dia. Tinham carne e osso como todos nós. Eram sujeitos a todos os sentimentos, bons e maus. Vejamos alguns exemplos:

Santa Teresa d'Ávila era violenta e impulsiva, mas dominava-se. Simples mas não simplória. Dificilmente se deixava enganar. Era capaz de dar tudo aos pobres. Mas ai daquele que tentasse passar-lhe a perna em algum negócio.

Santo Atanásio fugiu e se escondeu quando quiseram fazê-lo bispo.

São Francisco de Assis ordenou aos seus frades que mandassem a tristeza para o diabo: Um santo triste é um triste santo.

São Remígio tinha inimigos gratuitos. Uma vez puseram fogo em seu paiol. Logo vieram os vizinhos para debelar o incêndio, mas era tarde. O fogo havia tomado conta de tudo. Então disse o santo: "Já que nada mais se pode fazer, aproveitemos o fogo para nos aquecer um pouco. Está fazendo um frio danado".

São João Vianney tinha suas ironias. Quando lhe comunicaram que havia ganho uma medalha de honra do Imperador, perguntou gracejando: "Junto com a medalha de honra virão também algumas notas de cem?"

São Bernardo fazia questão de distinguir pobreza de sujeira: "A pobreza sempre me agradou; a sujeira não".

Santo Afonso parece muito sério, mas sabia aprontar gracejos. Quando o dentista extraiu o seu último dente, disse-lhe o santo napolitano: "Meu caro Nicodemos, de hoje em diante você não me pega mais nenhum centavo". — Outra vez ele disse: "Quando se escreve a biografia dos santos, se a gente contasse também seus defeitos, o livro ganharia outro tanto de páginas".

Palavra de Deus

Bendito seja Deus, pai de Nosso Senhor Jesus Cristo que do céu nos cumulou com toda a espécie de bênçãos espirituais em Cristo, pois escolheu-nos nele antes da criação do mundo, para sermos santos e imaculados em sua presença... *(Ef 1, 3-4)*

TODOS OS SANTOS ______________________

OS TRÊS AMIGOS

NOVEMBRO 2

Palavra do homem

Havia um homem que tinha três amigos, aos quais dava muito apreço e atenção. Um dia esse homem ficou muito doente, a ponto de morrer. Avisaram-no que se preparasse a fim de comparecer perante o Juiz.

Teve receio de ir sozinho. Lembrou-se então dos seus amigos. Talvez pudessem acompanhá-lo e até defendê-lo. Amigo é para isso mesmo, para as horas de aperto.

Mandou chamar o primeiro, a quem expôs o seu problema. Ele, porém, respondeu: "Pouca coisa posso fazer por você. Mas o que posso, eu o farei. Pago as despesas de viagem". Era pouco, realmente. O que mais interessava, era a companhia.

Mandou vir o segundo amigo, que lhe respondeu meio pesaroso: "Ir com você até o Juiz, não posso. Você entende não? Cada um tem seus problemas particulares, onde a gente não entra. Mas vou com você até a porta do tribunal. Dali eu voltarei". Também não servia. O momento mais difícil e cruciante era o inquérito perante o Juiz.

Quase sem esperança, pediu que viesse o terceiro amigo. Este respondeu com calma e segurança: "Sim, eu posso ir com você. Posso acompanhá-lo e ficar ao lado durante o interrogatório".

Quais eram os nomes desses três amigos?

O primeiro é o dinheiro. Paga o caixão quando morremos. E só.

O segundo é a família. Acompanha-nos até a sepultura. Depois volta para casa. Nada mais pode fazer, a não ser, rezar pelos defuntos.

O terceiro amigo são as boas obras. Somente estas nos acompanham até a eternidade. Somente elas nos defendem perante Deus.

Palavra de Deus

Teremos de comparecer diante do tribunal de Cristo. Ali cada um receberá o que mereceu, conforme o bem ou o mal que tiver feito enquanto estava no corpo... *(2Cor 5,10)*

COMEMORAÇÃO DOS MORTOS

O SANTO DA VASSOURA

Palavra do homem

Era demais a procissão de doentes que Frei Martinho recolhia no convento, onde era Irmão Coadjutor. Os frades começaram a ficar amolados. Só faltava ocupar as celas deles, tão cheia ficou a casa. O superior achou que precisava tomar uma medida e queixou-se com seu humilde súdito:

— Assim não dá mais. Nosso convento não é hospital. Dê um jeito de levar esse povo para outro lugar.

— Os doentes são o próprio Jesus. O senhor quer que eu mande Jesus embora? — respondeu Martinho, mansamente.

Depois de uma resposta como essa, não havia outro jeito senão continuar recebendo aquelas semelhanças de Jesus sofredor.

***

De outra feita chegaram dois malandros esbaforidos, pedindo que Frei Martinho os escondesse em casa. Estavam sendo perseguidos pela polícia. Depois de prometer, de mãos e pés juntos, que nunca mais fariam mal, nem sequer para um mosquito, Frei Martinho mandou que se escondessem debaixo de um colchão.

Chegou a polícia e perguntou se os ladrões estavam lá. "Procurem por aí. Pode ser que sim, pode ser que não". A polícia revirou o quarto de pernas para o ar, e não encontrou ninguém. Não sabemos se os ladrões ficaram invisíveis. Sabemos apenas que mudaram de vida. Se não foi por amor de Deus, ao menos foi por causa do susto que levaram.

São Martinho de Lima é representado com a vassoura na mão, pois passou a vida inteira no trabalho humilde de um convento dominicano, como encarregado de limpeza.

Palavra de Deus

Exercei a hospitalidade uns para com os outros sem murmuração. Como bons dispensadores das diversas graças de Deus, cada um de vós ponha à disposição dos outros, os dons que recebeu: assim, a palavra para anunciar as mensagens de Deus; assim, um ministério para exercê-lo com uma força divina, a fim de que em tudo Deus seja glorificado por Jesus Cristo... *(1Pd 4, 9-11)*

SÃO MARTINHO DE LIMA (1579-1679) ——————

NO MEIO DOS PESTEADOS

Palavra do homem

Em 1570 eclodiu em Milão a terrível peste que se espalhou por toda a Itália. Junto com a epidemia, veio a fome avassaladora, arrastando as massas famintas do interior para a cidade.

O governador duque de Albuquerque, receando uma invasão do povo esfaimado, deu ordem para trancar as portas do seu palácio. Carlos Borromeu, cardeal de Milão, mandou abrir sua casa para eles. Ninguém chegava, sem voltar ao menos com um pedaço de pão.

Deu tudo o que tinha: peças de ouro, objetos de arte e de museu, roupas. Tudo, inclusive os tapetes preciosos que revestiam os quartos e as salas da residência episcopal.

Mandou a sua própria cama para um dos hospitais onde eram abrigados os pestilentos.

Borromeu saía visitando asilos, lazaretos e barracões onde jaziam os enfermos sem ajuda e sem trato. Nem sequer os médicos se animavam a entrar naqueles míseros recintos.

Percorreu as ruas de Milão à frente de procissões penitenciais, descalço, carregando uma cruz, implorando misericórdia para a cidade.

A tristemente famosa epidemia de Milão ficou conhecida como "a peste de São Carlos", porque foi ele a figura central do movimento de ajuda.

Palavra de Deus

Agora eu mesmo é que vou cuidar das minhas ovelhas e velarei sobre elas. Como um pastor vela sobre o seu rebanho... assim eu velarei sobre minhas ovelhas e as retirarei de todos os lugares por onde se haviam dispersado em dia de bruma e escuridão...

A ovelha perdida, irei buscá-la. A desgarrada, hei de reconduzi-la. A que estiver ferida, eu lhe porei ataduras. A que for fraca, devolverei as forças. Quanto àquelas que estão gordas e com saúde, eu velarei por elas e as tratarei com justiça. *(Ez 34, 11.16)*

Palavra para a vida

Tenho eu algum rebanho para cuidar? Como estou cuidando?...

——— **SÃO CARLOS BORROMEU**, bispo e cardeal (1538-1584)

A ORAÇÃO DO CARVOEIRO

Palavra do homem

Foi no Canadá, muitos anos atrás. Um padre, numa longa viagem a cavalo por extensa floresta, chegou a uma clareira e parou para descansar.

Alguns homens enfumaçados, com roupas em frangalhos, amontoavam lenha para fazer carvão. Saltou do cavalo e aproximou-se. Receberam-no com alegria.

— Vocês são católicos?

— Sim, somos, respondeu um deles.

— E rezam aqui no meio desse mato?

— Rezamos pela manhã e mesmo durante o dia, no serviço.

Pediu que rezasse o pai-nosso e a ave-maria. Ele não sabia.

— Mas você é batizado?

— Sou, sim. Batizou-me um padre que, há muitos anos, passou pela minha choupana. Ele só teve tempo de explicar-me alguma coisa sobre Jesus, sobre Maria Santíssima e o Batismo. Depois recomendou-me que me confessasse e recebesse a comunhão, quando encontrasse outro padre. O senhor é o primeiro.

— Mas, como é que você reza?

— Todos os dias quando acordo, eu digo: "Aqui estou, Senhor. O teu carvoeiro acordou. Gosto muito de ti, e quisera trazer-te vivo em meu coração". Depois vou trabalhar. Durante o dia repito que gosto dele e não quero perdê-lo. Não sei dizer outra coisa...

Palavra de Deus

Quando orardes, não façais como os hipócritas que gostam de orar de pé nas sinagogas e nas esquinas das ruas para serem vistos...

Nas vossas orações não multipliqueis as palavras como fazem os pagãos, que julgam ser ouvidos à força de palavras. Não os imiteis porque vosso Pai sabe o que vos é necessário, antes que vós lho peçais... *(Mt 6, 5-8)*

Palavra para a vida

— A oração inventada ou espontânea favorece mais a atenção e devoção? Por que?

O REI E O COZINHEIRO

Palavra do homem

O rei da França, Luiz XI, estava viajando. Era o tempo em que se viajava em carruagens, puxadas por cavalos. Após vários dias chegou a Plessis, acompanhado pelo seu cortejo.

Cansado de cerimônias e protocolos, resolveu dar um giro, sozinho, pelas dependências da casa em que se hospedava. Desfez-se da roupagem real e saiu sem rumo. Chegou até a cozinha. Aproximou-se de um cozinheiro mais atarefado que os outros e, à queima-roupa, perguntou-lhe:

— Quanto você ganha?

O homem que não conhecia pessoalmente o rei, nem suspeitava que aquele personagem fosse o rei, respondeu:

— Eu ganho tanto quanto o rei.

Luiz XI sorriu e retrucou:

— Como assim? Você quer comparar o seu serviço de assar galinhas, com o trabalho de um rei que dirige os altos destinos da França?

— O serviço pode ser bem diferente, mas o ordenado é o mesmo, sustentou o cozinheiro.

— Ora essa, explique-se.

— Sim, senhor. Eu com o meu trabalho ganho o céu. O rei, com o trabalho dele, nao ganha mais que o céu. E tem mais: se é que o rei faz o seu serviço por amor a Deus, como eu procuro fazer o meu...

Palavra de Deus

Guardai-vos de praticar a vossa justiça diante dos homens, para serdes admirados por eles. De outra sorte não tereis recompensa junto de vosso Pai que está nos céus...

Portanto, quando deres esmola, não toques a trombeta diante de ti, como fazem os hipócritas nas sinagogas e nas ruas,para serem louvados pelos homens. Em verdade vos digo que já receberam a vossa recompensa. *(Mt 6, 1-2)*

Palavra para a vida

Deus não olha para o valor mas para o amor com que faço alguma coisa.

DEFENSOR DOS SEM TERRA

Palavra do homem

Enguelberto, bispo de Colônia no século XIII, tinha sido guerreiro e não brincava quando era preciso defender os oprimidos. Diversas vezes fez valer a força do seu braço e o impacto de sua figura gigantesca.

Uma vez já estava para assentar-se à mesa, quando veio um mulher rodeada pelos filhos, chorando aflita:

— O que foi, minha senhora?

— Senhor bispo, fui expulsa da minha casa com meus filhos. Primeiro mataram meu marido. Depois me tocaram para fora.

Sem mais perguntas, Enguelberto voltou-se para os companheiros que iam almoçar com ele e disse:

— Deixem os lugares para esta senhora e seus filhos. Não é conveniente que o pastor passe bem, enquanto o seu rebanho definha na miséria. E a senhora, sente-se aqui com seus filhos. Esta comida foi preparada para vocês. Enquanto isso, vamos ver o que podemos fazer, com a ajuda de Deus.

Deixando o almoço e tudo o mais, o bispo montou a cavalo e lançou-se a galope com seus homens de armas, na direção do castelo do malfeitor. Tomou o castelo de assalto, mandou prender o assassino e devolveu imediatamente para a viúva a posse que lhe tinha sido arrebatada.

Esse amor inflexível pela justiça foi a causa de sua morte. Morreu barbaramente, numa emboscada urdida pelo próprio sobrinho.

Palavra de Deus

— Ai daquele que amontoa o bem alheio (até quando?) e que acumula sobre si o peso da dívida... Visto que despojaste numerosas nações, despojar-te-ão os outros povos por causa do sangue humano derramado e das violências praticadas contra a terra, as cidades e a população.

— Ai daquele que procura lucros criminosos para sua casa, e quer colocar bem alto o seu ninho para escapar ao golpe da adversidade!...

— Ai daquele que constrói uma cidade a preço de sangue, que funda uma cidade na iniqüidade... *(Hab 2, 6-12)*

SANTO ENGUELBERTO, bispo (1185-1225)

OS CINCO ESCULTORES

Palavra do homem

Numa ruela de Roma ouvem-se marteladas descompassadas e o retinir do ferro na pedra. São escultores trabalhando: Cláudio, Nicóstrato, Sinforiano, Castório, Simplício. Trabalham ao ar livre porque os blocos de mármore são grandes. O chão está forrado de lascas de mármore. Trabalham quase sem conversar, pois querem terminar logo as encomendas, que são muitas.

Vez por outra sai algum comentário a respeito do último decreto do imperador mandando prender cristãos que se recusam a prestar culto aos ídolos. "Nem que me mate", disse Cláudio.

Nesse preciso momento chega alguém da parte do imperador:

— A fama de vocês como escultores finos, chegou até o palácio. Trago aqui uma encomenda do próprio imperador. Deste bloco de mármore puríssimo deve brotar uma estátua do deus Esculápio, curador de todas as doenças.

Os colegas piscaram para o Cláudio: "É agora!" A resposta veio firme:

— Desculpe, não podemos.

— Como não? Deixem de lado os outros trabalhos e dêem preferência ao pedido do imperador.

— Não é falta de tempo nem pouco caso. É questão de religião. Nós acreditamos num só Deus, o único verdadeiro. Não podemos fabricar ídolos.

O imperador não gostou da resposta. Foram presos, torturados, colocados num caixão e atirados na água.

Palavra de Deus

Disse Jesus aos seus apóstolos: Cuidado com os homens! Entregar-vos-ão aos tribunais e vos flagelarão nas sinagogas. Sereis arrastados diante dos governadores e reis por minha causa, para dar testemunho perante eles e perante as nações. Mas quando vos entregarem, não vos preocupeis em saber como falar, ou o que ireis dizer. O que tiverdes para dizer, vos será inspirado... *(Mt 10, 17-20)*

UM AMIGO PARA A VIAGEM

Palavra do homem

Um rapaz se prepara para uma longa viagem. A mãe quer que ele arranje um amigo para acompanhá-lo. "Qual amigo, mamãe?" pergunta o moço. Abraçando-o pela última vez, segredou-lhe o nome do amigo. Enquanto o filho se afastava, abanando a mão, ela repetia: "Só ele, ouviu?"

E o jovem lançou-se pelos caminhos poeirentos da vida, atento em encontrar o amigo recomendado pela mãe. De repente sentiu passar diante dos olhos uma sombra luminosa, enquanto ouvia:

— Você me quer como companheiro de viagem?

— Primeiro diga-me seu nome. — *Eu me chamo a GLÓRIA* .

— Não! não foi este o nome que minha mãe me disse.

Continuou caminhando. O sol esquentava. Pouco depois passou um carro de luxo. O dono freou e perguntou interessado:

— Não aceita ser o meu sócio? Meu companheiro?

— Como é que você se chama? — *Eu me chamo a RIQUEZA.*

— Não foi esse o nome que minha mãe recomendou.

Já bem à tarde passou um bando de rapazes e moças com bandolins e violões, cantando alegres. Perguntaram-lhe:

— Você aí, não quer ir conosco para a festa?

— Mas... o nome de vocês? — *Nosso nome é PRAZER.*

— Obrigado. Não foi esse o nome que minha mãe me disse.

Já de tardezinha, sozinho e triste, ele se assenta à beira do caminho. Sente logo a mão de alguém pousando em seus ombros:

— Aceita-me como companheiro da sua viagem?

— Como é seu nome? — *Eu me chamo o DEVER.*

— Sim, disse jubiloso o moço. Foi esse o nome que minha mãe me recomendou. — Juntos caminharam e chegaram felizes: Ele e o dever.

Palavra de Deus

Observa suas leis e prescrições para que sejas feliz, tu e teus filhos depois de ti, e prolongues teus dias para sempre na terra, que te dá o Senhor teu Deus. *(Dt 4, 40)*

O LEÃO DE ROMA

NOVEMBRO **10**

Palavra do homem

Átila, denominado o flagelo de Deus, percorria a Europa varrendo tudo com sua espada. Reinava o terror nas cidades da Itália. Milhares de pessoas fugiram para as ilhas italianas. Em Roma faziam-se procissões de penitência para afastar uma iminente invasão dos bárbaros.

As tropas invasoras já estavam perto de Roma. O grande sonho do feroz Átila era conquistar a capital do império romano.

Nesse momento estava reunido com seus generais na barraca de campanha, quando anunciaram a chegada de uma embaixada de Roma. Quem chefiava a caravana, era Leão, bispo de Roma e chefe da cristandade. Átila soltou uma sonora gargalhada: Esse leão se transformará num ratinho diante de mim.

O Papa entrou revestido com as vestes papais, acompanhado de alguns sacerdotes. Os dois grandes se defrontaram. O diálogo começou:

— És tu que vens em nome da cidade de Roma?

— Eu venho em nome de Deus, respondeu o Papa com firmeza.

— O que tens a dizer em nome desse Deus?

— Venceste muitos povos. Agora terás que ganhar a mais gloriosa das vitórias...

— Sim, vencer Roma...

— Vencer-te a ti mesmo. Domina essa ambição de dinheiro e de poder. Chega de semear miséria e dor. É preciso que mudes de atitude. Teus dias estão contados.

Poucos dias depois, o exército dos hunos retirava-se da Itália. A força do espírito desarmara a força do braço.

Palavra de Deus

Irmãos bem-amados, exorto os anciãos que há entre vós, eu ancião como eles, e testemunha dos sofrimentos de Cristo... sede pastores do rebanho de Deus que vos foi confiado! Velai sobre ele, não pela força, mas de boa vontade. Não por vil interesse, mas cheios de solicitude. Não como senhores absolutos da herança, mas tornando-vos modelos do rebanho... *(1Pd 5, 1-4)*

SÃO LEÃO MAGNO, Papa († 461)

A METADE DA CAPA

Palavra do homem

Martinho voltava do jogo, onde perdera quase todo o seu dinheiro. Enquanto o cavalo seguia, quase a rédea solta, pela noite a dentro, ele refletia: Por que esbanjei essas moedas que poderiam ter um destino mais nobre?

O cavalo continuava trotando despreocupadamente, enquanto um vento frio fustigava o rosto do valente centurião romano. Estava para atravessar os portões da cidade de Amiens, quando um vulto magro surgiu ali, como que do meio da neve. Era um mendigo coberto de andrajos, tiritando de frio, que estendia as mãos macilentas, pedindo uma esmola.

Martinho enfiou a mão na sua sacola de couro. Mas logo se lembrou que naquela mesma noite havia perdido o último centavo no jogo. E agora, como sair dessa? Não podia passar pelo mendigo sem deixar-lhe alguma ajuda.

Tirou então a capa dos ombros, dessas capas muito amplas que os oficiais romanos usavam para se proteger contra o frio. Depois, puxando a sua espada, cortou a capa em dois pedaços, dizendo:

— Meu amigo, pegue um pedaço. Para mim é suficiente esta metade. A outra metade só seria aproveitada pelo meu cavalo. Portanto, agradeça ao cavalo e não a mim.

Naquela mesma noite o centurião teve um sonho estranho: Viu Jesus diante dele, coberto com aquele pedaço de manto. E ouviu claramente Jesus contando aos que o cercavam: "Vejam esta capa. Ganhei do meu amigo Martinho".

Palavra de Deus

Perguntar-lhe-ão os justos: "Senhor, quando foi que te vimos com fome e te demos de comer? Com sede e te demos de beber? Quando foi que te vimos enfermo ou na prisão, e te fomos visitar?

Responderá o Rei: "Em verdade eu vos declaro: todas as vezes que fizestes isto a um destes meus irmãos mais pequeninos, foi a mim mesmo que fizestes. *(Mt 25, 37-40)*

SÃO MARTINHO DE TOURS (317-397)

MÁRTIR DA UNIDADE

Palavra do homem

Josafá era desses pregadores que não cansavam os ouvintes. Depois de falar mais de uma hora, o povo pedia suplicante: Fale mais, senhor bispo. Pode falar o dia inteiro, que não enjoaremos.

Empenhou-se de corpo e alma para que os cristãos do Oriente se unissem com os cristãos do Ocidente. Esta foi a bandeira de luta do arcebispo de Polosk. E por esta bandeira ele morreu.

Estava fazendo visita pastoral numa cidade da Rússia. Subitamente foi invadida a casa onde se achava. Uma multidão de fanáticos, convocada por alguns chefes cismáticos, entrou no palácio, maltratando e ferindo os empregados que tentaram opor resistência. Apareceu Josafá e pediu aos assaltantes:

— Não façam mal aos meus amigos. Se vocês têm alguma coisa contra mim, aqui estou.

Então os criminosos caíram sobre ele. Um golpe de machado derrubou-o por terra. Com pauladas e punhaladas consumaram o martírio.

Palavra de Deus

Assim rezou Jesus na Última Ceia, em favor da unidade:

— Pai, não rogo somente por eles, mas também por aqueles que, por sua palavra, hão de crer em mim. Para que todos sejam um, assim como tu, ó Pai, estás em mim e eu em ti. Para que também eles estejam em nós e o mundo creia que tu me enviaste.

Dei-lhes a glória que me deste, para que sejam um, como nós somos um: Eu neles e tu em mim, para que sejam perfeitos na unidade, e o mundo reconheça que me enviaste e os amaste como amaste a mim.

Pai, quero que, onde eu estou, estejam comigo aqueles que me deste, para que vejam a minha glória que me concedeste, porque me amaste antes da criação do mundo... *(Jo 17, 20-24)*

Palavra para a vida

O que estamos fazendo em favor do ecumenismo? Nem uma gota de suor ou de sangue?

SÃO JOSAFÁ, bispo e mártir (1580-1623)

O BOM NEGOCIANTE

Palavra do homem

Na cidade italiana de Cremona viveu, oitocentos anos atrás, um homem que se chamava Homembom. Tinha uma loja de tecidos e miudezas, sempre cheia de fregueses. Pudera! Ninguém tinha pressa de ir embora. Mesmo que não comprassem nada, todos gostavam da companhia daquele comerciante de boa prosa e apurada honestidade.

Era casado. Bem casado, com uma santa mulher. Mas um tanto resmungona:

— Homembom, assim não é possível. Você dá tanta esmola e tanto pano. Vende tanto fiado e empresta tanto, que vamos acabar na miséria.

— Deixa disso, mulher. Nada nos falta. Deus tem sido bom para nós. E lembre-se que, o que damos aos pobres, estamos emprestando a Deus.

— Bonito provérbio, isto sim. E digo mais: Acho que você reza muito Assim, acaba cansando até o santo.

— Só porque vou à missa todos os dias? Será que estou faltando com as outras obrigações?

Ela reclamava. Mas terminava concordando. Afinal de contas, não é toda a mulher que tem sorte de casar-se com um homem bom.

Homembom continuou sua vidinha da casa para a loja, da loja para a casa, da igreja para os pobres, dos pobres para a sua casa.

É domingo, dia 13 de novembro. Homembom está na missa. Começaram a cantar o "Glória". Ele abre os braços em cruz, inclina-se para o chão e assim fica muito tempo. Completamente imóvel, perdido em Deus e em si. Os vizinhos de banco começaram a estranhar tanta piedade. Quando repararam melhor, Homembom estava morto.

Palavra de Deus

Felizes aqueles cuja vida é pura e seguem a lei do Senhor.

Felizes os que guardam seus preceitos e o procuram de coração.

Felizes os que não praticam o mal, mas andam em seus caminhos...

Não serei confundido se observar os vossos mandamentos.
(Sal 118,1-4)

SANTO HOMEMBOM, leigo (†1197) ————————

MUITO OBRIGADO, SENHOR

Palavra do homem

Visitamos certa ocasião uma escola. Conseguimos logo de início, criar um ambiente de muita amizade e entusiasmo. Cânticos, histórias, brincadeiras com a participação de todos.

No final, ou quase no final da visita, convidamos as crianças para um agradecimento coletivo a Deus, aos pais, aos professores e a todos que influenciavam na sua educação.

Enquanto todas as crianças gritavam a plenos pulmões "muito obrigado, meu Deus, pelos olhos, pelos ouvidos, pelas mãos que nos destes", aproximou-se a professora com uma criança surda-muda nos braços, dizendo:

— Padre missionário, ela também quer falar.

Em meio a um silêncio total, carregado de simpatia e de compaixão, a criança surda-muda, aproximou a boca do microfone e soltou um clamor confuso, meio articulado. Deu para distinguir no meio desses sons confusos, as duas palavrinhas "muito obrigado"

Perguntamos ao grupo de crianças:

— O que foi que o menino disse?

— Muito obrigado, gritaram todos em coro.

Tomamos a criança nos braços e dissemos para os outros, que falavam e ouviam:

— Essa criança agradece por aquilo que não tem. E vocês têm tudo isso.

Palavra de Deus

Não cesso de agradecer a Deus por vós, pela graça divina que vos foi dada em Jesus Cristo. Nele fostes ricamente contemplados com todos os dons, com os da palavra e os da ciência, tão solidamente foi confirmado em vós o testemunho de Cristo.

Assim, enquanto aguardais a manifestação de Nosso Senhor Jesus Cristo, não vos falta dom algum. Ele há de vos confirmar até o fim para que sejais irrepreensíveis no dia de Nosso Senhor. Fiel é Deus por quem fostes chamados à comunhão de seu Filho Jesus Cristo... *(1Cor 1, 4-9)*

DOUTOR UNIVERSAL

Palavra do homem

Pe. Alberto está pregando na igreja. Tem cerca de oitenta anos. A memória começa a falhar. Titubeia e pára. Mas...

• Alberto não é aquele mestre que precisava ensinar em praça pública, porque os numerosos alunos não cabiam no recinto das escolas?...

• Não é o mesmo que dominava todas as ciências conhecidas do seu tempo, desde a teologia até as ciências naturais?...

• Não foi ele o professor do grande Tomás de Aquino e de tantos outros sábios?...

• Não é o mesmo que construiu igrejas e dirigiu obras famosas de arquitetura religiosa?...

• Não era ele a quem chamavam de "enciclopédia viva" porque tinha resposta para todas as perguntas e todas as questões?...

• Não foi ele o grande pacificador das comunidades? O intermediário e mensageiro de paz entre leigos, bispos e padres?...

Por isso mesmo, Alberto interrompe o fio do sermão e termina com estas palavras:

— Meus irmãos, reconheço que meu tempo passou e que o fim da minha vida se aproxima. Declaro publicamente, perante vocês, que acredito em tudo o que a Igreja ensina. Suplico que me administrem os santos sacramentos no tempo oportuno. E se alguma coisa escrevi ou ensinei que não está conforme os ensinamentos da santa Igreja, eu me retrato neste momento. Louvado seja Nosso Senhor Jesus Cristo!

Pe. Alberto desceu do púlpito e recolheu-se à sua cela para rezar e meditar. Morreu sentado junto à mesa de trabalho.

Palavra de Deus

Implorei e a inteligência me foi dada. Supliquei, e o espírito da sabedoria veio a mim. Eu a preferi aos centros e tronos, e avaliei a riqueza como um nada ao lado da Sabedoria. Não a comparo com a pedra preciosa, porque todo o ouro ao lado dela, é apenas um pouco de areia... *(Sb 7, 7-9)*

SANTO ALBERTO MAGNO, doutor universal (1193-1280) ———

VENHA BEBER NA FONTE

Palavra do homem

Irmã Gertrudes passava horas e horas na biblioteca do mosteiro. Afundava-se na leitura de complicados livros de teologia e se esquecia do que estava acontecendo ao seu redor. Às vezes nem ouvia o toque do sino chamando para a reza do Ofício Divino na igreja. Quando a chamavam, ela suspirava: "Que pena! Eu gostaria de continuar estudando".

Apesar de viver com o nariz enterrado nos livros, não era feliz. Quanto mais estudava e se aprofundava em pesquisas estéreis, tanto mais experimentava o vazio da inteligência fria.

Um dia pareceu-lhe ouvir a voz do Senhor que dizia:

— Minha irmã, até agora você esteve respirando pó no meio dos livros e buscando mel nos espinhos. Volte-se novamente para mim. Quero que você venha beber na fonte pura do meu coração.

A partir daquele dia, irmã Gertrudes começou uma vida nova. Foi na fonte viva que jorra para a vida eterna, que começou a beber a ciência divina. Não iria acender seu candeeiro nos livros velhos e poeirentos, e sim no Coração de Jesus. Agora sentia-se mais livre, mais leve, mais segura. Agora a nave do seu coração acertou o rumo certo.

Palavra de Deus

Que Cristo habite pela fé em vossos corações, arraigados e consolidados na caridade, a fim de que possais com todos os cristãos, compreender qual seja a largura, o comprimento, a altura e a profundidade, isto é, conhecer a caridade de Cristo que desafia todo o conhecimento, e assim sejais cheios de toda a plenitude de Deus.
(Ef 3,17-19)

Palavra para a vida

— Há certas teologias que são como a luz fria. Iluminam, mas não aquecem, nem entusiasmam. Saber só por saber, resolve alguma coisa?...

— Muita ciência e pouca vivência não levam a nada. Por que?

— Ciência infusa é aquela que vem diretamente de Deus. Não é a melhor? Mas será que merecemos esta graça? façamos por merecê-la.

SANTA GERTRUDES († 1301)

UMA RAINHA NA COCHEIRA

Palavra do homem

Isabel, rainha da Hungria, era feliz com seus filhos e seu marido. Era a mãe do povo, principalmente do povo sofrido e pobre. Tinha amor, carinho, riquezas, honras e amizade.

Depois que o esposo morreu longe dela, vítima da peste, tudo virou para a viúva. Foi expulsa do palácio, porque agora eram outros que mandavam no país.

Saiu com os quatro filhos, vagando pela noite fria, sem encontrar uma porta que se abrisse para ela. Os aldeões tinham medo de ser castigados pelos novos donos do palácio, caso dessem abrigo à rainha expulsa. Por fim achou abrigo num estábulo velho, utilizado para guardar trastes e entulhos.

Ouvindo o bater dos sinos numa igreja próxima, para lá se dirigiu a fim de agradecer a Deus, que a socorreu em sua viuvez. Pediu que os frades cantassem o hino de louvor, o "Te Deum".

Depois, saiu a mendigar para que os filhinhos não morressem de fome. Quantas vezes foi acuada pelos cachorros! Ainda se pode ver, na igreja de Santa Isabel em Breslau, o bastão que ela usava, com marcas das dentadas dos cães enraivados.

Mais tarde veio a reconciliação. Mas já estava cansada de sofrer. Morreu com apenas vinte e quatro anos.

Palavra de Deus

Amai os vossos inimigos, fazei bem aos que vos odeiam. Abençoai os que vos maldizem e orai pelos que vos injuriam. Ao que te ferir numa face, oferece-lhe também a outra. E ao que te tirar a capa, não impeças de levar também a túnica. Dá a todo que te pedir. E ao que tomar o que é teu, não reclames.

O que quereis que os homens vos façam, fazei-o também a eles. Se amais os que vos amam, que recompensa mereceis? Também os pecadores amam aqueles que os amam. Se fazeis bem aos que vos fazem bem, que recompensa tereis?... *(Lc 6, 27-33)*

SANTA ISABEL DA HUNGRIA, viúva (1207-1231)

O ROMANCE ASSASSINO

NOVEMBRO **18**

Palavra do homem

Um famoso escritor estava debruçado sobre a sua mesa de trabalho, ocupado no preparo de mais um romance. Súbito entra como um pé-de-vento, um moço transtornado, nervoso, desesperado. Fixando o escritor com olhos saltados das órbitas, profere quase aos gritos esta frase estarrecedora:

— Vou acabar com minha vida. Mas o culpado é o senhor. Sim, o senhor, com as sujeiras que escreveu em seus livros.

Não houve tempo, nem sequer de acalmar o rapaz ou desviar da cabeça o plano sinistro. Saiu em desabalada carreira e, poucos minutos depois, ouvia-se o estampido. Era o infeliz que alojava uma bala na cabeça.

O escritor, que realmente andava espalhando entre a juventude, verdadeiras enxurradas de livros perversos e imorais, caiu em si. Tinha na consciência aquela jovem vida, truncada bruscamente, além de milhares de inocências que roubara.

Ali mesmo começou a sua conversão. Retratou-se publicamente e começou vida nova. Dali por diante só escreveria livros construtivos. Cumpriu a palavra. É o famoso escritor Joergensen.

Palavra de Deus

Ai do mundo por causa dos escândalos. Eles são inevitáveis. Mas ai do homem que os causa. Por isso, se a tua mão ou o teu pé te fazem cair em pecado, corta-os e lança-os longe de ti. É melhor para ti entrar na vida coxo ou manco do que, tendo dois pés e duas mãos, ser lançado no fogo eterno. Se teu olho te leva ao pecado, arranca-o e lança-o longe de ti. É melhor para ti entrar na vida cego de um olho do que, tendo dois olhos, ser jogado no fogo da geena... *(Mt 18, 7-9)*

Palavra para a vida

— E os que editam livros, revistas e outras publicações pornográficas, irreligiosas?... E os que compram e bebem esses venenos?...

— Para contrapor, somente o bom livro, a boa revista. Tem sugestões?

O CORAÇÃO DE ROQUE

Palavra do homem

Novembro de 1628 na aldeia dos índios Guaicurus, no Caaró, atual Rio Grande do Sul. Estão prontos os preparativos para a inauguração do sino, junto à igreja da aldeia. Pe. Roque e Pe. Afonso Rodrigues sentem-se felizes.

Mas talvez não soubessem que o feiticeiro Nheçu, pajé da aldeia, tinha jurado desfazer-se dos missionários, pois estavam desviando sua clientela e seu prestígio.

Pe. Roque saiu com seus índios para fora da igreja a fim de erguer o sino. Um grupo de revoltosos, influenciados pelo pajé, misturou-se no meio dos outros fiéis. Quando Pe. Roque abaixou-se para ajeitar alguma coisa no sino que seria suspenso, logo em seguida recebeu dois golpes de machado de pedra, abrindo-se-lhe a cabeça. Pe. Rodrigues teve a mesma sorte.

Em seguida invadiram e saquearam a igreja, ateando fogo. Depois retalharam os corpos dos dois mártires e os atiraram dentro da igreja, no meio do fogo.

No dia seguinte voltaram para ver o resultado da barbárie. Por entre os restos carbonizados da igreja, avistaram os dois corpos mutilados. Do coração de Roque parecia sair uma voz: "Meus filhos, ainda que me matem, eu não morro. Não me afastarei de vocês. Eu voltarei..."

O cacique mandou abrir o peito de Roque e arrancar-lhe o coração. Foi espetado numa seta e atirado novamente ao fogo, que haviam atiçado.

Um grupo de índios observava tudo de longe, às escondidas. Quando tudo se aquietou, foram ver o que sobrou da sua querida igreja. Alguém remexeu pesaroso as cinzas e encontrou o coração do Pe. Roque, inexplicavelmente intacto. Via-se apenas o furo da seta.

Palavra de Deus

Vieram os soldados e quebraram as pernas dos dois ladrões. Chegando, porém a Jesus, não lhe quebraram as pernas. Mas um dos soldados abriu-lhe o lado com uma lança e imediatamente saiu sangue e água. *(Jo 19, 33)*

BEM-AVENTURADOS ROQUE GONZALES
e companheiros, mártires († 1628)

O FILHO DO CARVOEIRO

Palavra do homem

José Cardijn era filho de um carvoeiro. Concluído o curso primário, pediu para continuar os estudos. Estava então com treze anos. O pai relutou, objetando:

— Meu filho, sinto-me cansado. Queria que você começasse a contribuir para as despesas da família.

— Sim, papai. Mas, se desejo continuar os estudos, é porque pretendo ser padre.

O pai, com lágrimas nos olhos, as mãos calejadas e trêmulas, respondeu comovido:

— Para isso vale a pena continuar a trabalhar. Vá, meu filho, que eu garanto seus estudos.

Os anos passaram. O moço ainda estava estudando no Seminário, quando um telegrama o chamou para junto do pai agonizante. Mais tarde, já sacerdote e cardeal, ele confessou:

— Pobre papai, desgastado pelo trabalho pesado, e morto por amor do filho! Depois que fechei seus olhos, ainda junto do seu cadáver, eu jurei morrer pela libertação da classe operária.

Hoje o Cardeal Cardijn é conhecido como "apóstolo da juventude operária".

Palavra de Deus

O Senhor dirigiu-me a palavra nestes termos: "Antes de formar-te no seio materno, pensei em ti. Antes que saísses do seio de tua mãe, consagrei-te, e destinei-te para profeta das nações...

Eu disse: "Senhor Deus, não sei falar, porque sou muito jovem". E o Senhor a mim: "Não digas 'sou muito jovem', porque a todos aqueles aos quais te enviar, hás de ir, e tudo o que te ordenar, dirás. Não temas diante deles, porque estou contigo para salvar-te, palavra do Senhor".

E o Senhor estendeu a mão, tocou-me a boca e disse-me: "Eis que ponho em tua boca minhas palavras. Vê, dou-te autoridade sobre as nações e sobre os reinos para extirpares e abateres, destruíres e demolires, construíres e plantares..." *(Jr 1, 4-10)*

A MÃOZINHA DO MENINO

Palavra do homem

A festa da Apresentação de Maria Menina, nos faz lembrar outra história. O famoso artista italiano Bramante havia terminado uma obra importante na basílica de São Pedro.

Apresentou-se, pois, ao Papa Júlio II que encomendara a obra, a fim de acertar as contas. Levou consigo seu filho caçula, de alguns poucos anos.

O Papa se agradou do menino, muito esperto e muito falador. Em certa altura, abriu a gaveta da escrivaninha, mostrou ao garoto um monte de moedas e disse:

— Tire quanto couber na mão.

O menino olhou para a sua mão tão pequenina. Depois olhou para as mãos enormes do Papa e arriscou:

— Senhor Papa, pegue com a sua mão mesmo.

Palavra de Deus

Chegaram sua Mãe e irmãos e estando do lado de fora, mandaram chamá-lo. Ora, a multidão estava sentada ao redor dele (Jesus) e disseram-lhe:

— Tua Mãe e teus irmãos estão aí fora e te procuram.

Ele respondeu-lhes:

— Quem é minha mãe e quem são meus irmãos? E correndo o olhar sobre a multidão que estava sentada ao redor dêle, disse:

— Eis aí minha mãe e meus irmãos. Aquele que faz a vontade de Deus, esse é meu irmão, minha irmã e minha mãe. *(Mc 3, 31-35)*

Palavra para a vida

— É melhor oferecer nossas ofertas a Deus pelas mãos de Maria?

— Maria foi apresentada no templo, desde pequenina. Muitos se voltam para Deus quando já estão velhos. Deus não merece também a nossa juventude? Por que dar o resto para ele?

— O trecho evangélico acima é um gesto de menosprezo ou de estima para com a Mãe?

APRESENTAÇÃO DE MARIA ____________________

O NOIVO DE CECÍLIA

Palavra do homem

Valeriano estava visivelmente apaixonado pela jovem Cecília. Mas a simpática menina assim despistou o rapaz:

— Vou te contar um segredo. Tenho um anjo de Deus que me protege. Se tentares manchar minha pureza, ele ficará irritado contigo. Se me respeitares, porém, ele se mostrará amável contigo.

— Dize-me o nome desse namorado. Eu te garanto que, se estiveres gostando de outra pessoa, minha espada destruirá os dois, tu e ele.

— Esse anjo é um espírito. Só podem vê-lo aqueles que forem purificados pela água do batismo — explicou Cecília.

Valeriano, cada vez mais encabulado, quis conhecer melhor a religião de Cecília. Recebeu instruções do Papa Urbano I. E entrou na comunidade cristã de Cecília.

Mas pagou com o martírio esta lealdade com Cecília, com seu anjo e com a Igreja. Cecília seguiu o mesmo caminho. Foi decapitada.

Dizem que, no momento do martírio, o verdugo descarregou três golpes de espada, sem conseguir separar a cabeça do tronco. A lei romana proibia dar mais que três golpes. Por isso a jovem ficou ali, banhada no próprio sangue, durante três dias, ao cabo dos quais a morte libertou-a de tanto sofrimento.

Palavra de Deus

Assim fala o Senhor: Eis que vou atraí-la e levá-la-ei ao deserto e falar-lhe-ei ao coração. Aí ela responderá, como nos tempos da sua juventude, como quando subiu da terra do Egito.

Desposar-te-ei para sempre, desposar-te-ei conforme o direito e a justiça, com benevolência e afeição. Desposar-te-ei com fidelidade, e conhecerás o Senhor... *(Os 2, 14.15.19.20)*

Palavra para a vida

— A virgindade e a castidade ainda têm espaço na sociedade atual? A pureza de vida não é o melhor caminho para a fraternidade?...

SANTA CECÍLIA, virgem e mártir (séc. II-III)

23 NOVEMBRO

AOS IRMÃOS DE CORINTO

Palavra do homem

O Papa Clemente, sucessor de Pedro, de Lino, de Anacleto, está refugiado numa ruína de Roma. Neste momento começou a ditar uma carta:

... Aos irmãos de Corinto! Nenhum olho viu, nenhum ouvido ouviu, nenhum coração sentiu o que Deus preparou aos que o esperam com constância...

Ele parecia estar ouvindo os ecos da carta de São Paulo. O amanuense molhou várias vezes a pena no chifre cheio de tinta, mas Clemente continuava meditando. Súbito prosseguiu:

— "Quão santos e maravilhosos são os pensamentos de Deus, meus amados irmãos. Vida na imortalidade, esplendor na justiça, verdade na valentia, fé na confiança, continência na santidade, todas estas riquezas já penetraram em nossas inteligências.

E agora, o que está preparado para os que perseveram? O Criador e Pai da eternidade conhece a grandeza e formosura desses bens. E nós queremos lutar desde agora para ser contados no número dos que perseveram, tornando-nos assim, credores da participação nos bens prometidos..."

Fortunato, o amanuense, enrolou o papiro e preparou-se para levar a carta aos cristãos de Corinto.

Quando voltou, dias depois, onde estava Clemente? Foi encontrá-lo num canteiro de pedra, trabalhando como escravo, ao lado de outros prisioneiros cristãos. Fortunato, surpreendido, quis tomar o lugar de Clemente. Mas em vão.

Muito tempo depois, ficou-se sabendo que o Papa Clemente fora jogado no mar, com uma pedra atada ao pescoço.

Palavra de Deus

Jesus se manifestou aos seus discípulos. Depois de comer com eles, disse a Simão Pedro: "Simão, filho de João, tu me amas mais do que estes?" Ele respondeu: "Sim, Senhor, tu sabes que te amo". Jesus lhe disse: "Apascenta meus cordeiros". *(Jo 21, 15-16)*

SÃO CLEMENTE, Papa e mártir (séc. I) ____________

O REI MENDIGO

NOVEMBRO 24

Palavra do homem

Era uma vez um mendigo chamado Nicolau. Morava num barraco, fora da cidade, mas gostava de ficar à beira das estradas e ruas para ganhar o pão.

Certo dia avistou um cortejo que vinha vindo. Era o rei com toda a pompa oriental, assentado em sua carruagem, precedido por um vistoso séquito. Nicolau disse lá com seus botões: "Hoje a esmola vai ser abundante". Aproximou-se da carruagem. Antes, porém, que ele estendesse a mão, já o rei havia descido e se adiantara dizendo-lhe:

— Dá-me uma esmola, por amor de Deus.

Nicolau ficou atônito e descontrolado. E todos com ele. Onde se viu o rei pedir esmola para um mendigo? O que um pobre pode dar para o rei?

Mas o rei continuava com a mão estendida. O mendigo enfiou a mão na sacola das esmolas, retirou um grão de arroz e colocou na mão do rei. Este agradeceu, entrou na carruagem e continuou a caminhada.

Já de noitinha, Nicolau voltou para o seu barraco, e despejou em cima da mesa o conteúdo da sacola. No meio das moedas, do feijão, da farinha e outros donativos, brilhou um carocinho. Era um grão de arroz que se transformara numa pepita de ouro. Tão brilhante que iluminou o escuro barraco.

Nicolau bateu com a mão na testa, arrependido da sua mesquinhez: Por que não dei todo o meu arroz para o rei? Por que não lhe dei tudo o que tinha?

Mas era tarde demais!

Palavra de Deus

Quem semeia pouco, colherá pouco. Quem semeia com largueza, com largueza também colherá. Cada um dê conforme estabeleceu o seu coração, não com má vontade ou constrangimento. "Deus ama quem dá com alegria".

Deus é bastante poderoso para fazer abundar em vós todas as graças. De sorte que, tendo sempre e plenamente quanto vos é suficiente, possais ser generosos em toda a espécie de boas obras... *(2Cor 9, 6-8)*

OS OITO ORFÃOZINHOS

Palavra do homem

Aconteceu perto do povoado de Ipati, muitos anos atrás.

João Ferreira, animador da comunidade e dono de uma pequena propriedade, estava distribuindo serviço para os filhos, quando lhe trouxeram a notícia: "Dona Melânia está muito mal. Pode morrer hoje ou amanhã. A pobre viúva deixa oito filhos, o maior com treze anos".

— Então vamos suspender o serviço e tocar para a casa da comadre, decidiu logo seu João.

Num casebre à entrada do povoado, a doente agonizava. As oito crianças choravam pelos cantos da casa. Enquanto João e sua esposa dona Ana consolavam os pequenos, o povo foi se ajuntando, dentro e fora da choupana.

A viúva morreu assistida pelo vigário e confortada pela promessa de que os filhos seriam encaminhados. Foi ali mesmo, junto ao corpo ainda quente de dona Melânia, que teve lugar uma cena comovente. Ana Maria disse ao marido:

— Vamos levar os dois mais pequeninos para nós. Quem tem doze, pode criar catorze.

— Sim. Mas leve também a menina maior para cuidar dos pequeninos.

O padre vigário mandou entregar dois para sua mãe. Os outros três foram logo adotados também.

Em menos de meia hora não havia mais órfãos naquela casa. Nem foi necessário solicitar a intervenção do juiz ou de alguma outra autoridade. Tudo se resolveu dentro daquele espírito comunitário que sempre vigorou em nosso sertão.

Palavra de Deus

Se dois de vós se unirem na terra para pedir, seja o que for, consegui-lo-ão de meu Pai que está nos céus.

Porque, onde dois ou três estiverem reunidos em meu nome, eu estarei no meio deles. *(Mt 18, 19-20)*

MISSIONÁRIO DAS MULTIDÕES

NOVEMBRO **26**

Palavra do homem

Leonardo ainda era estudante em Roma, quando seu companheiro convidou-o certo dia para ouvir um pregador. Ao passar por uma praça, viram balançando numa forca o cadáver de um condenado. Os dois rapazes se entreolharam e quase murmurando, disseram:

— Aí está a pregação que estávamos procurando.

Poucos dias depois Leonardo entrou para o convento dos frades capuchinhos. Ordenou-se padre e começou a vida de missionário.

Sua pregação era dramática. Mandava acender grandes tochas. Flagelava-se durante o sermão, até correr sangue. Imensas multidões acorriam para ouvir o maior pregador do século.

Seu tema preferido era a Paixão do Senhor. A imagem do condenado suspenso na forca ficara em sua retina, fazendo-o lembrar constantemente o grande Condenado pendente na cruz.

Palavra de Deus

Os judeus pedem milagres, os gregos reclamam a sabedoria, mas nós pregamos Cristo crucificado, escândalo para os judeus e loucura para os pagãos. Mas para os eleitos, quer judeus quer gregos, força de Deus e sabedoria de Deus.

Pois a loucura de Deus é mais sábia do que os homens, e a fraqueza de Deus é mais forte do que os homens... *(1 Cor 1, 22-25)*

Palavra para a vida

— Estamos no século de hedonismo. Não gostamos de ouvir falar de cruz, sofrimento, morte. Nossa tendência é mais para o prazer e o lazer. Está certo? Está errado? Até onde?...

— Entretanto, a vida de Cristo foi uma via-sacra. Não tinha sequer uma pedra onde repousar a cabeça cansada...

— Ele também disse: Quem quiser ser meu discípulo, tome a sua cruz...

— Qual a solução? Evitar os exageros? Nem o "masoquismo" da dor, nem o requinte da moleza?..

27 NOVEMBRO

O PAI NOSSO E O PORRETE

Palavra do homem

O velho Francisco tirava um pedaço do domingo para visitar o compadre João que residia na cidade. Não largava de sua bengala, com cabo em forma de cabeça de cachorro, herança do pai.

O primeiro personagem que o recebia, era o "lobo", um cachorro feroz e agressivo. Com seu latido enervante, avisava que não avançasse mais.

Felizmente a zoeira do cachorro alertava João, que vinha pressuroso amansar a fera e receber o amigo. Este se lamentava:

— Dê um jeito nesse cachorro, compadre. Um dia ele me agarra.

— Não tenha medo. Ele é bravo, mas não morde. Em todo o caso, vou ensinar-lhe um santo remédio. Na próxima vez que o cachorro avançar, comece logo a rezar um pai-nosso. Garanto que o bicho aquieta.

***

É domingo novamente. Seu Francisco vem vindo. Apenas apareceu na cancela, o cachorro latiu ameaçador. Lembrou-se então da receita e começou a rezar o pai-nosso. Mas quanto mais rezava, mais o cachorro latia e forcejava para avançar. João apareceu assustado na porta e corrigiu energicamente o cão furioso. Depois perguntou rindo:

— Você rezou o pai-nosso?

— Rezei, e em voz alta. Pior ficou.

— Usou a bengala?

— Isso não.

— Aí está. Enquanto rezava o pai-nosso, devia manejar o porrete com energia. Faltou o porrete, compadre!

Palavra de Deus

Pela graça de Deus eu sou o que sou, e a graça que ele me deu, não tem sido inútil. Ao contrário, tenho trabalhado mais do que todos eles. Não eu, mas a graça de Deus que está comigo. Portanto, seja eu ou sejam eles, assim pregamos e assim crestes... *(1Cor 15,10-11)*

Palavra para a vida

— Deus ajuda a quem trabalha. Nunca dispensa nossa colaboração.

RENÚNCIA DE CRIANÇA

Palavra do homem

O rapazinho estudava no Seminário, longe dos pais e dos irmãos. Uma vida tranqüila que transcorria entre o estudo, a oração e o lazer.

Um dia, vendo alguns colegas rodando com suas bicicletas, começou também a sonhar com uma. Era um sonho que não se desfazia. Mas como alcançá-lo? O jeito seria escrever para seu pai. Com palavras escolhidas e letra caprichada ele fez o pedido.

Seu pai era simples operário. Tinha mais filhos para cuidar. Mas quem sabe se a posição privilegiada de seminarista lhe daria um direito especial.

Por tudo isto esperava uma resposta positiva.

A resposta veio. Abriu o envelope com sofreguidão e com a certeza de um sonho realizado: "Meu filho, você nos pediu uma bicicleta... Fomos sondar os preços... Não temos condições de comprar uma bicicleta nova. Mas faremos o possível para conseguir uma de segunda mão. Está bom assim?"

O menino releu a carta. Leu nas entrelinhas. E respondeu com toda a coragem: "Papai, eu não pensava que este pedido fosse causar tanto sacrifício para o senhor. Por isso eu renuncio ao meu desejo e fico satisfeito do mesmo jeito."

A bicicleta não veio. O que chegou, foi uma carta elogiando o seu gesto. Um gesto heróico de criança. Sem dúvida fora uma renúncia que custou bastante para uma criança de doze anos... Mas trouxe a paz.

Palavra de Deus

Eu vos exorto, irmãos, pela misericórdia de Deus, que apresenteis os vossos corpos como uma hóstia viva, santa e agradável a Deus, à maneira de um culto espiritual.

Não vos conformeis com este mundo, mas renovai-vos em vosso espírito, para que saibais aquilatar qual é a vontade de Deus, o que é bom, o que lhe agrada e o que é perfeito... *(Rm 12, 1-2)*

Palavra para a vida

Pequenas renúncias ajudam no crescimento da personalidade?...

TIRO PELA CULATRA

Palavra do homem

Um homem perdeu uma carteira com documentos e mais quatro mil cruzados. Ficou aflito e pôs anúncio na difusora local. Quem achasse e devolvesse, ganharia recompensa:

Foi encontrada por um senhor de aparência simples, que procurou logo o dono. Enquanto explicava com certa vivacidade onde, como e quando a encontrou, o dono matutava: "A coisa foi fácil demais. Esse homem me parece muito simplório. Não vou dar recompensa nenhuma".

Mas como voltar atrás, se havia até anunciado no rádio? Afinal descobriu uma saída, ditada pela malícia do seu coração:

— Olha, amigo, fico muito grato e muito agradecido. Mas... além dos documentos, havia cinco mil cruzados. Agora só vejo quatro mil. Será que alguém mexeu na carteira, antes do senhor?

O outro, que parecia simplório, mas tinha muito brio, pisou firme:

— Não faço questão da gratificação. Mas fico triste porque é a primeira vez que alguém desconfia de mim. Vamos resolver o caso na delegacia?

O dono da carteira não podia voltar atrás. Foram até o delegado. Este, muito experimentado, começou assim:

— Quantos cruzados havia na sua carteira, antes de perdê-la?

— Cinco mil, senhor delegado.

— E nesta que o moço lhe entregou?

— Somente quatro mil.

— Neste caso a carteira não é sua. Queira devolvê-la para ele, até que encontre o legítimo dono.

Palavra de Deus

Sejam confundidos e envergonhados os que buscam a minha vida. Recuem humilhados e envergonhados os que tramam minha desgraça... Sejam como a palha levada pelo vento quando o anjo do Senhor vier acossá-los...

Porquanto sem razão me armaram laços. Para mim cavaram fosso sem motivo. Venha sobre eles a ruína. Apanhe-os a armadilha por eles preparada. Caiam eles na cova que abriram... *(Sl 34, 4-8)*

ANDRÉ PESCADOR

NOVEMBRO 30

Palavra do homem

André e João eram dois jovens abertos à vida e ao bem. Ouviram falar de um homem que ensinava nas praças e nas sinagogas. Que atraía as multidões. Que arrebanhava discípulos. Queriam falar com esse homem extraordinário. Quem era? Onde estava?

— É aquele, disse-lhes João Batista, apontando para Jesus.

Os dois amigos foram depressa ter com ele. Mas, um tanto desajeitados e tímidos, perguntaram alguma coisa, só para dar começo à conversa:

— Mestre, onde moras?

— Vinde e vede.

Saíram com ele e com ele ficaram o dia e a noite. Foi um estágio vocacional. Ouviram e viram tanta coisa, que os deixou entusiasmados. No dia seguinte, André contou para seu irmão Simão Pedro:

— Sabe de uma coisa? Encontramos o Messias, tão falado por todos.

***

Depois desta cena escoaram-se bem uns trinta anos. André tornou-se apóstolo de Jesus. Depois de Pentecostes, saiu também pelo mundo a fim de anunciar o Messias encontrado.

Pagou com o sangue sua fidelidade ao Mestre, por quem se apaixonara desde moço. O instrumento do seu martírio foi uma cruz em forma de X, conforme contam os antigos. Ao ver a cruz, André exclamou:

— Salve, cruz bendita! Mereceste tanto esplendor e beleza por causa dos membros sagrados do Senhor, que te tocaram. Por ti o Senhor me resgatou. Por ti chegarei onde ele está agora.

Dizem que ficou vivo na cruz durante dois dias. Mas aproveitou bem o tempo e o sofrimento para continuar anunciando o Messias. Chegando às portas do céu, terá acrescentado: Encontrei o Messias... para sempre.

Palavra de Deus

Indo Jesus pela margem do mar da Galiléia, viu dois irmãos: Simão a quem chamavam Pedro, e André, que lançavam a rede ao mar, pois eram pescadores. Disse-lhes: Vinde a mim, e farei de vós, pescadores de homens. *(Mt 4, 18-19)*

SANTO ANDRÉ, apóstolo (séc. I)

1 DEZEMBRO

O VELHO RANZINZA E A FREIRA

Palavra do homem

Os filhos já não suportavam o velho pai, nervoso e ranzinza. Esquecendo-se que também eles deram muito trabalho aos seus pais, resolveram ficar livres dele, internando-o num Asilo.

Foi entregue aos cuidados de uma freirinha, jovem e simpática. Além de simpática, muito paciente e caridosa.

O duelo começou, com armas desiguais. De um lado, a grosseria do velho doente. Do outro lado, a mansidão inesgotável da Irmã. Nada contentava o homem. Mas nada alterava a calma da jovem enfermeira. Quando o café vinha quente, ele se queixava que estava "pelando porco". Quando vinha mais morno, era uma "porcaria sem graça".

Ele era incontentável. E ela, inalterável.

Os meses foram passando e o velho foi abrandando seus modos.

Um dia a Irmãzinha chegou com o eterno sorriso nos lábios e o brilho quente nos olhos amendoados:

— Bom dia, querido vovô. Como passou a noite?

Pela primeira vez, depois de cinco meses, ele respondeu:

— Bom dia, Irmãzinha... Eu queria falar um pouquinho com a senhora... Pode chegar mais perto?

Ela aproximou-se da cama, um tanto desconfiada. E ele, bem baixinho, quase nos ouvidos dela:

— Desculpe minha ousadia. Acho que a senhora está apaixonada por mim.

Palavra de Deus

Nenhuma palavra ofensiva saia de vossa boca, mas só palavras boas que sirvam para edificação, e sejam benfazejas aos que as ouvem. Não entristeçais o Espírito de Deus com o qual estais selados para o dia de redenção.

Toda amargura, ira, indignação e calúnia sejam desenterradas do meio de vós bem como toda a malícia. Mostrai-vos bondosos, uns para com os outros, e compassivos. Perdoai-vos uns aos outros, como também Deus vos perdoou em Cristo. *(Ef 4, 29-32)*

O CEGUINHO E O PARALÍTICO

Palavra do homem

Dois pobres pediam esmola junto à porta da igreja. Um era cego, e o outro, aleijado. O ceguinho gritava: "Uma esmola para o cego que não tem olhos para ver o caminho". E o aleijado pedia: "Caridade com este pobre aleijado que não tem pernas para andar".

E assim todos os dias. A infelicidade era grande, de ambas as partes. Nenhum dos dois podia, sozinho, resolver o seu problema. Além do mais, era uma vida muito monótona ficar parados aí, o dia inteiro, ouvindo comentários desagradáveis de alguns, e palavras de compaixão de outros.

Um dia o cego disse ao aleijado:

— Sabe de uma coisa? Eu não enxergo, mas tenho pernas boas. Você não tem pernas sadias, mas enxerga muito bem. Descobri um jeito de remediar a nossa situação. Podemos arranjar-nos sozinhos, sem depender tanto dos outros.

— Como assim? Não estou entendendo.

— Eu coloco você em minhas costas. Você caminhará com minhas pernas, e eu enxergarei com os seus olhos.

Felizmente o coxo era bem mais magro do que o cego. Respondeu com satisfação:

— Está feito. Levante-me e me coloque nos seus ombros.

Os dois saíram contentes por esse mundo de Deus, dando a todos uma lição de caridade mútua e de partilha: O cego emprestava suas pernas ao paralítico, enquanto o paralítico emprestava seus olhos ao ceguinho.

Palavra de Deus

Pedro e João iam subindo ao templo para rezar na hora nona. Nisso levavam um homem que era coxo de nascença e que punham todos os dias à porta do templo, chamada Formosa, para que pedisse esmolas aos que entravam. Quando ele viu que Pedro e João iam entrando no templo, implorou deles uma esmola... Pedro disse: "Não tenho ouro nem prata, mas o que tenho eu te dou: Em nome de Jesus Cristo Nazareno, levanta-te e anda..." *(At 3, 1-11)*

SE PRECISO FOR, IREI A NADO

Palavra do homem

Francisco Xavier, com quarenta e seis anos, está numa ilha, aguardando o guia que vai levá-lo para a China. É um novo campo de apostolado com o qual vem sonhando. Seus pensamentos se voltam para trás:

- Deixara o seu castelo na Espanha, suas armas, seus títulos de nobreza e seus sonhos de grandeza, após ouvir o apelo de Inácio de Loyola: Que te adianta ganhar o mundo inteiro se perdes a tua alma?...
- Partiu para as Índias, onde chegou após uma travessia tormentosa de treze meses. Foi o enfermeiro de toda a tripulação do navio, atacada pela peste...
- Durante dez anos percorreu as Índias e o Japão. Somando-se todos os passos que deu em caminhadas apostólicas, daria para rodear três vezes o globo terrestre...
- Encontrou de tudo pelo caminho: consolações e tristezas, vitórias e fracassos, acolhimento e indiferença, perigos de feras e de pessoas...
- Batizou cerca de trinta mil pessoas e levou a palavra do Evangelho a centenas de milhares...
- Quantos excessos de zelo ele cometeu! "Se não encontrar um barco para ir à ilha, irei a nado" disse uma vez. Outra vez, ardendo em febre, pediu que o amarrassem no cavalo para poder viajar.

Agora está aí, às portas da China, abandonado e sozinho numa choupana da ilha deserta, consumido pela febre, à espera do guia que não vem. Com os olhos voltados para o imenso império chinês, como um novo Moisés contemplando a Terra Prometida, morre o "São Paulo do Oriente"

Palavra de Deus

Jesus apareceu aos onze apóstolos e disse: "Ide pelo mundo inteiro, pregai o Evangelho a toda criatura. Quem crer e for batizado, será salvo. Quem não crer, será condenado. Eis os sinais que acompanharão aqueles que tiverem acreditado: Expulsarão demônios em meu nome, falarão línguas novas, pegarão serpentes em suas mãos, e não lhes fará mal o veneno. Imporão as mãos sobre os doentes e ficarão curados. *(Mc 16, 15-18)*

SÃO FRANCISCO XAVIER (1506-1552) ____________________

BÁRBARO MARTÍRIO

Palavra do homem

É verdadeiramente horrível o que os antigos livros relatam sobre o martírio de Santa Bárbara. Queriam que ela renegasse a sua fé.

Mas nem os chicotes feitos com tiras de couro de boi, nem as tochas de piche que queimavam seu corpo, nem os garfos de ferro que retalhavam suas carnes, conseguiram arrancar uma palavra de apostasia.

Por fim foi degolada. Conta-se que o próprio pai quis fazer o papel de algoz. Mas no mesmo instante em que sua cabeça rolava pelo chão, desceu um raio do céu e o matou.

Santa Bárbara é uma dos quarenta santos e protetores mais populares.

É invocada pelas mães que aguardam o nascimento do filho.

Os trabalhadores das minas se recomendam a ela.

Quando os raios riscam o firmamento e os trovões rolam pelo espaço, todos gritam por Santa Bárbara.

É a padroeira dos bombeiros, os homens do fogo.

Nas regiões frias da Europa costuma-se colher um galho de cerejeira no dia de Santa Bárbara e colocá-lo num vaso com água. Quando chega o Natal, esse galho amanhece coberto de flores.

Palavra de Deus

Havia também sete irmãos que foram um dia presos com sua mãe e que o rei, por meio de golpes de azorrague e de nervos de boi, quis obrigar a comer a proibida carne de porco. Um deles tomou a palavra e assim falou em nome de todos: Que pretendes saber de nós? Estamos prontos a morrer antes que violar a lei de nossos pais.

O rei, fora de si, ordenou que aquecessem até à brasa, frigideiras e caldeirões. Logo que ficaram em brasa, mandou que cortassem a língua do que falou por primeiro, arrancassem a pele da cabeça e cortassem todas as extremidades. Tudo isto, à vista dos irmãos e da mãe. Depois mandou levá-lo ao fogo, inerte e mal respirando, para assá-lo na frigideira. *(2 Mc, 7, 1-5)*

SANTA BÁRBARA, mártir (séc II)

O ESPELHO E A VIDRAÇA

Palavra do homem

Um homem procurou o sacerdote: Estava cansado, angustiado, esgotado, desesperado, a ponto de querer acabar com a vida. O padre ouviu com paciência e interesse a ladainha de problemas. Depois levantou-se da cadeira, tomou o homem pelo braço e o levou até a janela. O dia estava frio, a vidraça abaixada:

— Amigo, olhe através da vidraça. O que está vendo?

— Vejo pessoas, carros, casas...

— Agora venha comigo. Ali está um espelho. Coloque-se diante dele. O que está vendo agora?

— Estou vendo meu rosto. Vejo-me a mim mesmo.

— Curioso, continuou o padre. Tanto a vidraça como o espelho são de vidro. Entretanto, pela vidraça você enxerga pessoas, e pelo espelho você vê somente você. Por que? O espelho é opaco, a vidraça é transparente.

Convidando-o para se assentar novamente, o padre continuou:

— O vidro do espelho reflete nossa pessoa devido à camada que o cobre. O vidro da janela nos faz ver outras pessoas porque é transparente. Vamos chegar aonde eu queria. Suas angústias e preocupações formam como que uma camada opaca, circunscrevendo você em si mesmo, isolando-o do mundo externo, formando um curto circuito. Se você sair de você mesmo, se olhar para fora, para os outros, para o mundo, vai sentir-se libertado, leve e livre. Rezemos um pai-nosso para começar...

Palavra de Deus

Agora eu vos encomendo a Deus e à palavra da sua graça, àquele que é poderoso para edificar e dar a herança com os santificados. De ninguém cobicei prata, nem ouro, nem roupas. Vós mesmos sabeis: estas mãos proveram às minhas necessidades e às dos meus companheiros.

Em tudo vos tenho mostrado que assim trabalhando, convém acudir aos fracos, lembrando-nos das palavras do Senhor Jesus, porquanto ele mesmo disse: É maior felicidade dar que receber.
(At 20,32-34)

SALVOS DA FOME

Palavra do homem

A carestia e a fome grassavam na cidade de Mira e em toda a região. Era na porta do bispo que todos iam bater:

— Dom Nicolau, estamos com fome. Dá-nos de comer.

De tanto partir e repartir, não havia mais nem migalha de pão na despensa da residência episcopal. Ele respondia:

— Consolem-se. Estamos aguardando um carregamento de víveres. Logo devem atracar em nosso porto os navios egípcios, trazendo muito trigo. Rezemos, meus irmãos.

Começou uma vigília de orações na igreja. Não cessaria de rezar, enquanto não tivesse notícia dos navios, tão ansiosamente esperados. Os lamentos das mulheres e o choro das crianças continuavam ecoando dentro do templo.

Até que um dia os navios apontaram no horizonte do mar. Dom Nicolau foi com seu povo até o porto. Mas um vento contrário parecia estar afastando as embarcações. Os marinheiros lutavam em vão, recolhendo as velas ou forçando os lemes dos navios.

O povo faminto se desesperava. Só o bispo, calmo, pedia:

— Ajoelhados! Vamos rezar!

Subitamente o vento mudou de direção, impelindo os navios para a praia. Aproximava-se cada vez mais. Lançaram âncoras. Estavam salvos.

O povo também estava salvo, graças à oração perseverante do seu bispo e aos mantimentos que aqueles heróicos marinheiros lhes trouxeram.

Palavra de Deus

Todo o seu povo geme à procura de pão. Entregam seus objetos mais caros em troca de um bocado com que matar a fome. Vede, Senhor, e contemplai como está aviltada a cidade de Sião...
(Lm 1,11)

Palavra para a vida

— Alguém passa fome na sua comunidade? E você dorme tranqüilo?

— Rezar é muito bom. Mas é preciso unir a oração com a ação.

SÃO NICOLAU, bispo (séc. IV)

DETEVE O IMPERADOR

Palavra do homem

O imperador Teodósio estava irritado com o povo de Tessalônica.

Por ocasião dos jogos olímpicos, o povo exigira do governador a soltura de um jogador. Não o conseguindo, revoltaram-se, invadindo o palácio e matando várias pessoas.

Teodósio aguardava o momento oportuno para castigá-los. O bispo de Milão, Dom Ambrósio, tentou em vão, aplacar a ira do imperador. Num próximo torneio em Tessalônica, soldados romanos invadiram a arena e praticaram tremenda carnificina, matando homens e mulheres, crianças e velhos, culpados e inocentes.

Quem ficou indignado agora, foi Dom Ambrósio. Mandou-lhe uma carta corajosa, exigindo que fizesse penitência em público. Caso contrário, não poderia participar dos cultos na igreja.

Apesar da proibição, o imperador atreveu-se um dia a entrar na igreja. O bispo cercou-o no umbral do templo:

— Parece-me que não estás consciente da gravidade do teu crime. Como te atreves a pisar na igreja de Deus e erguer para ele essas mãos que ainda gotejam sangue?

— Davi também pecou, e Deus o perdoou.

— Pois bem! Já que pecaste como Davi, imita-o também na penitência.

Durante oito meses o imperador fez penitência na porta da igreja, vestido de cilício. Na noite de natal, sem as vestes imperiais, foi procurar o sacramento da reconciliação.

Palavra de Deus

Então a palavra do Senhor foi dirigida a Elias, o tesbita: "Vai, desce ao encontro de Acab, rei de Israel, que mora em Samaria... Dir-lhe-ás:

— Isto diz o Senhor: mataste e agora usurpas... Eis o que diz o Senhor: No mesmo lugar em que os cães lamberam o sangue de Nabot, lamberão também o teu..."

Quando o profeta se viu diante do rei, disse: Por que te vendeste para fazer o mal aos olhos do Senhor, farei cair o mal sobre ti...
(1Rs 21,17-20)

S. AMBRÓSIO († 397)

O PROJETO DIVINO

Palavra do homem

Desde o dia 11 de fevereiro, quando a Virgem Maria lhe apareceu pela primeira vez, Bernadete ia quase todos os dias à gruta de Massabielle. A mulher vestida de branco mostrou-se à jovem diversas vezes, dando-lhe várias mensagens. Mas não dissera ainda o seu nome.

No dia 25 de março ela foi, acompanhada pelos parentes e amigos. Ajoelhou-se, como de costume, passou as contas do terço entre os dedos, cumprimentou a Dama e sorriu para ela.

Atendendo ao pedido do seu vigário, perguntou-lhe o nome. A resposta foi um sorriso apenas. Reiterou o pedido, impelida por uma força misteriosa. Mas sem maior êxito. Sem desanimar repetiu pela terceira vez:

— Faça o favor de dizer seu nome. Por favor, Senhora, ainda que eu não mereça.

A Senhora conservava-se em pé, acima da roseira. A esta terceira pergunta, assumiu um ar grave. Parecia ficar um pouco sentida. Depois juntou as mãos na altura do peito e olhou para o céu. Separando as mãos lentamente, inclinou-se para Bernadete e disse: — Eu sou a Imaculada Conceição.

Que significavam essas estranhas palavras? Para não esquecer, a menina foi repetindo-as pelo caminho, até a casa do padre vigário:

— Hoje a Senhora me disse o seu nome: "Sou a Imaculada Conceição."

— A tua Senhora não pode ter esse nome. O que quer dizer isso?

— Não sei, respondeu Bernadete, que ignorava a proclamação do dogma da Imaculada Conceição, quatro anos antes, em 1854.

Palavra de Deus

Deus disse à serpente: "Porque fizeste isso, serás maldita entre todos os animais e feras dos campos... Andarás de rasto e comerás o pó. Porei inimizade entre ti e a mulher, entre a tua descendência e a dela. Esta te esmagará a cabeça, enquanto tentarás mordê-la no calcanhar... *(Gn 3,14)*

Palavra para a vida

— Maria é o projeto divino que não falhou. Assim seríamos nós também...

IMACULADA CONCEIÇÃO DE MARIA

CASAL FELIZ

Palavra do homem

Joana Francisca e o barão de Chantal formavam o casal que a gente pode chamar feliz aqui na terra: Tinham conforto, nobreza, recursos, e amor. Mas uma tragédia pôs fim a este idílio que durou muito pouco.

Um dia o barão voltou de uma caçada, carregado nos braços de alguns companheiros. Fora ferido involuntariamente por um de seus melhores amigos. Poucos dias depois, morria cristãmente. Deixara em testamento que ficaria deserdado automaticamente o filho ou neto que tentasse vingar sua morte.

Desde que o marido chegou mortalmente ferido, Joana não se conformava com o triste desfecho, quase inevitável. Ele dizia: "A sentença do céu é justa. É preciso aceitá-la e morrer". Ela respondia: "Você precisa sarar. Não posso ficar sem você". Voltando-se para Deus, acrescentava: "Senhor, toma tudo o que tenho no mundo, mas deixa-me o esposo".

Oito dias depois do acidente, morria o homem que ela adorou nesta terra. Ficava sozinha com quatro filhos, uma dor imensa e apenas vinte e quatro anos. Seu único alimento eram as lágrimas. Reduziu-se a um esqueleto em poucas semanas. Durante muito tempo não podia sequer ouvir o nome do assassino involuntário do marido.

Pouco a pouco o amor de Deus e dos pobres foi ocupando e alargando espaço no coração de Joana. Fundou a Congregação das Irmãs da Visitação, voltada especialmente para atender os necessitados. Deus provou mais uma vez quanto é forte a ação silenciosa do seu Espírito nas almas.

Palavra de Deus

O Espírito ajuda nossa fraqueza, porque não sabemos o que devemos pedir, nem orar como convém. Mas o Espírito mesmo intercede por nós com gemidos inenarráveis. Aquele que perscruta os corações, sabe o que deseja o Espírito, porque ele pede pelos santos segundo Deus. *(Rm 8,26)*

— **SANTA JOANA FRANCISCA FREMIOT DE CHANTAL** († 1641)

MUITAS VEZES PRESO

Palavra do homem

Não é fácil contar quantas vezes João Roberts, monge beneditino inglês, foi preso por causa da sua intrepidez.

Em 1603 foi traído e aprisionado.

Em 1604 novamente preso.

Em 1605 foi preso e depois desterrado.

Em 1607 esteve duas vezes na cadeia.

Em 1609 voltou para o cárcere outras duas vezes.

Foi a última vez. Porque foi condenado à morte, juntamente com outros sacerdotes. Algumas senhoras trataram muito bem os prisioneiros, levando-lhes gostosas iguarias. Convidadas a participar da última refeição, uma delas mostrou-se muito alegre. João Roberts perguntou:

— A senhora não acha um pouco excessiva tanta alegria?

— Por que? Não é motivo de alegria, ver a coragem com que vão morrer pelo Cristo?

No dia 10 de dezembro Pe. João partiu para o local da execução, numa praça de Londres. Despediu-se do povo. Depois trocou o ósculo da paz com seu companheiro de suplício, Pe. Somers.

Gritou forte, tanto quanto podia: Fora da Igreja não há salvação.

Rezou pelo rei. Perdoou todos os assassinos.

Alguém lhe ofereceu um boné para se proteger do sol. Ele agradeceu sorrindo: "Obrigado. Não vou mais ter dor de cabeça".

Suas últimas palavras foram: Santos e santas do céu, intercedei por nós.

Palavra de Deus

Irmãos, comportamo-nos em tudo como convém a ministros de Deus: com grande paciência, nas tribulações, necessidades, angústias, nas ciladas, prisões, tumultos, nos trabalhos, vigílias, jejuns. Com integridade, inteligência, paciência, afabilidade. No Espírito Santo, na caridade sincera. Na palavra da verdade, no poder de Deus... *(2 Cor 6, 4-6)*

SÃO JOÃO ROBERTS, mártir († 1609)

11 DEZEMBRO

OS DOIS AMIGOS

Palavra do homem

Foi numa região fria e vazia do sertão. As famílias residiam distantes uma da outra. Encontravam-se vez por outra nos fins de semana, em "rezas" e reuniões de grupo. Fora disto, era o labutar com a terra, com o gado, com a colonização.

Certa manhã gelada e nevoenta, seu Joaquim tirou o leite das suas vaquinhas, pensando: "Acho que meu vizinho deve estar sem o leite para dar às crianças. Vou levar já um cangirão".

Enfrentando o frio com um agasalho, ele saiu.

A uns três quilômetros, a mulher do Januário torrava o café e comentava com seu marido: "Estou desconfiada que na casa do Joaquim acabou o café. É bom levar um pouco para eles. Você sabe que a comadre não fica sem a boca de pito".

Seu Januário ajeitou um pacote e saiu, enfrentando o frio da manhã.

No meio do caminho os dois se encontraram. Cumprimentaram-se com o antigo "louvado seja N. Senhor Jesus Cristo" e se perguntaram:

— Januário, lembrei-me que você estava sem o leite, ao menos para as crianças...

— Eu também desconfiei, respondeu Januário, que vocês estavam sem o café. Aqui vai um pacotinho.

Palavra de Deus

Os dons que recebemos diferem segundo a graça que nos foi concedida. Será o da profecia? Sigamos a regra da fé. Será o de um serviço? Exerçamos este serviço. Será ensinar? Ministremos o ensinamento. Será exortar? Exortemos.

Aquele que reparte, reparta lealmente. Aquele que preside, presida com zelo. Aquele que pratica a caridade, com um sorriso a pratique. Que a caridade seja sincera. Tende horror ao mal, apegai-vos ao bem. Amai-vos uns aos outros com amor fraterno, rivalizai-vos em fazer favores. *(Rm 12, 6-10)*

Palavra para a vida

O amor adivinha as necessidades do outro. Aumenta a sensibilidade.

A VIRGEM MORENA

Palavra do homem

Foi no México do século XVI. Conquistadores espanhóis entraram no país levando o desassossego em todos os lares. Houve muito saque,. muita mortandade, muita exploração, muita imoralidade. O sangue correu. Os nativos fugiram espavoridos para as matas.

Maria escolheu esse tempo de calamidade para aparecer entre seus filhos oprimidos e enxugar suas lágrimas. Um piedoso índio chamado João Diogo, saiu de manhãzinha da sua choupana para seu trabalho de roça. No caminho, junto à colina de Tepeyac, apareceu-lhe uma senhora muito bonita. Com semblante amigo, sorridente. Pediu que se fizesse uma igreja naquele mesmo local. Mas primeiro conversasse com o senhor bispo.

João obedeceu e foi. O bispo não quis acreditar e pediu um sinal.

Tempos depois, quando João ia chamar um padre a fim de visitar seu tio enfermo, a Virgem mostrou-se mais uma vez e cobrou o pedido feito.

O sinal? Seria este. Mandou colher algumas rosas, bem aos seus pés, e levá-las para o bispo. O índio colheu as flores, embora fosse tempo de frio rigoroso, e as escondeu no seu manto, à guisa de avental. Só na presença do bispo é que deveria abrir o manto.

João foi logo cumprir sua tarefa, levando o precioso fardo. Ao abrir o manto diante do bispo, em vez de rosas, via-se desenhada nitidamente no pano, uma linda pintura de Nossa Senhora, tal como se mostrara na colina.

Hoje levanta-se na colina o famoso Santuário de Nossa Senhora de Guadalupe, visitada por milhões de peregrinos. A tela do quadro é a mesma que o índio levara ao bispo em 1530. Não existe tinta ou tela ou pintura semelhante na arte antiga e moderna. A pintura se mantém inalterada, quatro séculos após o acontecimento.

Palavra de Deus

Depôs do trono os poderosos e exaltou os humildes. Saciou de bens os famintos e aos ricos despediu de mãos vazias... *(Lc 1, 52-53)*

NOSSA SENHORA DE GUADALUPE

13 DEZEMBRO

LUZIA DOS MEUS OLHOS

Palavra do homem

Como imaginar Luzia, a jovenzinha siciliana? Nós a imaginamos andando recolhida pelas ruas de Siracusa, atraindo sem querer os olhares dos rapazes, com seu talhe delicado e sua candura. Devia ser pequena e bonita, de olhos negros e vivos, rosto amorenado, nariz fino e uma eterna flor no sorriso.

Tanta candura e inocência não a impediram de comparecer diante do juiz pagão. Seu crime era este: amar Jesus Cristo. Por isso foi condenada a morrer pela espada.

Quando o carrasco segurou a jovem para aplicar o golpe mortal, seu corpo frágil e delicado parecia desmanchar-se nas mãos. O punhal afiado e cruel entrou em suas carnes, e uma golfada de sangue tingiu sua túnica branca.

Dizem que arrancaram-lhe os olhos antes de dar o golpe fatal. Por isso é invocada como padroeira dos olhos.

Em algumas regiões da Europa hoje é o dia das jovens. É o Natal das moças, com muitos presentes. Quem traz o nome de Luzia, deve retribuir os presentes.

Palavra de Deus

O reino dos céus pode ser comparado a dez virgens que tomaram suas candeias e saíram ao encontro do esposo. Cinco dentre elas eram insensatas e cinco prudentes. As insensatas, ao tomar suas lâmpadas, não levaram óleo consigo. As prudentes, porém, levaram óleo em seus vasos, junto com suas candeias.

Como o esposo tardasse a chegar, todas cochilaram e adormeceram. No meio da noite ouviu-se um grito: "Eis que vem o esposo. Ide ao seu encontro". Então todas as virgens despertaram e aprontaram suas candeias. As insensatas disseram às prudentes: "Dai-nos de vosso óleo, porque as nossas candeias se apagam". As prudentes, porém, responderam: "Não há o suficiente para nós e para vós. É melhor ir comprar..." *(Mt 25, 1-13)*

SANTA LUZIA, virgem e mártir (†303)

JOÃO DESAJEITADO

Palavra do homem

Joãozinho nasceu na pobreza e perdeu o pai quando pequeno. Era um menino desajeitado e sem sorte. Um dia estava brincando com outros companheiros perto de um tanque onde desembocava o restilo dos curtidores. Caiu de ponta-cabeça naquele lodo nauseabundo e só saiu vivo por milagre.

Na escola era jogado de um professor para outro, porque não conseguia aprender sequer o alfabeto. Tentou ser aprendiz de alfaiate. Quanto pano estragou, pondo os fregueses e o patrão em pânico.

Na oficina de carpinteiro, não acertava uma martelada. Experimentou os ofícios de pedreiro e pintor. Em toda a parte era despachado com caçoadas e gozações.

Pediu para ser enfermeiro num hospital em Medina. Não teve sorte também. Por mais de uma vez caiu numa cisterna, quase se afogando. Teve ao menos um consolo nesse hospital: Encontrou nos doentes, os primeiros amigos da sua vida, e os primeiros que o compreenderam.

Muitos anos se passaram. Esse menino desajeitado ficou padre, escreveu muitos livros e assombrou o mundo com seu saber. É um dos maiores místicos da Igreja. Chama-se São João da Cruz.

Palavra de Deus

Quando fui ter convosco, não fui anunciar-vos a mensagem de Deus com sublimidade de linguagem ou sabedoria. Pois tomei a resolução de não saber, entre vós, outra coisa a não ser Jesus Cristo, e Jesus Cristo Crucificado.

No meio de vós eu estive como um fraco e tímido, cheio de grande temor, minha palavra e minha pregação não consistiram em discursos persuasivos de sabedoria, mas na demonstração do Espírito e da força divina, para que a vossa fé não se fundasse em sabedoria humana, mas no poder de Deus... *(1 Cor 2, 1-5)*

SÃO JOÃO DA CRUZ (1542-1591)

15 DEZEMBRO

O CASAL DE VELHOS

Palavra do homem

Aquele casal de velhos se gostava como no dia do casamento.

Pobres? Sim, desde que se casaram. Porque tudo era repartido com os filhos e com os mais pobres.

Um dia o velhinho ficou doente e precisou ser internado no hospital.

A velhinha não agüentou a solidão. Caiu doente também e foi parar no mesmo hospital.

Ele, como todos os pobres, estava na enfermaria dos homens. Ela, embora relutasse, teve que ficar na enfermaria das mulheres, separada dele.

O namoro à distância começou. A Irmã enfermeira era quem levava e trazia os recadinhos de amor:

— Veja lá como vai minha velha. Diga que estou melhor. Mas com muita saudade.

— Fale para ele que estou bem melhor. O que está piorando é a saudade.

Dali a pouco, novo recado:

— Ela está com frio? Leve minha coberta para ela.

— Ele, sim, precisa se cuidar mais. Coitado. Leve essa marmelada para ele.

Os dois inventaram mil pretextos e presentes para se comunicar.

Chegou o sábado. É sabido que os enfermeiros e doutores gostam de ter um pouco de folga aos domingos. Por isso trataram de dar alta aos dois velhinhos.

Bom para os enfermeiros. Melhor para os dois velhinhos.

Palavra de Deus

Quero, pois, que os homens rezem, em todo o lugar, levantando as mãos puras, sem ressentimento e sem contenda.

Do mesmo modo, quero que as mulheres se apresentem com trajes modestos, decentes e honestos. Que os seus enfeites não consistam em tranças, em jóias de ouro, nem em vestes luxuosas, mas sim em boas obras, como convém a mulheres que professam a piedade. *(1 Tm 2, 8-10)*

PERDÃO PARA O ASSASSINO

Palavra do homem

6 de julho de 1902. A jovenzinha Maria Goretti dissera um não decisivo para as solicitações perversas de um rapaz apaixonado. Por isso recebeu catorze facadas. Levada para o hospital. Pulmões, intestinos, tudo cortado e retalhado pelo ferro assassino. Após receber os sacramentos, o padre pediu que ela proclamasse publicamente seu perdão:

— Minha filha, Jesus perdoou aqueles que o crucificaram. Você perdoa Alexandre?

— Sim, padre. E quero que ele vá também para o céu.

Alexandre cumpriu a pena de reclusão, que foi de vinte e oito anos. Saiu do cárcere, convertido e regenerado.

Véspera de Natal de 1928. Pleno inverno na Itália, cobrindo de neve os campos e as cidades. As ruas da cidadezinha de Corinaldo estavam desertas. Apenas um homem caminhava solitário, à procura de uma casa. Parece ter encontrado. Bateu timidamente à porta. Dona Assunta foi abrir. Não pôde reprimir um leve estremecimento ao ver-se diante do assassino de sua saudosa filha, a Mariazinha.

— Dona Assunta, a senhora se lembra de mim?

— Alexandre!

— Eu vim pedir perdão. A senhora me perdoa?

— Deus perdoou. Mariazinha perdoou. Como não havia eu de perdoar também?

No dia seguinte, festa de Natal, ambos estavam comungando lado a lado, na igrejinha de Corinaldo.

Palavra de Deus

Quando vos puserdes de pé para orar, perdoai, se tiverdes algum ressentimento contra alguém. Para que também vosso Pai que está nos céus, vos perdoe vossos pecados.

Mas se não perdoardes, tão pouco vosso Pai que está nos céus, vos perdoará os vossos pecados. *(Mc 11, 25-26)*

O PASTORZINHO CEGO

Palavra do homem

Na noite de Natal, pastores foram visitar o Menino Jesus. Um deles achou bom levar também a família. Deixou o rebanho e correu até a sua casa. Acordou a mulher e os filhos mais crescidos: Vamos ver o Menino que nasceu, que os anjos anunciaram.

Um dos meninos acordou com os cochichos meio abafados e disse que queria ir também. Mas era cego. O tempo era pouco, e a estrada longa. O pai respondeu:

— Deixe para amanhã, meu filho. Com a luz do dia e a certeza do caminho, voltaremos lá e levaremos todos vocês. Será muito mais bonito.

O menino acenou afirmativamente com a cabeça, mas não disse nada. Os pais saíram com uma candeia para facilitar a caminhada. O ceguinho tentou conciliar o sono, mas não conseguiu. A vontade de visitar o Salvador era mais forte do que o sono.

Levantou-se do catre, procurou seu porretinho e saiu apalpando a escuridão. Os pais deveriam estar bem longe. Somente o silêncio campeava sobre a campina enluarada.

Eis o ceguinho diante do presépio. Mãozinhas postas, ele contemplava com os olhos da alma, as três figuras benditas que compunham o presépio: José, cioso do seu ofício de pai e protetor; Maria, ninando o filhinho; Jesus, que parecia estar chorando...

Então o ceguinho teve uma idéia luminosa. Voltando-se para Nossa Senhora, pediu:

— Eu não posso enxergar seu filho. Então, faça-me um favor. Passe a mãozinha dele em meus olhos apagados.

Maria sorriu diante desse pedido tão confiante. Pegou a mãozinha de Jesus e passou-a levemente nos olhos do ceguinho. O milagre aconteceu. Os olhos do menino acenderam-se. Ele começou a enxergar.

Palavra de Deus

Ide anunciar a João o que vistes e ouvistes: Os cegos vêem, os coxos andam, os leprosos ficam curados, os surdos ouvem, os mortos ressuscitam, e aos pobres é anunciado o Evangelho... *(Lc 7, 22)*

A ALCATÉIA DE LOBOS

Palavra do homem

Aconteceu na Rússia, muitos anos atrás. A família voltava da cidade, no seu trenó, tipo de transporte usado nas regiões de muito gelo. O frio era intensíssimo. A neve alvinitente recobria os campos, formando um imenso lençol.

Já estava escurecendo quando avistaram a aldeia, ainda um pouco distante. Eis que uma alcatéia de lobos se aproxima. Primeiro um, depois dois, depois três e mais lobos. O pai sente o perigo. Tenta apressar a marcha dos animais para chegar logo ao povoado. Quem sabe se, à vista das casas habitadas, os lobos fugiriam.

O tempo urge. Atira para eles os víveres que haviam comprado na cidade. Ainda é pouco, porque a voracidade dos lobos é insaciável.

A mãe teve uma idéia. Pensar e pôr em prática foi a mesma coisa. Entregou a criança ao marido e atirou-se ao chão. Os lobos avançaram imediatamente sobre a vítima voluntária, dando tempo a que o trenó avançasse. O marido, embora perplexo, não pôde segurar o trenó. Em questão de segundos, aquelas feras esfaimadas já tinham dilacerado o corpo da sua esposa.

Chegaram à aldeia. Salvos sim, mas sem a mãe e esposa.

Ela preferiu sacrificar a própria vida, para salvar o marido e filhos.

Palavra de Deus

Nós éramos, por natureza, filhos da ira, como os outros. Mas Deus, que é rico em misericórdia, movido pelo grande amor com que nos amou, nos fez reviver com Cristo, quando estávamos mortos por causa dos pecados. É por graça que fostes salvos. *(Ef 2, 3-5)*

Palavra para a vida

— Jesus se fez gente para entrar na vida da gente. Qual a nossa resposta, diante de uma proposta tão arrojada?

— Conhece outros casos heróicos, acontecidos na sua região?

— Todo o ato heróico é semente de novas ressurreições.

"PULE, MEU FILHO"

Palavra do homem

Este fato aconteceu numa cidade da Bélgica, vários anos atrás.

Havia pegado fogo numa residência de dois andares. Todo o mundo procurou sair às pressas. Súbito perceberam que faltava um menino de cinco anos. No momento da fuga, teve medo do fogo e se refugiou no segundo andar.

Todos os outros, aflitos e nervosos, não sabiam que resolução tomar. As chamas e a fumaça nem permitiam que alguém chegasse lá em cima com vida. O menino continuava na janela, pedindo socorro no meio de um choro convulsivo. O pai avistou a criança por entre a fumaça e gritou:

— Pule, meu filho.

— Não estou vendo o senhor, papai.

— Mas eu estou vendo você. Pode pular, que eu seguro você.

Então o menino pulou e foi aparado pelos braços do pai, como uma rede.

Palavra de Deus

• Quando junto ao Altíssimo me abrigo, e moro à sombra do Todo Poderoso, evoco o Senhor, meu refúgio e meu auxílio, o Deus em quem confio.

• Sim, foi Ele quem te livrou da rede do caçador e da arma que mata. Sob sua proteção te tomará, suas asas serão o teu refúgio, a couraça e o escudo de sua verdade.

• Tu não temerás os terrores da morte, nem a flecha que voa em plena luz, nem o mal que ronda nas trevas, nem o flagelo que ataca em pleno dia.

• Caiam mil à tua volta e à tua direita dez mil. Tu, porém, não serás atingido. Basta que abras os olhos, verás o castigo dos ímpios.

• Sim, o Senhor é teu auxílio. Fizeste do Altíssimo o teu baluarte. A desgraça não poderá atingir-te, nem o perigo ameaçar tua casa.

• Porque a seus anjos ele mandou que te guardem em todos os teus caminhos. Hão de te levar em suas mãos, para que teu pé não se fira nas pedras. Sobre a víbora e o escorpião poderás andar, e pisar sobre o leão e o dragão... *(Salmo 90)*

O SANTO MENDIGO

Palavra do homem

Quem freqüentasse a igreja de São Clemente em Roma, muitos séculos atrás, podia ver um mendigo junto à porta, estendendo a mão. Aleijado das pernas, sua mãe e seu irmão traziam-no todos os dias e o deixavam no átrio da basílica, entregue à caridade pública. Era conhecido pelo nome de Sérvulo.

Até aqui, um caso bastante comum. Mas esse mendigo era diferente dos outros. Muitas vezes repartia com outros pobres e peregrinos a esmola recolhida. Conseguira, com as esmolas angariadas, comprar uma Bíblia. Mas não sabia ler. Por isso, vez por outra, parava algum transeunte e mostrava-lhe o livro, pedindo que lesse um trecho para ele.

Numa noite de Natal não foi visto mais no átrio. Morrera em sua choupana, durante a novena, nos braços da mãe.

A lembrança desse pobre anônimo poderia ficar esquecida? Não. Naquela mesma noite de Natal, o Papa Gregório concentrou sua homilia na figura de um santo desconhecido. Tratava-se de um mendigo que costumava ficar junto à porta da igreja de São Clemente... Que repartia com os colegas o pouco que recebia... Que sempre refletia no semblante a paz e a conformidade.

O Papa continuou: Quantos de nós atiramos displicentemente na sua mão, as moedinhas catadas no fundo da bolsa, sem sequer deter-nos um pouco para dirigir-lhe uma palavra! Talvez não tenhamos percebido que estávamos diante de um santo.

Magnífico foi o final da homilia: Esse pobre e enfermo que apenas podia mover uma das mãos, cumpriu com tanta fidelidade os mandamentos do Senhor... E nós, caríssimos irmãos, que desculpas apresentaremos a Deus no dia das contas, nós que tivemos braços e pés para fazer o bem?

Palavra de Deus

Bem-aventurados vós, que sois pobres, porque é vosso o Reino de Deus.

Bem-aventurados vós, que tendes fome agora, porque sereis saciados.

Bem-aventurados vós, que chorais agora, porque haveis de rir. *(Lc 6, 20-21)*

SÃO SÉRVULO (séc. VI)

21 DEZEMBRO

PEDRO IMPACIENTE

Palavra do homem

O jovem acadêmico Pedro Canísio estava fazendo um retiro de trinta dias na casa paroquial de Mogúncia. Uma grande paz invadia o seu coração. Mas alguém bateu à sua porta, tirando-o da sua meditação. Era o diretor do retiro que vinha tirar um dedinho de prosa com o ardoroso jovem. Pedro aproveitou para se desabafar:

— O retiro está muito bom. Mas eu gostaria que já tivessem passado os trinta dias.

— Ué! A solidão não está agradando?

— Não é bem isso. Estes dias de silêncio me proporcionam grande felicidade interior. Mas veja um pouco. Aí fora ruge a tempestade, e o trabalho se acumula. Meu lugar é lá fora. Quero trabalhar. Quero começar agora a implantar o reino de Deus. Não posso esperar mais. Proponho até interromper o retiro.

Pe. Faber meneou gravemente a cabeça:

— Você acha que Nosso Senhor também não sentia esse impulso ardente de apresentar-se logo ao povo a fim de anunciar sua Boa Nova? No entanto esperou trinta anos. E ainda ficou quarenta dias no deserto, antes de iniciar sua vida missionária. Meu caro jovem, aproveite o retiro para forjar as armas. Prepare-se bem. Depois, sim, o apostolado será pra valer.

Pedro abaixou a cabeça em silêncio, e concordou. Mas valeu o sacrifício:

***

Entrou na Ordem dos Padres Jesuítas. Trabalhou nas escolas, nas missões, na catequese, na reforma da Igreja, na imprensa. Foi conselheiro dos Papas, teólogo, reitor de universidades. Seu catecismo alcançou mais de quatrocentas edições. Morreu rezando o terço.

Palavra de Deus

Eu te estabeleci como luz das nações para levares a salvação até as extremidades da terra. Foi assim que nos ordenou o Senhor.
(At 13,47)

SÃO PEDRO CANÍSIO, doutor da Igreja (1521-1597)

A TOALHA DO CASAL

Palavra do homem

O Natal estava em cima da hora. Não dava mais tempo de consertar uma rachadura na parede da igreja, provocada pelas últimas chuvas. O vigário lembrou-se que tinha uma toalha vistosa e ampla, arrematada recentemente num leilão. Com ela poderia disfarçar o rombo e realçar os enfeites natalinos.

No momento em que, com seus auxiliares, fazia o reparo, entrou uma senhora de aparência distinta, mas pobremente vestida. Seus olhos caíram de imediato na toalha. Ela exclamou num grito de surpresa: "É a nossa toalha". O vigário se espantou. Ela continuou: "Sim, foi meu marido que mandou fazer quando morávamos na Bélgica. Veja aqui o nosso monograma".

Depois descreveu seu drama, igual a tantos da última guerra mundial. Residiam em Viena. Tiveram que fugir por ocasião da perseguição nazista. Refugiaram-se na Suíça. Seu marido morreu num campo de concentração. Ela conseguiu chegar até a América, mas sem ele.

O padre vigário ofereceu-lhe a toalha. Mas ela respondeu:

— Ela fica melhor aqui do que na minha choupana.

Despediu-se comovida. Chegou a noite de Natal. Após a missa do galo, um homem foi ter com o padre vigário. Era o relojoeiro da cidade:

— Coisa estranha! Aquela toalha já esteve em minha casa, quando morava em Viena, com minha esposa. Era uma toalha de estimação.

O padre contou-lhe, então, o diálogo que tivera com a mulher da véspera. Descreveu seus traços fisionômicos. O homem foi se emocionando ante a descrição do vigário: "Será que ela vive ainda, meu Deus!"

Resolveram sair à sua procura. Naquela mesma tarde, numa periferia da cidade, os dois se encontraram e se abraçaram, após muitos anos de separação forçada e dolorosa.

Palavra de Deus

Nações, escutai a palavra do Senhor... Aquele que dispersou Israel, o reunirá e o guardará, qual pastor e seu rebanho. *(Jr 31, 10)*

23 DEZEMBRO

O SANTO E OS LADRÕES

Palavra do homem

Pe. João Câncio, missionário e vigário na Polônia, peregrinou diversas vezes para Roma e Jerusalém. Durante uma de suas peregrinações a Roma, a diligência em que viajava, foi assaltada por um bando de ladrões que infestavam os arredores da grande cidade.

Todos os passageiros foram roubados. Também o Pe. João teve de entregar a sua bolsa de dinheiro. Esvaziaram tudo e perguntaram, entre caçoadas e ameaças:

— Não tem mais nada nos bolsos?

— Não. É só isso mesmo.

Enquanto ele seguia viagem e os bandidos faziam o balanço dos lucros, lembrou-se que tinha ainda algumas moedas no fundo de um bolso. Foi atrás dos ladrões e mostrou o dinheiro dizendo:

— Vocês me desculpem. Aqui tenho mais um pouco ainda.

O povo conta que os malfeitores, comovidos com a serenidade e honestidade do padre, devolveram-lhe todo o dinheiro do assalto. Ao menos uma vez tiveram bom coração.

Esse vigário zeloso, viveu na simplicidade, repetindo sempre a sua jaculatória predileta "graças a Deus", tanto na ventura como na desventura.

Assim chegou aos oitenta e três anos. Morreu na noite de Natal de 1473.

Palavra de Deus

Irmãos, não sejais indolentes no zelo. Sede fervorosos de espírito, aplicados ao serviço do Senhor. Sede alegres na esperança, pacientes na aflição, perseverantes na oração. Acudi às necessidades dos santos. Praticai generosamente a hospitalidade.

Bendizei aqueles que vos perseguem. Bendizei e não os amaldiçoeis. Alegrai-vos com aqueles que se alegram. Chorai com os que choram. Tende os mesmos sentimentos uns para com os outros. Não aspireis a coisas elevadas, mas sabei adaptar-vos às humildes. Não vos considereis como sábios. Não pagueis a ninguém o mal com o mal... *(Rm 12, 11-16)*

SÃO JOÃO CÂNCIO, sacerdote (1390-1473)

TEMPO DE CRIANÇA

Palavra do homem

Éramos crianças. O Natal escondia-nos um mundo de sonhos e de surpresas. Em minha família era o Menino Jesus que trazia os presentes, conforme dizia nosso pai:

— O Menino Jesus vai chegar montado em seu burrinho. Virá cansado e com fome. Coloquem milho nos pratinhos para o jumento matar a fome.

No dia 24 de dezembro cada criança enchia um pires com milho amarelinho e graúdo, e deixava junto à porta.

Íamos dormir alvoroçados, com uma vontade doida de ver o que aconteceria à meia noite. Mas, felizmente, o sono de criança era pesado demais e só acordávamos no dia seguinte. Então, mais do que depressa, saltávamos da cama e corríamos para ver os pratinhos. Quanta surpresa! No lugar do milho havia brinquedos novinhos. Naquele tempo os brinquedos eram de madeira ou de folha. As bonecas, de massa ou de louça. As crianças pulavam de alegria.

Os presentes não eram de gente rica, mas enchiam nossos corações de felicidade. Representavam o dom supremo do Pai, seu Filho encarnado.

Palavra de Deus

Naqueles dias saiu um edito de Cesar Augusto, ordenando que todo o império fosse recenseado... E todos iam registrar-se, cada qual, na sua cidade de origem.

Também José subiu da Galiléia, da cidade de Nazaré, para a Judéia, à cidade de Davi chamada Belém... a fim de alistar-se com Maria, sua esposa, que se achava grávida.

Enquanto eles ali se encontravam, completou-se para ela o tempo da gestação. Deu à luz o seu filho primogênito, envolveu-o em paninhos e o reclinou numa manjedoura, porque não havia lugar para eles na hospedaria. *(Lc 2, 1-7)*

Palavra para a vida

Os presentes de Natal só têm sentido, quando relacionados com o grande presente do Pai. Dê um presente a um pobre este ano.

O CIGANINHO

Palavra do homem

Estávamos saindo para a missa do galo, quando uma família de ciganos aproximou-se da cerca e disse: Queremos pedir um cantinho do seu quintal para passar a noite".

Era uma noite bastante fria, depois da chuva que caíra na região. Além do mais, a mulher parecia estar em estado adiantado de gravidez. Não havia o que duvidar. Oferecemos o alpendre da casa, mas eles preferiram o quintal, junto a algumas árvores.

Entraram com suas tralhas e foram se aninhando. Primeiro armaram a barraca bem ao rés-do-chão. Depois a mulher ajeitou a trempe, enquanto o marido saiu à procura de mantimentos.

Horas depois, quando voltávamos da missa, ouvimos vagidos de criança que saíam da barraquinha. Chegamos mais perto. Sob a luz do candeeiro pudemos ver o rostinho vermelho do recém-nascido. Na falta absoluta de recursos, a mãe o enrolara em alguns panos velhos. Naquele momento ele estava no colo da mãe. Mas via-se no chão da barraca, uma espécie de ninho, feito de pano e capim, onde o nenê seria reclinado.

Palavra de Deus

Na região havia alguns pastores que pernoitavam no campo e faziam a guarda noturna do seu rebanho. Apareceu então sobre eles um anjo do Senhor, e a glória do Senhor os cercou de luz, de sorte que ficaram tomados de grande temor. Mas o anjo lhes disse:

— Não temais, pois vos anuncio uma grande alegria para todo o povo. Nasceu-vos hoje na cidade de Davi o Salvador que é o Cristo Senhor. Isto vos servirá de sinal: Encontrareis um menino envolto em faixas e reclinado numa manjedoura.

De súbito uniu-se ao anjo uma multidão dos exércitos celestes que louvavam a Deus e diziam: "Glória a Deus no mais alto dos céus, e paz na terra aos homens de boa vontade". *(Lc 2, 8-14)*

Palavra para a vida

— Jesus continua nascendo por aí, no rancho dos pobres. Nós o reconhecemos?

APEDREJADO

DEZEMBRO 26

Palavra do homem

O diácono Estêvão pregava com desassombro na sinagoga, realçando a importância da Lei Nova sobre a Lei Antiga, do Novo Testamento sobre o Antigo Testamento.

Alguns que o escutavam, crispavam os punhos de raiva, faltando pouco para derrubá-lo no chão. Um deles foi Saulo, o jovem:

— Estêvão, eu estimava você como a um irmão. Éramos amigos em Tarso, como fomos em Jerusalém. Tínhamos o mesmo ideal. Mas agora te odeio. E se não te apartares desse Nazareno, maldito sejas, como é maldito aquele que pende na cruz.

Mas Estêvão, cheio de doçura e mansidão, respondeu:

— Aquele a quem maldizes agora, um dia te abençoará e tu o servirás apaixonadamente.

Passaram-se alguns dias.

O que fazer com quem profana a Lei e o Templo de Deus? Seja levado ao tribunal. Estêvão foi conduzido perante o tribunal. Não tentou defender-se, mas reafirmou o que já dissera. E acrescentou:

— Gente de dura cerviz e coração incircunciso! Por que resistem assim ao Espírito Santo?... Vejo o céu aberto, e o Filho do homem de pé, à direita de Deus.

Os judeus tamparam os ouvidos para não se manchar com tais "blasfêmias".

Os fatos se precipitaram. Um bando de revoltados agarrou o moço e o arrastou para fora da cidade. Devia ser apedrejado. As pedras sibilavam no ar, atingindo o mártir. Seu corpo tingia-se de sangue. Mas ele rezava: Senhor Jesus, não leves em conta o seu pecado.

Uma última saraivada de pedras caiu sobre ele, quase cobrindo aqueles sagrados despojos.

Palavra de Deus

Sereis odiados por todos por causa do meu nome. Mas aquele que perseverar até o fim, este será salvo. *(Mt 10, 22)*

O SERMÃO DE SÃO JOÃO

Palavra do homem

João Evangelista foi o discípulo que descansou sua cabeça no coração de Jesus, durante a Última Ceia. Recebeu Maria em sua casa após a morte do Cristo. Andou pelo mundo pregando a Boa Nova. Foi perseguido e exilado. Chegou aos cem anos. Seus cabelos embranqueceram e seu corpo se alquebrou, mas o espírito continuava jovem.

Ao presidir o Mistério Eucarístico, vinham sempre à memória as cenas e os conselhos da Última Ceia. Um dia, começou a sua homilia:

— Filhinhos, amai-vos uns aos outros. Amém!

Assim começou e assim terminou. Sempre apoiado em seu bastão, voltou para o altar e prosseguiu a Eucaristia. Os fiéis estranharam a brevidade do sermão. Talvez o santo velhinho não estivesse passando bem.

No domingo seguinte, à hora da homilia, assim começou, com o mesmo acento compassado de voz:

— Filhinhos, amai-vos uns aos outros. Amém!

E voltou para o altar. Os fiéis cochicharam entre si: Pe. João já fez este sermão no domingo passado. Será que se esqueceu? Pudera! Nessa idade tudo é possível.

No terceiro domingo, o ancião estava novamente no meio da sua comunidade para celebrar o Mistério do Senhor. Parecia mais velho, mais alquebrado. Nos olhos, porém, o mesmo brilho juvenil. Chegou o momento da homilia:

— Filhinhos, amai-vos uns aos outros. Amém!

Não é possível, murmuravam alguns. E foram ter com ele após a missa:

— Padre João, por que o Senhor fez o mesmo sermão três vezes seguidas?

— Filhinhos, respondeu o discípulo amado, porque este é o preceito do Senhor. Cumprindo este mandamento, está cumprida toda a Lei.

Palavra de Deus

O seu mandamento é este: que creiamos no nome de seu Filho, Jesus Cristo, e nos amemos mutuamente, como ele nos mandou. *(1Jo 3,23)*

SÃO JOÃO EVANGELISTA (†séc. II) ______________

A CRIANÇA QUE NÃO NASCEU

DEZEMBRO 28

Palavra do homem

Mamãe! Não sei se posso chamá-la com esse nome...

Ontem eu iria completar um mês. Encerrado em seu ventre, eu já começava a sonhar tanta coisa bonita...

Eu sabia que, durante nove meses, ia deixá-la um tanto incomodada. Sabia que iria estragar sua elegância. Sabia que alguns iriam até caçoar de você. Sabia que faria você sofrer um pouco durante esse tempo.

Mas, depois que nascesse, iria fazê-la muito feliz. O papai e os irmãozinhos também cercariam, felizes, o meu berço. Eu ia fazer tudo para suavizar a existência de vocês.

Eu tinha planejado tanta coisa bonita. Queria crescer bastante para lutar pela paz. Eu ia trabalhar muito para acabar com o ódio, com a guerra e com a maldade. Eu ia pedir a todos que se dessem as mãos e os corações.

Tudo isto eu sonhava. Mas ontem a senhora me matou.

Estou completamente desiludido. Pensei que os pais amassem os filhos a ponto de dar a própria vida por eles. Você, contudo, não me deixou sequer ver a luz do dia.

Agora pertenço ao mundo das crianças que não nasceram, por causa do egoísmo dos pais e da maldade dos homens.

Mas eu lhe perdôo, apesar de tudo.

Adeus... mamãe!

Palavra de Deus

Tendo já partido os magos, eis que o anjo do Senhor apareceu em sonho a José e disse: "Levanta-te, toma o menino e sua mãe, foge para o Egito. Permanece lá até que eu te diga, pois Herodes vai procurar o menino para matá-lo...

Então Herodes, vendo-se enganado pelos magos, foi tomado de grande cólera. E mandou matar todas as crianças que estivessem em Belém e nos arredores, a partir de dois anos para baixo...
(Mt 2,13-18)

SANTOS INOCENTES, mártires.

29 DEZEMBRO

ASSASSINATO NA IGREJA

Palavra do homem

O bispo de Cantuária Dom Tomás Becket e o rei da Inglaterra Henrique II não se entendiam. O rei queria mandar na igreja, mas o santo respondia: A Igreja não depende do governo.

Um dia o rei deixou escapar este desabafo diante dos seus guarda-costas: "Covardes! Não há ninguém no meio de vocês que seja bastante homem para me livrar desse padre insolente?"

Dia 29 de dezembro de 1170, quando Tomás se dirigia para a catedral com seus acompanhantes, um grupo de homens enraivecidos invadiu o recinto sagrado, brandindo espadas e lanças. Uma voz rouca esbravejou:

— Onde está o traidor?

Ninguém respondeu. A mesma voz gritou:

— Onde está o arcebispo?

— Está aqui, respondeu Tomás, avançando intrepidamente. Não procurem o traidor, porque não encontrarão O que vocês querem na casa do Senhor, armados desse jeito?

— Queremos que você morra.

— Estou pronto para morrer. Que meu sangue devolva a liberdade e a paz para a Igreja. Mas, em nome de Deus, proíbo que ponham a mão nestes meus companheiros, leigos e sacerdotes.

Apoiando-se contra a pilastra, preparou-se para receber o golpe fatal. Quatro homens avançaram contra ele com espadas desembainhadas. Só o quinto golpe de espada tirou-lhe a vida.

Palavra de Deus

Disse Jesus aos seus discípulos: Se o mundo vos odeia, sabei que antes odiou a mim. Se fôsseis do mundo, o mundo amaria o que é dele. Mas, porque não sois do mundo (porque eu vos escolhi do meio do mundo), por isso o mundo vos odeia. Recordai-vos da palavra que vos disse: O servo não é maior do que o seu senhor. Se eles me perseguiram, perseguirão a vós também... *(Jo 15, 18-20)*

SANTO TOMÁS BECKET, martir (1118-1170)

SOU CEGO E SOU FELIZ

DEZEMBRO 30

Palavra do homem

Eram cinco irmãos cegos, todos já de certa idade. Residiam na cidade paulista de São Carlos. As noites e os dias eram iguais para eles. Aqueles olhos apagados, entretanto, não impediam que dos seus semblantes irradiasse um brilho indefinível e uma simpatia contagiante.

Antônio era o mais falador. Encurvado em sua poltrona, terço grande na mão, contou a sua história para o missionário:

— Sou cego há 31 anos, e sou muito feliz nesta cadeira. Em 1940 eu já estava cego. Mas era um revoltado contra minha doença. Tivemos missões redentoristas em nossa cidade. As pregações do missionário chegavam até nossa casa pelo alto-falante e atravessavam a janela do meu quarto.

Assentado em minha cadeira, comecei a escutar com muita displicência e indiferença. De repente meu coração começou a amolecer. Quando me dei conta, estava ajoelhado no chão, agradecendo a Deus pela minha cegueira. Os olhos do corpo continuavam cegos, mas os olhos da fé começavam a se abrir. Aqueles abençoados missionários acenderam uma luz na minha vida. Aqui estou há mais de trinta anos, cada vez mais feliz. Passo o tempo rezando. Consigo rezar vários rosários por dia.

Palavra de Deus

Meus irmãos, considerai uma alegria perfeita vos debaterdes em diversas provações, sabendo que a provação da fé produz a constância. Mas, que a vossa constância se acompanhe de uma obra perfeita, para que sejais perfeitos e completos, nada deixando a desejar.

Palavra para a vida

— O sofrimento acaba onde começa a resignação. Sofre menos quem sofre com amor.

— Neste final de ano, é bom fazer um balanço: Tive algum sofrimento durante o ano? Eu soube sofrer? Fiquei mais rico ou mais pobre, espiritualmente falando?

31 DEZEMBRO

A SACOLA DE DIAMANTES

Palavra do homem

Alguns rapazes caminhavam pela praia, numa conversa descontraída. De repente um deles viu um objeto na areia, abaixou-se e apanhou. Era uma sacolinha de couro. Dentro, um punhado de pedras que ele não teve a curiosidade de observar. Não se interessou em saber se alguém a tinha perdido ou se foram as ondas do mar que atiraram na praia.

Enquanto continuavam caminhando naquele papo animado, o rapaz ia tirando as pedrinhas, uma por uma, e jogando displicentemente no mar.

Só quando pegou a última, teve a idéia de examinar melhor que tipo de pedra deveria ser. Entre admirado e desapontado, ele mostrou a pedrinha para os companheiros, dizendo num tom de frustração:

— Olhem! Era tudo diamante. Joguei na água um punhado de diamantes.

Não parava de se lamentar. Teve uma fortuna entre as mãos e a esbanjou levianamente. Era tarde para se queixar. O que foi, não voltaria mais. Só lhe restava a última pedrinha que ainda podia aproveitar.

Palavra de Deus

Não vos iludais: de Deus não se zomba. O que o homem semear, isto colherá. Quem semear na sua carne, da carne colherá corrupção. Quem semear no espírito, do espírito colherá a vida eterna.

Não desanimemos na prática do bem. Pois, se não desfalecermos, a seu tempo colheremos. Por conseguinte, enquanto temos tempo, pratiquemos o bem para com todos, mas sobretudo com os irmãos na fé. *(Gl 6, 7-10)*

Palavra para a vida

— O ano que termina, foi uma sacola cheia de pequenos diamantes para a gente lapidar. Cada dia do ano era uma pedrinha. Joguei fora, esbanjando o tempo? Ou lapidei, aproveitando o tempo para mim e para os outros?

— O tempo, como as águas do moinho, não volta mais. Mas posso remir o tempo perdido, no sacramento da reconciliação, fazendo propósito de aproveitar melhor o novo ano que surge. É mais uma sacola cheia. Mais uma chance que Deus nos concede.

ROTEIRO PARA UMA REUNIÃO DE GRUPO

ACOLHIDA

Dirigente ou Animador: Em nome do Pai e do Filho...
Todos: Amém. — *(Canto para iniciar a reunião)*

Dirigente: Que Deus esteja conosco. Sejam bem-vindos a esta reunião fraterna. Estamos aqui para rezar juntos, e juntos meditar a Palavra de Deus. Ela é que deve iluminar a nossa vida. Cantemos, invocando o Divino Espírito Santo:
Todos: *(Um canto apropriado).*

ESTUDO DA PALAVRA

(Pode-se ler um trecho deste livro, de preferência o tema do dia. Se o texto bíblico for muito curto, pode-se alongar mais. Após as leituras, o animador provoca um diálogo, segundo as leis da dinâmica de grupo. É o momento de se abordarem problemas religiosos, sociais, morais da comunidade, dentro do tema proposto. Podem ser tratados quaisquer problemas, desde que sejam iluminados pelo Evangelho. Não falte no final dos debates, um gesto concreto para a vida.

PRECES E ENCERRAMENTO

Dirigente: Reconhecendo que nem sempre vivemos e praticamos o que meditamos, peçamos perdão ao Senhor das misericórdias: Senhor, tende piedade de nós... Jesus Cristo, tende piedade de nós... Senhor, tende piedade de nós... Deus todo-poderoso tenha compaixão de nós, perdoe nossos pecados e nos conduza à vida eterna.

(Fazem-se as preces, nascidas da necessidade do momento. A cada invocação, todos respondem: "Senhor, escutai a nossa prece". / Pai nosso...

Dirigente: Maria Santíssima acompanhou e animou as comunidades dos primeiros cristãos. Para que ela sempre esteja conosco, mostrando o caminho, caminhando conosco, digamos:
Todos: Salve Rainha *(recitada ou cantada)*

Dirigente: Abençoe-nos a todos, Deus Pai, Deus Filho e Deus Espírito Santo.
Todos: Amém. *(Cântico final)*